中国高铁出版工程
四川省 2022—2023 年度重点图书出版规划项目
2023 年度四川省重点出版项目专项补助资金项目

# 高速动车组车体设计关键技术

丁叁叁 ◎ 著

西南交通大学出版社
·成 都·

图书在版编目（CIP）数据

高速动车组车体设计关键技术 / 丁叁叁著. --成都：西南交通大学出版社，2024.4
ISBN 978-7-5643-9736-4

Ⅰ.①高… Ⅱ.①丁… Ⅲ.①高速列车—动车—车体—设计 Ⅳ.①U266

中国国家版本馆 CIP 数据核字（2024）第 029499 号

Gaosu Dongchezu Cheti Sheji Guanjian Jishu
# 高速动车组车体设计关键技术

丁叁叁 / 著

出 版 人 / 王建琼
策划编辑 / 黄庆斌　李芳芳
责任编辑 / 李　伟
封面设计 / 曹天擎

西南交通大学出版社出版发行
（四川省成都市金牛区二环路北一段111号西南交通大学创新大厦21楼　610031）
营销部电话：028-87600564　　028-87600533
网址：http://www.xnjdcbs.com
印刷：四川玖艺呈现印刷有限公司

成品尺寸　　185 mm×240 mm
印张　25.5　　字数　434千
版次　2024年4月第1版　　印次　2024年4月第1次

书号　ISBN 978-7-5643-9736-4
定价　168.00元

图书如有印装质量问题　本社负责退换
版权所有　盗版必究　举报电话：028-87600562

## 高速动车组车体设计关键技术
# 前　言

　　速度是人类社会追求的永恒主题，也是技术进步的重要表征。当今世界，技术发展日新月异，技术竞争日趋激烈，如何把握机遇，实现从跟随到引领，一直是各行业关注的问题。2004 年 1 月，国务院提出"引进先进技术、联合设计生产、打造中国品牌"的我国铁路机车车辆装备现代化总体要求，原铁道部在党中央、国务院的总体部署下，全面实施高速动车组的技术引进和国产化项目，开启了中国高速动车组的技术引进、消化吸收再创新的快速发展历程。经过 20 年的发展，以高速动车组为代表的高速铁路装备在长期技术积累和自主研发的基础上，经过引进消化吸收再创新、自主提升创新、全面创新和持续创新，成功研制了多代先进产品，成就斐然，成功实现了行业蝶变，是产业升级的典范。

　　车体是高速动车组的主体承载结构，其技术水平直接影响着高速动车组的安全性及舒适性等。车体设计涵盖空气动力学、被动安全、模态匹配、结构强度与优化、减振降噪等专业技术。进入高速领域，车体需承受车体之间、车体与转向架、弓网、车上部件及乘客之间、车体与气流之间各种纵向、垂向、横向力及力矩、冲击等强流固耦合作用，振动冲击加剧，气动因素的影响发生质变，这些对车体设计提出了异于普通列车的技术要求。在满足刚度、强度、模态等性能指标的前提下达到安全、高速、可靠和环保的要求是车体研发设计人员持之以恒的追求。高速动车组车体设计关键技术主要包括轻量化设计技术、空气动力学设计技术、减振降噪设计技术、被动安全设计技术。

　　本书共 6 章。第 1 章简要概述我国高速动车组车体设计技术发展的三个主要阶段，提出了高速动车组车体设计关键技术；回顾了高速动车组车体轻量化设计、气动设计、减振降噪设计、被动安全设计的国内外研究现状；分析了高速动车组车体轻量化设计、气动设计、减阻降噪设计、被动安全设计面临的技术挑战。

第 2 章为高速动车组车体轻量化设计技术。首先介绍了高速动车组车体轻量化设计的意义及原则；随后阐述了高速动车组车体轻量化结构设计方法，包括拓扑优化技术、形状优化技术、尺寸优化技术等主要概念、设计原理及应用实例；然后介绍了中空铝合金型材、碳纤维复合材料、玻璃钢纤维增强材料、铝蜂窝材料等轻量化材料的性能及其设计技术；最后展示了轻量化技术在轨道交通领域中的应用案例，包括中空铝合金型材在北京地铁 19 号线中的应用、碳纤维材料在下一代地铁中的应用、轻量化优化技术在动车组行李架上的应用。

第 3 章为高速动车组车体空气动力学设计技术。首先概述了列车空气动力学基本特性，主要包括明线运行空气动力学性能、隧道空气动力学性能、风致安全性、气动噪声、客室舒适性及复杂环境下的流场特性；随后介绍了列车空气动力学研究方法，主要涉及数值计算、风洞试验、动模型试验、空调通风试验、气密性及气密疲劳试验、实车空气动力学线路试验；然后阐述了列车气动设计技术，主要包括气动设计原则及性能指标、气动设计方法、流线型头型设计、整车表面平顺化设计、局部流动控制技术、美工设计；最后介绍了列车头型制造技术，主要包括复杂曲面制造技术、数字化造型和冲压技术、表面涂层技术等。

第 4 章为高速动车组车体减振降噪设计技术。首先介绍了列车减振降噪基础理论，主要包括结构振动和声辐射理论、振动舒适性、噪声舒适性；随后阐述了列车减振降噪设计方法，包括噪声控制策略、整车噪声管理和正向设计技术、噪声仿真技术、噪声试验技术；然后概述了列车主要噪声源及其贡献度，分析了列车车体结构中的声传播机理；之后介绍了列车减振降噪方案优化设计技术，包括空气声控制技术、结构声控制技术、整车噪声仿真优化技术；最后展望了列车车体减振降噪技术的发展趋势。

第 5 章为高速动车组车体被动安全设计技术。首先介绍了被动安全技术基础理论，涉及固体中的应力波、惯性效应、材料本构的动态响应、材料和结构的能量耗散、典型能量耗散结构和材料；随后概述了被动安全技术发展现状，包括被动安全技术标准、典型吸能部件及方式、技术研究的不足；然后阐述了被动安全技术研究方法，主要包括数值计算方法和被动安全试验；之后展示了列车被动安全技术应用案例；最后展望了列车被动安全技术的发展方向。

第 6 章为高速动车组车体技术发展展望，提出了高速动车组车体技术发展方向。

本书围绕高速动车组车体轻量化设计、空气动力学设计、减振降噪设计、被动安全设计 4 个方面，系统总结了高速动车组车体设计研发成果，以期对有意于高速列车车体设计的科研技术人员及高校师生有些许参考价值。本书凝练了研发团队在高速动车组车体研发设计方面的研究经验及成果，也参考了大量的国内外文献资料，借本书出版之机，谨向研发团队成员、文献作者及出版单位表示衷心的感谢。高速动车组车体设计关键技术涉及众多基础理论及技术领域，受作者水平限制，书中疏漏及不当之处在所难免，敬请广大读者批评指正。

丁叁叁

博士、中车科学家

国家高速动车组总成工程技术研究中心主任

**高速动车组车体设计关键技术**

# 目 录

## 第1章 绪 论 ············································································· 001
### 1.1 背景及意义 ········································································ 001
### 1.2 国内外车体研究现状及分析 ···················································· 004
#### 1.2.1 车体轻量化设计研究现状及分析 ········································· 004
#### 1.2.2 车体气动设计研究现状及分析 ············································ 005
#### 1.2.3 车体减振降噪设计研究现状及分析 ······································ 007
#### 1.2.4 车体被动安全设计研究现状及分析 ······································ 011
### 1.3 车体设计技术面临的挑战 ······················································ 013
#### 1.3.1 车体轻量化设计研究挑战 ·················································· 013
#### 1.3.2 车体气动设计研究挑战 ····················································· 014
#### 1.3.3 车体减振降噪设计研究挑战 ··············································· 015
#### 1.3.4 车体被动安全设计研究挑战 ··············································· 016

## 第2章 轻量化设计技术 ····························································· 018
### 2.1 轻量化设计的基本概念 ·························································· 018
#### 2.1.1 列车轻量化设计的意义 ···················································· 018
#### 2.1.2 车身轻量化原则 ······························································ 019
### 2.2 轻量化结构设计方法 ···························································· 021
#### 2.2.1 优化设计技术分类 ··························································· 021
#### 2.2.2 轻量化优化设计技术原理 ·················································· 023
#### 2.2.3 轻量化优化应用案例 ························································ 032
### 2.3 轻量化材料性能及其设计技术 ················································· 040
#### 2.3.1 中空铝合金型材 ······························································ 040
#### 2.3.2 碳纤维复合材料 ······························································ 041

2.3.3　玻璃钢纤维增强材料…………………………………………………041
2.3.4　铝蜂窝材料………………………………………………………………043
2.4　轻量化技术在轨道交通领域中的应用……………………………………………043
2.4.1　中空铝合金型材在北京地铁19号线中的应用…………………………043
2.4.2　碳纤维材料在下一代地铁中的应用………………………………………045
2.4.3　轻量化优化技术在动车组行李架上的应用………………………………048

# 第3章　空气动力学设计技术……………………………………………………………054

3.1　列车空气动力学基础理论……………………………………………………………054
3.1.1　列车明线运行空气动力学性能……………………………………………054
3.1.2　列车隧道空气动力学性能…………………………………………………062
3.1.3　风致安全性…………………………………………………………………067
3.1.4　气动噪声……………………………………………………………………071
3.1.5　客室舒适性…………………………………………………………………077
3.1.6　复杂环境下的流场特性……………………………………………………083
3.2　列车空气动力学研究方法……………………………………………………………086
3.2.1　数值计算……………………………………………………………………086
3.2.2　风洞试验……………………………………………………………………111
3.2.3　动模型试验…………………………………………………………………126
3.2.4　空调通风试验………………………………………………………………131
3.2.5　气密性及气密疲劳试验……………………………………………………133
3.2.6　实车线路空气动力学试验…………………………………………………137
3.3　列车气动设计技术……………………………………………………………………139
3.3.1　气动设计原则及性能指标…………………………………………………139
3.3.2　气动设计方法………………………………………………………………148
3.3.3　流线型头型设计……………………………………………………………148
3.3.4　整车表面平顺化设计………………………………………………………181
3.3.5　局部流动控制技术…………………………………………………………189
3.3.6　美工设计……………………………………………………………………199
3.4　列车头型的制造技术…………………………………………………………………202
3.4.1　复杂曲面制造技术…………………………………………………………202
3.4.2　数字化造型和冲压技术……………………………………………………206
3.4.3　列车表面涂层技术…………………………………………………………214

# 第4章 减振降噪设计技术 · 217

## 4.1 高速列车减振降噪基础理论 · 217
### 4.1.1 结构振动和声辐射理论 · 217
### 4.1.2 振动舒适性 · 222
### 4.1.3 噪声舒适性 · 223

## 4.2 高速列车减振降噪设计方法 · 226
### 4.2.1 噪声控制策略 · 226
### 4.2.2 整车噪声管理和正向设计技术 · 226
### 4.2.3 噪声仿真技术 · 229
### 4.2.4 噪声试验技术 · 235

## 4.3 高速列车噪声源特性及其对车内噪声影响研究 · 245
### 4.3.1 高速列车的主要噪声源及贡献度分析 · 245
### 4.3.2 高速列车车体结构中的声传播机理研究 · 254

## 4.4 高速列车减振降噪方案优化设计 · 272
### 4.4.1 空气声控制技术 · 272
### 4.4.2 结构声控制技术 · 276
### 4.4.3 整车噪声仿真优化技术 · 300

## 4.5 减振降噪技术发展趋势 · 306
### 4.5.1 噪声主动控制技术应用 · 306
### 4.5.2 声学超材料和超结构应用 · 310
### 4.5.3 车内声品质提升技术 · 311

# 第5章 被动安全设计技术 · 318

## 5.1 被动安全技术基础理论 · 318
### 5.1.1 引言 · 318
### 5.1.2 固体中的应力波 · 319
### 5.1.3 惯性效应 · 321
### 5.1.4 材料本构的动态响应 · 322
### 5.1.5 材料和结构的能量耗散 · 324
### 5.1.6 典型能量耗散结构和材料 · 327

## 5.2 被动安全技术发展现状 · 330
### 5.2.1 概述 · 330
### 5.2.2 被动安全技术标准 · 331
### 5.2.3 典型吸能部件及方式 · 332

5.2.4　技术研究不足 ································································· 333
　5.3　被动安全技术研究 ······················································································ 334
　　　5.3.1　被动安全数值计算方法 ····················································· 334
　　　5.3.2　被动安全试验 ································································· 375
　5.4　列车被动安全技术应用案例 ······································································· 387
　5.5　被动安全技术发展方向 ············································································· 394
　　　5.5.1　理论突破：高速列车碰撞能量精细化管理技术研究 ··············· 394
　　　5.5.2　设计理念：新型高性能吸能结构研发 ································ 395
　　　5.5.3　评估能力：列车级高速碰撞试验技术研究 ························· 396

## 第 6 章　车体技术发展展望 ············································································· 397

## 参考文献 ·································································································· 398

# 第 1 章 绪 论

## 1.1 背景及意义

高速铁路的快速发展从根本上改变了人们的生活方式和出行体验，推动了经济发展和社会进步。由于高速铁路具有载客量大、输送能力强、速度快、安全性好、正点率高、舒适方便、能源消耗低、环境影响小、经济效益好等优点，世界各国争相发展高速铁路。1964 年 10 月，世界上第一条高速铁路——东海道新干线开通运营，旅行速度达到 210 km/h，标志着世界高速铁路由线路试验跨入商业运营。法国 1971 年开始修建 TGV 东南线，1981 年 9 月全线投入运营，最高速度为 270 km/h。其 V150 型试验列车于 2007 年创造了轮轨列车最高速度纪录 574.8 km/h。德国 1982 年开始修建高速铁路，1991 年曼海姆至斯图加特线投入运营，最高速度为 280 km/h。意大利 1992 年完成罗马至佛罗伦萨高速铁路的修建，1994 年开始高速铁路网建设。我国从 2004 年引进速度 200 km/h 高速列车技术开始，通过自主研发，形成"和谐号""复兴号"系列动车组，速度等级涵盖 200 km/h、300 km/h 和 350 km/h，目前正在研发 CR450 创新工程和 600 km/h 高速磁浮列车。不同系列的高速动车组适应各种复杂的地理环境，满足多样化的市场需求，成为中国走向世界的亮丽名片。

高速动车组作为高速铁路系统的核心移动装备，随着高速铁路的快速发展，其性能和技术水平也在持续提升。车体作为高速动车组的主体承载结构，既是旅客的乘坐载体，也是安装和连接其他车辆组成部分的基础，其技术水平对高速列车性能及运营安全有着

## 高速动车组车体设计关键技术

重大影响。随着列车运行速度的提高，车体在满足刚度、强度、模态等性能指标的前提下达到安全、高速、可靠和环保的要求将是设计人员持之以恒的追求。

车体主要由底架、车顶、侧墙、司机室、车钩缓冲装置、碰撞吸能结构等子系统和部件组成，在车体设计中涉及空气动力学、被动安全、模态匹配、结构强度与优化、减振降噪等专业技术。进入高速领域，车体需承受车体之间、车体与转向架、弓网、车上部件及车门之间、车体与气流之间各种纵向、垂向、横向力及力矩、冲击等强流固耦合作用，振动冲击加剧，气动因素的影响发生质变，这些对车体设计提出异于普通列车的技术要求。综合考虑高速列车运行安全性、舒适性、环保性及经济性需求，对高速动车组车体设计提出气动设计、轻量化设计、气密强度设计、振动模态匹配设计、隔振降噪设计以及结构安全设计等要求。

2004年1月，国务院提出"引进先进技术、联合设计生产、打造中国品牌"的我国铁路机车车辆装备现代化总体要求，原铁道部在党中央、国务院的总体部署下，全面实施高速动车组的技术引进和国产化项目，开启了中国高速动车组的技术引进、消化吸收再创新的快速发展历程。

2004—2007年，引进、消化、吸收阶段，引进并设计生产了CRH系列200~250 km/h高速动车组。引进的高速动车组车体采用铝合金材料，筒形整体承载结构，车体强度和刚度满足动车组运营要求，同时实现了轻量化。为了减小空气阻力，列车头型及车体外轮廓采用流线型设计。车体结构采用通长中空大型铝型材，外部采用气密焊接，保证车体结构的气密性，用于解决高速列车在隧道内高速运行及交会时，由于交变压力波引起的耳鸣、疼痛感，保证舒适性需求。流线型的列车头型结构结合中空铝型材的空腔内部粘贴热融性减振材料，达到了减振降噪的目的。

2008—2012年，自主提升创新阶段，研制了CRH系列300~350 km/h高速动车组。高速动车组运行速度提升至350 km/h，运行速度的大幅提升，使得车体设计面临巨大挑战，主要表现为：气动阻力急剧上升、交会压力波加剧、横向力矩加大、尾车升力上升、振动幅频加大、内外噪声加大，结构安全要求不断提高。综合考虑高速列车运行安全性、舒适性、环保性及经济性需求，高速列车车体设计技术需综合协调、全面提升。CRH系列300~350 km/h高速动车组车体关键设计技术主要包括：

# 第 1 章 绪 论

（1）气动设计：结合仿真及缩比模型试验，开展流线型头型气动优化设计，降低气动阻力。

（2）轻量化设计：采用等强度设计理念，在各种载荷工况下，合理匹配部件刚度、模态，统筹解决车体轻量化与强度、刚度、气密强度、减振降噪性能间的矛盾。

（3）气密强度提升设计：通过系列线路试验，并与仿真计算对标，确定车体气密强度标准，结合仿真分析，优化车体断面及车体局部结构，满足气密强度要求。

（4）振动模态匹配：结合仿真分析、台架试验与线路试验，掌握车体整体与局部模态特征，通过局部结构优化，改善局部振动特性，满足车体一阶弯曲频率要求。

（5）减振降噪设计：利用声固耦合理论，分析车体空腔声模态与车体整体局部振动模态以及声振耦合的振动源和传递关系，优化局部结构，增加型材内敷减振材料，改善车体的减振降噪性能。

（6）结构安全设计：优化车体断面及局部结构，提升纵向拉伸载荷和压缩载荷的承受值。

2013 年至今，持续创新阶段，代表性产品为 350 km/h、250 km/h "复兴号" 动车组等。"复兴号" 动车组虽在试验速度和运营速度上未做进一步提升，但车体高度增加、轴重加大，并首次引入被动安全设计理念。车体高度增加意味着车体断面增大，这将导致车体表面压力、气动阻力和车体质量增大，对车体气动设计和轻量化设计提出挑战；被动安全设计理念需要对列车碰撞行为进行深入分析，要求车体须能承受碰撞瞬间的冲击载荷，保证车体不会发生大的变形，并设置吸能结构以吸收碰撞能量，这又导致车体质量增加。在 "复兴号" 动车组车体设计中，车体气密强度、疲劳寿命和模态匹配不会因设计目标的变更发生大的变化，这已在前期高速动车组的设计中得到系统解决，设计方法相对成熟。车体设计关键技术重点围绕气动设计、轻量化设计和被动安全设计展开。

（1）气动设计：采取仿真计算与风洞、动模型及线路试验相结合的方法，优化头部造型和车体外表面平顺化设计，降低车体的气动阻力。

（2）轻量化设计：继承等强度设计理念，优化车辆断面及刚度分布，提升车体强度、刚度，在满足运营要求的前提下实现车体轻量化。

（3）被动安全设计：开展碰撞基础理论研究，进行仿真与试验，充分考虑吸能装置的刚度匹配、轻量化和变形协调，实现车钩、吸能部件、防爬单元三级防爬要求，满足线路实际运营状态下的碰撞保护。

## 1.2 国内外车体研究现状及分析

### 1.2.1 车体轻量化设计研究现状及分析

我国高速铁路具有高寒、风沙、高温、高湿等多样化的特点。为了适应不同区域、不同路网和不同旅客群对高速动车组技术、服役性能和运营模式提出差别巨大的要求，需要不同的个性化、系列化高速动车组技术与之适应，轻量化铝合金车体技术是其中一项关键技术。

车体结构质量作为整车质量的重要组成部分，其设计的车体质量值将直接影响整车质量的设计目标。因为车辆质量对轮轨寿命、能量消耗、环境友好等诸多方面都有重要意义，所以车体轻量化设计一直是列车设计的重要课题。传统的车体结构设计方法，首先凭借经验设计出车体结构方案，然后根据车体结构相关标准规定的载荷和评价指标进行强度和刚度校核，这往往需要多次循环进行结构修改才能满足设计要求。

动车组为了适应大载客量、空重车变化大的需求，尽量降低铝合金车体的自重，从而提高整车的载客量；动车组主要从铝合金车体材料、铝型材断面、车体结构等几方面入手考虑车体的轻量化技术。目前，车体结构评估工作主要依赖于有限元数值分析，并且随着计算精度要求的增加，其模型计算单元数通常会达到百万级别，建立模型的时间和随后的计算时间严重影响车体结构的设计周期。此外，各种设计参数与结构性能之间存在复杂的隐式关系，凭借设计经验无法实现车体结构的最优设计，也不能适应车体结构设计的创新周期要求。依据经验改动结构进行方案比选的被动分析方法，对现代铁路车辆结构而言，是无法满足设计周期和轻量化要求的。

国外，车辆结构的轻量化设计研究主要集中在高速列车动力学性能优化、耐撞性优化、多学科优化、近似技术、复合材料应用和并行计算等方面。基于多目标搜索算法和多目标遗传算法对轨道车辆结构进行轻量化优化设计，使用多目标搜索算法对转向架的悬挂参数进行优化设计，使用多目标遗传算法对动力车悬挂参数和无动力车的横向稳定

## 第 1 章 绪 论

性进行迭代优化设计，使用随机进化搜索策略和并行计算对振动阻尼和脱轨安全性进行了优化分析。在碰撞方面，结合车体结构的碰撞动力学分析结果，对车体结构和碰撞吸能部件进行了优化设计分析。在新材料应用方面，复合材料车体采用多级优化方法，有效降低了分析周期，并对整车车体结构和局部三明治夹层板进行了模态、屈曲和声压等多约束的减重优化分析。

国内，随着结构优化分析理论的发展和成熟，铁路行业的科研工作者也对轨道车辆关键结构轻量化进行了研究，并形成了大量科研成果。成果主要集中于车体和转向架，车体结构主要有方案比对和断面结构优化；转向架主要有动力学性能（减振器、悬挂参数）优化和构架结构优化等。应用 Kriging 模型对铁道车辆客室结构进行了优化，实现了客室结构多目标多参数优化设计，解决了车辆客室空间尺寸和内部部件接触刚度优化配置问题。对高速磁浮列车车体承载结构进行优化设计，提出了三明治板在大型结构中的建模方法，获得了高速磁浮车体承载结构的轻量化设计方案。采用离散变量优化方法对轻轨车体进行优化设计，采用拓扑优化方法对车架进行了结构优化分析，并以满足底盘总成布置和路面行驶要求对车架结构进行了设计，同时基于灵敏度及尺寸优化方法对车门进行了轻量化设计。

依据车体轻量化总体顶层指标，通过指标分解，把优化思想贯穿于方案设计、结构设计以及后续试验验证等全流程，并进行全局把握，然后结合相关结构特性，针对性地提出轻量化设计方法，应用结构优化分析方法进行车体轻量化设计，把车体作为一个系统工程进行总体轻量化设计。

### 1.2.2 车体气动设计研究现状及分析

1. 高速列车空气动力学研究方法

高速列车空气动力学研究方法主要有实车试验、模型试验、数值计算及理论分析。模型试验的研究手段主要有风洞试验、动模型试验、水槽或水洞试验。

实车试验能够获得真实环境下高速列车空气动力效应，但是组织一次实车试验需要消耗大量的人力、物力，耗费巨大，而且受自然条件限制，很难获得理想环境条件，重复性难以保障，同时实车试验需要在列车制造出来以后进行，对于设计阶段来说，成本

### 高速动车组车体设计关键技术

过于高昂，因此主要用于评价、检验和验证其他方法。动模型试验和风洞试验具有与真实运营情况相同的介质，且具有成熟的理论基础和试验技术手段，基本不受自然天气的影响，可以较为容易地控制试验参数，在设计验证阶段有其独特的优势。但是模型试验受雷诺数效应影响，使用缩比模型得到的数据与实际列车差距多大尚无定论。风洞试验方面，通过对风洞试验段加装带有吸气功能的地板或移动带是控制附面层的理想手段。但目前绝大多数高速列车的风洞试验中仍采用固定地板配合路基进行模拟风洞试验，对于路基附面层，是否能通过改变设计降低附面层厚度，路基设计参数如何影响附面层厚度，是使用固定路基提升风洞试验精度必须研究的问题。近年来，随着计算机硬件水平和计算流体动力学软件技术的不断发展，数值模拟技术成为高速列车气动设计阶段广泛使用的方法。数值模拟计算可以将各种环境条件组合加载于车体，方便进行多工况下多方案的比选，还可以深入探索内在流动机理，辅助优化设计，具有周期短、成本低的优势，是研究高速列车气动设计的一种重要手段，对高速列车空气动力学的发展起到了至关重要的作用。

欧洲在高速列车空气效应的研究方面起步最早，通过实车试验、缩比模型试验和数值仿真计算对其气动效应进行了大量基础性研究。通过风洞试验和数值仿真对不同风速、桥梁、挡风墙环境下不同车型的气动性能进行了分析，在列车、桥梁、挡风墙的选型方面进行了大量研究；同时还通过对比不同地面模拟技术等不断优化风洞试验技术，通过动模型试验和数值仿真研究了车辆的隧道空气动力学特性，对车-隧压力变化、交会压力波、出口微气压波等进行了分析，辅助了高速列车及隧道的设计。日本在高速列车气动效应研究方面后来居上，不仅开通了全世界第一条高速铁路，而且在高速列车气动减阻降噪方面取得了令人瞩目的成绩。

我国在高速列车空气效应研究方面起步较晚，但是发展最快。研究人员基于大量的实车试验、缩比模型试验和数值仿真计算，对列车明线运行、交会、大风运行、隧道运行等方面的气动性能进行了综合性研究，并对相关气动问题的形成机理、影响因素、改善措施等进行了充分研究，对高速列车空气效应的基础性研究已经趋于完善，但是依然在不同气动性能的诸多设计变量之间不断探索，以寻找其间的平衡，以求获得更快、更稳、更优的产品。

2. 高速列车气动设计方法

在高速列车头型气动设计方面，研究人员提取出不同的设计变量（流线型长度、长细比、横断面、纵截面等），制订出不同的三维头型设计方案，然后通过缩比模型试验、数值仿真计算，综合分析气动性能指标，研究发现流线型的客车引起的列车风速要小于钝头型的客车，所产生的交会压力效应比钝头型车头低，隧道壁面压力变化幅值也低于钝头型车头，并得到了轨间距、列车速度、头型鼻部长度等参数对会车压力波的影响，分析了对列车交会压力波产生影响的头部和车身截面因素。

在高速列车外形参数化建模方面，研究人员也开展了大量工作，主要有以下三类：一是根据确定的车体横截面轮廓，用车辆模型函数建立了高速列车头型的三维参数化模型，获得满足最佳气动阻力、稳定性、列车隧道微气压波等要求的模型；二是建立能够控制截面的参数表达式，通过求解流体力学方程对高速列车头型进行优化；三是采用 NURBS 曲线生成控制型线，并使用相关算法自动生成 Coons 曲面，编制了具有良好动态修改特性的高速列车外形设计软件。

在列车外形优化的工作中，主要遇到的问题是如何选择列车头型的关键参数。目前主要有两种方法：一是根据既有的高速列车空气动力学研究成果，提取设计变量，如列车流线型长度、列车头部锥度、列车横截面面积等，研究列车的气动性能；二是对列车头型进行分块，在各块中选择控制点，将其坐标作为列车头型优化设计中的关键参数，这种方法将列车外形参数化与优化设计紧密结合在一起。在目前的列车头型设计中，列车头部流线型长度、司机室位置和列车横截面面积起着决定性作用。如何将列车外形设计中实际用到的关键参数与列车头型优化设计结合在一起，是以后研究中亟待解决的问题。

## 1.2.3　车体减振降噪设计研究现状及分析

随着人们对安全、快捷出行的需求不断提高，高速动车组逐渐向着高速、绿色、智能、安全、可靠的趋势发展。随着生活水平的提高，人们对乘车环境的要求越来越高，对车内噪声的耐受度也越来越低，要求高速铁路在向超高速化发展的同时，必须采取措施保证乘坐舒适性。伴随列车速度的提升，噪声也大幅增长，其中轮轨噪声随速度的 3

### 高速动车组车体设计关键技术

次方增长，而气动噪声随速度的 6～7 次方增长，这将对车内和车外环境产生极大的影响。车内噪声不仅对语音清晰度、乘坐舒适性以及对声音的识别能力有影响，还很容易使司乘人员产生疲劳、注意力减退、神经紧张和工作能力下降等症状，甚至对身体健康产生慢性危害；车外噪声会造成沿线噪声污染，对沿线人们的正常生活、学习和工作造成不同程度的影响。如何解决这一难题，满足人们对高速动车组"高速、舒适"的要求，成为高速动车组亟待突破的关键技术，这也是高速列车领域研究的热点和难点。噪声甚至已成为制约高速铁路进一步提升运营速度的决定性因素。

为了限制高速动车组的车内外噪声，各国都制定了相应的标准或法规，力图将车内外噪声限制在规定的限值以内，以保证人们的正常生活和工作。我国高速动车组噪声研究起步较晚，对车体结构中噪声传播机理的研究不够深入，噪声控制结构的设计，大都依靠建筑声学的经验或大量的试验测试，使得结构设计和优化周期很长，并且具有很大的盲目性。高速动车组特殊的车体结构，决定了其噪声传播的方式不同于建筑结构和普通的单层板结构，在这方面缺乏可用于指导工程设计的研究。如何解决隔声质量定律与轻量化要求之间的矛盾，在有限声学设计空间内实现噪声控制目的，同时缩短设计周期，降低设计成本，实现降噪结构的正向设计，是高速动车组设计过程中亟待解决的问题。车体减振降噪设计主要分为噪声源强研究、车内噪声控制研究、噪声预测研究。

1. 高速动车组噪声源强及其控制措施研究现状

较早研发高速动车组的法国、德国、日本等国家，均投入了大量的人力和物力系统开展振动噪声理论、测试技术、分析方法、工程应用等研究。中国高速动车组噪声研究起步晚，但市场需求大，最近几年更是得到了高度重视，车体降噪研究取得了较大进步。从噪声研究的侧重点看，欧洲和日本偏重车外噪声控制，国内则更注重于其对车内噪声的影响。

国外研究人员针对轮轨噪声模型中对道床结构等效存在的不足，引入了轨枕辐射噪声和车轮的有限元模型，提高了高频噪声计算的精度，并在此模型基础上开发了轮轨噪声预测软件——TWINS，已得到行业内的广泛认可，成为欧洲轮轨噪声预测的主要分析工具。随着我国高速铁路的快速发展，国内在轮轨噪声研究方面进步很快：基于车辆动力学研究技术，建立了适用于轮轨噪声研究的列车-轨道垂向耦合振动模型，引用半解析

# 第1章 绪 论

振动-声辐射效率公式计算了轮轨噪声，对几种降低轮轨噪声的方案进行了优化和评估，并对该模型的进一步发展，引入轮对柔性的影响，建立了刚柔耦合车辆-轨道耦合动力学，不仅计算了频域的轮轨噪声特性，还获得了时域特性。

基于声全息原理的声阵列技术是进行高速动车组噪声源识别的有效方法。国内研究人员采用该方法获得了某动车组 350 km/h 速度级的车外噪声分布云图：该速度级下的受电弓噪声强度超过了轮轨噪声，成为列车最大的局部噪声源。受电弓噪声控制成为高速动车组研制过程中不可回避的重点课题。国内外众多研究人员对受电系统噪声进行了研究。日本在受电弓弓体气动噪声控制方面的研究较为领先，主要体现在弓体结构简化、流线型包覆、导流罩、弓头气流控制四个方面；研究表明，通过优化受电弓导流板，能够进一步降低受电弓噪声，这些措施在 FASTECH360 车上进行了试验。国内研究人员在受电弓导流罩气动噪声优化方面也做了一些仿真及试验研究：通过对气动噪声仿真进行研究，提出了受电弓、车体表面、转向架区等位置的气动噪声优化建议；从声暴露级、等效连续声级等角度对列车通过噪声进行了评估，测试数据表明高速列车通过噪声是宽频噪声。

上述对噪声源的研究，使得高速动车组噪声源特性更加清晰。从噪声源本身采取的降噪措施，有助于进一步降低声源本身的强度，减缓车体降噪的压力。但既有研究的重点是用于车外噪声预测，对噪声源与车体作用关系的研究较少，本书从声激励和振动激励两方面，研究声源与车体之间的作用关系，为后续车内噪声研究及噪声控制方案的设计指明技术路线。

2. 高速动车组车内噪声及其控制措施研究现状

对于车内噪声的控制，首先要掌握高速动车组的噪声源特性，研究噪声在车体结构中的传播机理，才能设计开发出有效的降噪结构。

空气只能传播纵波，与之相比，固体结构中声波的传播就更为复杂，除了能传播由体积形变产生的纵波外，还能传播切向形变产生的横波；在固体的自由表面，还会产生振幅随离表面深度而衰减的表面波。因此研究固体结构中的声传播，就必须研究结构的振动。国外研究人员在结构振动专著中对振动基本理论和振动方程做了详细阐述，并将研究内容向声学方向推进了一步，研究了结构振动与声传播的关系，包括声致振动、声波在结构中的传播、不同形式入射波导致的结构响应差异，并对双层板中空结构的隔声性能进行了探讨。

双层轻质板的传声特性研究，目前尚没有成熟的理论。国内外研究人员对双层结构的隔声理论进行了研究和改进，建立了瓦楞板复合结构的声传播模型，并给出了隔声量仿真结果，该结构与高速动车组车体结构类似。此外，国内研究人员对薄板结构低频隔声性能与振动模态特性进行了研究，并采用声学灵敏度方法，研究了车体型材声学响应与各面板振动的关系，提出了高速列车车体型材断面的声学优化方向。

在噪声控制结构开发方面，马大猷等从建筑工程角度对隔声、吸声、振动控制进行了专题论述。同时，研究人员也在阻尼降噪技术方面进行了深入研究，不仅系统地阐明了阻尼降噪技术的理论，而且以众多的工程实例介绍了阻尼技术的应用。在轨道车辆降噪结构设计方面，概述了动车组车内噪声设计理念研究，通过研究铁路客车内部噪声测量方法及限值标准，对降噪结构设计提出了要求，并从仿真的角度，阐述了高速列车车内低频噪声与结构模态及声腔模态的关系。同时，还从理论和试验两方面对黏弹性阻尼材料降低车内噪声振动进行了较为细致的研究，并研究了高速动车组阻尼降噪材料及结构、地板断面等优化技术，提出了优化方向。通过建立双板空腔隔声特性模型，对高速动车组车窗隔声量与各车窗参数优化关系进行了研究，优化了玻璃厚度、夹层厚度、阻尼等参数，使车窗玻璃的隔声量提高了 3 dB。

3. 高速动车组噪声预测研究现状

在我国高速动车组研发初期，当车辆暴露噪声问题时，才进行车内噪声的测试并制订降噪方案进行施工改进，使得结构设计和优化周期较长且盲目，有时采取的措施难以达到理想效果。目前在车辆设计初期，对高速动车组噪声采用科学合理的方法进行仿真计算，估算出车辆的噪声水平和声压分布，将预测结果反馈给设计部门，有针对性地进行降噪设计，并对不同的降噪方案进行评估和对比，使得列车产品满足车内噪声指标，这样不仅缩短了设计周期，降低了设计成本，同时避免了后期在降噪方面的整改。

噪声预测研究人员利用边界元法对多种轨道车辆车体结构的声学响应进行了分析，说明该方法在轨道车辆声学仿真应用上的可行性，并结合试验测试数据，通过对比说明该方法的计算结果与试验测试数据规律一致。同时，研究人员利用统计能量法对高速动车组车内噪声进行了仿真预测，揭示了噪声传递路径及其在相应路径上声能分布的客观规律，从仿真角度对结构优化效果进行了对比分析。

高速动车组整车结构复杂，属于典型的中频声振系统。如果采用有限元和边界元方法进行噪声预测，高频部分计算量大、时间长，几乎不能实现，而统计能量分析方法只适合模态密集的高频段，中低频段的应用受到限制。因此，研究人员采用混合有限元-统计能量分析方法建立高速动车组的混合预测模型，对整车噪声进行预测分析，该方法是目前最有效的方法。

## 1.2.4 车体被动安全设计研究现状及分析

被动安全是列车运营安全的重要组成部分，作为一切主动防护失效后的最终保护，在发生意外碰撞事故时能够有效保护乘员不受伤害或少受伤害。国内外针对列车被动安全问题，在普速和高速列车方面开展了针对性的研究工作。

1990—2007 年，由欧盟资助的 TRAINCOL、SAFETRAIN/SAFETRAM 及 SAFE INTERIORS 等项目从耐碰撞车辆的设计工具、干线铁路列车被动安全的设计方法、有轨电车的被动安全性设计方法和列车内部设备的被动安全性等多个方面进行了深入细致的研究，并于 2007 年形成标准 EN 15227：2007 版本。

英国是最早研究列车碰撞的国家之一，提出耐碰撞性车体结构设计和以可控大变形方式吸收碰撞能量的概念，并进行了实物碰撞测试，在自制试验台上对车体端部进行准静态冲击试验。

美国为研究其国内普速客车设备的耐撞性，1989 年启动了"高速客运列车系统安全性"项目研究，主要研究工作在位于马萨诸塞州的 Volpe 中心开展。美国基于理论分析和数值模拟方法开展了车辆压缩特性、列车碰撞动力学、乘员碰撞动力学及乘员伤害三方面的研究。美国 FRA（联邦铁路管理局）在位于科罗拉多州的 Pueblo 建有一条 1.2 km 长的专用冲击试验线，可以进行全尺寸车辆、机车的撞击试验。曾经对两辆客车以 41.8 km/h 的速度撞击特制冲击墙的工况进行了实车试验。所有理论研究结果都被大量的试验支持并证实，从而使得对传统列车、耐冲击列车的耐撞性能的比较成为可能。

SNCF（法国国铁）完成了 200 km/h 等级的单车辆实车撞击试验分析，通过在车体

### 高速动车组车体设计关键技术

的两端安装吸能结构增加能量耗散区域。以整列车吸收 20 MJ 的动能计算，分散到动车上的吸能量要求为 8 MJ，次位车吸能 5 MJ，剩余 7 MJ 由其他的拖车耗散。同时，法国进行了大量的吸能部件（端部底架、防爬装置）撞击试验，结合数值分析提出了防爬装置、人体承受减速度等耐冲击吸能车体设计指标及要求。

韩国铁道研究院在列车（KHST）前部设计了能量吸收结构，建立了 KHST 的 3D 壳模型，对列车前部能量吸收能力、乘客与司机安全以及车钩强度进行分析评估，评估结果用于改进列车防撞设计，并将所进行的 KHST 防撞性的分析结果与法国阿尔斯通公司研发的 KTX 型列车的相关数据进行了比较，最后通过两辆动车组的撞击试验对数值仿真结果进行了验证。

我国的一些铁路科研单位、高校在高速列车被动安全方面也进行了大量的研究。中南大学提出了一种新的耐冲击吸能车体设计方法，车体前后两部分为可以产生塑性变形的弱刚度吸能结构，中间部分为仅产生弹性变形的强刚度弹变结构，这种设计方案在列车正常运行时，可以保证足够的刚度和强度，满足静强度要求，在发生列车碰撞时，可延缓碰撞时间，降低碰撞减速度，保证乘员人身安全。西南交通大学设计出司机室端两级吸能装置以及车体尾端弱刚度结构，其结构分别具备 3.4 MJ 和 6.5 MJ 吸能量，可有效保护司机室结构和乘客区，并将此结构应用于高速列车 36 km/h 对撞工况的验证，试验结果满足标准要求。同济大学以低地板动车组为研究对象，提出变形区和乘坐区的不同纵向刚度、强度的设置以及合理的伪塑性铰结构，可以使撞击能量有序耗散，车体结构有序变形。大连交通大学运用有限元对某高速客车车身进行了碰撞数值模拟分析，并与多学科优化软件 ISIGHT 有机结合，采取遗传算法（GA）和序列二次规划算法（SQP）组合优化方案对吸能结构进行优化设计。

目前，国内对高速动车组被动安全性的研究还主要停留在概念模型设计阶段，主要通过数值仿真进行研究，并未进行实物碰撞试验验证，同时也未进行高速列车被动安全性的工程化应用。同时，世界各国针对高速列车的被动安全防护技术研究均未全面深入展开，尚未形成一套可以借鉴的成熟完备的设计、仿真、试验及评估标准体系。

我国依托专项载体，研究搭建基于系统能量管理、刚度匹配、逐级吸能、吸能承载一体化、包覆工况、吸能部件模块化等理念的碰撞系统设计平台，已取得阶段性成果。

# 第1章 绪 论

（1）复杂碰撞仿真模型：将钩缓装置模型和吸能装置模型连接车辆模型，建立"列车+轨道"耦合碰撞动力学模型，研究碰撞爬车、爬车临界速度和影响爬车的车辆参数，分析高速列车的头车钩缓装置和中间钩缓装置的碰撞行为。

（2）碰撞材料力学性能数据库：开展铝合金材料动态性能研究，建立了适合高速列车碰撞研究的铝合金材料力学性能数据库，极大地提高了仿真分析精度。

（3）全包覆工况下主吸能结构设计：形成了以材料选型、元件设计、部件设计、整车设计为主要设计步骤的设计平台，系统开展仿真分析、试验验证及多目标优化工作，保证主吸能结构变形及能量耗散有序、可控。

后续研究工作主要从碰撞机理、过程响应、结构设计、仿真优化、试验验证等方面进行高速列车被动安全系统关键技术研究，探明列车级碰撞保护性能的有效性、界面稳定性及碰撞全过程机理，掌握核心技术，提出高速列车耐撞性设计标准，搭建我国高速列车被动安全技术设计及评估体系，研制新型端部吸能系统，以解决大长细比、流线化细长头型高速列车碰撞被动安全工程化设计问题，最大限度吸收列车碰撞时的冲击动能，降低碰撞作用力，保护乘员安全。

## 1.3 车体设计技术面临的挑战

### 1.3.1 车体轻量化设计研究挑战

对于高速列车来说，阻力主要来自机械摩擦和空气阻力，而机械摩擦阻力除了与摩擦系数有关外，还与列车质量相关。因此，减少列车质量不仅体现在用材的减少和制造成本的下降，更重要的是通过减小运行中的机械阻力，达到提高牵引加速能力和节能的目的。因此，高速列车的轻量化设计已经成为高速列车的关键技术之一。高速列车的车体系统占整个列车质量的一半以上，因此轴重的大小就反映出车体系统轻量化的水平。

高速列车车体作为列车的组成主体和旅客的乘坐载体，高速、舒适、安全及结构的轻量化是高速客车车体设计的主要目标，但是这些设计目标之间又相互制约，因此，高速客车车体设计中必须考虑以下几个方面的要求。

（1）车体强度：为保证车辆在运行中有足够的强度，必须能够承担一定的载荷工况，以达到符合车辆的强度设计规范。车体在运用中承受着纵向、横向、垂向、扭转和气密载荷等准静态及动态载荷的作用,这些动态载荷往往与线路条件、司机操纵、列车动力学品质相关,具有很强的随机变动特性。除此之外,车体结构设计需要考虑这些准静态及动态载荷的单独或联合作用,需校核车体结构的强度和刚度,同时需要进行车体的结构疲劳设计。

(2)车体刚度:主要是控制车体的垂向位移和扭转角位移。

(3)车体的耐碰撞安全防护:需要在车体结构的非乘客区设置能量吸收区,以尽可能地吸收冲击动能,最大限度地保证乘客安全。

(4)车体自振频率:为保证车辆运行的高品质和高安全性,需要对车体的第一阶垂向弯曲固有频率进行一定的限制。

(5)结构轻量化:在保证安全和使用寿命的前提下,尽量做到车体结构的轻量化。车体结构所占车辆自重的比例很大,因此设计时尤其应注意减轻其自重。

上述这些约束与结构参数的要求有些是相互矛盾和互为制约的。车体轻量化设计研究需要考虑影响整个性能的各个因素。例如,耐碰撞车体的轻量化设计既要保证车体结构强度和刚度以及耐撞性能的要求,又要尽可能地减少车体质量,这是一个难以协调处理的设计问题。不同运用需求的动车组将对车体结构提出不同的要求,可根据需求特征和实际情况对车体结构进行合理调整。但是,恰当地将材料和结构合理匹配,在简化结构的前提下最有效地分散应力并实现轻量化是动车组车体结构设计坚持的原则。同时,复合材料等新材料的广泛应用为车体轻量化设计研究带来了新的机遇和挑战。

## 1.3.2　车体气动设计研究挑战

经过研究人员几十年的努力,车体气动设计技术有了长足的发展,运营速度、综合舒适度、安全性、可靠性、节能环保等各项综合技术指标优良,部分指标国际领先,创造了多个世界纪录,但是需求与时俱进,更轻、更快、更便利、更舒适、更安全、更环保是高铁的永恒主题。随着国内高铁产业的快速发展,高速动车组谱系需求日新月异,在车体气动设计方面带来了新的挑战,主要有以下几个方面:

(1)高速动车组正在经受复杂的作用关系、地理气候、运用工况的考验,研究人员需要进行复杂流场研究：深入揭示转向架、车端连接及集电系统等复杂湍流特征；优化部件设计，解决其在各种艰苦环境下的振动、冲击、疲劳、腐蚀、风沙、积雪、结冰等适应性问题。

（2）气动噪声和高速列车速度的 6 次方成正比，这是限制其提速的重要因素，为了发展更高速列车，研究人员需要对气动噪声进行深入研究：突破尺度效应制约，解决噪声试验相似性难题，提高风洞试验准确性；开展车外噪声源解耦技术研究，进行精确的噪声测试数据分离；建立系统的缩比模型与整车之间的转换理论及研究方法；开展噪声仿真技术研究，策划利用风洞及线路试验数据进行校验优化的方法，提高仿真的可信度，进行精确量化评价；开展高宽频带湍流边界层激励下的车内气动噪声研究；突破流动控制技术的工程化应用，进一步减阻、降噪。

（3）强流固耦合状态下，气流参与到车体-车体、车体-转向架、弓网、车载设备、轮轨、车线及设施的复杂作用关系中。研究人员需要进行流固耦合技术理论深化研究：深化车体边界层机理研究，准确揭示其流场机理和脉动规律；深入研究相似准则，提高风洞及动模型试验的精度；开展噪声、振动及流场测试同步性与解耦方法研究，提升分析水平。

（4）随着高速列车设计速度的不断提高，车-线-网-气流大系统耦合作用更加剧烈，多维力、力矩及冲击，对大系统的强度、刚度、振动及噪声耦合产生了深远影响，大系统强紊流模型及作用异常复杂，使得列车的运动行为急剧复杂，解耦难度加大。因此，需要构建流固耦合大系统模型，开展噪声、振动及流场测试同步性与解耦方法研究，提升分析水平，系统研究设计、仿真、试验及标准规范各环节，提供综合气动性能优化的解决方案。

## 1.3.3　车体减振降噪设计研究挑战

随着轨道交通技术的发展和科技的进步，高速动车组速度逐步提高，由此带来的振动与噪声问题日益凸显，车体的减振降噪成为设计的重点和难点。高速列车的车体结构非常复杂，从外到内依次为：双层加筋结构的挤压铝型材、吸声材料、复合结构内饰板。夹层中除了吸声材料之外，还有风道、安装骨架等连接结构。复杂的结构，增加了噪声控制的难度，主要体现在以下四个方面：

（1）噪声控制是系统工程：振动噪声的指标控制需要涵盖车辆设计和制造的整个过程，从平面布局、设备噪声控制，到降噪材料选用、结构设计、施工过程的监控和管理等，都需要考虑减振降噪。一旦车辆施工完成后还存在振动噪声问题，将会带来高昂的整改成本，且很难从根源上解决问题。

（2）噪声源众多：轨道交通车辆的噪声源包括轮轨噪声、气动噪声、受电弓噪声、设备噪声等，每个噪声源产生的机理不同，噪声频带分布范围宽，噪声源的识别和解耦非常困难，很难设计有针对性的噪声源控制措施。

（3）传播途径复杂：轨道交通车辆自身结构复杂，在众多噪声源激励作用下，噪声源自激励到车内的传播途径包含了转向架与车体、设备与车体、车体与内装等所有结构的连接接口，使得噪声传播途径识别和贡献度量化异常困难，国内外很多专家和学者都在致力于该方面的研究。

（4）降噪方案设计受综合因素制约：减振降噪结构方案在满足噪声控制指标的同时，需要克服"隔声质量定律与轻量化设计之间的矛盾""声学设计空间需求与其他系统设计空间之间的矛盾"，综合性能优良的减振降噪工程方案，需要在上述矛盾之间找到一个合理的均衡点。

车辆噪声的主要控制途径包括合理选择减振降噪材料、优化结构设计、应用吸隔声材料和减振技术等。从高速列车车体结构内噪声传播入手，结合噪声源特性，提出有针对性的噪声控制措施，并通过试验或仿真技术，对所设计结构的实车应用效果进行高效评估，为高速列车的车内噪声控制提供系统设计方法和工程化结构方案。同时，轨道交通的迅速发展要求动车组列车更加轻量化、舒适化，从而对车体的减振降噪要求也越来越高。探索先进的材料应用技术，在动车组列车中推广应用新型减振降噪材料，辅以减振降噪新技术，实现动车组车辆的轻量化、舒适化是高速列车车体结构的发展方向和趋势。

## 1.3.4　车体被动安全设计研究挑战

高速动车组采用细长流线化头型的铝合金轻量化车体，采用多体连接、弹性悬挂，碰撞能量巨大，保持端部叠塑完美、中部空间完整、姿态稳定，是世界性难题。

## 第 1 章 绪 论

车辆端部细长，吸能结构行程长且需塑变稳定，目前既有传统材料及元件均不能满足要求。端部长悬臂小截面结构弯曲刚度弱，撞击易弯曲，导致抬升爬轨，需突破复杂结构间强度、刚度、动静态匹配难题，提高整体的动态刚度，保证吸能结构及内部构件逐级变形、梯级吸能，实现动态过程的稳定可控。动车组鼻锥罩及内部大量复杂构件，妨碍车钩有效啮合，撞击瞬间易侧偏，会导致防撞失效，在列车碰撞瞬间需要强大的动态纠偏能力。

列车被动安全技术众多问题尚属前沿探索领域，针对高速列车多单元、多系统、多物理参量、强非线性难题，需进一步开展系列吸能材料，特别是车用铝合金材料的撞击性能研究，揭示动静态力学性能差异，完善材料动态数据库；需开展典型事例剖析，研究列车能量-动量特性，揭示铝合金车体撞击大塑变特有的压力波传输特性；同时，搭建先进的仿真与试验系统，开展材料动态性能、能量分配法则、撞击能量流、界面力、压力波与应力、应变时域特征等的系统性研究，实现被动安全性能快速精确评估。

PART TWO

# 第 2 章　轻量化设计技术

## 2.1　轻量化设计的基本概念

### 2.1.1　列车轻量化设计的意义

　　列车的质量限制主要着眼于轴重、能耗和制动三方面。首先，轨道的承重是有一定限制的，因此要规定车辆（包括机车、动车、拖车）的最大轴载荷。我国铁路规定货运机车最大轴重为 25 t，客运机车为 23 t，货车为 25 t，客车为 18 t。列车速度越高，对轨道的冲击力越大，因此速度大于 120 km/h 的车辆的轴重要随速度级的增加而减少。轴重超过规定的车辆（包括机车、动车、拖车）将不允许上路运行，否则，轻者将使钢轨过度磨耗和损伤，增加线路维修的工作量，重者将毁坏线路，酿成重大事故。高速列车的运行速度大于 250 km/h 时对轨道的冲击力较现有列车要大得多，所以我国规定高速列车动车最大轴重为 19.5 t，拖车为 14.5 t。其次，列车的运行靠消耗电能（电力机车、动车）、化学能（蒸汽机车、内燃机车）或其他能量来实现。列车的运行除具备一定的动能外，还必须克服包括机械摩擦力和空气摩擦力在内的运行阻力。而高速列车的运行速度大于 250 km/h 时，需要的动能是现有列车的 4 倍多，要克服的阻力是现有列车的 10~30 倍。最后，高速列车的巨大动能在制动停车的短时间内如何消散也是一个困难的问题。一般高速列车采用再生制动（能量回馈电网）和盘形制动（机械摩擦发热制动）结合的方式，这样对制动盘和闸片的综合能力（热容量、温升等）要求十分苛刻。从上述 3 个方面分析，减轻高速列车自重对减少线路损害、减少动力消耗、节约能源以及减少制动系统的负担，具有重大意义。

## 第 2 章 轻量化设计技术

由于高速列车不但轴重要求较常规列车严格，而且其本身还必须承担大功率、满足高要求，因此要加装常规列车所没有的设备（例如动车的流线型头锥、车辆的设备舱、门窗的气密装置、外风挡、电气设备等），这样在一定程度上又会带来质量的增加。所以，轻量化是高速列车的关键技术，从某种意义来说，它事关高速列车研制的成败。

### 2.1.2 车身轻量化原则

轻量化设计是一个多层级的过程，即在方案及其实现的不同回路中要进行多次循环反复。为了节省费用和时间，应当将已有经验知识引入方案设计中。实践表明，遵循自然法则会实现智能化的设计。所有违反自然法则的行为则会导致在材料使用、连接技术与制造加工方面付出较高的代价。仿生学在许多方面给轻量化设计指明了方向，指出如何对结构进行优化的方法。

轻量化设计应遵循的原则如下：

1. 尽量将直接的力导入与力平衡

设计中应使受力直接导入主承载结构上。偏转或者回转设计通常会由于其复杂的应力状态而产生更大的载荷，其结果是构造更加复杂、自重增加。如果可能的话，应将不对称的设计改为对称的设计，其好处是可利用结构内部力平衡。在纯支承性设计中，这种方式会使得剪应力场设计得到更好地利用。闭口型材比开口型材可承受大得多的载荷（约 30 倍），而产生的变形则小得多（约 1/300），这一点适用于各种截面几何形状。

2. 尽量大的面积惯性矩与阻力矩

在承受弯曲、扭转和压弯载荷的设计中，应在尽可能小的面积上实现大的惯性矩和阻力矩，也就是说，剖面形状因子要达到最大。这种做法是将较多的材料从结构中心移开，并将其设置在外部的高承载区域。比如，将实心横截面改成空心横截面，或采用三明治截面梁的设计。空心型材的面积惯性矩通常比实心截面的面积惯性矩高出很多倍。空心型材的局限是：按照规律，结构的尺寸会增大，但自重会降低。对于三明治结构来说，通过适当的形芯结构，可以很好地适应受控载荷的类型。在三明治结构中，采用结构化形芯，结构的抗弯刚度要比采用均匀化形芯高出大约 4 倍。

### 3. 轻盈的结构

通过松散轻盈的结构构造，可大大加固小横截面面积的平面支承结构。带有加强筋或下弦杆的支承结构，以及三明治结构的刚度比实心支承结构的刚度要高出很多。

### 4. 利用曲率的自然支承作用

可通过预弯曲设计利用曲率的自然支承作用提高直盘和直板的抗弯刚度、压弯刚度和翘曲刚度，因为这种设计增加了惯性矩，消除了不稳定的趋势。

### 5. 在未承载方向进行有针对性的加固设计

有目的地引入正交各向异性设计可以提高构件在确定优先方向上的刚度，这里应尽量利用设计或者材料力学上的各向异性，以此提高结构的承载能力和不稳定极限。同时还可以通过不同板材厚度来增加刚度，如采用激光焊接的方法将不同厚度与强度的板材焊接在一起，并整体加工成型。另外，还可以采用指定刚度的材料组合，如钢-铝型材复合（激光轧制转换接头）。这里所采用的连接技术为有针对性的表面堆焊与挤压。

### 6. 优先遵循一体化原则

在已知条件下，轻量化设计结构应优先遵循一体化原则，由尽量少的单一件构成。为了将各个单一件（往往由多种材料组成）连接在一起，需要更多的连接工作和材料消耗，这也可能引发装配与可靠性方面的问题。

### 7. 引入空腔

为了在保持刚度不变的条件下减轻质量，可以在承受很小载荷的区域引入"释放孔"，即引入空腔。在确保安全的前提下，才可以考虑实现轻量化。一定要充分考虑潜在的影响安全性的因素，满足足够的安全系数要求。在动态应力载荷的轻量化设计中，除了以上规则外，还必须达到预定的使用寿命。在按照轻量化标准进行结构设计的时候，要选择合适的材料和计算方法，要考虑经济与生态的要求，还要考虑产品使用的舒适性、可维护性和可修复性的要求，以及产品的美观等，这些要求需要采用基本的设计理念来加以实现。

## 2.2 轻量化结构设计方法

### 2.2.1 优化设计技术分类

随着计算机技术的发展,把有限元分析方法与优化设计方法相结合,成为列车结构轻量化设计的有效方法之一,并在列车开发中得到广泛的应用。

优化任务要求,明确优化目标,确定达到这个目标可以使用的方法,即优化参数的定义、描述要满足的约束条件,可以将这些条件整理成等式或者不等式,同时还要确定优化的设计变量。

从轻量化的角度来看,对很多问题的处理实质就是将质量最小化作为目标函数(将需要满足的各项条件整理成该优化问题的约束条件),或者是在考虑所有重要的失效形式下选择最大的可承受载荷(在某一约束条件下确定的质量)。

在定义了优化目标后,需要选择适当的优化策略。策略的选择取决于设计人员在设计中所拥有的在造型、材料选择和材料加工方面的自由度。

1. 拓扑优化

如果在造型上有很大的自由度,则可以借助拓扑优化方法在设计空间内对材料进行适当分配,以便于在设计空间内或者借助设计空间来传导载荷。在满足一定的边界条件和给定的外载荷下,把一定的材料放到给定的设计空间中,使材料在某些地方聚集或在某些地方形成孔洞,从而得到结构的最优拓扑。

2. 形状优化

如果一个拓扑方式是已知的,或者由于制造方法的原因必须采用这种拓扑方式,还可以借助形状优化方法对构件的形状加以改变,就是在对模型有了一定的形状设计思路后,通过改变模型的某些形状参数(几何形状特征),达到改变模型的力学性能,以满足某些具体要求(如应力、位移等)。在形状优化中,优化问题的求解通过修改结构的几何边界来实现。

### 3. 尺寸优化

如果准确地规定了结构原则，则只能通过改变几个主要尺寸（或者其他特征值）来进行优化，称之为尺寸优化。如优化板的厚度、梁和杆的截面参数等，以使结构质量、体积或造价最小。尺寸优化还可以设置多种结构响应为约束条件或目标函数，如应力约束、位移约束、屈曲因子、频率约束、静柔度、动响应约束等。尺寸优化是结构优化设计中最基本、最成熟的优化方法，已广泛应用于各种结构的设计过程中。

### 4. 材料优化

有的时候可以通过拓扑方式影响材料的局部结构，类似于在复合材料中通过纤维方向和纤维体积分量的变化来施加影响，由此可以采取材料优化方法来减小质量。在开始规划优化任务时，通常希望能提高与质量有关的结构刚度和强度。刚度与动态振动行为有直接关系，如果按照静态标准进行优化，则在提高固有频率框架内得到的结果可能与预期的结果有差别。用来优化比刚度的算法通常会遇到一个基本问题：即拓扑结构优化强烈依赖于网格化，而通过提高优化方法的空间分辨率，可以得出更精细分割的结构。这个问题是数学公式化自然造成的，可采用多种方法来解决，如过滤器技术、材料微观结构仿真等。该问题的另一个表现形式是：刚度优化通常会产生离散的、尖锐边界的结构。当所采用的材料（如金属泡沫）允许密度梯度存在时，材料自身也会造成这种现象。在对非常薄的或者细长的构件进行刚度优化时要注意，忽略几何形状的非线性会导致错误的结果。这是因为像吊桥那样的结构，直到在下垂的状态下才能发挥出全部的刚度，否则，这种结构与弯曲占主导的结构相比就没有优势了。同样，与刚度有关的因素还有由压弯或者凸起等不稳定形式造成的对结构承载能力的限制。如果在纯强度导向的优化框架内不考虑这一点，则可能导致优化结构由于稳定性损失造成失效，尽管此时材料的承载能力还没有完全发挥出来。示例表明，借助比刚度分析的"原始优化"方法，将对各种失效形式的临界载荷等同于优化标准，其结果与数值仿真结果非常接近，至少可以得出局部优化结果。在这一内在关系中必须要注意，采用这样简单的表达式会得出对缺陷敏感的结构。同样值得关注的还有纤维增强复合材料结构优化方法的发展。由于自由的参数多种多样（如层合厚度、层数量、层角度），通常对纤维增强复合材料结构设计中遇到的优化问题很难进行处理。目前，应用比较成功的方法有随机方法和进化算法等。

## 2.2.2 轻量化优化设计技术原理

轻量化技术简单地说就是在满足一定约束的前提下，通过改变零部件的设计参数（如尺寸、形状等），达到节约材料、减小质量或提高结构某些性能的目的。

轻量化设计通常是指在给定零部件的材料、工作载荷、约束（几何、强度、刚度等要求）等边界条件下，对零部件进行整体减重优化设计。轻量化设计一般包含设计变量、约束条件和目标函数三个要素。评价设计优劣的标准及设计目标在优化设计中称为目标函数；优化设计中以变量形式参与的称为设计变量；设计时应遵守的几何、刚度、强度、稳定性等条件称为约束条件，而设计变量、约束函数与目标函数一起构成了优化设计的数学模型。轻量化设计根据设计变量选取的不同可以分为拓扑优化、形状优化、尺寸优化三个层次。拓扑优化就是选取零部件的单元密度作为设计变量；形状优化是选取零部件的内部形状或者是节点位置作为设计变量；尺寸优化是选取零部件的几何尺寸作为设计变量，如杆的长度、板元的厚度等。

轻量化设计最早可以追溯到 17 世纪，伽利略和伯努利对弯曲梁的研究引发了变截面梁形状优化的问题。后来 Maxwen 和 Michen 提出了单载荷仅有应力约束条件下最小质量桁架结构布局的基本理论，为系统地分析轻量化理论做出了重大的贡献。然而长期以来，由于缺乏高速可靠的计算手段和理论，轻量化设计一直无法获得较大发展。到 20 世纪 60 年代，有限元技术借助计算机技术，得到了极大的发展。1960 年，Schmit 在求解多种载荷情况下弹性结构的最小质量问题时，首次在轻量化中引入数学规划理论，并与有限元方法结合应用，形成了全新的轻量化思想，标志着现代轻量化技术的开始。

拓扑优化（拓扑变量）、形状优化（形状变量）和尺寸优化（尺寸变量）三个层次，分别对应三个不同的产品设计阶段，即概念设计、基本设计和详细设计三个阶段，如图 2.1 所示。

高速动车组车体设计关键技术

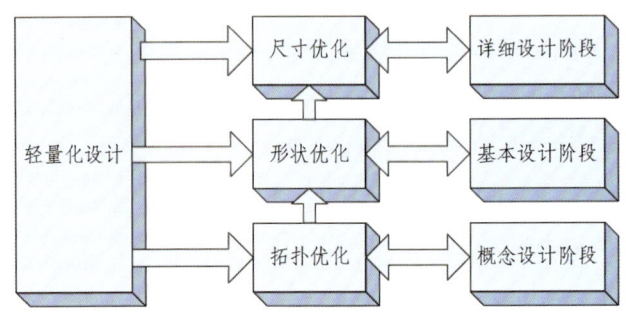

图 2.1　轻量化设计结构图

### 2.2.2.1　拓扑优化技术

在结构的概念设计阶段，拓扑优化用来定性地描述最佳的结构设计，为进一步设计提供科学的依据。在新产品开发过程中，拓扑优化能够起到非常重要的作用。通过设计区域的材料位置和数量关系，使材料布局和节点连接实现优化布置，结构满足应力、位移等约束条件，达到目标函数性能最优化配置。对于离散杆系结构，拓扑优化需要确定结构的最佳传力路线或最少构件数量及其正确的连接方式，确定节点及节点之间的杆件排列顺序。连续体结构拓扑优化，包括结构边界形状的优化，以及孔洞和形状分布的优化。拓扑优化具有很大的自由度，可以优化结构的拓扑形式和结构形状、尺寸，是比形状优化和尺寸优化层次更高的优化。拓扑优化如图 2.2 所示。

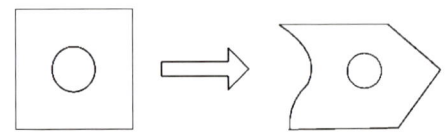

图 2.2　拓扑优化

1. 拓扑优化的基本原理

寻求最优拓扑结构最直观的方法就是，先考虑一个固定的设计区域对其进行离散化后，构成单元的有限分析模型，再对那些低应力区域人为地指定要进行软化的单元。在优化过程结束以后，认为那些很软的单元是孔洞，把这一部分材料从设计区域中"除去"，保留剩余的部分，从而得到最终结构的最优拓扑。但是这种做法又存在一定的困难：首先，对"很软"单元的定义不是唯一，因此从设计区域中删去的这一部分也不是唯一的，这样最后得到的最优拓扑结果也就不是唯一的。其次，这种方法的收敛性比较强烈地依赖于有限单元法的分析模型，因此这种直观方法有着太多模糊不定的因素。但是即便如此，这种方法也给人们一个启发，那就是只要模型构造得当，是可以把结构优化问题转化为尺寸优化问题的。

对带有孔洞的微结构所组成的设计区域进行有限单元分析，一般可以分两步来进行：首先对微结构进行分析，以期可以求出用来表示微结构力学特性的物理量。因为微结构带有孔洞，分析起来不是很方便，倘若对之进行精确的力学分析的话，所花代价非常昂贵，因此可以采用某些类似"平均化"的过程，将实际带有孔洞的微结构用一个理想的均匀、连续介质来代替。微结构基础的"均匀化"方法可以实现这种"平均化"的过程。其次在对微结构实现"平均化"之后，设计区域就成了比较理想的连续介质，这时就可以采取连续介质的分析方法来进行分析，如有限单元法等。

由此可见，拓扑优化的一般步骤可总结如下：

①对结构体的设计区域与非设计区域进行选择；②对于设计区域，用带有孔洞的微结构进行描述，其中设计变量为孔洞的尺寸，而非设计区域不进行任何操作，从而建立拓扑优化模型；③根据实际情况，选择相应的拓扑优化方法，对微结构进行对应的"平均化"，并将微结构孔洞尺寸大小与"均匀连续体介质"的材料特性相对应；④在上述处理的基础上，将此拓扑优化相关问题转换为尺寸优化问题，进行优化处理，求得最优拓扑；⑤确定了最优拓扑后，再对最优拓扑进行相应的尺寸优化设计。

2. 拓扑优化方法

工程设计人员对零部件进行拓扑优化设计时，不管零部件是离散体还是连续体，第一步就是选择需要进行优化的设计区域。通常来说，进行拓扑优化的零部件结构都是用基结构方法来描述的。基结构方法指的是先对设计区域进行离散处理，将其分割成一个个子设计区域，例如采用有限元法对初始设计区域进行离散处理，则处理后的有限单元个体就是子设计区域。这样离散化后，就会形成由子优化设计区域所组成的基结构。然后在此基础上，选择合适的优化方法和准则，从基结构中删除某些无用、多余的单元，最终形成结构的最佳拓扑形式。科学工作者多年的研究表明，基结构完全可以包括结构优化时所需的所有可能的拓扑形式。当然前提是所采用的基结构能完整、精确地描述初始的优化设计区域。另外，随着计算机技术的进一步发展，采用有限单元法可以得到基结构所需的网格单元，并且在整个优化过程中的网格单元都是不变的，使得在整个优化过程中只需要对结构在初期进行一次网格剖分即可，这样基结构方法使用起来就非常方便。因此，目前在结构拓扑优化中使用较为广泛的就是基结构方法。而后续发展起来的一系列方法都是在基结构方法的基础上进行拓展的。

实际生活中的工程结构一般可以划分为两大类，所以工程结构的拓扑优化设计有两大系别，即离散体结构的拓扑优化和连续体结构的拓扑优化。而对于工程结构的拓扑优化设计而言，无论是离散体结构还是连续体结构，从根本上来说思想都是相同的，都是要在已经确定的初始设计区域内寻求工程结构材料的最佳位置分布，就是要确定区域内究竟哪些是孔洞，哪些是材质。此外，还要确定基结构、边界条件和载荷条件。

（1）均匀化法。

对于均匀化法，结构的材料被表示为具有某种周期性的微观结构的多孔连续体或不同密度的分层复合物。

均匀化法的基本思想是在组成拓扑结构的材料中引入微结构——单胞。优化过程中以微结构的单胞尺寸为拓扑设计变量，建立材料密度与材料特性之间的关系，以单胞尺寸的消长实现微结构的增删，并产生由中间尺寸单胞构成的复合材料，以拓展设计空间。

均匀化法使用包含周期性矩形（在三维中为六面体）微结构（单胞）的材料进行均匀化处理，单元内的空穴大小等效认为是单元的正则密度。每个单元的设计变量是空间矩形的宽度、深度及方向，由此定义材料的弹性和密度。

（2）变密度法。

对于变密度法，每个单元的材料密度直接被作为设计变量，在 0~1 之间连续变化。0 和 1 分别代表空和实；中间值同均匀化法，代表假想的材料密度值。

基于这种方法，材料的刚度被假想成与密度呈线性关系，对材料的表示与我们通常对材料的理解一致。例如，钢的密度大于铝，强度也高；按照此逻辑，中间密度代表假想的材料在密度法中更显真实。尽管半密度材料表示各向异性能更有效地得到最佳的材料方向，但与真实的各向同性材料的行为是不一致的。

## 第 2 章　轻量化设计技术

这种方法首先要做的也是将整个连续体结构划分有限元，离散为有限元模型。之后再以每个单元的密度作为设计变量，并且人为指定每个单元的密度都相同，考虑所有材料的质量约束或是体积约束以及平衡条件，以结构的柔顺性最小作为优化目标。

（3）渐进结构优化法。

渐进结构优化法主要用于解决连续体结构的拓扑优化问题。其基本思想就是根据一定的优化准则，将无效或低效的材料逐步去掉，从而使结构逐渐趋于优化。由于工程实践中，大多数结构破坏主要是出现了过大的局部应力。因此，渐进结构优化法的优化准则首要针对应力优化，逐渐去掉结构中的低应力材料，使剩下的结构更有效地承担载荷，从而应力分布更加均匀。绝对的优化结构当然是每点的应力完全相同，但是这种理想情况在实际结构中不可能达到。设计的目标是尽可能减少各处应力水平的差距，使应力分布尽可能均匀。

（4）各种拓扑优化算法比较。

对上面的几种拓扑优化方法进行分析、比较。均匀化法属于材料描述形式，它先人为假设一种微结构（单胞），并且在此微结构（单胞）基础上相应地建立起材料密度和材料特性之间的关系。该方法实用性较广，可以广泛应用于二维、三维结构和复合材料的结构中。该方法的提出，为拓扑优化理论应用于生活实践起到了推波助澜的作用，但是该方法也有其局限性。由于在此基础上所产生的拓扑结构的某些区域密度值在 0~1 之间，而现代科学技术又是无法进行加工生产带有这种孔洞区域结构的构件，所以在应用时只能暂视为模糊的拓扑结构，需要再进行抽象、加工，才能为生产设计服务。

变密度法可以人为地建立材料密度与材料特性之间的关系，拓扑优化设计计算后，得到的单元密度绝大部分呈 0 或 1 分布在给定的初始区域上。它也需要对结果进行抽象加工，但是因为其密度大部分呈 0 或 1，并在初始给定的区域上按照一定规律分布，这样即使要进行抽象加工，也是极其方便的，所以相对均匀化法而言，变密度法还是有其明显的优势的。

渐进结构优化法是根据一定的准则，将无效或者对目标函数贡献小的材料去掉，从而使结构逐渐趋于优化。在迭代中该方法采用固定的有限元网格，对于存在的材料单元，其材料数编号为非零的数，而对于不存在的材料，其材料数编号为零。当计算结构刚度矩阵等特性时，不计材料数编号为零的单元特性，通过这种零和非零模式实现结构拓扑优化。该方法可得到较为准确的优化结果，但迭代次数较多，计算复杂。

#### 2.2.2.2 形状优化技术

形状优化主要研究如何确定结构的边界形状、内部的几何形状（例如材料或厚度的分布位置）和杆系结构节点的位置优化。在连续体结构形状优化中，改善结构的应力分布、降低应力集中和延长结构的寿命是形状优化的目标。经验表明，改善结构的局部形状特征是解决问题的方法之一，如图2.3所示。

图 2.3 形状优化

1. 形状优化设计概述

形状优化是结构优化的一个重要研究方向，层次高于传统的尺寸优化。形状优化不但包括对截面尺寸的优化，还包括对结构外形的描述与控制，即对结构可以采用一定的网格离散方法——自适应网格自动划分来控制优化后的结构形状，使优化后的结构外形满足实际工程上的一些结构工艺性方面的要求。

形状优化主要研究两类问题：一是离散形状优化，此类问题以杆系结构的截面形状的特性尺寸和杆节点坐标为设计变量；另一类就是连续体的形状优化问题，这类问题以二维和三维实体几何区域或区域的边界曲面为设计变量。对于离散形状优化设计，由于其设计变量是不同形态的离散和连续的混合变量，使得优化收敛较困难。目前，常用的解决办法是采用分层优化处理技术，将截面尺寸和节点位置优化交替进行。连续体形状优化的设计变量是连续变化的，是所研究问题的控制微分方程的定义区域，属于可动边界问题。连续体形状优化解析求解较困难，一般采用数值方法。

2. 形状优化设计难点

结构形状优化设计要比以往的尺寸优化难度大，其主要困难集中在：

## 第 2 章 轻量化设计技术

（1）设计模型复杂，要有效地描述结构边界形状及其变化。

结构形状优化中的形状描述方法要适应复杂多变的实际问题，能够完成复杂结构的建模，最好能够与主流的 CAD 造型软件结合。这种结合包括两个方面：一方面是 CAD 软件完成的模型能够直接导入结构形状优化模块；另一方面是优化完成后的优化形状信息返回给 CAD 造型软件，为后续设计制造提供合适的优化结构模型。目前，形状优化趋于采用基于产品几何特征的参数化边界形状描述方法，即采用工程设计中常用的曲线、曲面模拟形状的边界。

（2）形状优化的形状控制问题。

形状优化的形状控制问题主要是在不改变原有结构的单元和节点数目的条件下，根据形状优化的几个方案，改变节点在空间的位置坐标来实现结构的形状控制。在改变节点的空间位置时，可能出现单元畸变而影响后续的优化迭代，故需采用网格自适应和重划分来保证网格质量和迭代精度。如何保证形状改变后，在后续的分析过程中的稳定收敛和确保优化质量是较为关键的课题研究点。

（3）形状敏度分析问题。

由于形状优化的算法大都需要获得结构状态响应对形状设计变量的导数信息，这就需要进行形状敏度分析。它涉及单元刚度矩阵与设计变量之间的复杂非线性关系，因而其敏度分析及计算相对结构尺寸优化来说要困难得多，并且计算量也要大得多。形状敏度分析直接影响结构状态响应对形状设计变量导数的数值计算精度和计算效率，而形状优化敏度分析的计算量往往要占到整个优化过程的一半。因此，提高形状优化敏度分析的计算效率和计算精度有着重要意义。

（4）优化算法。

采用何种优化算法来对形状设计变量进行优化搜索，将直接影响形状优化的效率。通常优化数值算法有可行方向法、罚函数法、序列线性规划法、序列二次规划法、优化准则法等。可行方向法求解形状优化问题是在每次优化搜索过程中，使用梯度信息寻求一个可行的并且是下降的方向，然后沿该方向做一维搜索，确定合适的搜索步长，获得下一个设计点。这一方法的特点是，每个新的设计点均是可行设计点，并且优于前一个设计点，因而特别适合于工程优化问题。但是，有时寻找可行且下降的方向是一件相当困难的任务。罚函数法则是通过对原始形状优化问题引入罚项，将其转化为一个序列的无约束优化问题，而无约束优化问题相对约束优化问题要容易得多。序列线性规划和序列二次规划法则是分别将原问题转化为一系列线性规划或二次规划问题来求解，而线性规划和二次规划的算法是相当成熟的。形状优化准则法目前主要是通过形状优化达到应力或应变能密度沿边界均匀分布或满足其他力学意义的准则，通常用于减少应力集中的形状优化问题。

3. 形状优化设计优化流程

对结构进行形状优化设计，一般是借助有限元分析软件和优化软件来实现的，这里主要结合应用较为广泛的优化软件 HyperWorks 对形状优化设计的优化流程进行介绍：

（1）首先应对原结构划分网格，施加边界条件，按照实际不同的工况建立符合实际工作情况的有限元分析模型，再对结构进行有限元分析，得出应力、应变、频率等结构分析指标。

（2）根据上述有限元结果，结合实际结构的工艺结构要求，确定形状优化方案，主要是涉及优化的三要素：目标函数、设计变量、约束条件。

（3）根据确定的优化方案，生成几个设计变量。设计变量的生成主要是形状结构的控制，即在不改变原结构单元和网格数目的情况下，改变节点的空间位置，这在 HyperWorks 软件中是利用 Morphing 功能来实现的，同样，也可以设定优化的目标函数和约束条件。

（4）利用软件处理好优化设计方案后，利用优化程序进行优化迭代，即可得到符合要求的优化形状。最后为了能将优化后的形状反映在设计尺寸上用于实际加工生产，还需利用 Ossmooth 功能对结构形状进行平滑处理，生成具有设计参数的 IGES 文件，回馈到 CAD 设计系统中去指导实际的加工生产。

（5）为了验证最后的优化形状是否满足要求，还需对优化后的形状进行有限元分析，与原结构有限元分析结果进行比对，得出比较曲线，检验优化效果。

### 2.2.2.3　尺寸优化技术

尺寸优化是使结构元件的外部几何形状和内部孔洞等拓扑结构不变，通过参数调节

## 第 2 章 轻量化设计技术

改变板壳的厚度、梁杆的横截面面积以及复合材料的铺层厚度和角度等参数，通过合理地分配这些属性，从而实现结构轻量化，达到降低成本的目的。尺寸优化虽然是结构优化中相对简单的层次，但却加深了对结构优化问题的认识，为使用不同的算法提供了经验。尺寸优化如图 2.4 所示。

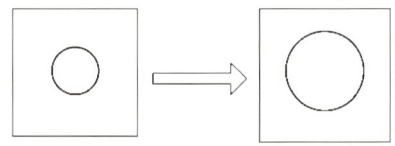

图 2.4 尺寸优化

尺寸优化的设计变量可以是一维梁单元的横截面形状尺寸、二维壳单元的厚度和弹簧单元的刚度。根据设计阶段的不同，尺寸优化可分为以下两种不同类型：

（1）用于详细设计的尺寸优化技术。此时，产品或者零部件的结构形式已经确定，只需确定一些规格尺寸和参数即可。在实际工程应用中，经常会采用离散变量进行优化。此外，工程上经常采用经验或者解析的方法来确定零部件的尺寸和参数，可以把这些工程算法通过数学表达式，或者外部函数集成到软件优化问题中，从而考虑更多的设计约束。

（2）用于概念设计的自由尺寸优化技术。这种技术用于确定非等厚薄板零件（用板壳单元进行模拟）的厚度分布，如航空航天结构用得比较多的机加件和化铣件。在自由尺寸优化中，设计空间每个单元（一个零部件可能包含成千上万个单元）的厚度就是一个设计变量，其优化算法同拓扑（每单元的密度）类似。

在评比设计方案时，一般以满足所有约束条件下使结构某种属性最佳为评比标准。这个标准可以是结构总体刚度最大，或者总质量最小，或者所有节点位移最小。这个性能指标自然是设计向量的函数，通常称为目标函数。在尺寸优化设计中，质量和体积是最常见的目标函数，即实现结构的轻量化目标。目标函数选取的不同，造成的结果也不同。因此，准确地确定目标函数是尺寸优化设计的一个重要环节。

当尺寸优化的算法选用有限单元法时，应力和位移分析过程模型的网格不需要重新划分，可以直接使用原网格，利用灵敏度分析和适合的数学方法就能完成尺寸优化的过程。在尺寸优化中，结构单元的属性，如二维壳单元的厚度、一维梁单元的横截面参数等，不是设计变量，但其属性可以和设计变量建立相应的函数关系。其表达式为

$$p = C_0 + \sum DV_i | C_i \tag{2.1}$$

式中，$p$ 为尺寸优化的属性；$C_0$ 为常数，优化时默认值通常为 0；$DV_i$ 为尺寸优化的设计变量；$C_i$ 为设计变量 $DV_i$ 的系数。

如果设计变量有多个，可以建立多个设计变量之间的相互关联，通常用下列线性组合公式设计变量间的关联：

$$DDVID = C_0 + CMULT \sum C_i | IDV_i \tag{2.2}$$

式中，$C_0$ 为常数，优化时默认值通常为 0；$CMULT$ 为常量；$C_i$ 为 $IDV_i$ 的系数；$IDV_i$ 为独立设计变量的标识。

尺寸优化的约束条件可以是单元应力约束、整体应变能约束、节点位移约束、整体加速度约束及模态约束等。常用的截面尺寸优化方法有准则法和数学规划法两种，这两种方法的研究目前已比较完善成熟，可以保证整个尺寸优化结果的准确性。

### 2.2.3　轻量化优化应用案例

#### 2.2.3.1　拓扑优化技术仿真应用案例：底架横梁腹板工艺孔拓扑优化

**1. 优化任务描述**

对底架横梁腹板工艺孔进行拓扑优化，期望得到底架腹板更为轻量化的设计方案。横梁腹板将采用拓扑优化技术，设计出的每根横梁的腹板设计均相同，可以用相同工艺流程全部量产。要求给出横梁更为合理的选型方案，且要求满足地板横梁的强度要求、变形要求。设计参照对象：原始横梁结构设计方案。拓扑优化前，需将原有工艺孔补全，如图 2.5 所示。

## 第 2 章 轻量化设计技术

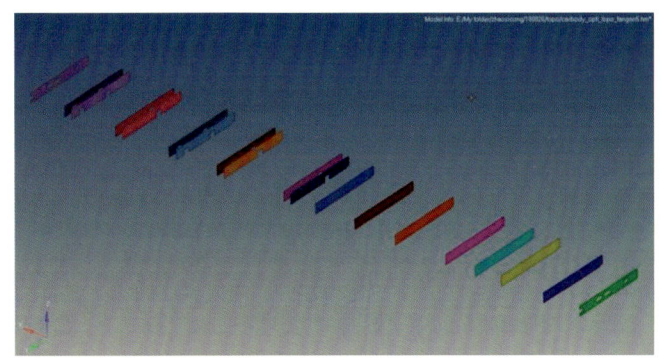

图 2.5　原始横梁腹板结构设计方案

2. 优化变量设置

根据优化任务描述，抽象出设计变量。即将每根横梁的腹板作为拓扑优化设计变量，并且设置模式重复工艺约束。由于采用的是拓扑优化技术，原始模型网格尺寸较大，因此在进行拓扑优化之前将原始横梁网格模型进行网格细划分。

3. 优化约束

约束横梁垂向位移不得大于参考设计方案的垂向最大位移。应力水平不得高于 600 MPa。另外，还需要约束边梁的垂向位移，不得大于参考设计方案对应位置的垂向最大位移。由于本优化设计变量对位移约束过于敏感，直接进行轻量设计时收敛时间较长，且不容易收敛。因此，在本优化约束中增加了腹板体积分数的约束设置。

4. 优化目标

以车身腹板刚度最大化为设计目标。

5. 优化结果

优化结果如图 2.6 所示，优化前后方案对比如图 2.7 所示。可以看到，拓扑优化后的新方案与原方案存在很大差异，并不是传统的设计思路所能想到的。在最大垂直载荷工况下，优化前后的位移对比结果如图 2.8 所示，左边为原方案结果，右边为优化后结果。可以看到，优化后的横梁垂向位移略小于原始方案，满足约束要求。在最大垂直载荷工况下，优化前后的应力对比结果如图 2.9 所示。可以看到，优化后的横梁最大应力为 732.7 MPa，超过 600 MPa。由于拓扑优化之后的有限元模型恢复网格比较粗糙，所以会有局部大应力单元出现。经过检查,只有一个单元应力超过 600 MPa,且为单元质量比较差的单元。优化的应力结果符合约束要求。

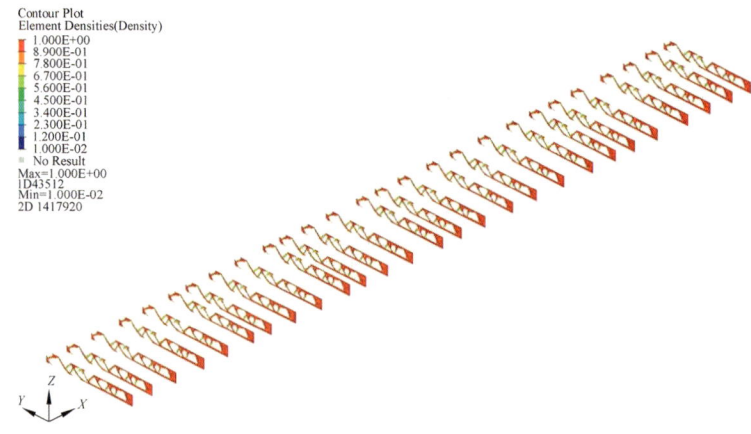

图 2.6　横梁腹板拓扑优化结果

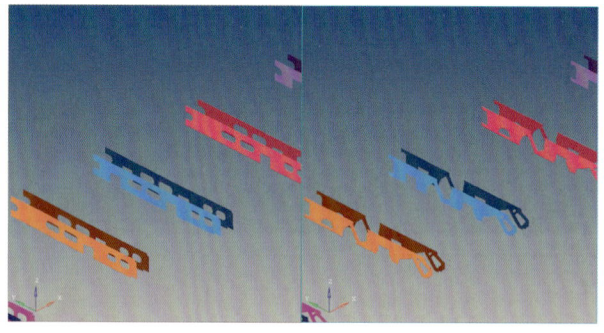

图 2.7　横梁腹板拓扑优化前后方案对比

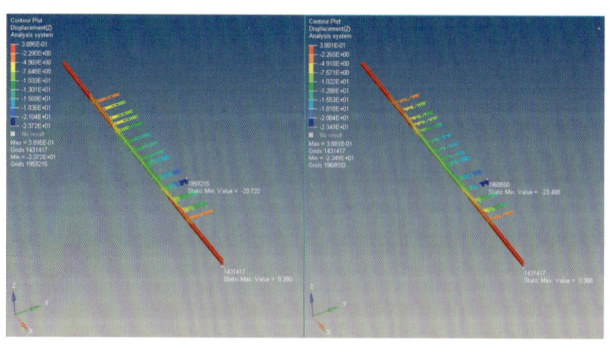

图 2.8　优化前后最大垂直载荷工况的位移结果对比

## 第 2 章 轻量化设计技术

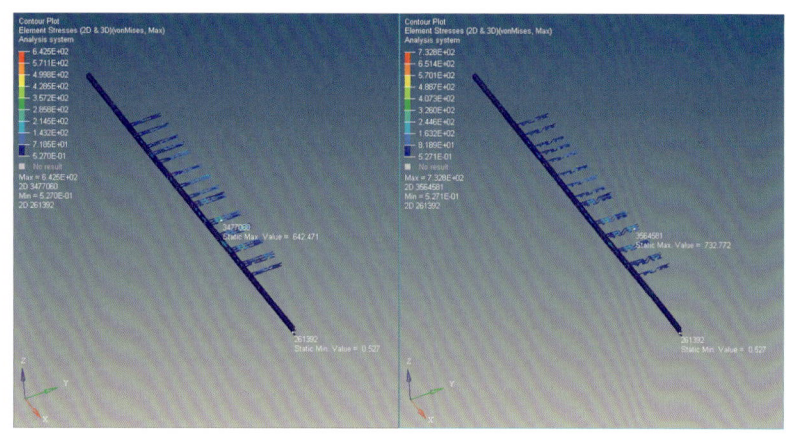

图 2.9　优化前后最大垂直载荷工况的应力结果对比

### 2.2.3.2　形貌优化技术仿真应用案例：车顶形貌优化

1. 优化任务描述

对车顶板进行形貌优化，期望得到车顶板刚度更优的设计方案。顶板将采用形貌优化技术，设计出顶板更为合理的起筋设计方案。可以采用起筋工艺约束。要求给出横梁更为合理的选型方案，且要求满足顶板的强度要求、变形要求。设计参照对象：原始顶板起筋设计方案，如图 2.10 所示。

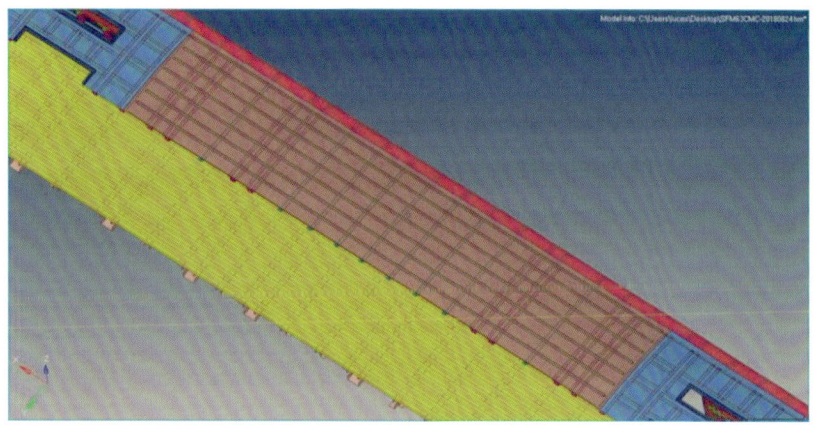

图 2.10　原始车顶结构设计方案

### 2. 优化变量设置

根据优化任务描述，抽象出设计变量。即将车顶板作为形貌优化设计变量，并且设置起筋工艺约束。由于采用的是形貌优化技术，原始模型网格尺寸较大，因此在进行形貌优化之前，将原始顶板网格模型进行网格细划分，且进行起筋磨平处理。

### 3. 优化约束

约束车顶板垂向位移不得大于参考设计方案的垂向最大位移。应力水平不得高于 500 MPa。另外，还需要约束边梁的垂向位移，不得大于参考设计方案对应位置的垂向最大位移。

### 4. 优化目标

以车顶板刚度最大化为设计目标。

### 5. 优化结果

优化结果如图 2.11 所示，可以看到，相比原始方案，优化后的起筋密度加密，增加了 3 道筋，并且筋与筋的间距不再平均分布。在最大垂直载荷工况下，优化前后的位移对比结果如图 2.12 所示，左边为原方案结果，右边为优化后结果。可以看到，优化后车顶的垂向位移减少了 0.119 mm，这表明优化后车顶板刚度得到增加。在最大垂直载荷工况下，优化前后的应力对比结果如图 2.13 所示，可以看到，优化后应力有所增大，但仍小于 500 MPa，满足约束要求。

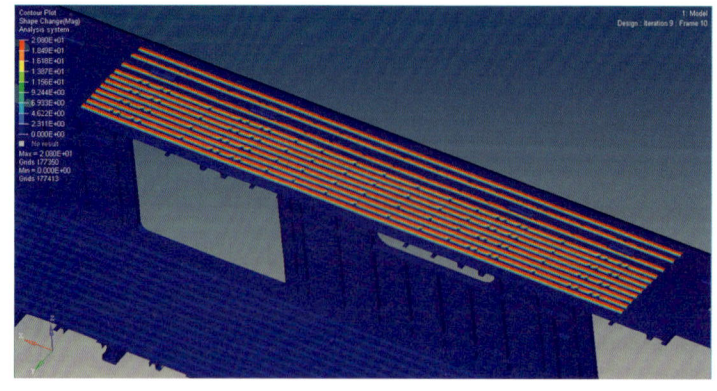

图 2.11　车顶形貌优化结果

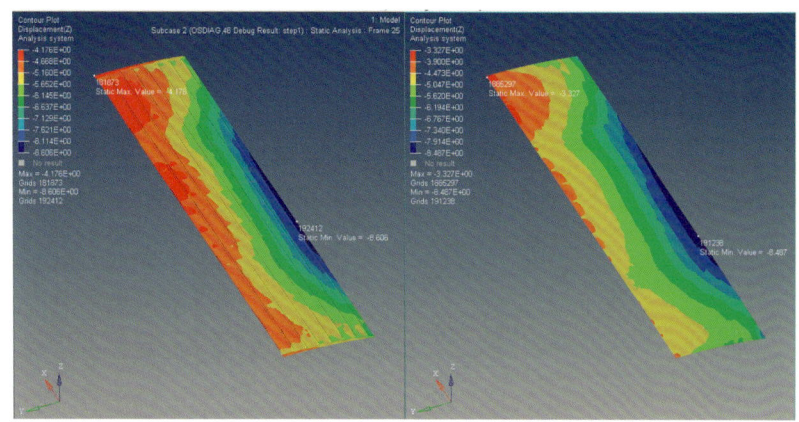

图 2.12　优化前后最大垂直载荷工况的位移结果对比

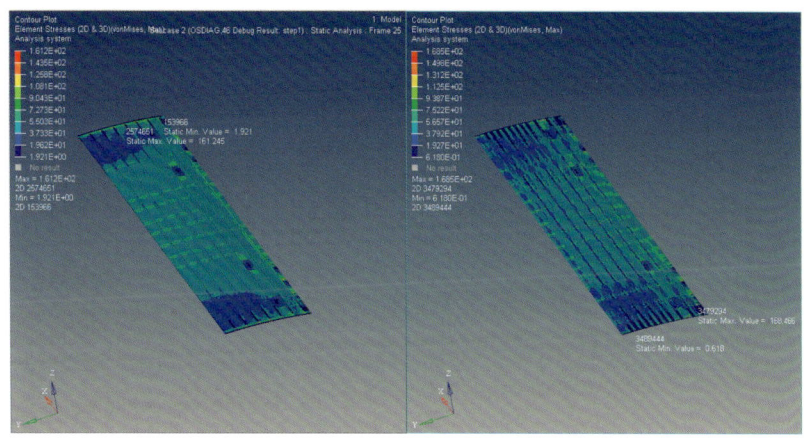

图 2.13　优化前后最大垂直载荷工况的应力结果对比

### 2.2.3.3　尺寸优化技术仿真应用案例：底架横梁尺寸优化设计

**1. 优化任务描述**

对底架横梁的厚度进行尺寸优化设计，期望得到车身更为轻量化的设计方案。横梁板材厚度只有 2 mm、4 mm、6 mm 三种基本厚度可选。设计出的每根横梁的板厚可以各不相同，但是单根横梁截面的厚度参数一致。要求给出每根横梁最为合理的选型方案，且要求满足地板横梁的强度要求、变形要求。设计参照对象：原始横梁结构设计方案，所有横梁厚度尺寸均为 4 mm，如图 2.14 所示。

## 高速动车组车体设计关键技术

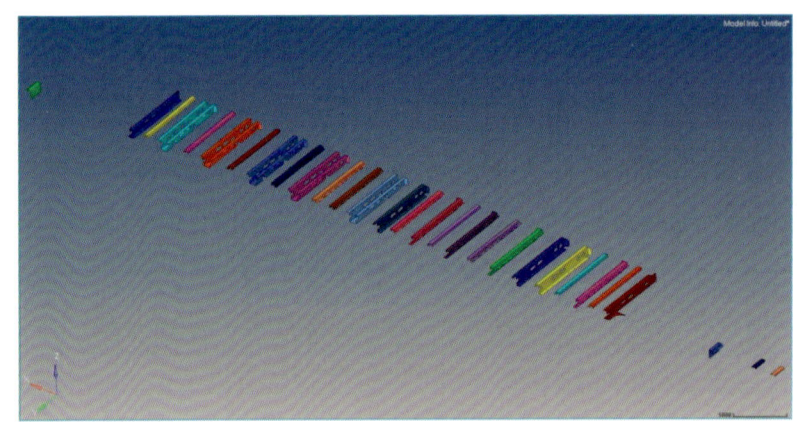

图 2.14　原始横梁结构设计方案

2. 优化变量设置

根据优化任务描述,抽象出设计变量。即将每根横梁的板厚参数作为优化设计变量。

3. 优化约束

约束横梁垂向位移不得大于参考设计方案的垂向最大位移,应力水平不得高于 600 MPa。另外,还需要约束边梁的垂向位移,不得大于参考设计方案对应位置的垂向最大位移。

4. 优化目标

以车身轻量化为设计目标。

5. 优化结果

优化结果如图 2.15 所示,蓝色代表厚度 2 mm,绿色代表厚度 4 mm,红色代表厚度 6 mm。在最大垂直载荷工况下,优化前后的位移对比结果如图 2.16 所示,左边为原方案结果,右边为优化后结果。可以看到,优化后横梁垂向最大位移为 20.755 mm,略小于原方案结果,满足位移约束的要求。最大垂直载荷工况和压缩工况的应力对比结果如图 2.17 和图 2.18 所示,可以看到,两个工况下优化后的应力结果比原方案的结果大,但满足小于 600 MPa 的要求。

## 第 2 章 轻量化设计技术

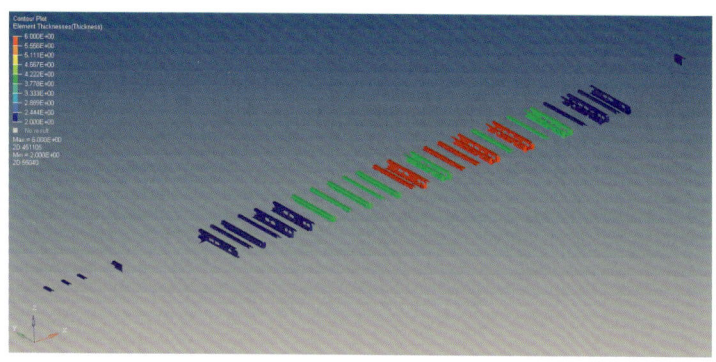

图 2.15 横梁厚度尺寸优化结果

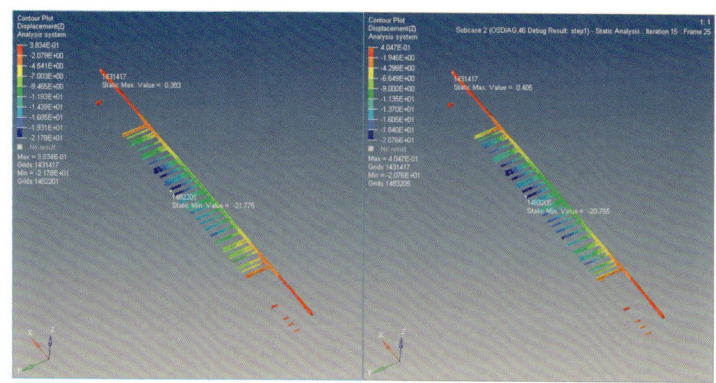

图 2.16 优化前后最大垂直载荷工况的垂向位移结果对比

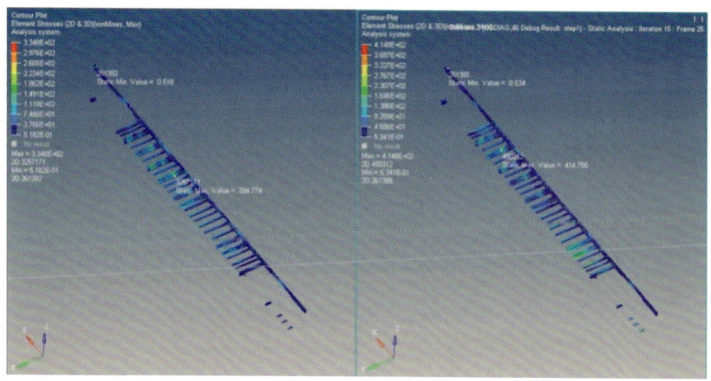

图 2.17 优化前后最大垂直载荷工况的应力结果对比

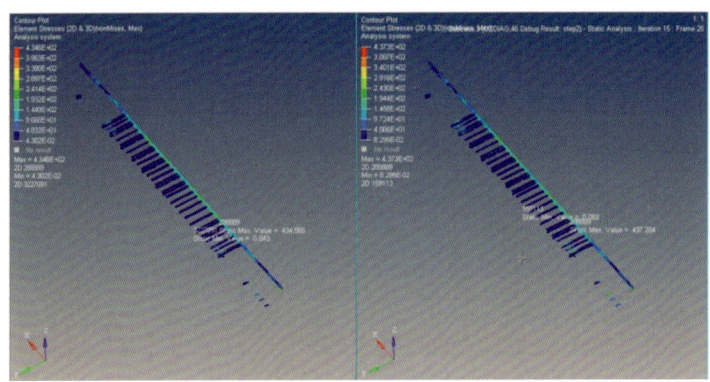

图 2.18　优化前后压缩工况的应力结果对比

## 2.3　轻量化材料性能及其设计技术

### 2.3.1　中空铝合金型材

目前，高速动车组车体断面多采用大型中空铝合金型材组焊而成，中空铝合金型材具有强度高、刚度大、防振、隔音效果好等特点。由于铝合金强度质量比高（超过 3 倍），特别是现代大型空心薄壁铝材轧制技术的完善，铝合金成为制造高速列车车体最理想的材料。由大型空心型材组成的车体较钢结构车体可减少 1/2 的质量。此外，铝合金也在车内结构件、管线、风道、压力容器、装饰件等方面得到广泛的应用。近年来，国外有用镁合金、钛合金等航空材料代替铝合金来制造车体骨架的尝试，其质量只有铝合金的66%，减重效果更加明显。

铝合金车体是一种轻型整体承载结构，主体材料为铝合金型材，通常采用模块化结构或全焊接组装，是一种新型的车体结构。其主要优点有：能大幅度降低车辆自重且具有足够刚度；具有较小的密度及杨氏模量，对冲击载荷有较高的能量吸收能力，可降低振动，减少噪声；大型中空挤压型材的气密性设计，提高了车辆的密封性能，提高了乘坐舒适性；采用大型中空挤压型材制造的板块式结构，可减少连接件的数量和质量；减少了维修费用，延长了使用寿命。铝合金车体的底架、侧墙、车顶、端墙等承载部件大都采用大型中空截面挤压型材，整车结构由这些型材焊接、铆接或螺栓连接而成，中空铝合金型材四周壁厚为 3 mm 左右，中间筋厚为 2~2.5 mm，这种设计结构是为了减小焊接变形。使用大型挤压型材，进行热处理后，其机械性能有很大的提高。大型挤压型材的组合使车辆制造时焊接大量减少，但制造成本增大。

## 2.3.2　碳纤维复合材料

碳纤维复合材料因其质量轻、强度高、耐高温、耐冲击、耐腐蚀、抗蠕变、可设计性强、高抗疲劳强度和低缺口敏感性等优异性能而被认为是最有发展前景的材料之一。碳纤维复合材料在轨道车辆领域的应用由来已久，法国、瑞士、英国、日本和韩国等国很早就将其应用于轨道车辆中，如地板、车门、行李架、车窗框架、裙板等部位。我国应用碳纤维复合材料制造列车结构起步较晚，但发展迅速。在典型部件制备方面，目前已完成了次承载件和零部件的研制与应用，诸如高速列车司机室头罩、裙板、受电弓导流罩、内饰板、低地板车的侧墙和顶板、城轨车辆司机室头罩、司机台、城际动车组裙板等，近年来逐步开展结构件研制，如车体、转向架等的研制。碳纤维复合材料具有较高的拉伸强度（最低 356 MPa）、弯曲强度和抗冲击等优异的力学性能，与铝合金板材（6082）力学性能（拉伸强度 310 MPa）相当，符合轨道交通的标准要求。

2011 年年底在中车青岛四方股份落成的 500 km/h 高速试验车上采用了碳纤维复合材料车头罩，其抗冲击性能和力学性能优良，能耐受 1 kg 铝弹的 660 km/h 高速撞击和 350 kN 的静载荷，阻燃性能 S4 级（DIN5510-2）。其内饰板采用玻纤+纸蜂窝结构，减重约 50%。导流罩利用中空织物整体成型，减重约 50%。此外，四方股份与恒神共同研制的城际动车组用碳纤维设备舱裙板已于 2013 年年底装车试运行中。相比铝合金，其减重≥30%，抗冲击性能优异（UIC-651 未击穿），阻燃性能达到 S3、SR2、ST2 级（DIN5510-2），车体油漆划格达到 1 级水平。总体来说，国内从材料、工艺、结构设计、标准及验证各环节进行了大量研究，积累了丰富的经验，为推动碳纤维复合材料全方位工程化应用、提高国际竞争力奠定了坚实的基础。

## 2.3.3　玻璃钢纤维增强材料

玻璃钢（FRP），即纤维强化塑料，一般指用玻璃纤维增强不饱和聚酯、环氧树脂和酚醛树脂基体。根据使用树脂品种的不同，玻璃钢可分为聚酯玻璃钢、环氧玻璃钢、酚醛玻璃钢等。玻璃钢具有轻质高强、耐腐蚀性好、成本低廉、成型好且不受幅宽限制的优点，表面可喷涂、可敷膜，在轨道交通车辆内饰中主要用于制造复杂曲面装饰板。近几年来，玻璃钢产品已由最初的手糊成型转向注射、模压（SMC）成型，新型工艺改进了以往手糊成型工艺精度不高、不能生产结构特别复杂产品的缺陷，并且进一步提高了配件的制造精度和成型质量，从而实现了配件的大批量生产。目前，玻璃钢产品主要用作轨道交通车辆的客室墙板、玻璃钢整体盒子间等，是轨道车辆内饰的主型材料之一。据统计，日本铁路高速新干线电动机车 FRP 用量已占列车总质量的 1.4%。

　　早期车体材料多采用耐候性钢板，近年来，随着高速化的进展，对车辆轻量化的要求越来越高，但目前占主导地位的结构材料仍为铝合金材料。瑞士辛德勒公司采用丝缠绕技术成功地制造出玻璃纤维增强塑料（FRP）整体客车车厢，使客车总质量降低 10%。专门设计的缠绕机（Goliath）全长 25 m，有效缠绕长度 15 m，最大直径 318 m，第一个车厢壳体的制造仅用了 8 天时间，这种全 FRP 车厢被编在两节标准电车厢之间运行，在苏黎世、巴塞尔和赫尔辛基成功地进行了各种运行试验，运行速度达 70 km/h，行驶总里程超过 4 万千米。之后辛德勒公司又与 SIG 公司合作，进行了行驶速度达 140 km/h 的运行试验，取得了令人满意的试验结果。

　　国外客车车门主要采用玻璃钢制作。如英国 XP64 型客车、MK111 型客车均安装了聚酯玻璃钢门；法国的 Mistra 客车采用玻璃钢夹层模制整体车门；苏联 26 m 长的轻型客车车门为三层夹层结构，中间填充保温泡沫塑料，内外层为玻璃钢；丹麦铁路新型电动车的车门为双扇车门，由玻璃钢、蜂窝夹层材料及铝框组成。

　　大量玻璃钢制品的应用随之产生的是阻燃性问题。大部分玻璃钢制品是采用不饱和聚酯树脂，其阻燃性差、毒性大。近年来，日本、法国、德国、意大利等国通过对酚醛树脂改性及选用新的固化体系，已成功研制出可用手糊成型和可模压成型的酚醛玻璃钢，不需添加阻燃剂就有较高的阻燃性，且发烟量小、烟雾毒性小，取得了较好的应用效果。如日本国铁客车采用手糊成型酚醛玻璃钢制造墙板及空调通道，采用模压成型制作酚醛玻璃钢茶桌、窗框等。意大利 ETRY500 型高速列车采用酚醛玻璃钢预制夹层板制作电话间、储藏室顶棚、车门。法国部分客车也采用酚醛玻璃钢制造茶桌

## 第 2 章 轻量化设计技术

和座椅。另外，厕所、洗手间、集便箱、卧铺、行李架、空调、风道都是极易腐蚀的部件，最适合用玻璃钢制造。

### 2.3.4 铝蜂窝材料

蜂窝板材通常由上下面板和蜂窝芯材组成。由于蜂窝芯材密度极小（约只有同厚度材料的 1/10），质量轻、刚度大，而且具有优良的隔音、隔热性能，故在高速列车的内装结构上得到广泛的应用，如用于地板、顶板、间壁、设备舱底板、舱门等。以铝蜂窝地板为例，原来一辆 25 型铁路客车的胶合板材料地板的质量约为 1.5 t，而一辆高速动车组铝蜂窝板材料地板的质量仅仅约为 0.8 t，减重效果极为明显。

## 2.4 轻量化技术在轨道交通领域中的应用

### 2.4.1 中空铝合金型材在北京地铁 19 号线中的应用

北京地铁 19 号线采用全长的大型中空铝合金挤压型材组焊成筒形整车承载结构，如图 2.19 所示。

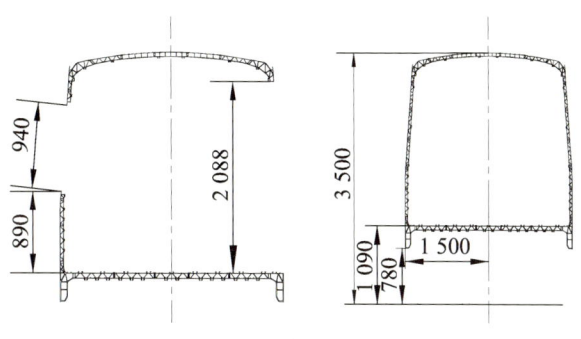

图 2.19　北京地铁 19 号线车体断面

车体断面下直上斜，由大型薄壁中空挤压铝合金型材组焊而成；侧墙板、地板、车顶板型材为五块；地板和端墙使用搅拌摩擦焊焊接。

底架由底架边梁和五块地板组焊而成，地板之间采用搅拌摩擦焊，地板与边梁之间采用常规的 MIG 焊，型材之间的焊缝均为气密焊缝，如图 2.20 所示。

图 2.20　北京地铁 19 号线底架断面

车顶由五块车顶板组焊而成，各型材之间采用常规的 MIG 焊，型材之间的焊缝均为气密焊缝。车顶为通长无平台结构，是连续封闭结构。弧顶由数块大型挤压型材拼焊而成，如图 2.21 所示。

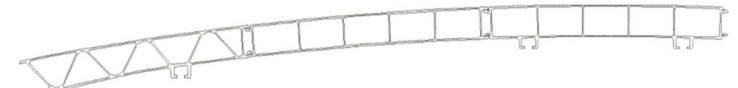

图 2.21　北京地铁 19 号线车顶断面

侧墙由上边梁和五块侧墙板组焊而成，各型材之间采用常规的 MIG 焊，型材之间的焊缝均为气密焊缝，如图 2.22 所示。

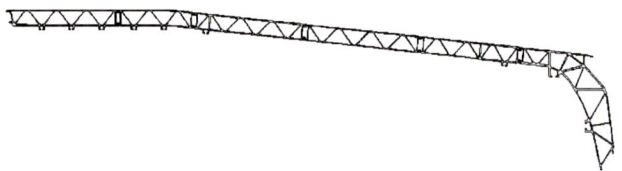

图 2.22　北京地铁 19 号线侧墙断面

端墙主要由端角柱、端门立柱、端墙板等组成，如图 2.23 所示。端墙把车顶、侧墙、底架结合成一体，共同承受车体所受的各种载荷；端角柱拥有与侧墙和车顶搭接用的翻边。

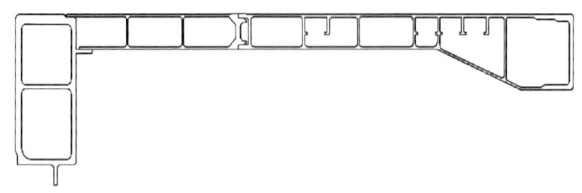

图 2.23　北京地铁 19 号线端墙断面

## 2.4.2　碳纤维材料在下一代地铁中的应用

中车四方股份公司依托国家科技支撑计划"下一代城市轨道交通列车关键技术及装备研制"项目，开展了复合材料列车司机室、设备舱、车体和转向架构架研制，如图2.24所示。

图 2.24　下一代地铁

### 1. 碳纤维司机室

司机室采用外罩、内装、台柜一体化设计、一体化承载（见图 2.25），最大限度减少零部件数量。同时，司机室采用了压缩空气辅助拔模和固化烘箱热流场温控技术，解决了司机室外壳这种大尺寸部件脱模难度大、固化不均匀和模具变形大的工艺问题。在保证高强度、高质量、高防火性能的同时，减重近30%。

图 2.25　碳纤维司机室

### 2. 碳纤维车体

车体采用分体式模块化设计，成型精度高，可批量生产，如图 2.26 所示。侧墙采用混合三明治结构，质量轻且刚度大。缓冲梁采用湿法缠绕树脂转移成型技术，突破超厚碳纤维复合材料的制造加工难度，并充分发挥碳纤维材料不间断、方向可自动化铺设、灵活生产等优势。上、下边梁采用了先进的长大厚壁中空复杂断面碳纤维型材拉挤技术，为世界首创，实现减重 30%。

图 2.26　碳纤维车体

### 3. 碳纤维设备舱

设备舱采用模块化设计方法，可单件或分模块拆装，使用抽拉式底板和折页式裙板，便于组装、维护，如图 2.27 所示。设备舱边梁使用高效、可靠的自动化拉挤成型技术，

## 第 2 章 轻量化设计技术

纤维含量高,性能优异,较传统金属结构设备舱减重30%以上。

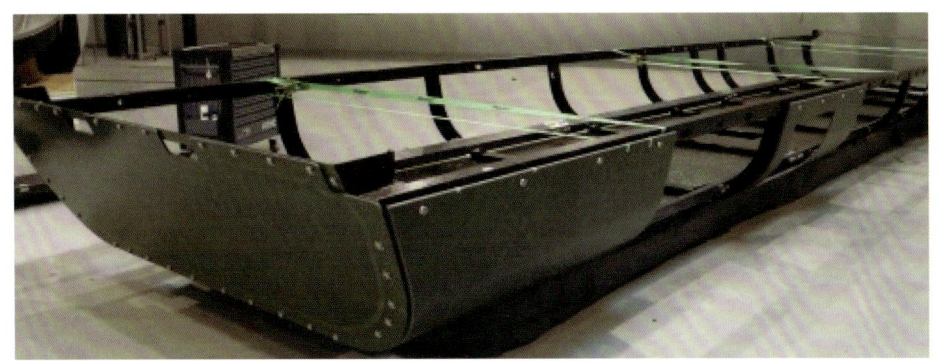

图 2.27 碳纤维设备舱

4. 碳纤维转向架构架

转向架构架整体采用分体式模块化结构设计,横梁采用自动化湿法缠绕工艺,成型质量好、效率高,如图 2.28 所示。纵梁采用干纤维自动编织技术预成型,热压罐高温高压固化,为首次实现厚壁、空腔、变截面大型复合材料结构的自动化生产,效率高、性能好,构架总体减重 40%以上。根据已完成的静态及疲劳试验结果分析,该构架性能优异。

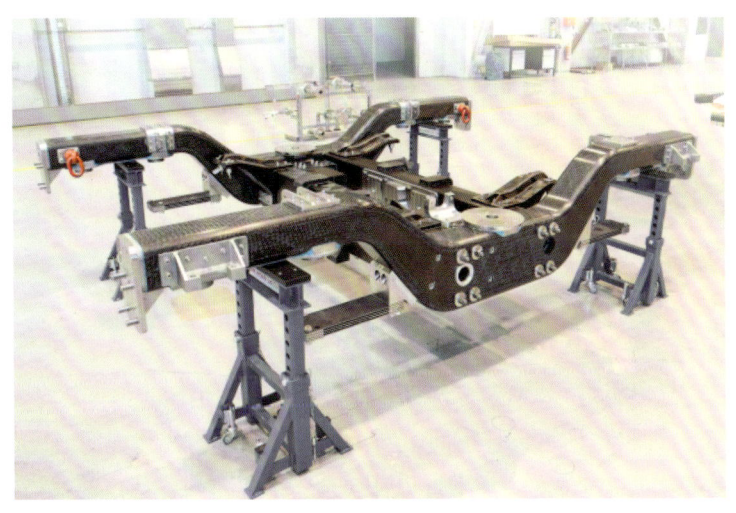

图 2.28 碳纤维构架

### 2.4.3 轻量化优化技术在动车组行李架上的应用

对 SFE32C-复兴号批量车典型行李架结构托架进行轻量化设计。原始结构如图 2.29 所示。

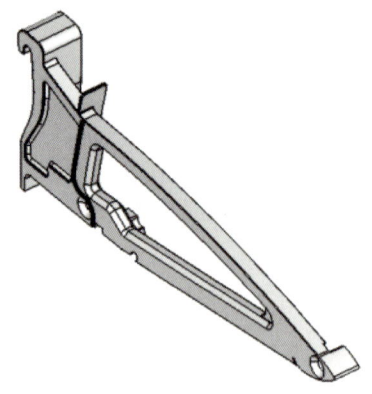

图 2.29 行李架原始结构

以原始托架结构的刚度、强度性能为比较基准，进行托架结构迭代优化设计，寻找更为合理的结构构型。首先进行第一轮概念设计工作，通过对传力路径进行提取并进行几何恢复，生成了第一版托架结构概念设计模型。对其刚度及强度性能校核表明：该结构具有良好的轻量化特性，但在机械性能表现上仍有多处需要继续改进。接下来，在第一轮概念设计模型的基础上，保留该方案的主要结构特征，进一步对托架内部的桁架结构排布进行了优化，通过提取传力路径，生成了第二版概念设计模型，并基于该模型，进行了几何恢复。最后，对几何恢复后的模型，采用与此前原始托架一致的等效校核工况，对其刚度、强度性能进行了校核，提取和汇总了校核结果，并将结果与原始托架性能进行了比较。

1. 托架结构第一轮概念设计

将原有的去材区域进行完全补材处理，进行托架结构第一轮概念设计。如图 2.30 所示，其中棕色部分为模型的可设计空间，基于 SIMP 方法的优化程序，可在该空间内任意增加/减少单元密度。灰色部分为不可设计区域，主要包括托架后部挂钩、隔板、后型材搭接面、前型材搭接面、PC 板搭接区域及螺栓孔位置。在优化过程中，以上区域的单元密度不做任何修改。模型的材料为铸铝,与此前的计算模型保持一致。

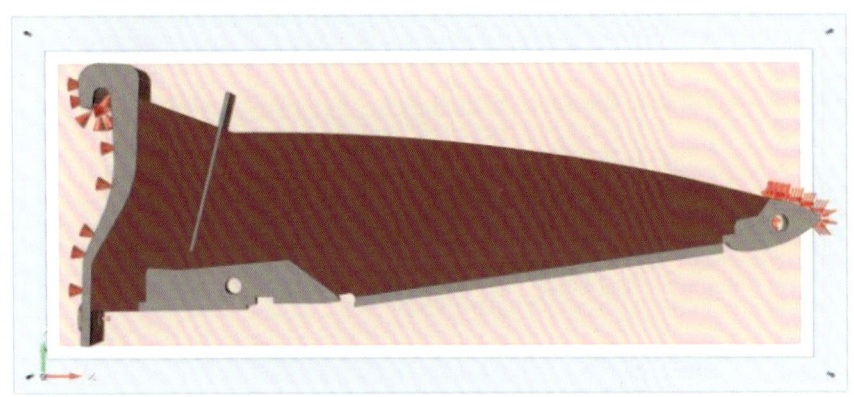

图 2.30　行李架托架概念设计:设计空间

针对托架概念设计及优化模型,其优化问题三要素可以描述为:

(1)设计空间:以图 2.30 中棕色区域为全部设计空间。

(2)目标函数:模型质量最小(包括优化结束后残留的设计空间及非设计空间的质量之和)。

(3)约束条件:以安全系数不小于 4.6 为设计约束条件;在本轮优化中,暂时不打开最小团块尺寸及最大团块尺寸控制。此外,在加工工艺方面,考虑到原版的托架结构为铸造加工而成,且其主体结构保持了基本的面对称性,因此在模型中添加了脱模及对称约束。

托架结构拓扑优化结果体现出了对模型参数设置的敏感性。图 2.31 为一组典型的拓扑优化传力路径提取结果。

图 2.31　行李架托架概念设计:传力路径

在以图 2.31 为代表的拓扑优化结果及其他多组概念设计传力路径提取结果的基础上，开发得到了托架结构第一轮概念设计模型。注意到在确定本次设计的模型断面时，对图 2.32 中提取的复杂桁架式内部结构进行了合并和简化。需要指出的是，不同的设计人员针对不同的拓扑优化结果，可以构建出多组不同的概念设计模型。

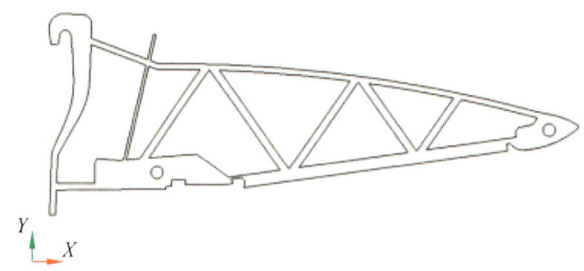

图 2.32　行李架托架第一轮设计模型

第一轮模型普遍为极大减重模型，以图 2.32 所示的模型为例，其减重效果达到 45%以上；但各组模型中包含了若干共性的问题，需要在后续的设计中进行优化：

（1）虽然原始拓扑优化模型中添加了安全系数约束，但是在依托提取的传力路径构建的概念设计模型中，均不可避免地出现了应力水平过高的问题。特别是托架下方前、后型材搭接面之间的区域，由于原始不可设计区域保留材料过少，极容易出现应力水平超标的现象。

（2）在不添加团块尺寸控制的情况下，托架结构内部易发展出较为复杂的桁架式结构，以满足其最优性能。但在实际的生产加工中，要求其内部的桁架结构不能过于复杂；此外，从美工角度考虑，也要求控制桁架结构的总量。因此在后续的优化中，在设计区域中需要添加额外的最小团块尺寸控制，以保证优化结果的可实施性。

2. 托架结构第二轮概念设计

在完成了托架结构第一阶段概念设计后，针对第一阶段概念设计模型中存在的托架结构底部强度不足问题，首先对托架结构底部从前型材搭接面经 PC 板搭接处，直至后型材搭接面之间的部分进行了整体加厚，如图 2.33 中红色框所示。

第 2 章　轻量化设计技术

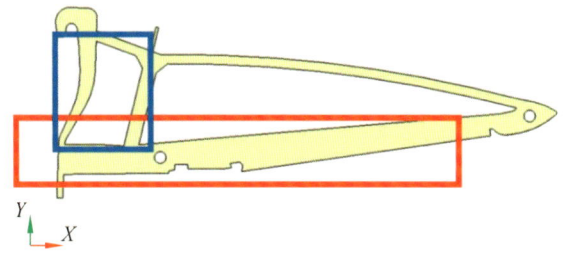

图 2.33　行李架托架第二轮概念设计方案：模型修改

经整体底部加粗后的托架模型，虽然由于其内部缺乏桁架结构加强，刚度性能有一定下降，但其底部区域的强度性能得到了明显改善。基于以上计算结果，开展了托架结构第二轮概念设计。如图 2.34 所示，构建的第二轮概念设计模型继承了第一轮模型中的最大特点，即移除了挂钩和托架挡板间的材料堆积（图 2.33 中蓝色框标识位置）；并如上述，对托架底部材料进行了加厚处理。

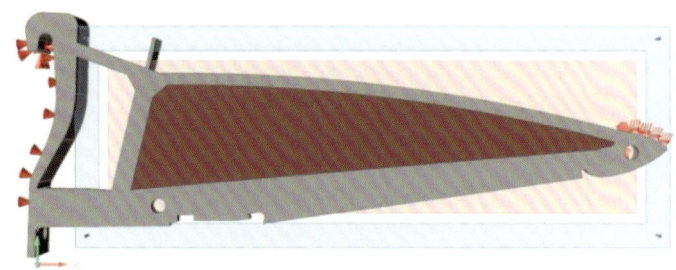

图 2.34　托架结构第二轮概念设计：设计空间

在该轮设计中，优化设计的要素如下：

（1）设计空间：图 2.34 中的近似三角形棕色区域。

（2）约束条件：优化后设计空间中保留的桁架结构总质量不大于第一轮概念设计中保留的桁架结构总质量（180 g）。

（3）目标函数：结构刚度最大。

（4）加工工艺约束：在设计空间厚度方向上施加了对称约束及脱模方向约束；此外，考虑美工效果，要求设计生成的桁架结构总量不能大于两根。在模型中经历了多轮试算，发现将拓扑优化最小团块尺寸设置为 35 mm 可以满足桁架分离度的美工效果。将模型求解，得到优化后的托架结构第二轮概念设计原始模型，如图 2.35 所示。经测算，未经几何恢复的最优传力路径模型的质量为 1.697 kg。

图 2.35　行李架托架第二轮概念设计：传力路径

进一步考虑加工工艺约束和美观要求，对该拓扑构型进行细化，并生成了最终版本设计方案。细化内容如下：

（1）对设计空间中保留的左侧较大的桁架，将其整体左移 17 mm，使之与托架隔板连接，根据最宽处尺寸对其进行加粗，并光顺化处理。

（2）对设计空间中保留的中间部分第二处桁架结构进行整体加粗，并考虑美观要求，使之与左侧最大的桁架特征走向保持平行，同时根据其最宽处特征进行加粗，进行光顺化处理。

（3）由于第（1）和第（2）处详细设计特征中增加了较多的材料，对结构的刚度和强度特征有较大的贡献，因此移除图 2.35 中设计空间中最右侧保留的材料堆积。最终生成的结构设计方案如图 2.36 所示。该模型的质量为 1.720 kg。

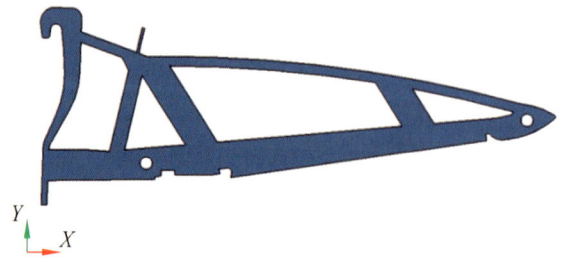

图 2.36　行李架托架第二轮概念设计模型

对第二轮概念设计模型进行校核，表 2.1 为原始结构与第二轮设计模型的对比结果，减重 8.9%，强度和刚度满足要求。

## 第 2 章　轻量化设计技术

表 2.1　原始结构与第二轮设计模型的对比结果

| 项　目 | 原始托架结构模型 | 托架结构第二轮设计模型 | 差　值 |
|---|---|---|---|
| 质量/kg | 1.907 | 1.720 | −8.9% |
| 最大变形量/mm | 0.231 | 0.275 | 19.0% |
| 最大 vonMises 应力/MPa | 32.879 | 22.071 | −32.9% |

PART THREE

# 第 3 章　空气动力学设计技术

随着列车运行速度的提高，列车与空气之间的相互作用变得显著，这不仅导致列车空气阻力急剧增大、能耗增加，还因列车高速交会、通过隧道等，出现了一系列危及行车安全、降低旅客舒适度、影响列车周围环境的空气动力学问题。因此，高速列车气动设计优化已经成为现代高速列车车体设计过程中必须考虑并解决的关键技术问题。

高速列车空气动力学设计时，需要考虑的因素较多，各种设计要素和气动性能之间相互关联、相互制约。高速列车空气动力学设计应在满足顶层设计指标的前提下，在诸多设计因素之间寻求不同气动性能之间的平衡，以求达到最佳的设计效果。高速列车空气动力学设计的原则性目标是在切实保障安全性的前提下，提升乘坐舒适性，同时兼顾环保和节能要求，实现以人为本的根本目标。

## 3.1　列车空气动力学基础理论

### 3.1.1　列车明线运行空气动力学性能

#### 3.1.1.1　列车表面空气压力

高速列车是在近地面稠密大气层中运行的长大物体，其在运行过程中，必然会排挤开线路空间中的空气介质，以便列车通过，进而会在列车表面产生沿法线方向的压力，即为列车表面空气压力。

高速列车表面空气压力采用 $p$ 表示，即空气垂直作用在列车表面单位面积上的力，其方向垂直于列车表面，并以指向列车表面为正向，其大小为列车表面的总压与环境大

## 第 3 章 空气动力学设计技术

气压力的差,即:

$$p = p_t - p_\infty \tag{3.1}$$

式中,$p_t$ 表示列车表面总压;$p_\infty$ 表示环境压力,即参考压力。

为便于分析,定义无量纲系数,即列车表面空气压力系数 $C_p$,其表达式为

$$C_p = \frac{p}{q_\infty} = \frac{p}{\frac{1}{2}\rho v_\infty^2} \tag{3.2}$$

式中,$q_\infty$ 表示动压;$v_\infty$ 表示空气相对列车的流速;$\rho$ 表示空气密度。

列车处于静止状态且无环境因素干扰时,列车表面压力为零,而当列车开始运行或者周围环境扰动时,列车表面的压力也会发生变化。通常而言,列车迎风面的气流滞止部位或者气流流动缓慢的部位的压力为正值,而其他大部分区域的压力为负值。随着列车速度的提高,列车周围空气流动加速,这种变化将更为显著。当列车运行雷诺数大于临界雷诺数时,即 $Re \geq Re_{cr}$,进入自模拟区,此时随着列车运行速度的提高,列车表面的压力系数基本不再发生变化。实车线路试验结果表明,当 $Re \geq 1 \times 10^6$ 时,对于大部分列车而言,雷诺数已进入自模拟区。由此可知,当列车速度达到 5 m/s,即 18 km/h 时,雷诺数进入自模拟区,此时,列车速度的变化对列车表面压力分布规律及压力系数的影响很小。

由此可知,当雷诺数进入自模拟区以后,列车速度的变化对列车表面压力系数基本没有影响,则根据式(3.2)可知,列车表面压力近似与列车速度的平方成正比。

图 3.1 给出了明线无风环境下,高速动车组流线型车头的表面压力分布,图中显示的压力是以标准大气压为基数的相对压力。从图中可以看出,在列车鼻部滞止区域,由于流速在此下降为零,压力达到极大值。气流在经过滞止点以后,流速迅速增大,表面压力随之降低,所以在滞止区域周围的压力值明显比滞止区域的压力值小很多。有些方案头型的司机室前窗没有与列车流线型平滑相连,从而在司机室前窗与列车流线型相连的位置形成高压区。另外,在鼻锥下方、排障器前凸处由于流速再次滞止,会形成另一高压区。在流线型与列车车身平直段连接的位置,由于流速增大到极大值,从而形成一个低压区域。列车车身平直段(包括中间车厢)几何外形光顺,没有明显的起伏,因此压力分布均匀。

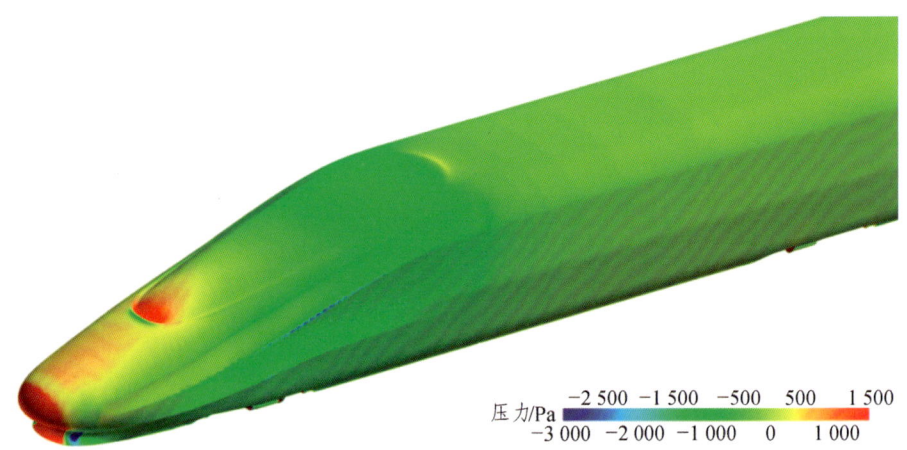

图 3.1　流线型车头表面压力分布

图 3.2 给出了明线无风环境下，高速列车流线型车尾的表面压力分布。从图中可以看出，尾车尾流区属于死水区，压力在鼻锥位置得到一定恢复，因而存在一定的正压。而在尾车鼻锥位置也是尾流区两个反向拖曳涡的源，气流在该位置分离并形成涡发展到尾流区。

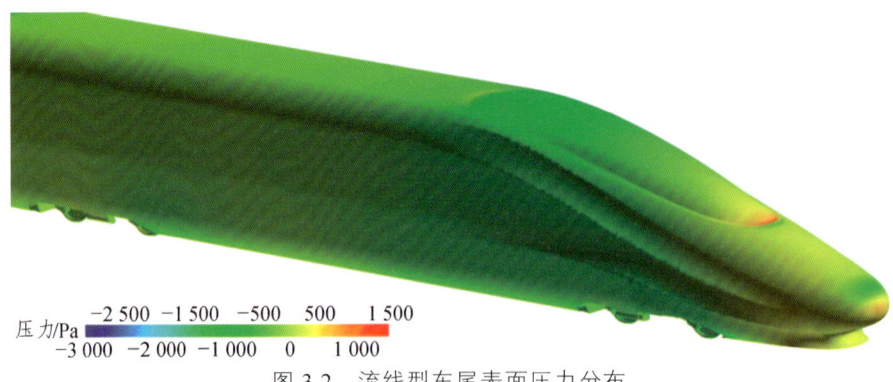

图 3.2　流线型车尾表面压力分布

图 3.3 给出了整车的表面压力分布。从图中可以看出，在列车头部鼻锥上存在比较明显的极高正压区域，而在鼻锥两侧则因为气流经过时流速较快而形成较低的压强。另外，也有其他几个区域存在正压区，包括受电弓滑板迎风面位置、受电弓平台位置、风挡位置等。这些位置均没有保持好列车的流线型或者破坏了列车的流线型，给列车运行带来了额外的气动阻力。

## 第 3 章 空气动力学设计技术

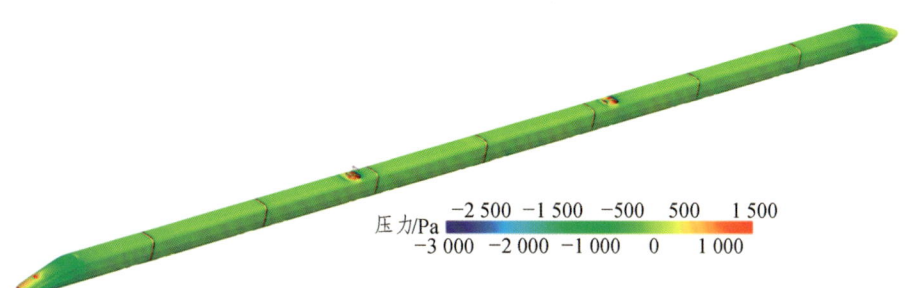

图 3.3 整车表面压力分布

图 3.4 给出了典型局部区域的表面压力分布。从图中可以看出，根据受电弓区域压力云图发现，所有迎风面均为正压区域，弓头前滑板与上臂的交界处受到的压力最大，远大于受电弓其他部件正压，这是受电弓气动阻力的主要来源。这是因为上臂和弓头附近的空气，受到了较高的扰动作用。同时在受电弓平台的底面，受电弓的下游区域也存在较大的正压。

高速列车头车下方转向架受到来流的冲击影响较大，是转向架阻力的主要来源。可以看出，转向架中突出于车体的部位在迎风侧均存在比较高的压力，而包含在车体中的部分则整体压力较小。

根据风挡部位压力云图可以发现，尽管采用了全封闭风挡设计，但是由于连接不够光滑，在风挡部位仍存在较大的正压区，说明风挡对气流的扰动作用依然存在。

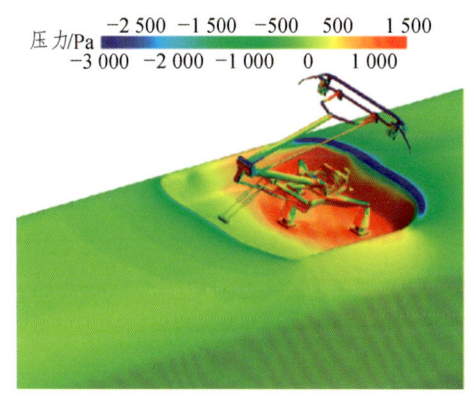

（a）受电弓-升弓

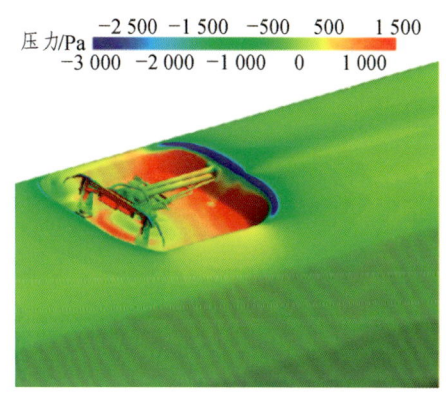

（b）受电弓-降弓

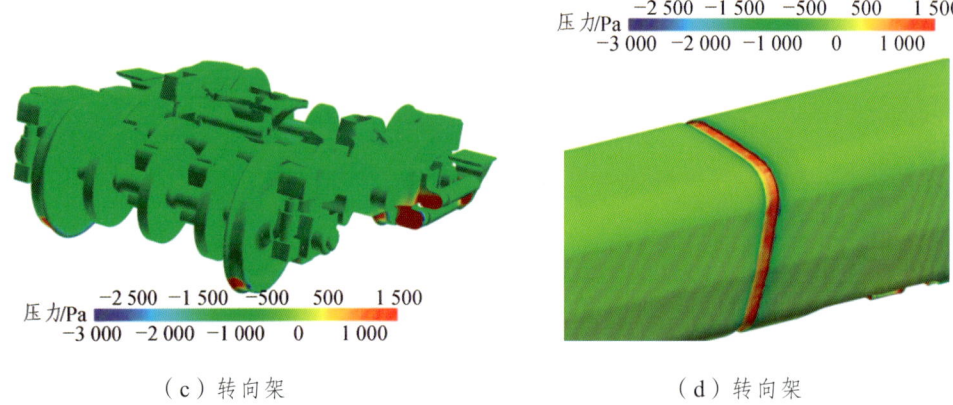

（c）转向架　　　　　　　　　　　　（d）转向架

图 3.4　典型局部区域表面压力云图

列车表面空气压力是高速列车设计过程中需要重点关注的气动性能参数，通过列车表面空气压力研究，可以开展如下工作：

（1）确定列车上受到的气动载荷。通过对列车表面空气压力在各个坐标分量或对某个点取矩的积分，可以获得列车运行时受到的压差阻力、升力、侧向力及压差侧滚力矩、摇头力矩、点头力矩。因此，通过研究列车表面的空气压力分布，可以获得列车受到的气动载荷。

（2）提供降低列车压差气动载荷的途径。通过列车表面压力分布研究，分析改变列车表面压力分布的途径，以降低列车的压差气动阻力、升力、侧向力及压差侧滚力矩、摇头力矩、点头力矩。

（3）为空调进出风口的布置提供指导。在理想的状态下，空调进风口布置在正压区域，排风口布置在负压区域，并且需要将风口布置在表面压力变化较为稳定的区域。然而，列车是双向运动的，很多部位的压力方向随着迎风面和背风面而变，具体位置需要根据不同的列车外形进行确定。同时，当空调进出风口位置确定以后，还可以根据该位置的表面压力分布情况，通过计算分析选取合适的风机压头。

（4）为关键部位强度分析提供气动载荷依据。如进行开闭罩设计时，需要考虑开闭罩上受到的空气压力作用。

## 3.1.1.2 气动阻力/升力特性

**1. 气动阻力的定义及构成**

高速列车在运行过程中,受空气黏性影响,在列车表面形成附面层,附面层内黏性切应力在列车运行反方向上的合力形成摩擦阻力;空气绕列车流动时,在其前后部产生很大的压力差异,并形成压差阻力;列车气动阻力为摩擦阻力和压差阻力之和。

在附面层内,壁面上的空气流速为零,沿壁面法向向外,空气流速迅速增大到与来流速度基本一致。对于高速列车而言,边界层在头车鼻锥处厚度为零,然后逐渐向下游增加。在附面层内,沿壁面法向方向的位置不同,其空气流速也不同,各不同速度层之间将产生切向力,从而形成列车表面的黏性切应力,采用 $\tau$ 表示。黏性切应力与空气动力黏度 $\mu$ 和速度梯度成正比。黏性切应力张量可以表示为

$$\tau_{ij} = \mu \left( \frac{\partial u_i}{\partial x_j} + \frac{\partial u_j}{\partial x_i} \right) - \frac{2}{3} \mu \frac{\partial u_i}{\partial x_i} \delta_{ij} \tag{3.3}$$

式中,$\tau_{ij}$ 表示列车表面的黏性切应力;$u_i$、$u_j$ 表示列车速度分量;$x_i$、$x_j$ 表示直角坐标分量;$\delta_{ij}$ 表示克罗内克符号,当 $i=j$ 时,$\delta_{ij}=1$,当 $i \neq j$ 时,$\delta_{ij}=0$。

列车运行时的黏性切应力沿列车运行反方向形成的合力,是阻挡列车运行的阻力,称为列车空气摩擦阻力,其表达式为

$$F_{\tau d} = \oint_{S_F} \tau_{id} \mathrm{d} S_F \tag{3.4}$$

式中,$F_{\tau d}$ 表示列车空气摩擦阻力;$\tau_{id}$ 表示列车表面的黏性切应力在阻力方向(即列车运行方向)上的分量;$S_F$ 表示列车表面积。

由于空气的黏性作用,当气流流过凸起物时,气流速度会降低,导致凸起物表面压力升高。对于高速列车而言,列车头尾部为三维曲面,车底有转向架、车顶有受电弓等不规则的凸出物,当气流流过头部鼻锥时,气流被滞止,气流速度接近于零,使得压力达到最大;当空气沿列车表面流动遇到转向架、受电弓等凸起物阻挡时,也会出现气流滞止区,使得气流速度降低,导致凸起物表面压力升高;在车端连接部位,由于风挡间隙及凹凸不平,也会使得表面压力发生变化。同时,由于高速列车是近地面运行的长大

### 高速动车组车体设计关键技术

物体，附面层厚度沿列车长度方向不断增加，列车表面附面层及地面效应，也使得列车中后部的表面压力发生改变。上述因素都使得列车前后部的表面压力产生很大的差异。

列车表面压力沿列车运行反方向的合力，也是阻挡列车运行的阻力，该阻力是由于列车前后部的压力差引起的，称为列车空气压差阻力，其表达式为

$$F_{\mathrm{pd}} = \oint_{S_{\mathrm{F}}} p_{\mathrm{d}} \mathrm{d} S_{\mathrm{F}} \tag{3.5}$$

式中，$F_{\mathrm{pd}}$ 表示列车空气压差阻力；$p_{\mathrm{d}}$ 表示列车表面压力在阻力方向（即列车运行方向）上的分量。

列车空气阻力为列车运行时的表面压力和切应力沿列车运行反方向形成的合力，即列车空气压差阻力和列车空气摩擦阻力之和，其表达式为

$$F_{\mathrm{d}} = F_{\mathrm{pd}} + F_{\tau\mathrm{d}} = \oint_{S_{\mathrm{F}}} (p_{\mathrm{d}} + \tau_{\mathrm{id}}) \mathrm{d} S_{\mathrm{F}} \tag{3.6}$$

式中，$F_{\mathrm{d}}$ 表示列车气动阻力。

为便于分析，定义无量纲的气动阻力系数，其表达式为

$$C_{\mathrm{d}} = \frac{F_{\mathrm{d}}}{\frac{1}{2}\rho A_{\mathrm{tr}} v_{\mathrm{tr}}^{2}} \tag{3.7}$$

式中，$C_{\mathrm{d}}$ 表示气动阻力系数。

气动阻力系数主要由列车外形决定，当列车外形确定以后，气动阻力系数为常数，高速列车气动阻力与列车速度近似成平方关系，随着列车速度的提高，气动阻力迅速增大，气动阻力占总阻力的比重也越来越大。

列车气动阻力系数由组成列车的各节车辆的气动阻力系数构成，可以表示为

$$C_{\mathrm{d}} = C_{\mathrm{DH}} + \sum_{i} C_{\mathrm{DMT}i} + \sum_{j} C_{\mathrm{DMP}j} + C_{\mathrm{DT}} \tag{3.8}$$

式中，$C_{\mathrm{DH}}$ 表示头车气动阻力系数；$C_{\mathrm{DMT}i}$ 表示无受电弓中间车气动阻力系数；$C_{\mathrm{DMP}j}$ 表示带受电弓中间车的气动阻力系数；$C_{\mathrm{DT}}$ 表示尾车气动阻力系数；$i$ 表示无受电弓中间车

的编号；$j$ 表示带受电弓中间车的编号。

列车头车及尾车的气动阻力系数较大，这是由于列车头车正对来流，车头区域具有很大的正压，而列车车尾区域流动分离显著，车尾区域产生很大的负压，进而产生较大的气动阻力，头车及尾车气动阻力主要由压差阻力产生；列车中间车的气动阻力系数较小，对于无受电弓的中间车，中间车压差阻力较小，气动阻力主要由摩擦阻力产生，而对于带受电弓的中间车，突出车体的受电弓将产生较大的压差阻力，导致中间车气动阻力增大。在明线无风环境下，列车的气动阻力系数参考值如表 3.1 所示。

表 3.1 气动阻力系数参考值

| 车辆类型 | 头车 | 尾车 | 中间车（无受电弓） | 中间车（有受电弓） |
| --- | --- | --- | --- | --- |
| 气动阻力系数 | ≤0.17 | ≤0.18 | ≤0.09 | ≤0.15 |

2. 气动减阻措施

高速列车气动减阻措施主要包括列车头型、转向架区域、车端连接处、受电弓及导流罩优化等。

列车头型对气动阻力的影响较大，无论是采用数值模拟方法还是风洞试验方法，国内对高速列车气动减阻优化的研究主要集中在头型的优化上面，列车头型优化主要考虑流线型长度、单双拱和纵向最大外轮廓线等几个方面。研究发现，在高速列车头部流线型长度方面，头车流线型部位越长，流线型越光滑，鼻尖附近越尖锐，减阻效果越好；当流线型长度接近时，头型细长比越大，列车气动阻力越小。虽然列车气动阻力会随着流线型长度的增加而减小，但是还应考虑头车客室载客量以及流线型长度过度增加带来的列车气动阻力减小幅值有限问题，因此并不能无限制地拉伸列车流线型头部长度。CRH2 型列车的流线型长度仅为 9.4 m，CRH380A 型高速列车是在 CRH2 型列车的基础上研发设计的，其头部流线型长度约为 12 m。复兴号动车组 CR400AF 的流线型长度也为 12 m。在列车头部单双拱方面，单拱头车与双拱尾车组合的气动阻力最小，头、尾车皆为双拱头型的气动阻力最大，说明单拱头型的气动阻力优于双拱头型。CRH2 型和 CRH380A 型高速列车为双拱模型。复兴号动车组 CR400AF 采用单拱模型。在列车头部纵向最大外轮廓线和头型尖扁方面，变化较平缓的弧形外轮廓线具有最好的气动阻力特性，平直纵向剖面线的头型对应的列车的气动阻力居中，外鼓形纵向剖面线的头型对应列车的气动阻力最大。头型鼻尖位置比较尖时，列车的气动阻力较小，随着鼻尖宽度增大，鼻尖由锥形逐渐改变为方形，列车气动阻力显著增大。

3. 气动升力特性

由于列车上下表面外形不同，空气在流经各节车辆顶部及底部时，产生显著的压力差，并形成压差升力。同时，由车辆表面的黏性切应力在垂直向上方向的合力形成摩擦升力。车辆气动升力为压差升力和摩擦升力之和，采用无量纲的气动升力系数，在明线无风环境下，高速列车气动升力可以表示为

$$F_\ell = \frac{1}{2} \rho A_{\mathrm{tr}} C_\ell v_{\mathrm{tr}}^2 \tag{3.9}$$

式中，$F_\ell$ 表示气动升力；$C_\ell$ 表示气动升力系数。

气动升力系数主要由列车外形决定，当列车外形确定以后，气动升力系数为常数，高速列车气动升力与列车速度近似成平方关系，随着列车速度的提高，气动升力迅速增大。

列车气动升力对列车的运行安全性带来不利影响，当车辆受到向上的正升力时，列车动车轮轨之间的黏着力减小，降低了列车牵引力，导致列车产生"飘"的现象；过大的正升力，还有可能导致列车爬轨和跳轨；当列车受到负升力作用时，将增加列车的轴重，使得轮轨之间的接触力增大，加剧了列车对钢轨的动态冲击。因此，在列车气动外形设计时，应使各节车辆的气动升力尽可能接近于零。

## 3.1.2 列车隧道空气动力学性能

当列车高速进入隧道时，类似于活塞进入气缸的情况，空气流动受到隧道壁面的限制被阻滞，使列车前端静止的空气受到剧烈压缩，导致空气压力骤然增大而形成压缩波。而列车尾部向前移动，形成低压区，产生膨胀波。

## 第 3 章 空气动力学设计技术

随着列车进一步驶入隧道，环状空间长度逐步增大，使列车前方隧道空间的空气压力继续升高，即压缩波的强度继续增大，直到列车全部进入隧道为止。该压缩波以声速沿隧道向前传播。压缩波前方的空气流速为零，而压缩波后方的空气则以一定的流速随着列车向前流动。该压缩波沿隧道以声速向隧道出口方向传播。传播到隧道出口端后，一部分冲出隧道口，形成微压波，另一部分以膨胀波形式反射回来，沿隧道长度方向朝入口端传播。

当列车尾部进入隧道，由于列车尾部产生负压绝对值低于大气压，原先经过环状空间流到隧道入口处的空气改变流向，变成流入列车后方的隧道空间，而且隧道外的空气也流入该空间。同时，因经过环状空间流入车后隧道空间的空气流量小于列车所排挤开的空气流量，于是在列车尾部的压力低于隧道洞口外的大气压，即产生膨胀波。该膨胀波也以声速沿隧道向隧道出口方向传播，传播到隧道出口端后，大部分以压缩波形式反射回来，沿隧道长度方向朝入口端传播。

这两种波在隧道内以声速传播、反射和相互干扰，从而导致隧道内空气压力发生剧烈变化。其压力变化过程与空气波传播关系，以列车侧壁测点和隧道壁面测点为例，用图 3.5 予以说明。为叙述方便，将空气波传播过程导致这两测点压力变化的转折点，分别用序号①~⑬进行标注。

图 3.5 中有三条斜线，最上面一条实线为车头鼻尖的轨迹，最下面一条实线为尾车鼻尖的轨迹，中间一条虚线为测点轨迹。车头鼻尖进入隧道起始点为车头鼻尖的轨迹与隧道入口线的交点，其出隧道的点为车头鼻尖的轨迹与隧道出口线的交点。尾部鼻尖点进出隧道的位置，也是其轨迹与隧道入口和出口线的交点。

下面介绍隧道壁面监测点的压力变化情况，如图 3.5 所示，列车头部进入隧道瞬间，在列车和隧道壁面的共同挤压下，压力迅速上升形成压缩波并以声速向前传播，到达监测点位置①时，监测点的压力开始上升；列车尾部进入隧道，尾部负压形成的膨胀波也以声速向前传播，尾车初始膨胀波到达该监测点（图中位置③），受其影响，此时监测点的压力转为下降并逐步成为负压；当头车初始压缩波传播到隧道出口，以膨胀波的形式反射回来，当到达位置④时，监测点的压力继续下降。当尾车初始膨胀波传播到隧道出

### 高速动车组车体设计关键技术

口,以压缩波的形式反射回来,当到达位置⑦时,监测点的压力开始上升。而后,随着压缩波和膨胀波不断经过测点,测点压力周而复始地变化,不断循环,但压力变化的幅值却在逐次减小。

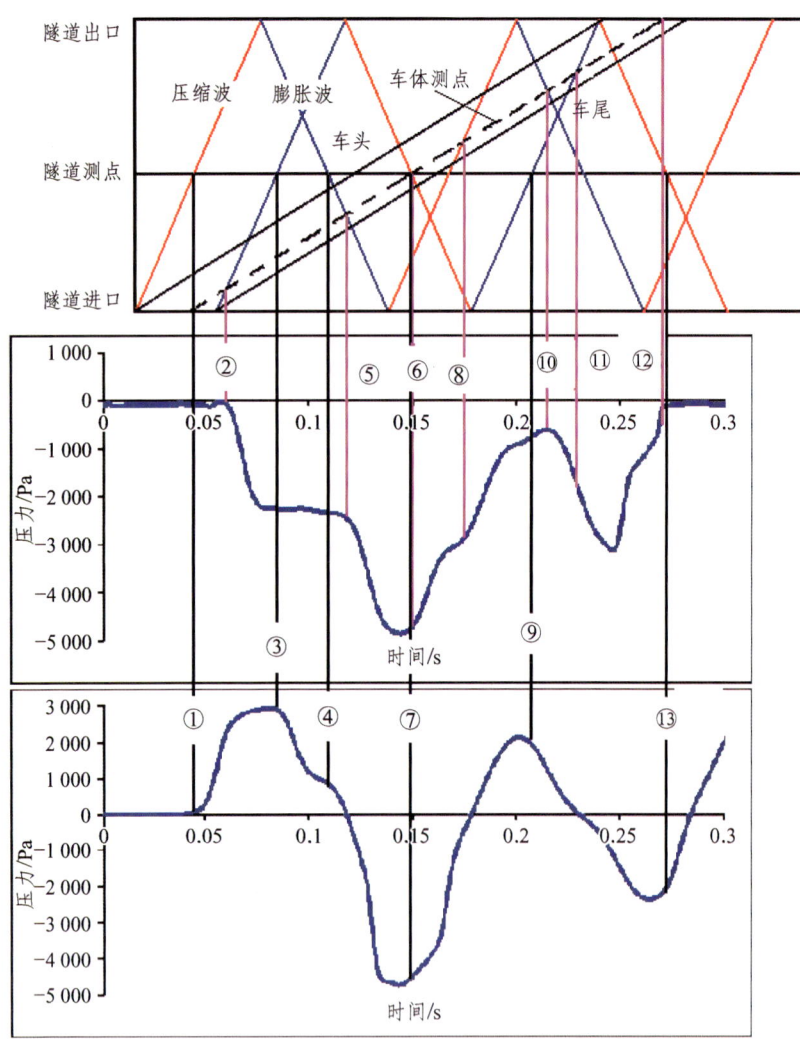

图 3.5 高速动车组隧道通过测点压力变化

## 第3章 空气动力学设计技术

对于进入隧道的列车，其表面压力变化情况，除列车头部始终为正压外，其余部位是在负压范围内压力幅值的大幅波动。由图 3.5 描述的列车侧壁监测点的压力变化情况，到位置②，列车尾部进隧道产生的膨胀波到达测点，压力开始下降；到位置⑤，车头产生的压缩波传到隧道口后以膨胀波的形式返回，此时头车一次反射膨胀波到达车体监测点，其压力进一步下降；之后车尾产生的膨胀波在隧道出口以压缩波的形式返回，传播到测点位置⑥，压力开始上升。之后，受到隧道口再次反射的膨胀波和压缩波影响，压力不断变化，直至该监测点离开隧道口一段距离后，压力才逐步恢复到原来状态。可见，列车上该监测点压力变化规律与隧道壁面一样，也是周而复始不断地变化。

另外，上述解释中多次提到，膨胀波和压缩波在隧道的入口和出口反射时，会改变性质，这主要是由于在隧道的入口和出口，都属于自由界面，根据波的传播和反射机理，膨胀波和压缩波在自由界面反射后，改变性质，即膨胀波反射为压缩波，压缩波反射为膨胀波。

当列车外形确定后，隧道压力波主要受列车速度、阻塞比、隧道长度、列车长度等因素的影响。阻塞比是影响隧道压力波的主要因素，阻塞比定义为列车断面面积与隧道断面面积的比值，即

$$r_\text{t} = \frac{A_\text{tr}}{A_\text{tu}} \quad (3.10)$$

式中，$r_\text{t}$ 表示阻塞比；$A_\text{tr}$ 表示列车断面面积；$A_\text{tu}$ 表示隧道断面面积。

隧道压力波幅值与列车速度近似成平方关系，与阻塞比近似成幂函数关系。由此，当隧道长度和列车长度确定后，隧道压力波幅值与列车速度、阻塞比的关系可以表示为

$$\Delta P_\text{tu} = k_\text{tu} v_\text{tr}^2 r_\text{t}^{a_\text{tu}} \quad (3.11)$$

式中，$\Delta P_\text{tu}$ 表示隧道压力波幅值；$k_\text{tu}$、$a_\text{tu}$ 表示待定系数，$a_\text{tu}$ 通常介于 1.1～1.3 之间；$v_\text{tr}$ 表示列车速度。

隧道长度也会对隧道压力波幅值产生影响，隧道长度存在最不利情况，当实际隧道长度低于或高于最不利隧道长度时，隧道压力波幅值降低。图 3.6 为隧道长度对隧道压力波幅值的影响特性。

**高速动车组车体设计关键技术**

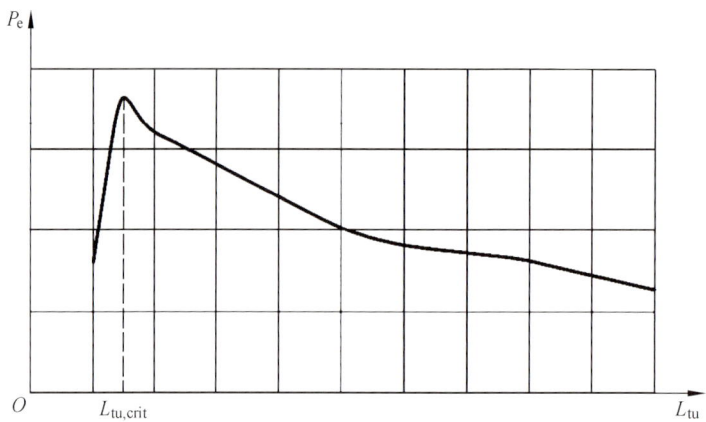

图 3.6 隧道长度对隧道压力波幅值的影响

根据隧道压力波传播速度、列车运动距离和时间的关系，可以近似得到最不利隧道长度。对于隧道通过工况，列车表面出现最大负压时的最不利隧道长度计算公式为

$$L_{tu,crit} \approx \begin{cases} \dfrac{L_{tr}}{4M_{tr}}\left(1+\dfrac{1}{M_{tr}}\right), & M_{tr} \leqslant \dfrac{1}{3} \\ \dfrac{L_{tr}}{2M_{tr}}\dfrac{1+M_{tr}}{1-M_{tr}}, & M_{tr} > \dfrac{1}{3} \end{cases} \quad (3.12)$$

式中，$L_{tu,crit}$ 表示最不利隧道长度；$L_{tr}$ 表示列车长度；$M_{tr}$ 表示列车运动马赫数，定义为列车速度与声速的比值。

$$M_{tr} = \dfrac{v_{tr}}{c} \quad (3.13)$$

式中，$c$ 表示声速。

对于隧道中部交会，列车表面出现最大负压时的最不利隧道长度计算公式为

$$L_{tu,crit} \approx \dfrac{1}{2}\left(\dfrac{L_{tr,1}}{M_{tr,1}}+\dfrac{L_{tr,2}}{M_{tr,2}}\right) \quad (3.14)$$

式中，$L_{tr,1}$ 和 $L_{tr,2}$ 分别表示两列交会列车的长度；$M_{tr,1}$ 和 $M_{tr,2}$ 分别表示两列交会列车的运动马赫数。

## 第 3 章 空气动力学设计技术

隧道交会压力波还受到交会位置、线间距等因素的影响。两列车在隧道中部位置交会时,隧道交会压力波最大,而当交会位置远离隧道中部位置时,隧道交会压力波降低。隧道交会压力波随着线间距的增加而降低,在隧道内可以适当加大线间距,以降低隧道交会压力波。

当列车驶入隧道瞬间,由于空气的压缩性及列车车壁和隧道壁限制了空气侧向流动和向上流动的空间,使紧贴在列车车头前面的空气受到压缩并随列车向前流动,造成列车前方的空气压力突然升高,产生压缩波。随着列车进一步驶入隧道,环状空间长度逐步增大,使列车前方隧道空间的空气压力继续升高,即压缩波的强度继续增大,直到列车全部进入隧道为止。该压缩波以近似声速的速度向前传播。压缩波前方的空气流速为零,而压缩波后方的空气则以一定的流速随着列车向前流动。压缩波传播到隧道出口后,一部分压缩波以膨胀波形式被反射回隧道,另一部分则以微气压波的形式向隧道出口空间扩散,如图 3.7 所示。列车进入隧道形成的压力波不仅引起车厢内压力的变化,而且在压缩波由隧道口作为冲击波传出时,会形成噪声,作为微气压波向周围传播。

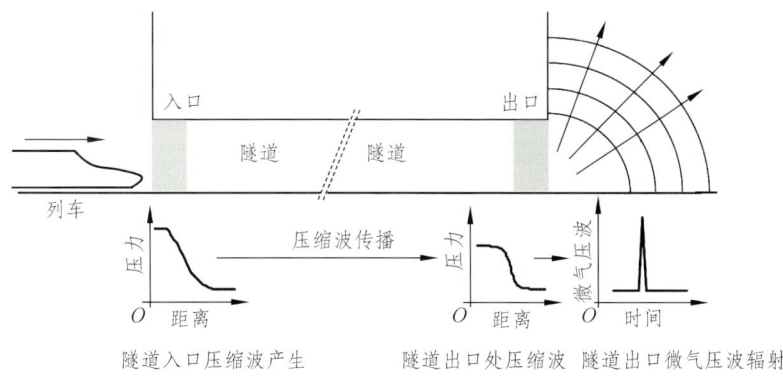

图 3.7 微气压波的形成机理

### 3.1.3 风致安全性

在强侧风环境下,高速列车的空气动力学性能恶化,列车的气动横向力、升力、倾覆力矩等迅速增大,影响列车的横向稳定性,严重时将导致列车倾覆。与无横风明线运行工况相比,横风效应使列车的表面压力分布呈现出非常强的非对称性。

■ 高速动车组车体设计关键技术

图 3.8 给出明线侧风环境下，高速列车流线型车头的表面压力分布。从图中可以看出，鼻锥正前方的滞止区域向横风迎风侧发生了比较明显的移动。无横风条件下，头车鼻锥位置为来流滞止区，该位置速度降低至零，而压力为最大值；横风条件下，滞止点向横风来流向发生了偏移，如头型中高压区所示，而鼻锥位置则成为气流加速区，压力陡降。

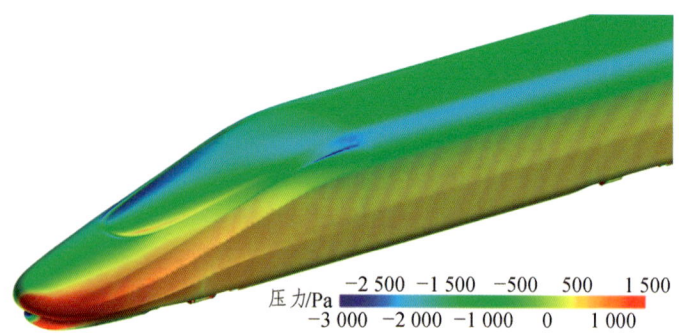

图 3.8　横风下流线型车头表面压力分布

图 3.9 给出明线侧风环境下，高速列车流线型车尾的压力云图。从图中可以看出，在横风迎风侧，依然可以看到列车侧壁上存在一定的正压区域，而尾车鼻锥的侧棱上则存在一条低压线，这是横风气流翻越列车鼻锥在该位置加速所致。

图 3.9　横风下流线型车尾表面压力分布

图 3.10 给出明线侧风环境下，高速列车整车表面压力云图。从图中可以看出，在受电弓、转向架的横风迎风侧也出现了比较明显的正压区域。而在横风背风侧，由于大量涡系的产生、发展和脱落，背风侧出现大面积的负压区，车身基本为负压。在受到横风作用时，列车迎风面宽度增加，会有更多的气流流向车身底部与地面之间的空隙，造成

## 第3章 空气动力学设计技术

车身底部结构承受阻力增大，如各个转向架在横风作用下承受气动阻力均有大幅增加。

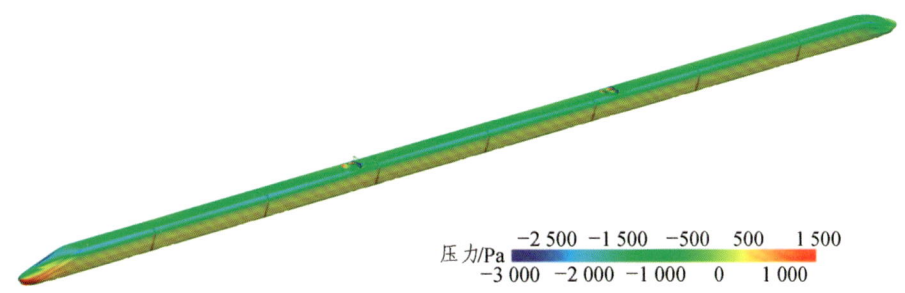

图 3.10 横风下整车表面压力分布

明线侧风环境下，典型局部区域表面压力云图如图 3.11 所示。从图中可以看出，横风场景下，这些特征部位的受力与无横风情况相比发生了较大变化。以受电弓为例，受电弓滑板迎向横风侧面上出现了高压，而在受电弓平台远离横风向侧壁上，受到横风的冲击，也在这些区域形成了高压，使得受电弓平台承受较强的侧向力。

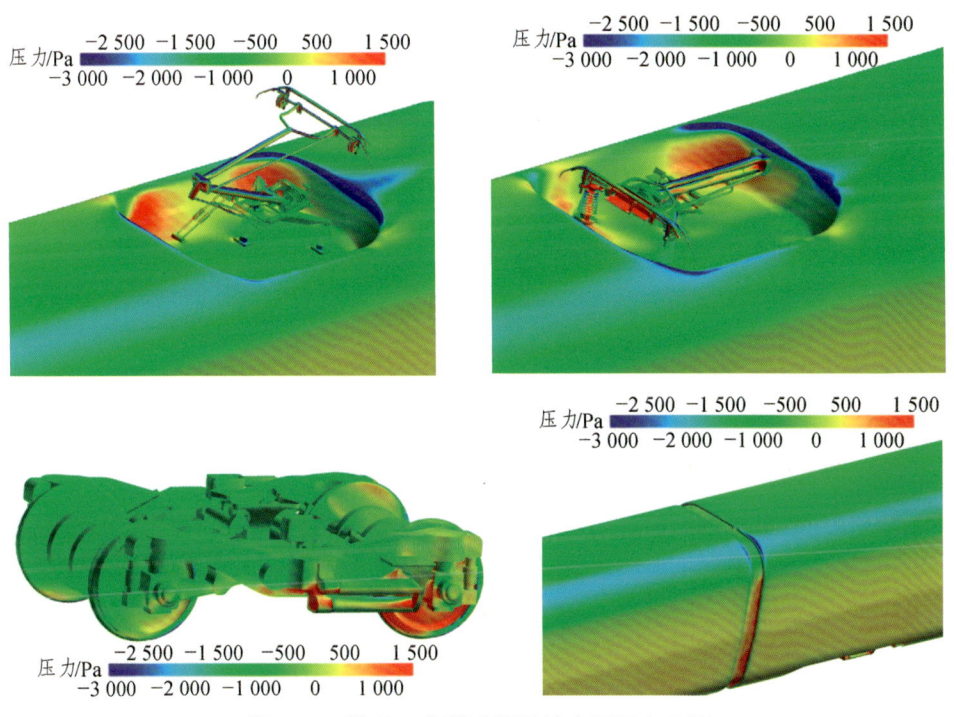

图 3.11 横风下典型局部区域表面压力云图

### 高速动车组车体设计关键技术

在明线侧风环境下，主要关注的气动载荷是气动横向力、气动升力、侧滚力矩、摇头力矩和点头力矩。采用无量纲的气动载荷系数，在侧风下，高速列车气动载荷可以表示为

$$F_s = \frac{1}{2}\rho A_{tr} C_s(\beta) U^2 \tag{3.15}$$

$$F_\ell = \frac{1}{2}\rho A_{tr} C_\ell(\beta) U^2 \tag{3.16}$$

$$M_r = \frac{1}{2}\rho A_{tr} h_{tr} C_{Mr}(\beta) U^2 \tag{3.17}$$

$$M_y = \frac{1}{2}\rho A_{tr} h_{tr} C_{My}(\beta) U^2 \tag{3.18}$$

$$M_p = \frac{1}{2}\rho A_{tr} h_{tr} C_{Mp}(\beta) U^2 \tag{3.19}$$

式中，$F_s$、$F_\ell$、$M_r$、$M_y$、$M_p$ 分别表示气动横向力、升力、侧滚力矩、摇头力矩、点头力矩；$C_s$、$C_\ell$、$C_{Mr}$、$C_{My}$、$C_{Mp}$ 分别表示气动横向力系数、升力系数、侧滚力矩系数、摇头力矩系数、点头力矩系数；$\rho$ 表示空气密度；$U$ 表示合成风速；$\beta$ 表示侧偏角；$h_{tr}$ 表示参考高度。合成风速和侧偏角的计算公式为

$$U^2 = v_{tr}^2 + W^2 - 2v_{tr}W\cos(\beta_W) \tag{3.20}$$

$$\tan\beta = \frac{W\sin(\beta_W)}{v_{tr} + W\cos(\beta_W)} \tag{3.21}$$

式中，$W$ 表示风速；$\beta_W$ 表示风向角。

在侧风环境下，矩点在背风侧轨顶的倾覆力矩，能够较好地反映列车的横风气动性能，其可以表示为

$$M_{r,lee} = \frac{1}{2}\rho A_{tr} h_{tr} C_{Mr,lee}(\beta) U^2 \tag{3.22}$$

式中，$M_{r,lee}$ 表示倾覆力矩；$C_{Mr,lee}$ 表示倾覆力矩系数。

侧风环境下，高速列车的气动载荷与合成风速近似呈平方关系，与气动载荷系数近似呈线性关系。当列车外形确定以后，气动载荷系数主要依赖于侧偏角，且可以近似表示为关于侧偏角的多项式函数。

高速列车侧风气动载荷是高速列车风致安全性的重要输入，将侧风气动载荷加载到车辆系统动力学模型中，评估高速列车的运行安全特性。

## 3.1.4 气动噪声

随着列车运行速度的提高,高速列车噪声将急剧增大,过大的噪声将产生环境污染,不仅严重影响乘客的乘坐舒适度和铁路沿线人员的正常生活,还可能引起铁路沿线有关设备和建筑物的疲劳破坏。噪声超标已成为限制列车速度的主要因素,制约着高速铁路的可持续发展。列车噪声主要由牵引噪声、轮轨噪声和气动噪声组成,它们与车速的变化关系如图 3.12 所示。三类噪声对总噪声的贡献量与车速有关,在低速时,牵引噪声对总噪声的贡献量最大,占主导地位。随着列车运行速度的提高,轮轨噪声对总噪声的贡献量将超过牵引噪声,占主导地位。随着列车运行速度的进一步提高,气动噪声对总噪声的贡献量将超过轮轨噪声,占主导地位。由此将产生两个临界速度,称之为声学转变速度。当轮轨噪声得到很好控制后,$v_{t1}$ 将变大,而 $v_{t2}$ 将变小,也就是说在低速区域内,牵引噪声将在更高的车速下占主导地位,而在高速区域内,气动噪声将在更低的车速下占主导地位。研究表明,当车速达到 300 km/h 时,高速列车气动噪声将超过轮轨噪声,在高速列车噪声中占主导地位。

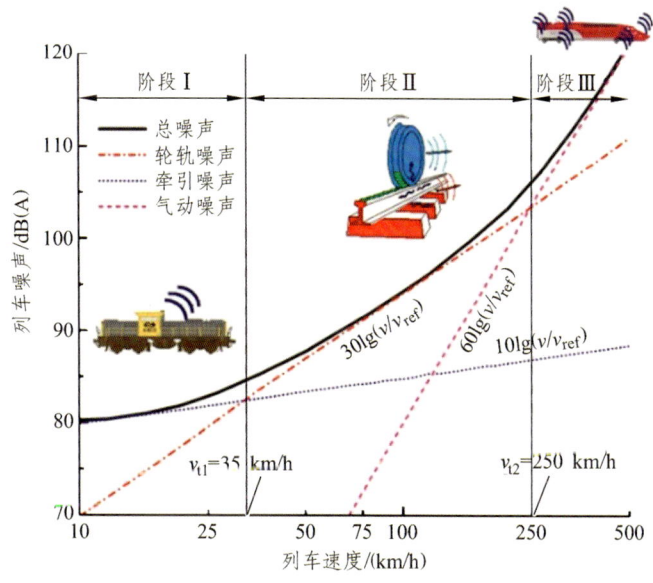

图 3.12 列车主要噪声与速度的关系

### 高速动车组车体设计关键技术

高速列车的噪声研究在根本上是对噪声源的研究,包括噪声源的位置确定与分类。高速列车气动噪声主要是高速列车运行时的流场结构引起的噪声。气动噪声主要考虑流场中因为固体表面的存在引发的噪声,不考虑不存在固体时的噪声(如因为质量变化引发的噪声、射流噪声等)。按照原理的不同,其声源可以分为两类:一类是由于流场中稳定的特征结构引起的气动噪声。受电弓存在的圆柱结构在列车运行时引发周期性的涡脱落,这是气动噪声的一个重要噪声源。另外,高速列车运行时会存在类似于方腔流的结构,如车厢间的空隙流动会引起声波与剪切边界层的自激发结构,由此引发气动噪声。其他类似于法国 TGV 列车在列车顶端存在一比较大的放置受电弓的腔体(宽高比大于 10 时称为封闭腔),可以视为剪切边界层和声波分别处理的气动噪声源。另一类是由于湍流脉动引发的气动噪声。这类噪声源主要集中在列车壁面的湍流边界层内,或者流动发生分离的位置。

采用 Lilly 的宽带噪声源模型计算表面声功率。图 3.13 是原型车以 250 km/h、350 km/h 的车速运行时车体表面声功率级分布云图。列车头车、尾车的声功率级较大,中间车相对较小。随着速度的增加,车体表面的声功率级逐渐增加。宽带噪声源模型是基于某些假设(如各向同性湍流、湍流边界层等)的解析评估模型,其横向对比精度有限,一般用于在同一个算例中查看局部区域声源能量的相对大小。

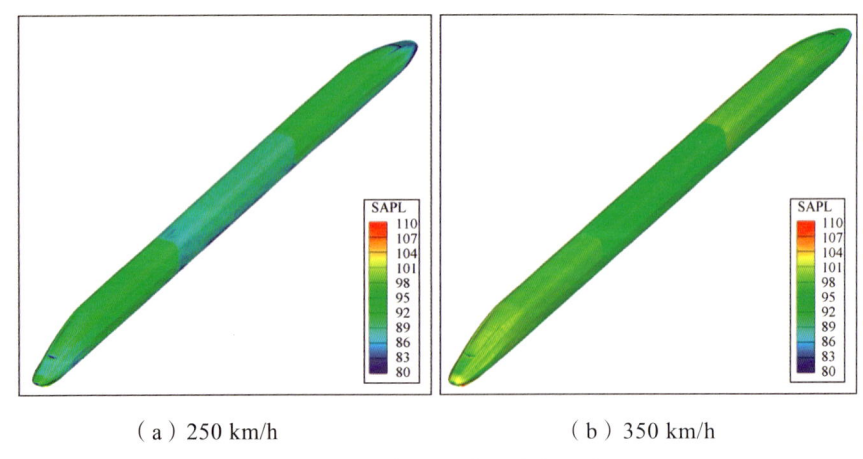

(a) 250 km/h　　　　　　　(b) 350 km/h

图 3.13　原型车体表面声功率级分布云图

一般可采用表面脉动压力时间梯度表征表面偶极子噪声源强度。其数据处理如下:在完成 LES 非定常计算后,首先采用公式(3.23)计算车体表面脉动压力的时间梯度 $p'$,

## 第 3 章 空气动力学设计技术

再采用公式（3.24）计算 $p'$ 均方根 $p'_{rms}$，然后采用公式（3.25）计算车体表面脉动力的时间变化率 $F'$，最后采用公式（3.26）计算声源等效声功率 $P$。

$$p' = \mathrm{d}p / \mathrm{d}t \tag{3.23}$$

$$p'_{rms} = \sqrt{\dfrac{\int_{t_1}^{t_2} (p')^2 \mathrm{d}t}{t_2 - t_1}} \tag{3.24}$$

$$F' = \int p'_{rms} \mathrm{d}s \tag{3.25}$$

$$P \infty (F')^2 \tag{3.26}$$

图 3.14 给出高速列车以 200 km/h、250 km/h、300 km/h、350 km/h 运行时，车体表面的 $p'_{rms}$ 分布云图。由图可见，偶极子声源强度主要分布在转向架及其周围的车体表面位置（尤其是 1 位转向架区）。

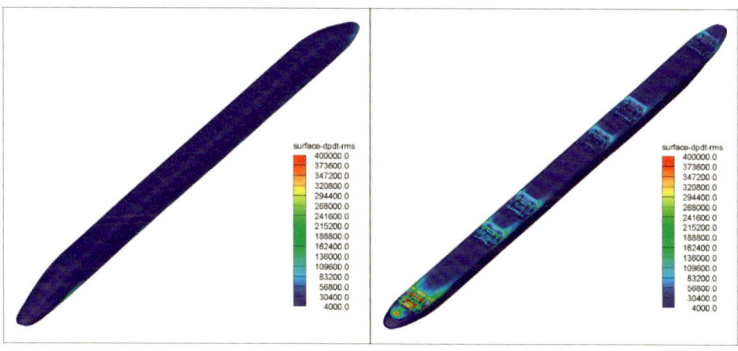

（a）原型车-200 km/h

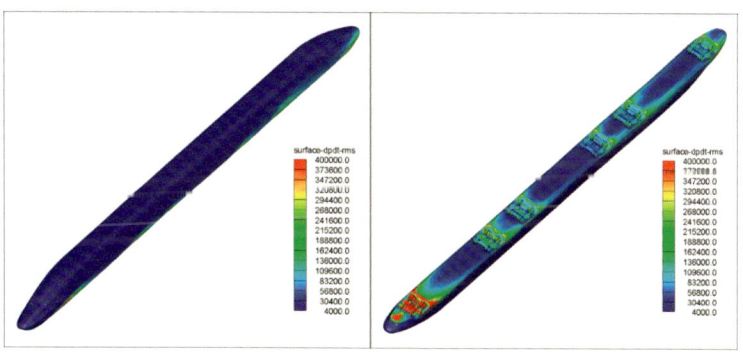

（b）原型-250 km/h

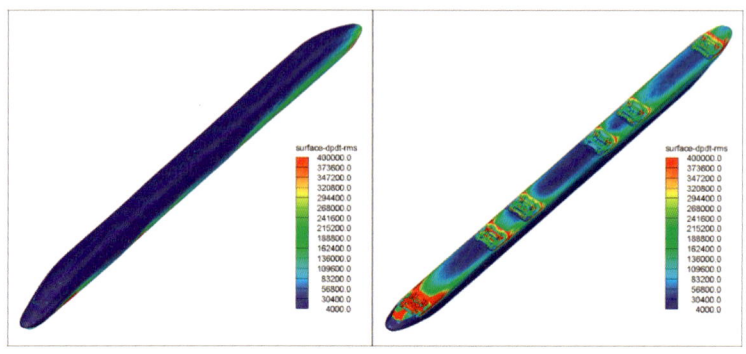

（c）原型车-300 km/h

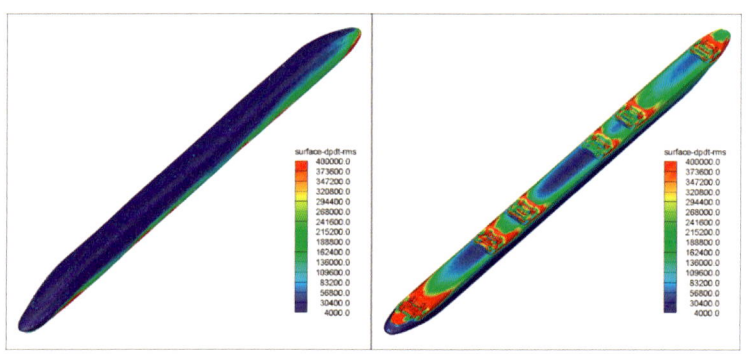

（d）原型车-350 km/h

图 3.14　原型车体表面 $p'_{rms}$ 分布云图

表 3.2 统计了原型车各部件的声源能量及其声源能量百分比。由表可知，随着速度的增加，声源总能量逐渐增加；转向架气动声源能量约占总气动能量的 30%，是车体主要的偶极子声源。

表 3.2　原型车声源能量

| 工况 | 转向架声源能量总和/J | 其余部件声源能量总和/J | 转向架声源能量百分比/% | 其余部件声源能量百分比/% | 总能量/J |
| --- | --- | --- | --- | --- | --- |
| 原型车-200 km/h | $4.63 \times 10^9$ | $9.86 \times 10^9$ | 31.96 | 68.04 | $1.45 \times 10^{10}$ |
| 原型车-250 km/h | $2.00 \times 10^{10}$ | $7.07 \times 10^{10}$ | 22.09 | 77.91 | $9.07 \times 10^{10}$ |
| 原型车-300 km/h | $5.59 \times 10^{10}$ | $1.18 \times 10^{11}$ | 32.16 | 67.84 | $1.74 \times 10^{11}$ |
| 原型车-350 km/h | $1.46 \times 10^{11}$ | $2.83 \times 10^{11}$ | 34.12 | 65.88 | $4.29 \times 10^{11}$ |

## 第 3 章 空气动力学设计技术

图 3.15 是原型车各部件的声源能量的统计百分比。图中部件序号 1~20 分别代表：风挡 1-车底（1）、风挡 2-车底（2）、尾车流线型-车底（3）、尾车-车底（4）、中间车-车底（5）、头车-车底（6）、头车流线型-车底（7）、转向架 6（8）、转向架 5（9）、转向架 4（10）、转向架 3（11）、转向架 2（12）、转向架 1（13）、尾车-流线型（14）、尾车（15）、风挡 2（16）、中间车（17）、风挡 1（18）、头车（19）、头车-流线型（20）。由图可见，尾车-流线型、转向架 1、尾车及中间车是声源能量的主要来源。

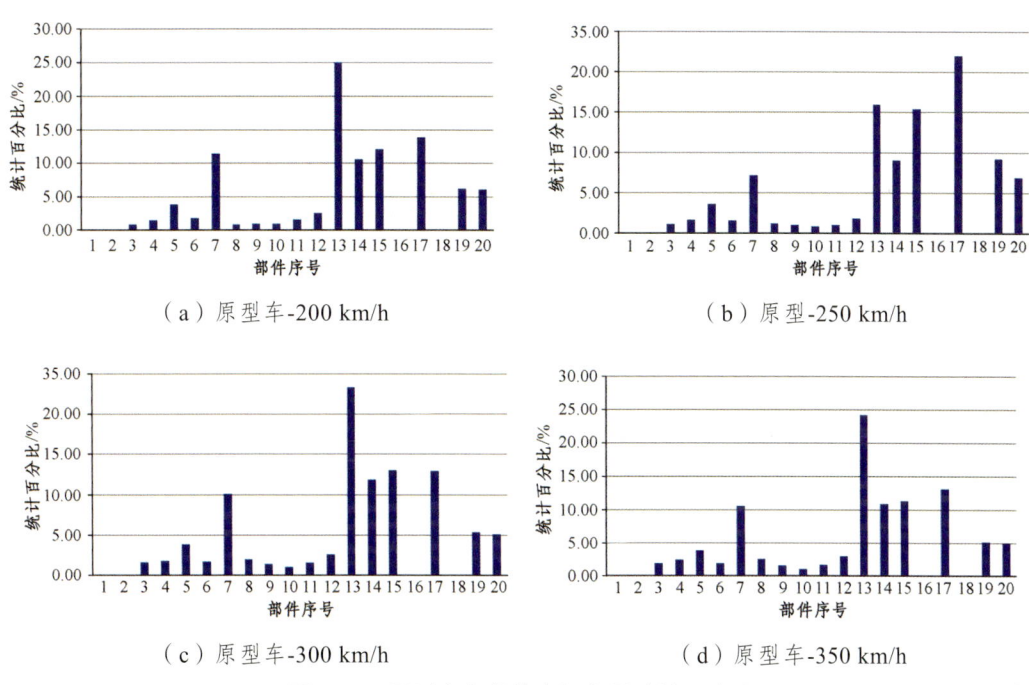

图 3.15  原型车各部件声源能量统计百分比

图 3.16 给出了声源能量与来流速度的函数关系拟合曲线，其中拟合函数为 $y = a^x \cdot b$，拟合结果见表 3.3。根据表 3.3，整车及局部区域声源能量与来流速度成 $n$ 次幂关系，$n$ 接近 6，比较符合偶极子噪声源强度与来流速度 6 次幂定律，这间接检验了仿真结果的可靠性。

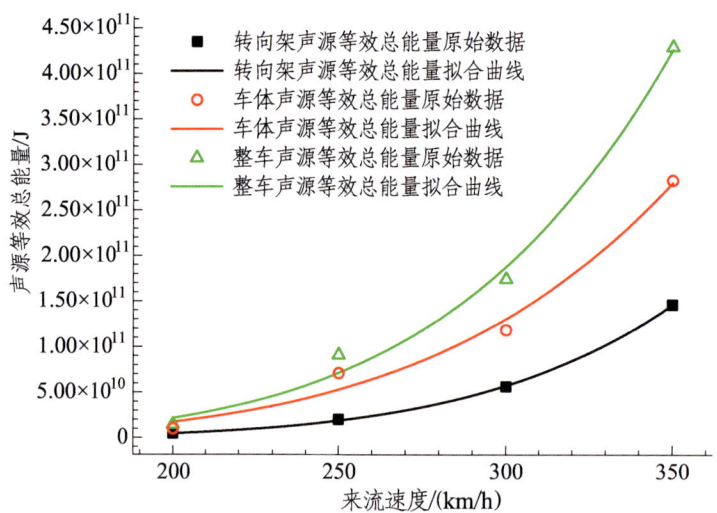

图 3.16　原型车声源能量与来流速度的函数关系

表 3.3　原型车声源能量与来流速度拟合系数

| 区域 | $a$ | | $b$ | | 拟合度 |
| --- | --- | --- | --- | --- | --- |
| | 拟合系数 | 标准方差 | 拟合系数 | 标准方差 | |
| 转向架 | $4.103 \times 10^{-5}$ | $2.710 \times 10^{-5}$ | 6.112 | 0.113 | 0.999 66 |
| 车体 | 0.066 | 0.242 | 4.964 | 0.633 | 0.980 34 |
| 整车 | 0.012 | 0.033 | 5.332 | 0.492 | 0.990 29 |

为考察列车的辐射噪声，在列车运行方向距列车中轴线 25 m、距地面 3.5 m 高沿线布置测点。图 3.17 是原型车各方案在 16 个声测点处的 A 计权声压级分布。原型车随着车速的增加，在 16 个声接收点处的声压级逐渐增加，头车流线型附近接收点的声压级较大；在尾车以后，越远离车体，声压级越小。

图 3.18 是监测点 4 辐射噪声计算结果的 1/3 倍频程的 A 计权声压频谱图。由图可见，列车声压级随着频率的增加，总体呈现为先上升后下降的趋势，在 1 000 Hz 频率左右时测点声压级达到峰值；气动噪声分布频带很宽，噪声能量在 1 000 Hz 左右较为集中，往高频和低频部分则逐渐衰减。

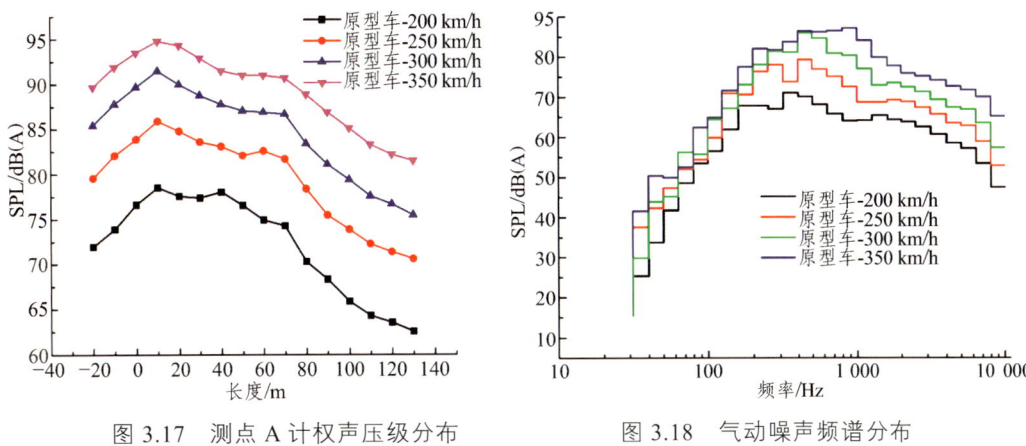

图 3.17　测点 A 计权声压级分布　　　图 3.18　气动噪声频谱分布

## 3.1.5　客室舒适性

车内压力波动对客室舒适性有显著影响。高速列车在隧道内运行或交会时，车内压力及压力变化率若超出某个界限，轻则会出现司乘人员耳部不适，舒适性降低，重则造成乘客失聪。因此应对隧道内的压力及压力变化率做出一定限制。但由于各国铁路的运营条件、国民习俗及对铁路的期望值不同，舒适性的评价国际上尚无统一标准。根据国情，通过试验计算研究，各国分别制定了不同压力变化下人体舒适性评价指标。

OREC149 委员会于 1980—1985 年对列车高速通过隧道产生的交变压力变化对人耳的影响进行了包括线路试验和实验室压力舱试验等一系列研究。试验结果表明，很难通过主观感觉对一列车通过隧道产生的压力变化做出评判，因为主观感觉与很多因素有关，不仅包括压力变化梯度和压力变化幅值，还包括试验对象的心理和生理条件及其所处环境的差异。试验还表明，在英国铁路舒适度限值内，预计不会出现明显的不舒适情况，这说明该舒适度限值可能显得有些保守。

英国：前期主要参考海军和航空航天医学方面的研究成果，结合其铁路海底隧道方面的研究成果，在 1973 年提出了一个暂定指标，在此基础上，在 1976 年通过人体压力舱试验的方式，正式建立了英国铁路舒适度和安全性压力变化极限指标，最终在 1991 年制定了以旅客舒适度为指标的车内压力变化的评价基准，如表 3.4 所示。

### 高速动车组车体设计关键技术

表 3.4 英国铁路规定的压力变动标准

| 编号 | 分类讨论旅行模式 | 每 4 s 内压力变化/Pa | | 7 级评价值/Pa |
|---|---|---|---|---|
| | | 极端情况 | 正常情况 | |
| A | 既有型城际列车为 10% 以下非气密车辆 | 4.0 | 2.5 | 4.5 |
| B | 既有型城际列车为 25% 以上非气密车辆 | 3.0 | 2.0 | 3.5 |
| C | 新型城际列车为 10% 以下气密车辆 | 1.25 | 0.8 | 2.5 |
| D | 城市地铁隧道区间为 50% 以上非气密车辆 | 1.0 | 0.7 | 2.0 |

德国：最初主要通过采用车内压力最大变化幅值和车内压力变化率两个指标来评价车内人体的舒适性，其限值分别为 1 000 Pa 和 200~400 Pa/s。后来，慕尼黑德国联邦铁路局（BZA）结合实验室试验和在线实车试验研究，发现人体对压力变化的忍受极限是变化的，车内压力主要通过变化幅值、变化梯度和波动频率对旅客的舒适性产生影响，且压力变化幅值与变化梯度存在一定关系，即压力变化越大，其变化梯度就应该越小，具体如图 3.19 所示。图 3.19 中为基于大多数乘客调查结果而绘制的"正好但还没有产生不舒适感觉"的压力变化与所需时间的关系曲线。通过调查可知，旅客是可以接受偶尔超过曲线的情况，但是当超过曲线的频率较高时，旅客会出现不适感，且处于这种环境中会加剧旅客的反应敏感性。

日本：高铁发展最早，其新干线高速铁路具有线隧比大、隧道断面小、运行速度高等特点，因而隧道内交变压力变化尤为显著。为此，日本铁路部门很早便开展了压力变化对人体舒适性影响方面的研究。早期，日本采用车内压力变化幅值（不超过 1 000 Pa）和车内压力变化梯度（新车不超过 200 Pa/s，旧车不超过 300 Pa/s）作为车内人体舒适性评价指标（欧洲国家也采用这个指标）。随着进一步的研究，日本建立了耳感舒适度极限图，并将其用于评价车内压力变化，具体如图 3.20 所示，斜线以下为舒适区，斜线以上区域为非舒适区。

中国：根据《铁路隧道设计施工有关标准补充规定》（铁建设〔2007〕88 号）要求，采用 3 s 车内压力变化 $\Delta P_{3s}$ 来衡量人体舒适性，其评判标准如下：

单线隧道：车内 $\Delta P_{3s}$ < 0.80 kPa/3 s；

双线隧道：车内 $\Delta P_{3\,s} < 1.25\ \text{kPa/3 s}$。

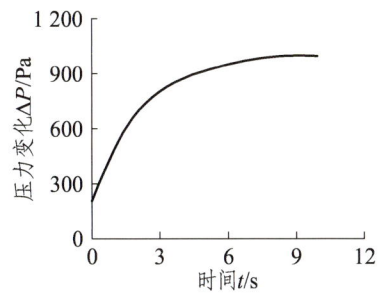

图 3.19　德国耳感舒适度极限　　图 3.20　日本耳感不舒适度评定

国铁集团颁布的《时速 350 公里中国标准动车组暂行技术条件》规定，人体舒适性采取以下评判标准：

1 s 内的最大压力变化不大于 500 Pa；

3 s 内的最大压力变化不大于 800 Pa；

10 s 内的最大压力变化不大于 1 000 Pa；

60 s 内的最大压力变化不大于 2 000 Pa。

通过对不同国家和地区关于车内人体舒适性的评价指标分析可知，一般采用车内压力变化幅值、车内压力变化梯度和 $n$ 秒（$1 \leqslant n \leqslant 4$）内车内压力变化作为车内人体舒适性评价指标。因此，国内外用于评价高速铁路舒适度的准则大致可以分为两类：一类是采用压力变化幅度和变化率来表示；另一类是采用一定时间内压力变化值来表示。国内外相关人体舒适性标准汇总如表 3.5 所示。

表 3.5　国内外相关人体舒适性标准汇总　　　　　　单位：kPa

| 相关人体舒适性标准 | 持续时间/s | | | | |
|---|---|---|---|---|---|
| | 1 | 3 | 4 | 10 | 60 |
| UIC 660 | 0.5 | 0.8 | — | 1.0 | 2.0 |
| UIC 779-11 | 1.0 | — | 1.6 | 2.0 | — |
| 荷兰（单车） | 0.5 | — | 0.85 | 1.4 | — |

## 高速动车组车体设计关键技术

续表

| 相关人体舒适性标准 | 持续时间/s | | | | |
|---|---|---|---|---|---|
| | 1 | 3 | 4 | 10 | 60 |
| 荷兰（交会） | 0.85 | — | 1.35 | 2.1 | — |
| 意大利 | 0.5 | — | — | — | — |
| 日本 | 0.14 | — | — | — | — |
| 德国 | 0.5 | 0.8 | — | 1.0 | — |
| 中国（复兴号） | 0.5 | 0.8 | — | 1.0 | 2.0 |

高速列车车内压力波动的影响因素主要包括车外压力波、车辆气密性与压力调节性能，通过降低车外压力波、提高密封指数、增强压力调节能力，可以显著改善车内压力波动。

常用的衡量车辆气密性的指标包括泄压时间、密封指数、气密性常数。泄压时间：减压法测试时，向封堵后的车厢内充气至一定压力，然后自然泄压，泄压前后的时间差称为泄压时间。密封指数：铁道部科教装〔2001〕21号《200 km/h及以上速度级列车密封设计及试验鉴定暂行规定》将车内压力3 600 Pa降低到1 350 Pa所需的泄漏时间定义为密封指数。此密封指数也称为静态密封指数。一般动车组在实际运行时，由于列车高速运动，车厢的密封情况比静止时要差，列车运动时的密封指数（称为动态密封指数）一般为静态密封指数的1/3～1/2。气密性常数：各国制定泄压时间的基准不一致，相互间无法比较，故引入"气密性常数"概念。假如在车厢内造成一种正压力或负压力后，车内压力会以近似指数函数变化使车内外压力趋于平衡。气密性常数 $\tau$ 定义如下：

$$\tau = \frac{\Delta p}{\mathrm{d}p/\mathrm{d}t} = \frac{p_\mathrm{i} - p_\mathrm{e}}{\mathrm{d}p/\mathrm{d}t} \tag{3.27}$$

式中，$\Delta p$ 表示车内外压差；$\mathrm{d}p/\mathrm{d}t$ 表示内部压力梯度；$p_\mathrm{i}$ 表示车内压力；$p_\mathrm{e}$ 表示车外压力。

静止车辆的气密性常数 $\tau$ 可以相对简单地采用下面公式进行计算：

$$\tau = \frac{t}{\ln\left(\dfrac{\Delta p_\mathrm{f}}{\Delta p_\mathrm{o}}\right)} = \frac{t}{\ln\left[\dfrac{(p_\mathrm{i}-p_\mathrm{e})_\mathrm{f}}{(p_\mathrm{i}-p_\mathrm{e})_\mathrm{o}}\right]} \tag{3.28}$$

## 第 3 章　空气动力学设计技术

式中，$t$ 表示泄压时间；$\Delta p_f$ 表示开始时的车内外压差；$\Delta p_o$ 表示结束时的车内外压差。

如果使 $\dfrac{(p_i - p_e)_f}{(p_i - p_e)_o}$ = e，即开始时的车内外压差与结束时的车内外压差的比值为 e，则气密性常数和泄压时间/密封指数是相等的，有 $\tau = t$。

试验时车辆充压达到 3 600 Pa，然后测量降压至 1 350 Pa 所用的时间，亦即车内压力变化接近 3 600/1 350 ≈ e 所用的时间，此时气密性常数和泄压时间/密封指数近似相等。

《动车组密封设计及试验规范》（TB/T 3250—2010）规定：① 整车气密性试验的降压时间，对于速度等级为 200 km/h ≤ $v$ < 250 km/h 的动车组，车内外压力差由 4 000 Pa 降至 1 000 Pa 的时间应不小于 40 s；对于速度等级为 250 km/h < $v$ ≤ 350 km/h 的动车组，车内外压力差由 4 000 Pa 降至 1 000 Pa 的时间应不小于 50 s。② 车体金属结构、车窗、车门、风挡和空调装置，应能在 ± 6 000 Pa 压力下保持良好的密封性。③ 车内连通到车外的各种电缆、电器管路和其他风、水管路，应采用密封结构，在 ± 6 000 Pa 时仍有密封作用。

车内压力保护系统主要分为主动式和被动式两种。主动式车内压力保护系统采用高静压换气装置，被动式车内压力保护系统主要包括压力保护阀和压力监控单元。目前，CRH380A 型动车组采用主动式车内压力保护系统，复兴号 CR400AF 型动车组采用被动式车内压力保护系统。

当动车组高速会车或过隧道时，通过高静压的换气装置抑制车外压力波动传入车内，实现对车内压力波动的控制。主动式车内压力保护系统控制车内压力波动的能力与换气装置性能和车辆气密性有关。CRH380A 型动车组设有换气装置，换气装置采用高静压同轴一体式风机，具有进新风和排废气功能，风机最大静压可达 10 kPa。当列车外部压力波动较大时，换气装置风机静压较大，能够克服车外进风和排风的阻力，保证列车具有相对稳定的进气量与排气量，且进气量和排气量相等，从而保证车内压力相对稳定。换气装置工作示意如图 3.21 所示。换气装置根据车辆运行速度的不同工作在不同的频率，具体为：当车速 < 160 km/h 时，换气装置以 79 Hz 低速运转；当车速 ≥ 160 km/h 时，换气装置以 97 Hz 高速运转。

■ **高速动车组车体设计关键技术**

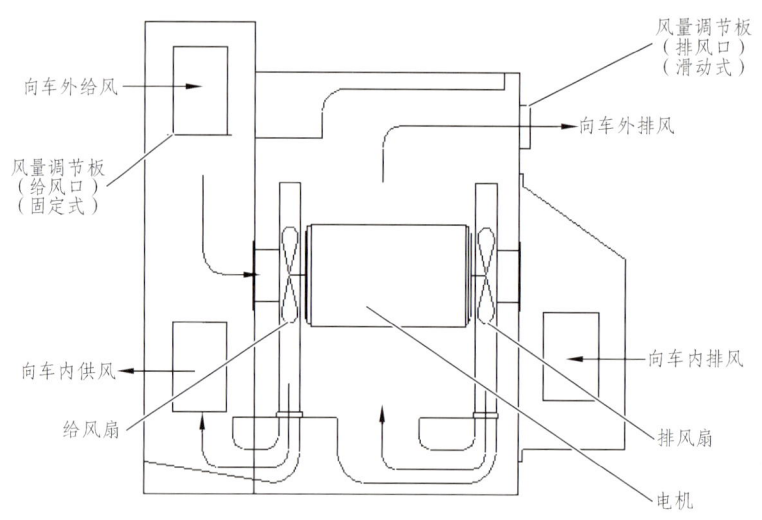

图 3.21　换气装置工作示意图

当动车组高速会车或过隧道时,安装在头尾车的压力波传感器将压力波动信号发送给压力控制单元,关闭新风和废排阀门,实现对车内压力波动的控制。被动式车内压力保护系统主要由压力波传感器、压力监控单元、压力保护阀等组成,如图 3.22 所示。当车外压力变化超过标准要求时,压力监控单元驱动压力保护阀动作,在压力波产生影响的瞬间将车内外空气通路关闭。标准动车组车内压力波动控制策略如下:

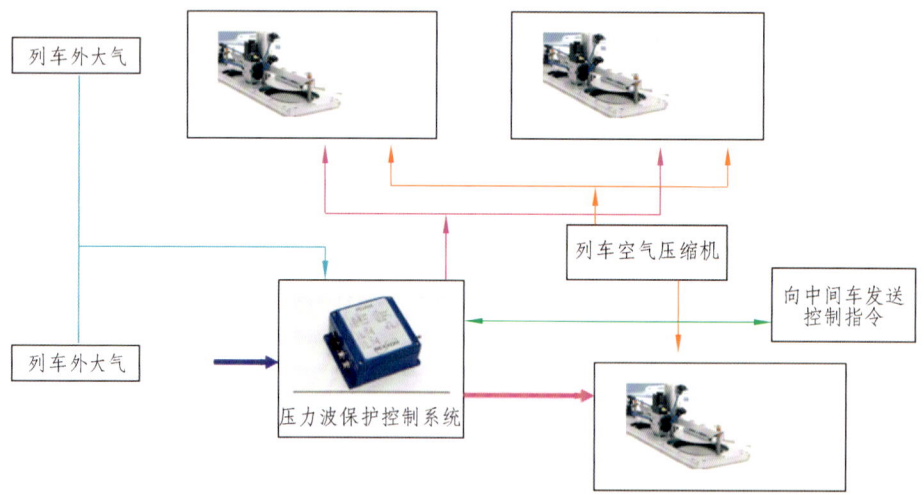

图 3.22　被动式车内压力保护系统组成

## 第 3 章 空气动力学设计技术

|ADP（$t$）| > 500 Pa，连续 50 ms；

|ADP（$t$）− ADP（$t$− 100 ms）| > 90 Pa；

|ADP（$t$）− ADP（$t$− 200 ms）| > 80 Pa。

其中，ADP（$t$）表示车辆内部和外部之间平均压力差，以上任意条件满足即可触发压力保护。

主动式和被动式车内压力保护系统正常工作时，均能满足车内压力波动控制要求。主动式车内压力保护系统工作时，在连续长隧道条件下，车内可保证充足的新风量供应，车内空气质量相对较好，但随着列车速度的增加，特别是列车速度在 350 km/h 以上时，主动式车内压力保护系统对车内压力波动控制能力有所下降。被动式车内压力保护系统工作时，需关闭新风阀门，在连续长隧道条件下，由于长时间没有新风供应，车内空气质量会变差。但随着列车速度的增加，被动式车内压力保护系统对车内压力波动控制能力是相对稳定的，车内不会有明显的压力波动，但在压力阀打开时，由于阀门动作有约 15 s 的延时，会导致车内压力出现明显波动，严重时会产生耳鸣现象。复兴号 CR400AF 采用被动控制，以车速 350 km/h 交会，车外压力幅值为 8 696 Pa，车内压力波动为 586 Pa/3 s；CRH380A 采用主动控制，车外压力幅值为 7 889 Pa，车内压力波动为 333 Pa/3 s。

### 3.1.6　复杂环境下的流场特性

当高速列车在高寒风雪地区运行时，转向架区域会产生大量的积雪结冰，严重威胁列车的运行平稳性、安全性和乘员舒适性。高速列车与地面强大的剪切流会将道床上残余积雪卷入转向架区域，我国在高寒地区的高速铁路均属于长交路，如哈大高铁（921 km）、京哈高铁（1 250 km）和兰新高铁（1 776 km），列车长时间运行，转向架依旧会产生大量的积雪结冰。通过分析高速列车转向架区域的流场结构以及雪粒子运动轨迹来研究转向架积雪结冰特性。

图 3.23 展示了雪粒子在列车周围的运动轨迹和分布特征的数值仿真结果。由图可以看出，雪粒子主要沿着车体底部运动，转向架区域结构的复杂性导致流场极强的湍流度，当雪粒子运动到第一台转向架区域时，雪粒子开始流出车体范围，且雪粒子脱离车体的

范围越来越远，在尾车鼻尖点的位置达到最大值。此外，由于列车尾部气流的分离作用，雪粒子在高速列车尾流区域被卷起，形成强烈的雪涡。

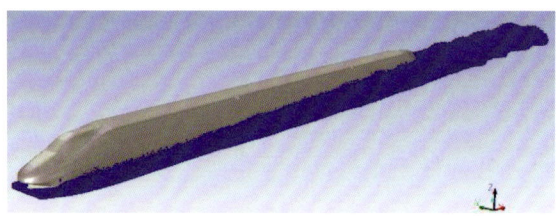

（a）雪粒子运动轨迹数值仿真结果

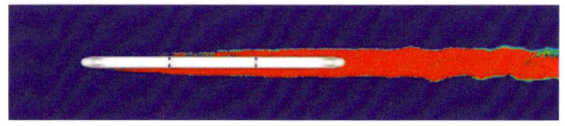

（b）雪粒子在 $z/H = 0.054$ 水平面上的浓度分布

（c）雪粒子在 $y/H = 0$ 纵断面上的浓度分布

图 3.23　列车周围雪粒子运动轨迹和空间分布

图 3.24 展示了转向架表面积雪情况。由图可知，转向架表面的积雪量大体上沿着列车方向逐渐降低，头车转向架的积雪远多于中间车转向架的积雪，尾车转向架的积雪量最少。而由于高速列车排障器的位置距离轨面较低，雪粒子在第一台转向架区域内在高度上的运动范围较低，导致雪粒子黏附在头车第一台转向架表面的积雪量低于第二台转向架表面的积雪量。另外，由于车体底部流出车体范围的雪粒子数量沿着车体方向逐渐增多，流入下游转向架区域的雪粒子数量越来越少，也导致了高速列车下游转向架区域的积雪量沿着车体方向降低。此外，对比转向架顶部和底部的积雪结果不难发现，转向架顶部的积雪远少于底部的积雪，且转向架底部的积雪主要集中在牵引电机和齿轮罩的迎风侧，而当高速列车在冰雪天气运行时，牵引电机和齿轮罩的表面温度大约维持在 20 ℃，当雪粒子撞击并黏附在发热元件表面时，雪粒子会发生受热融化，而液态水在 - 30 ℃ 的强冷环境中会凝结成冰，造成转向架表面严重的积雪结冰。

第 3 章　空气动力学设计技术

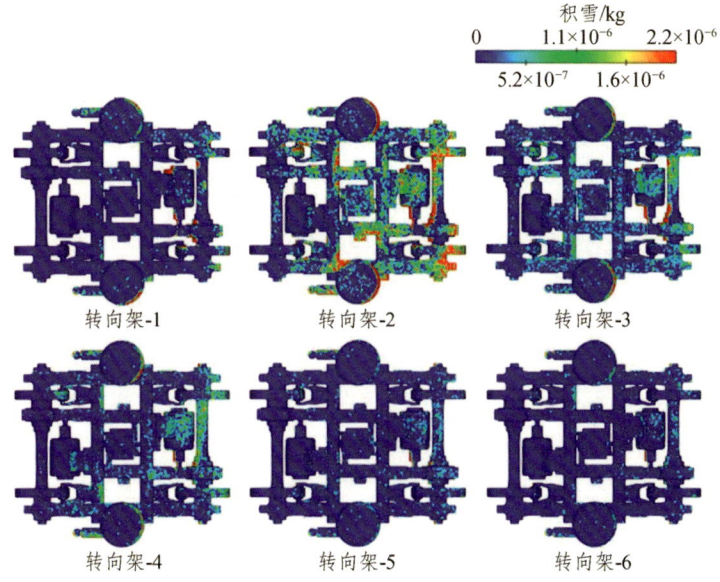

（a）转向架顶部积雪

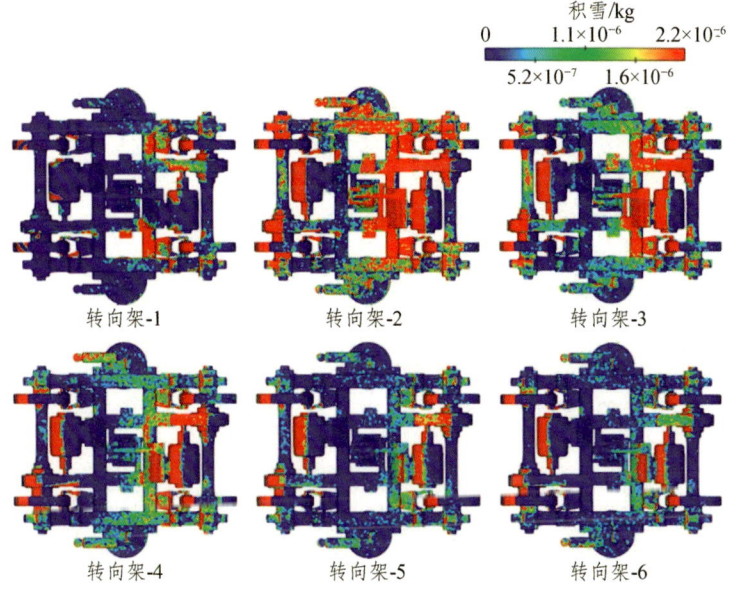

（b）转向架底部积雪

图 3.24　高速列车转向架表面积雪情况

## 3.2 列车空气动力学研究方法

高速列车空气动力学研究采用的方法直接决定了空气动力学性能验证的准确性。要得到合适的研究方法，必须对其展开深入研究。高速列车空气动力学研究方法主要包括数值计算方法、缩比模型试验方法和实车线路试验方法。实车线路试验方法可信度最高，能够真实反映列车实际运行过程中的目标状态变化，但是实车试验成本巨大，可直接测量的参数有限，需要各部门的密切配合，所花时间成本大，并且对试验列车会产生一定程度的损耗。基于此，利用缩比模型试验方法和数值计算方法来代替实车试验，可以极大地减小财力、物力及时间成本。缩比模型试验包括风洞试验与动模型试验。风洞试验是根据相对运动原理对静止的列车模型施加来流进而模拟列车运动的过程，其发展较早，试验方法也比较成熟，局限性在于无法模拟列车与列车、列车与隧道的相对运动。动模型试验弥补了风洞试验的不足，相当于直接建立了小型的轨道线路与列车，不仅能对明线列车运行进行模拟，也能完整地模拟列车交会与隧道通过过程。数值计算方法利用计算机强大的计算能力，通过对流动方程的计算可以模拟各种流场状态，极大减少了缩比模型试验所需的场地设备及人力资源，大大降低了列车空气动力学的研究成本。由于流动方程的复杂性，数值计算的精度受到各种因素的影响，需要与缩比模型试验甚至实车试验进行比较，以确定相对准确的算法，同时计算结果也能辅助分析试验难以捕捉的现象。

此外，为开展空调通风性能、气密性及气密疲劳研究，还需要建立空调通风试验方法、气密性及气密疲劳试验方法。

### 3.2.1 数值计算

高速列车空气动力学数值计算属于计算流体力学的范畴，即利用数值计算方法求解描述流体流动的控制方程，获得流场的相关信息。数值计算不受试验固有条件约束的影响，可以将各类列车空气动力学问题分别考虑，深入认识各类流动现象的机理，得到非线性问题的定量结果。在工程设计过程中，通过数值计算得到大量的流场信息，用于多方案的优化比选，研究周期短，费用低。随着计算技术及高性能计算机的快速发展，数值模拟方法已经成为高速列车空气动力学研究的重要方法。

## 第 3 章　空气动力学设计技术

### 3.2.1.1　控制方程

流体流动的控制方程包括连续方程（对应于质量守恒定律）、动量方程（对应于动量守恒定律）和能量方程（对应于能量守恒定律），也称为 Navier-Stokes 方程，其表达式为

$$\frac{\partial \rho}{\partial t} + \frac{\partial (\rho u_j)}{\partial x_j} = 0 \tag{3.29}$$

$$\frac{\partial (\rho u_i)}{\partial t} + \frac{\partial (\rho u_i u_j)}{\partial x_j} = -\frac{\partial p}{\partial x_i} + \frac{\partial \tau_{ij}}{\partial x_j} \tag{3.30}$$

$$\frac{\partial (\rho e)}{\partial t} + \frac{\partial (\rho u_j h)}{\partial x_j} = \mathrm{div}(k\,\mathrm{grad}\,T) + \frac{\partial (u_i \tau_{ij})}{\partial x_j} \tag{3.31}$$

式中，$t$ 表示时间；$x_i$、$x_j$ 表示空间坐标分量；$\rho$ 表示流体的密度；$u_i$、$u_j$ 表示流体的速度分量；$p$ 表示流体的压力；$e$ 表示流体的内能；$k$ 表示流体的热传导系数；$T$ 表示流体的温度；$\tau_{ij}$ 表示黏性应力张量，$\tau_{ij} = \mu(\partial u_i/\partial x_j + \partial u_j/\partial x_i) - 2\mu(\partial u_k/\partial x_k)\delta_{ij}/3$，$\mu$ 表示流体的动力黏性系数；$h$ 表示焓，$h = e + u^2/2 + p/\rho$。

通常情况下，流体的密度会随着温度及压力的变化而变化，需引入表征其内在关系的本构方程。空气通常可以假设为理想气体，理想气体的状态方程为

$$p = p(\rho, T) \tag{3.32}$$

理论上，任何流体都具有可压缩性，但当流体密度的变化对流动的影响可以忽略不计时，则可以采用不可压缩流动假设，即密度为常数，以缩短计算时间。高速列车明线运行的 Mach 数一般较低，其周围的空气可认为是不可压缩的，相应的控制方程为三维不可压缩 Navier-Stokes 方程。但当研究高速列车交会、进出隧道等问题时，则通常需要考虑空气的可压缩性，相应的控制方程为三维可压缩 Navier Stokes 方程。

在不可压缩流动中，空气密度为常数，此时连续方程和动量方程可以表示为

$$\frac{\partial u_j}{\partial x_j} = 0 \tag{3.33}$$

$$\rho\frac{\partial u_i}{\partial t}+\rho\frac{\partial(u_i u_j)}{\partial x_j}=-\frac{\partial p}{\partial x_i}+\frac{\partial \tau_{ij}}{\partial x_j} \quad (3.34)$$

在不可压缩流动中，连续方程和动量方程构成封闭方程组，如果不关心温度分布情况，则不需要能量方程。

#### 3.2.1.2 湍流模型

高速列车绕流流场为复杂的湍流流场，且存在附面层分离、大侧滑角、尾流等流动特点。如何模拟湍流流动成为数值模拟的关键。湍流是一种极其不规则的流动现象，具有多尺度性和复杂的非线性等特性，这些特性给湍流流动的研究带来很大的困难。流体力学研究人员一方面在理论上深入研究湍流流动的机理，另一方面在数值计算方面也进行多方面的探索，发展了一系列湍流流场数值模拟方法。工程中应用最为广泛的湍流模拟方法是 Reynolds 时均方程的湍流模型模拟方法。

1）Reynolds 时均方程

Reynolds 时均方程的湍流模型模拟方法以 Reynolds 平均运动方程和脉动运动方程为基础，通过引入模型假设，建立描述湍流平均量的封闭方程组。

假设湍流运动由平均运动和脉动运动两部分组成，则 Navier-Stokes 方程中的流动变量也可以由平均值和脉动值两部分组成。根据 Reynolds 平均思想，流动变量 $\phi$ 的时间平均值 $\overline{\phi}$ 可以表示为

$$\overline{\phi}=\frac{1}{\Delta t}\int_{t}^{t+\Delta t}\phi(t)\mathrm{d}t \quad (3.35)$$

流动变量 $\phi$ 的脉动值 $\phi'$ 可以表示为

$$\phi'=\phi-\overline{\phi} \quad (3.36)$$

将流动变量采用时间平均值和脉动值进行表示，并代入 Navier-Stokes 方程，可以得到 Reynolds 时均连续方程、Reynolds 时均动量方程和 Reynolds 时均能量方程（除脉动相关变量的时间平均值，下面的公式中去掉变量上方的横线"−"，如采用 $\phi$ 表示 $\overline{\phi}$ ）：

## 第 3 章 空气动力学设计技术

$$\frac{\partial \rho}{\partial t} + \frac{\partial}{\partial x_j}(\rho u_j) = 0 \tag{3.37}$$

$$\frac{\partial}{\partial t}(\rho u_i) + \frac{\partial}{\partial x_j}(\rho u_i u_j) = -\frac{\partial p}{\partial x_i} + \frac{\partial \tau_{ij}}{\partial x_j} + \frac{\partial}{\partial x_j}(-\rho \overline{u'_i u'_j}) \tag{3.38}$$

$$\frac{\partial}{\partial t}(\rho e) + \frac{\partial}{\partial x_j}(\rho h u_j) = \text{div}(k \, \text{grad} \, T) + \frac{\partial}{\partial x_j}(u_i \tau_{ij}) + \frac{\partial}{\partial x_j}(-\rho \overline{h' u'_j}) \tag{3.39}$$

由公式（3.37）~（3.39）可知，Reynolds 时均连续方程（3.37）与连续方程（3.29）相比，形式相同。Reynolds 时均动量方程（3.38）与动量方程（3.30）相比，在形式上增加一项，即 $\partial(-\rho \overline{u'_i u'_j})/\partial x_j$，$-\rho \overline{u'_i u'_j}$ 表示 Reynolds 应力。Reynolds 时均能量方程（3.39）与能量方程（3.31）相比，在形式上增加一项，即 $\partial(-\rho \overline{h' u'_j})/\partial x_j$。由此可知，公式（3.37）~（3.39）不封闭，通过引入湍流模型可以使得 Reynolds 时均方程组（3.37）~（3.39）封闭。

2）Boussinesq 假设

根据 Boussinesq 假设，湍流附加应力与湍流时均应变存在如下关系：

$$-\rho \overline{u'_i u'_j} = \tau^t_{ij} = \mu_t \left( \frac{\partial u_i}{\partial x_j} + \frac{\partial u_j}{\partial x_i} \right) - \left( p_t + \frac{2}{3} \mu_t \frac{\partial u_k}{\partial x_k} \right) \delta_{ij} \tag{3.40}$$

式中，$\mu_t$ 表示湍流黏性系数；$p_t$ 表示脉动压力。

$$p_t = \frac{1}{3}\left( \overline{u'}^2 + \overline{v'}^2 + \overline{w'}^2 \right) = \frac{2}{3} \rho k \tag{3.41}$$

式中，$k$ 表示湍流动能。

因此：

$$\tau^t_{ij} = \mu_t \left( \frac{\partial u_i}{\partial x_j} + \frac{\partial u_j}{\partial x_i} \right) - \frac{2}{3}\left( \rho k + \mu_t \frac{\partial u_k}{\partial x_k} \right) \delta_{ij} \tag{3.42}$$

类似于 Reynolds 应力的处理方式，有如下关系式：

$$-\rho \overline{u'_j \phi'} = \Gamma_t \frac{\partial \phi}{\partial x_j} \tag{3.43}$$

式中，$\Gamma_t$ 表示湍流扩散系数。

### 高速动车组车体设计关键技术

$\mu_t$ 和 $\Gamma_t$ 通常由流动状态确定。大量研究结果表明，比值 $\mu_t/\Gamma_t$ 近似为常数，称为湍流 Prandtl 数，记为 $\sigma_t$，则有：

$$\sigma_t = \mu_t/\Gamma_t \tag{3.44}$$

由此可知：

$$-\rho\overline{h'u_j'} = \frac{\mu_t}{\sigma_t}\frac{\partial h}{\partial x_j} = \frac{\mu_t c_p}{\sigma_t}\frac{\partial T}{\partial x_j} \tag{3.45}$$

将公式（3.40）和（3.45）代入公式（3.37）~（3.39），可以得到可压缩流体的 Reynolds 时均方程：

$$\frac{\partial \rho}{\partial t} + \frac{\partial}{\partial x_j}(\rho u_j) = 0 \tag{3.46}$$

$$\frac{\partial}{\partial t}(\rho u_i) + \frac{\partial}{\partial x_j}(\rho u_i u_j) = -\frac{\partial p}{\partial x_i} + \frac{\partial}{\partial x_j}(\tau_{ij} - \tau_{ij}^t) \tag{3.47}$$

$$\frac{\partial}{\partial t}(\rho e) + \frac{\partial}{\partial x_j}(\rho h u_j) = \mathrm{div}\left[\left(k + \frac{\mu_t c_p}{\sigma_t}\right)\mathrm{grad}\,T\right] + \frac{\partial}{\partial x_j}(u_i \tau_{ij} + \tau_{ij}^t) \tag{3.48}$$

而不可压缩流体的 Reynolds 时均方程为

$$\frac{\partial u_j}{\partial x_j} = 0 \tag{3.49}$$

$$\rho\frac{\partial u_i}{\partial t} + \rho\frac{\partial}{\partial x_j}(u_i u_j) = -\frac{\partial p}{\partial x_i} + \frac{\partial}{\partial x_j}(\tau_{ij} - \tau_{ij}^t) \tag{3.50}$$

需要注意的是，公式（3.46）~（3.50）中的 $u_i$、$u_j$、$p$、$h$、$e$、$T$ 等流动变量均表示时间平均值。

3）Standard $k$-$\varepsilon$ 湍流模型

Standard $k$-$\varepsilon$ 湍流模型是以湍流动能 $k$ 和它的耗散项 $\varepsilon$ 为输运方程而建立起来的半经验模型，$k$ 方程是个精确方程，$\varepsilon$ 方程则是根据经验公式推导而出的方程。Standard

$k$-$\varepsilon$ 湍流模型的控制方程为

$$\frac{\partial(\rho k)}{\partial t}+\frac{\partial(\rho u_i k)}{\partial x_i}=\frac{\partial}{\partial x_i}\left[\left(\mu+\frac{\mu_t}{\sigma_k}\right)\frac{\partial k}{\partial x_i}\right]+P_k-D_k \qquad (3.51)$$

$$\frac{\partial(\rho \varepsilon)}{\partial t}+\frac{\partial(\rho u_i \varepsilon)}{\partial x_i}=\frac{\partial}{\partial x_i}\left[\left(\mu+\frac{\mu_t}{\sigma_\varepsilon}\right)\frac{\partial \varepsilon}{\partial x_i}\right]+P_\varepsilon-D_\varepsilon \qquad (3.52)$$

式中，湍流黏性系数 $\mu_t$、湍流生成项 $P_k$ 和 $P_\varepsilon$、湍流耗散项 $D_k$ 和 $D_\varepsilon$ 均为 $k$ 和 $\varepsilon$ 的函数；$\sigma_k$、$\sigma_\phi$ 为关于 $k$ 和 $\varepsilon$ 的湍流常数。

在 Standard $k$-$\varepsilon$ 湍流模型的基础上，又发展出 RNG $k$-$\varepsilon$ 湍流模型和 Realize $k$-$\varepsilon$ 湍流模型，此处不再详细介绍，具体可见相关文献。

4）Standard $k$-$\omega$ 湍流模型

Standard $k$-$\omega$ 湍流模型是以湍流动能 $k$ 和比动能耗散率 $\omega$ 为输运方程而建立起来的半经验模型，此湍流模型可以对低 Reynolds 数、可压缩性、剪切波传播等情形进行有效模拟。$k$ 方程是个精确方程，$\omega$ 方程则是根据经验公式推导而出的方程。Standard $k$-$\omega$ 湍流模型的控制方程为

$$\frac{\partial}{\partial t}(\rho k)+\frac{\partial}{\partial x_i}(\rho k u_i)=\frac{\partial}{\partial x_j}\left[\left(\mu+\frac{\mu_t}{\sigma_k}\right)\frac{\partial k}{\partial x_j}\right]+G_k-Y_k \qquad (3.53)$$

$$\frac{\partial}{\partial t}(\rho \omega)+\frac{\partial}{\partial x_i}(\rho \omega u_i)=\frac{\partial}{\partial x_j}\left[\left(\mu+\frac{\mu_t}{\sigma_\omega}\right)\frac{\partial \omega}{\partial x_j}\right]+G_\omega-Y_\omega \qquad (3.54)$$

式中，湍流黏性系数 $\mu_t$、湍流生成项 $G_k$ 和 $G_\omega$、湍流耗散项 $Y_k$ 和 $Y_\omega$ 均为 $k$ 和 $\omega$ 的函数；$\sigma_k$、$\sigma_\omega$ 为关于 $k$ 和 $\omega$ 的湍流常数。

在 Standard $k$-$\omega$ 湍流模型和 Standard $k$-$\varepsilon$ 湍流模型的基础上，进一步发展出 SST $k$-$\omega$ 湍流模型，此处不再详细描述，具体可见相关文献。

5）大涡模拟方法

对于高速列车气动噪声的数值模拟，需要准确模拟高速列车表面的脉动压力特性，而 Reynolds 时均方程的湍流模型模拟方法难以准确捕捉列车表面的脉动压力，为此通常

需要采用大涡模拟方法。

　　Reynolds 时均方法将流场物理量的时空变化细节一概抹平，丢失了包含在脉动运动中大量有意义的信息。直接数值模拟方法虽然可以提供任一瞬时所有流动变量在流场中的所有信息。但就目前而言，计算机允许采用的最小计算网格仍远大于最小涡尺度，对所有尺度范围内的涡运动进行直接数值模拟还不现实。基于此，对于比最小计算网格尺度大的涡运动，可以通过直接求解 Navier-Stokes 方程得到，对于比最小计算网格尺度小的涡运动，可以建立模型，以模拟其对大尺度涡运动的影响，这就是大涡模拟的基本思想。大涡模拟方法最早由气象学家 Smagorinsky 提出，他所研究的问题是全球天气预报问题。1970 年，气象学家 Deardorff 首次将大涡模拟用于具有工程意义的槽道流动的模拟，为这一方法更深层次的研究奠定了基础。Schumann 改进了他的工作，将此方法推广到环形通道内的流动模拟。从 1972 年起，Standard 大学的 Ferziger 和 Reynolds 带领的团队开始对大涡模拟进行系统研究，他们从最简单的均匀湍流计算开始，由简到繁，逐步深入，旨在为大涡模拟方法建立健全的基础。

　　从某种意义上来说，大涡模拟是介于直接数值模拟和 Reynolds 时均模拟之间的一种折中方法。用于模拟小涡运动对大尺度涡运动影响的模型称为亚格子（Subgrid Scale，SGS）模型。研究表明，小尺度涡运动基本上与流动边界条件和大尺度涡运动无关，并可以近似认为是各向同性的，因此有可能找到一个具有广泛适用性的亚格子模型。由于气动声学计算对流场模拟的要求较高，而大涡模拟又可以得到足够多的流场细节。因此本书采用大涡模拟计算高速列车绕流流场，进而采用气动声学方法或其他方法进行高速列车气动噪声计算。

　　大涡模拟的基本目的是把包括脉动运动在内的湍流瞬时流动通过某种滤波方式分解为大尺度涡运动和小尺度涡运动两部分。大尺度涡运动可以通过直接求解 Navier-Stokes 方程得到，而小尺度涡运动对大尺度涡运动的影响在运动方程中表现为一个类似于 Reynolds 应力的应力项，称为亚格子 Reynolds 应力。亚格子 Reynolds 应力可以通过建立模型进行模拟。

　　滤波就是将大尺度涡和小尺度涡分离开来，即将流动划分为低频可解（大涡部分）和高频不可解（亚格子尺度部分）两部分，对后者采用亚格子模型进行模拟。物理空间

## 第 3 章　空气动力学设计技术

中分离可解尺度和亚格子尺度湍流的尺度称为过滤尺度，用 $\Delta$ 表示，也可以在谱空间中进行分离，分离点被称为截断波数，用 $k_c$ 表示。为了与湍流流动时均化处理中的脉动流动相区别，在物理空间中大涡模拟的物理量采用以下符号：

$$\phi = \overline{\phi} + \phi''$$

式中，$\phi$ 表示任一瞬时流动变量，经空间平均分解为大涡部分 $\overline{\phi}$（可以直接求解）和小涡部分 $\phi''$（亚格子模型模拟）。采用低通滤波均匀过滤器分解，则大尺度涡可以通过一个物理空间区域上的加权积分表示：

$$\overline{\phi}(x,t) = \int_{-\infty}^{\infty} G(x,y,\Delta)\phi(y_i,t)\mathrm{d}y \qquad (3.55)$$

式中，权函数 $G(x,y,\Delta)$ 称为过滤器，也称为滤波函数，$\Delta = (\Delta x_1, \Delta x_2, \Delta x_3)$，表示过滤长度向量；$\mathrm{d}y$ 表示体积微元，积分运算是体积分。公式（3.55）两边进行 Fourier 变换可得：

$$\hat{\overline{\phi}}(\vec{k}) = \hat{G}(\vec{k})\hat{\phi}(\vec{k})$$

式中，上标"^"表示相应函数的 Fourier 变换，即相应的物理量在谱空间中的谱函数。谱空间中的滤波函数只是波数向量 $\vec{k}$ 的函数。

瞬时量与大尺度量的差为

$$\phi''(x,t) = \phi(x,t) - \overline{\phi}(x,t) = \phi(x,t) - \int_{-\infty}^{\infty} G(x,y,\Delta)\phi(y,t)\mathrm{d}y$$

它反映了小尺度运动对物理量 $\phi$ 的贡献，也称为 $\phi$ 的亚格子分量或者小尺度量。亚格子分量对应的 Fourier 变换为

$$\hat{\phi}''(\vec{k}) = \hat{\phi}(\vec{k}) - \hat{\overline{\phi}}(\vec{k}) = [1-\hat{G}(\vec{k})]\hat{\phi}(\vec{k})$$

常见的空间滤波器主要有三种类型：盒式滤波器、高斯滤波器和谱空间低通滤波器，其表达式分别为

$$G(x,y,\Delta) = \begin{cases} 1/\Delta^3 & |x-y| \leqslant \Delta/2 \\ 0 & |x-y| > \Delta/2 \end{cases}$$

$$G(x,y,\Delta) = \left(\frac{6}{\pi\Delta^2}\right)^{3/2} \exp\left(-\frac{6|x-y|^2}{\Delta^2}\right)$$

$$G(x,y,\Delta) = \prod_{i=1}^{3} \frac{\sin[(x_i-y_i)/\Delta]}{(x_i-y_i)}$$

式中，$\Delta = \sqrt[3]{\Delta x_1 \Delta x_2 \Delta x_3}$。

盒式滤波器方法简单，缺点是其 Fourier 变换在某些区间存在负值，并且由于滤波函数在边界上的间断性，难以进行微分计算。高斯滤波器的 Fourier 变换也是高斯型函数。在物理空间与谱空间都有很好的性能，可以任意次微分。虽然高斯滤波器性能最好，但计算很麻烦。目前，用得较多的还是盒式滤波器。

假设过滤过程和求导过程可以交换，将上述滤波运算应用于 Navier-Stokes 方程，可得大涡模拟的控制方程为

$$\frac{\partial \rho}{\partial t} + \frac{\partial(\rho\bar{u}_j)}{\partial x_j} = 0 \tag{3.56}$$

$$\frac{\partial(\rho\bar{u}_i)}{\partial t} + \frac{\partial(\rho\bar{u}_i\bar{u}_j)}{\partial x_j} = -\frac{\partial p}{\partial x_i} + \frac{\partial \bar{\tau}_{ij}}{\partial x_j} - \frac{\partial \tau_{ij}^l}{\partial x_j} \tag{3.57}$$

式中，$\tau_{ij}^l$ 表示亚格子 Reynolds 应力，其表达式为

$$\tau_{ij}^l = \rho\overline{u_i u_j} - \rho\overline{u_i}\,\overline{u_j}$$

对于不可压缩流体，其大涡模拟的控制方程为

$$\frac{\partial \bar{u}_j}{\partial x_j} = 0$$

$$\rho\frac{\partial \bar{u}_i}{\partial t} + \rho\frac{\partial(\bar{u}_i\bar{u}_j)}{\partial x_j} = -\frac{\partial p}{\partial x_i} + \frac{\partial \bar{\tau}_{ij}}{\partial x_j} - \frac{\partial \tau_{ij}^l}{\partial x_j}$$

在引入亚格子 Reynolds 应力 $\tau_{ij}^l$ 的模型之后，方程（3.56）和（3.57）可以联立求解。为此，需要对亚格子 Reynolds 应力进行建模，较广泛的模型是涡黏模型：

$$\tau_{ij}^l - \frac{1}{3}\tau_{kk}\delta_{ij} = -\mu_t\left(\frac{\partial \overline{u_i}}{\partial x_j} + \frac{\partial \overline{u_j}}{\partial x_i}\right)_{ij}$$

式中，$\mu_t$ 表示亚格子湍流黏性系数。

对于亚格子湍流黏性系数，常采用 Smagorinsky-Lilly 模型，此模型由 Smagorinsky 提出，并由 Lilly 进一步完善。亚格子湍流黏性系数可以表示为

$$\mu_t = \rho L_s^2 |\overline{S}|$$

式中，$L_s$ 表示亚格子混合长度，等于过滤长度 $\Delta$；$|\overline{S}| = \sqrt{2\overline{S}_{ij}\overline{S}_{ij}}$。

$L_s$ 可由下式计算：

$$L_s = \min(\kappa d, C_s V^{1/3})$$

式中，$C_s$ 表示 Smagorinsky 常数；$\kappa$ 表示 vonKarman 常数；$d$ 表示到最近壁面的距离；$V$ 表示计算单元的体积。在 Smagorinsky-Lilly 模型中，$C_s$ 值取 0.1。

### 3.2.1.3 气动噪声

1）气动声学基本方程

气动声学基本方程建立了解决气动噪声问题的理论基础。声场作为流场的一种特殊形式，流体流动的发声受到流体力学基本方程，即 Navier-Stokes 方程的约束。Lighthill 把流体流动的连续方程和动量方程重新变换，并把脉动的流体压力作为独立变量，得到了著名的 Lighthill 方程，标志着气动声学的诞生。

利用连续方程（3.29），可将动量方程（3.30）改写为

$$\frac{\partial(\rho u_i)}{\partial t} = -\frac{\partial}{\partial x_j}(p\delta_{ij} + \rho u_i u_j - \tau_{ij}) \quad (3.58)$$

对式（3.58）取散度可得：

$$\frac{\partial^2(\rho u_i)}{\partial x_i \partial t} = -\frac{\partial^2}{\partial x_i \partial x_j}(p\delta_{ij} + \rho u_i u_j - \tau_{ij})$$

连续方程（3.29）关于时间求导可得：

$$\frac{\partial^2 \rho}{\partial t^2} + \frac{\partial^2 (\rho u_i)}{\partial t \partial x_i} = 0$$

从而

$$\frac{\partial^2 \rho}{\partial t^2} = -\frac{\partial^2 (\rho u_i)}{\partial x_i \partial t} = \frac{\partial^2}{\partial x_i \partial x_j}(p\delta_{ij} + \rho u_i u_j - \tau_{ij})$$

两边同时减去 $c_0^2 \nabla^2 \rho$，可得：

$$\left(\frac{1}{c_0^2}\frac{\partial^2}{\partial t^2} - \nabla^2\right)(c_0^2 \rho) = \frac{\partial^2}{\partial x_i \partial x_j}[\rho u_i u_j + (p - c_0^2 \rho)\delta_{ij} - \tau_{ij}] \quad (3.59)$$

式中，$c_0$ 表示声音在均匀介质中传播的速度。

引入流体变量的分解量：

$$\rho' = \rho - \rho_0$$

$$p' = p - p_0$$

式中，$\rho_0$ 表示静止流场的流体密度；$p_0$ 表示静止流场的流体压力；$\rho'$ 表示运动流场的流体密度的脉动值；$p'$ 表示运动流场的流体压力的脉动值。

将 $\rho' = \rho - \rho_0$ 和 $p' = p - p_0$ 作为变量，代入公式（3.59），注意到 $\rho_0$ 和 $p_0$ 均为定值，且 $p' = c_0^2 \rho'$，由此可得 Lighthill 方程：

$$\left(\frac{1}{c_0^2}\frac{\partial^2}{\partial t^2} - \nabla^2\right)p' = \frac{\partial^2 T_{ij}}{\partial x_i \partial x_j}$$

式中，$T_{ij}$ 表示 Lighthill 张量，由下式给出：

$$T_{ij} = \rho u_i u_j + [(p - p_0) - c_0^2(\rho - \rho_0)]\delta_{ij} - \tau_{ij}$$

由上面的推导可以看出，Lighthill 准确地类比流体力学基本方程的左端项为自由空

## 第 3 章 空气动力学设计技术

间的声学波动方程，变换后的方程右端项作为气动噪声的声源项，由此可以得到一个典型的古典声学波动方程，从而可以应用成熟的古典声学方法处理气动噪声问题。Lighthill 方程的右端项可以通过试验方法或者数值方法获得，这就是著名的"声类比"思想。由 Lighthill 方程可以看出，流体流动的声源项可以采用一个在流体流动空间分布的声学四极子描述，这个等效的四极子声源的强度为 Lighthill 应力张量，该应力张量由流动区域的湍流脉动特征决定。

在 Lighthill 方程的推导过程中，并没有考虑固体边界对流动发生的影响。1955 年，Curle 采用 Kirchhoff 方法将 Lighthill 方程推广到考虑静止物体边界的影响，得到 Curle 方程。1969 年，Ffowcs Williams 采用广义函数法将 Curle 方程推广到考虑运动物体边界的影响，得到 FW-H 方程。

存在物体边界时，边界对流动或波动问题的影响需要通过边界加以考虑，定解问题即为偏微分方程的边值问题，从而很难通过 Green 函数进行求解。为了能够利用自由空间的 Green 函数求解偏微分方程的边值问题，在 FW-H 方程的推导过程中，引入广义函数，将定义域扩展到整个空间。

考虑一个封闭控制体，其表面为 $S$，运动速度为 $v$，表面可以采用函数 $f(x,t)$ 表示，且 $\nabla f = n$（$n$ 表示表面 $S$ 的单位法向量，向外为正值）。引入 Heaviside 函数：

$$H(x)=\begin{cases} 0 & x<0 \\ 1 & x \geqslant 0 \end{cases}$$

为便于推导，引入如下记号：

$$H \equiv H[f(x,t)], \quad p_{ij}=(p-p_0)\delta_{ij}-\tau_{ij}$$

则动量方程（3.30）可以改写为

$$\frac{\partial(\rho u_i)}{\partial t}+\frac{\partial(\rho u_i u_j - p_{ij})}{\partial x_j}=0$$

利用 Heaviside 函数，将流体运动的连续方程（3.29）和动量方程（3.30）扩展到整个空间，可得：

$$\frac{\partial[H(\rho-\rho_0)]}{\partial t}+\frac{\partial(H\rho u_j)}{\partial x_j}=(\rho-\rho_0)\frac{\partial H}{\partial t}+H(f)\frac{\partial \rho}{\partial t}+\rho u_j\frac{\partial H}{\partial x_j}+H\frac{\partial(\rho u_j)}{\partial x_j}$$

$$=(\rho-\rho_0)\frac{\partial H}{\partial t}+\rho u_j\frac{\partial H}{\partial x_j}+H(f)\left[\frac{\partial \rho}{\partial t}+\frac{\partial(\rho u_j)}{\partial x_j}\right]$$

$$=-(\rho-\rho_0)v_j\frac{\partial H}{\partial x_j}+\rho u_j\frac{\partial H}{\partial x_j}$$

$$=[\rho(u_j-v_j)+\rho_0 v_j]\frac{\partial H}{\partial f}\frac{\partial f}{\partial x_j}$$

$$=[\rho(u_j-v_j)+\rho_0 v_j]n_j\delta(f)$$

$$=[\rho(u_n-v_n)+\rho_0 v_n]\delta(f)$$

$$\frac{\partial(H\rho u_i)}{\partial t}+\frac{\partial[H(\rho u_i u_j - p_{ij})]}{\partial x_j}=\rho u_i\frac{\partial H}{\partial t}+(\rho u_i u_j - p_{ij})\frac{\partial H}{\partial x_j}$$

$$=-\rho u_i v_j\frac{\partial H}{\partial x_j}+(\rho u_i u_j - p_{ij})\frac{\partial H}{\partial x_j}$$

$$=(-\rho u_i v_j+\rho u_i u_j - p_{ij})\frac{\partial H}{\partial f}\frac{\partial f}{\partial x_j}$$

$$=(-\rho u_i v_n+\rho u_i u_n - p_{ij}n_j)\delta(f)$$

类似于 Lighthill 方程的推导，可得 FW-H 方程为

$$\left(\frac{1}{c_0^2}\frac{\partial^2}{\partial t^2}-\nabla^2\right)(Hp')=\frac{\partial^2(HT_{ij})}{\partial x_i\partial x_j}-\frac{\partial}{\partial x_i}[\rho u_i(u_n-v_n)+p_{ij}n_j]\delta(f)+$$
$$\frac{\partial}{\partial t}\{[\rho(u_n-v_n)+\rho_0 v_n]\delta(f)\}$$

根据"声类比"思想，FW-H 方程的右端项也可以作为气动噪声的声源项，第一项为四极子声源，其强度为 Lighthill 应力张量；第二项为偶极子声源，其大小由控制面表面的压力和速度脉动特征确定；第三项为单极子声源，其大小由控制面表面的加速度确定。四极子声源只存在于控制面之外的流场区域，偶极子声源和单极子声源只存在于控制面表面。

若取控制面为固体边界，则由物面无穿透条件 $u_n=v_n$，可得 FW-H 方程的一种最常用的形式为

## 第 3 章 空气动力学设计技术

$$\left(\frac{1}{c_0^2}\frac{\partial^2}{\partial t^2}-\nabla^2\right)(Hp')=\frac{\partial^2(HT_{ij})}{\partial x_i \partial x_j}-\frac{\partial}{\partial x_i}[p_{ij}n_j\delta(f)]+\frac{\partial}{\partial t}[\rho_0 v_n\delta(f)] \quad (3.60)$$

进一步，如固体是静止的，则公式（3.60）中，物体的运动速度 $v_n$ 等于零，由此可得 Curle 方程为

$$\left(\frac{1}{c_0^2}\frac{\partial^2}{\partial t^2}-\nabla^2\right)(Hp')=\frac{\partial^2(HT_{ij})}{\partial x_i \partial x_j}-\frac{\partial}{\partial x_i}[p_{ij}n_j\delta(f)]$$

根据"声类比"思想，Curle 方程的右端项也可以作为气动噪声的声源项，第一项为四极子声源，其强度为 Lighthill 应力张量；第二项为偶极子声源，其大小由控制面表面的压力和速度脉动特征确定。四极子声源只存在于控制面之外的流场区域，而偶极子声源只存在于控制面表面。

Lighthill 关于气动声学的基本方程对于相对观察者介质是静止的条件下的声传播是有效的，在某些情况下，介质往往具有运动性。1974 年，Goldstein 讨论了 Lighthill 方程在运动介质下的推广，得到广义 Lighthill 方程。

如果存在沿 $x_1$（$y_1$）方向的均匀流动，速度为 $W$（$M=W/c_0<1$），引入一个随流体运动的坐标系 $x'$，即有：

$$x_i' = x_i - \delta_{1i}Wt$$

注意到流体流动的连续方程和动量方程在 Galileo 变换下不变，从而可得运动坐标系下的 Lighthill 方程为

$$\frac{\partial^2 \rho'}{\partial t^2}-c_0^2\frac{\partial^2 \rho'}{\partial x_i' \partial x_j'}=\frac{\partial^2 T_{ij}'}{\partial x_i' \partial x_j'}$$

式中

$$T_{ij}' = \rho u_i' u_j' + [(p-p_0)-c_0^2(\rho-\rho_0)]\delta_{ij}-\tau_{ij}$$

表示按相对速度 $u_i' = u_i - \delta_{1i}W$ 所表示的应力张量。

通常，在固定坐标系中讨论问题更为方便，为此，引入一个固定坐标系 $x_i$，但仍保

留相对速度项，则有：

$$\left(\frac{1}{c_0^2}\frac{D^2}{Dt^2}-\nabla^2\right)p'=\frac{\partial^2 T'_{ij}}{\partial x_i \partial x_j}$$

式中

$$\frac{D}{Dt}=\frac{\partial}{\partial t}+W\frac{\partial}{\partial x_1}$$

上式称为广义 Lighthill 方程，它是 Lighthill 方程在运动介质中的推广。

2）宽频带声源模型

宽频带声源模型主要包括偶极子声源模型和四极子声源模型两类。偶极子声源模型由 Curle 声学积分公式导出，而四极子声源模型由 Lighthill 方程导出。

Curle 声学积分公式用于研究气体流经固体表面时所产生的噪声，在亚音速情况下，忽略四极子噪声源的影响，则其远场气动噪声可以表示为

$$p'(x,t)=\frac{1}{4\pi c_0}\int_S \frac{(x_i-y_i)n_i}{r^2}\frac{\partial p}{\partial t}(y,\tau)\mathrm{d}S(y) \qquad (3.61)$$

式中，$x$，$y$ 分别表示远场点和近场点的位置；$x_i$，$y_i$ 分别表示 $x$，$y$ 的分量；$t$ 表示时间；$\tau$ 表示延迟时间，$\tau=t-r/a_0$；$p'$ 表示声压；$S$ 表示固体表面；$r$ 表示点 $x$ 与 $y$ 的距离；$n_i$ 表示固体表面的单位法向量分量。

利用公式（3.61），远场气动噪声的声密度可以近似表示为

$$\overline{p'^2}(x,t)\approx\frac{1}{16\pi^2 c_0^2}\int_S \frac{\cos^2\theta}{r^2}\overline{\left[\frac{\partial p}{\partial t}(y,\tau)\right]^2}A_c(y)\mathrm{d}S(y)$$

式中，$A_c$ 表示关联面积；$\theta$ 表示矢量 $x-y$ 与壁面法向 $n$ 之间的夹角。

从而，固体表面辐射的总声功率级 $P_A$ 可以近似表示为

$$P_A=\int_S \frac{A_c(y)}{12\rho_0\pi a_0^3}\overline{\left[\frac{\partial p}{\partial t}\right]^2}\mathrm{d}S(y)\equiv\int_S I(y)\mathrm{d}S(y) \qquad (3.62)$$

式中，$A_c$ 表示关联区域；$I(y)$ 可以解释为固体表面每单位面积的噪声对总声功率级的贡

献,也就是说 $I(y)$ 即为固体表面的偶极子噪声源。

Lighthill 方程研究气体流动本身所产生的噪声。Proudman 和 Lilly 由 Lighthill 方程出发,研究各向同性湍流的气动噪声声功率的计算方法,并获得了同样的计算公式:

$$P_A = \alpha \rho_0 \left(\frac{u^3}{l}\right) \frac{u^5}{a_0^5} \tag{3.63}$$

其中,$u$ 和 $l$ 分别表示湍流速度和湍流尺度;$\alpha$ 表示模型常量。

采用湍动能 $k$ 和湍流耗散率 $\varepsilon$,公式(3.63)可以表示为

$$P_A = \alpha_\varepsilon \rho_0 \varepsilon M_t^5 \tag{3.64}$$

其中,$\alpha_\varepsilon$ 在数值计算时取值为 0.1。

声功率级定义为

$$L_p = 10\log \frac{P_A}{P_r} \tag{3.65}$$

式中,$P_r$ 表示参考声功率,$P_r = 10^{-12} \text{ W/m}^3$。

3)气动声学数值计算方法

最准确的气动声学计算方法是采用直接数值模拟方法。直接数值模拟方法通过在包含声源和测点位置的计算区域内直接求解 Navier-Stokes 方程获得测点的噪声特性。但是,直接数值模拟方法对计算网格和时间步长的要求非常高,目前还不适用于工程实际问题中气动噪声的预测。对于工程实际中气动噪声的预测,最常用的方法是将气动声源的预测和远场噪声的预测分开,第一步计算近场流场,获得气动声源,第二步计算气动声源的辐射噪声。这种计算方法具有较大的灵活性,如图 3.25 所示。近场可以采用不同的计算流体动力学方法,如直接数值模拟、大涡模拟等。远场计算也可以采用不同的计算方法,如 Lighthill 声学比拟理论、Kirchhoff 方法、边界元法、有限元法等。

直接数值模拟方法对 Navier-Stokes 方程进行直接求解,远场测点位于计算区域内部,可以直接得到远场测点的气动噪声,计算精度仅次于解析解。需要说明的是,传统的计算流体动力学数值格式存在耗散误差和色散误差,不适用于气动声学的数值计

算。近年来发展的紧致差分格式、保色散格式、超紧致差分格式等高精度差分格式可应用于气动声学的数值计算。但是，气动声学数值计算需要非常细的计算网格，直接数值模拟将导致巨大的计算内存和计算量。采用直接数值模拟方法预测高速列车的气动噪声还为时尚早。

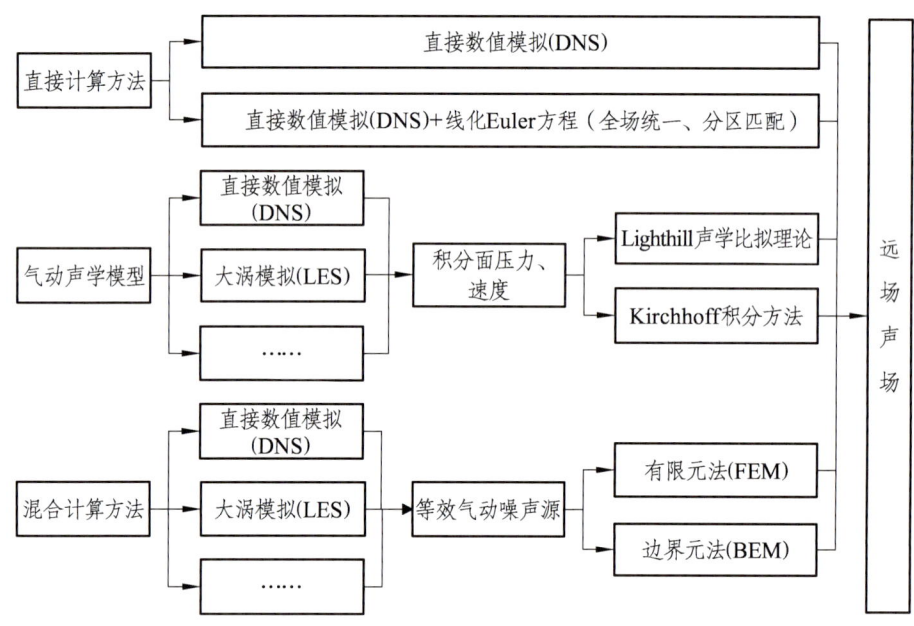

图 3.25　气动声学计算流程

气动声学模型方法将声源的产生和声场的传播分离开来，声源可以直接由瞬态流场计算得到，而远场计算可以通过声学积分方程得到，对计算量和计算格式的要求大大降低，但气动声学模型方法一般只用于远场声学计算，近场声学计算误差较大，且无法得到气动声源的分布特征。

混合计算方法也是将声源的产生和声场的传播分离开来，在完成瞬态流场计算之后，利用 Lighthill 声学比拟理论将瞬态流场计算得到的压力脉动数据或速度脉动数据转化为等效的气动声源，进而采用边界元法或有限元法计算气动声源的辐射特性。混合计算法可以得到远场声学特性，近场声学计算的精度也较高，但计算量大于气动声学模型方法。

## 3.2.1.4 数值计算模型

高速列车模型至少为"头车+中间车+尾车"三车编组模型。随着计算技术及高性能计算机的发展,目前已能够开展 8 车编组真实状态下的高速列车空气动力学计算。图 3.26 给出三车编组和八车编组高速列车计算模型,模型中包含高速列车的各个主要部件,如受电弓、转向架、风挡等。通常情况下,三车编组模型可以较好地描述高速列车流场结构,反映高速列车的主要空气动力学特性,主要用于前期大量气动外形设计方案的气动性能快速仿真计算,且缩比模型试验一般采用三车编组模型,便于进行模型试验结果与计算结果的对比分析。八车编组模型主要用于验证优选头型方案和表面平顺化方案的整车气动性能,评估最优气动外形方案的整车气动性能。

(a) 三车编组　　　　　　　　　(b) 八车编组

图 3.26　高速列车计算模型

网格划分和网格质量对数值计算的效率、收敛性和计算结果精确性尤其重要。在整个空间计算区域可以采用较大尺寸的网格,在流场变化大的区域进行网格细化,包括车身周围、尾流及受电弓等区域,从细网格到粗网格采用逐层过渡的方案。在车体表面需要生成边界层网格,列车边界层的首层厚度的选择原则是计算得到的 $Y^+$ 值在 30~100 内,并采取合理的边界层层数,使得边界层尺寸缓慢过渡到主体网格尺寸。通过设置不同大小的区域加密,可以完成高速列车复杂模型的网格生成,同时也能较好地保证网格质量。图 3.27 给出关键部位计算网格示意图。

### 高速动车组车体设计关键技术

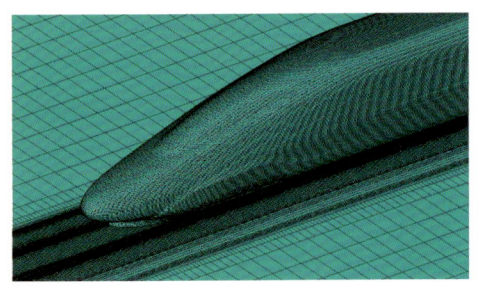

（a）流线型头型网格

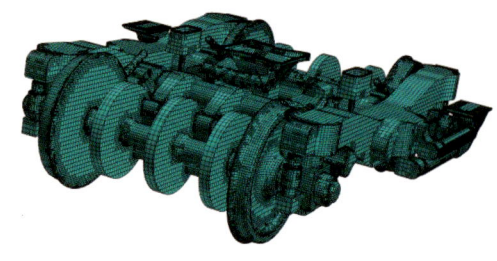

（b）转向架网格

图 3.27 关键部位计算网格

对于列车交会及隧道通过问题，计算过程中列车是运动的，从而需要实现运动列车的模拟，这里采用滑移网格法和动态层方法。滑移网格法将计算区域分为运动物体区域和静止物体区域，在不同的区域内单独进行网格划分，区域交界面上则采用非连续网格。由于运动物体区域的平动或者转动，区域交界面上的网格会发生滑移，进行数值计算时，流动变量在区域交界面上进行插值，以确保区域交界面两侧的通量是连续的。但对于列车平动情形，滑移网格法将导致网格交错，且流场外边界也将发生变化。结合动态层网格法可以解决这一问题，即在列车运动前方不断减少网格层，而在列车运动后方则不断增加网格层，以确保流场计算区域不发生变化。图 3.28 以列车交会为例，给出模拟列车交会的滑移网格法和动态层网格法。

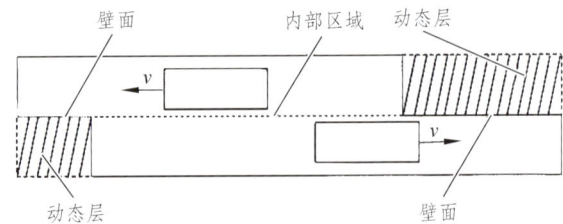

图 3.28 列车交会滑移网

动态层网格法的网格更新原理如图 3.29 所示。底部壁面沿其法向方向向上运动，第 $j$ 层网格将被压缩，而第 $i$ 层网格保持不变。当第 $j$ 层网格高度 $h$ 满足下式：

$$h < \alpha_c h_{\text{ideal}} \tag{3.66}$$

## 第 3 章　空气动力学设计技术

第 $j$ 层将和第 $i$ 层合并形成新的一层网格。式中，$\alpha_c$（$0<\alpha_c<1$）表示合并系数；$h_{\text{ideal}}$ 表示标准网格高度。

反之，底部壁面沿其法向方向向下运动，第 $j$ 层网格将被拉伸，而第 $i$ 层网格保持不变。当第 $j$ 层网格高度 $h$ 满足下式：

$$h>(1+\alpha_s)h_{\text{ideal}} \tag{3.67}$$

第 $j$ 层将被分割成两层。式中，$\alpha_s$（$0<\alpha_s<1$）表示合并系数。

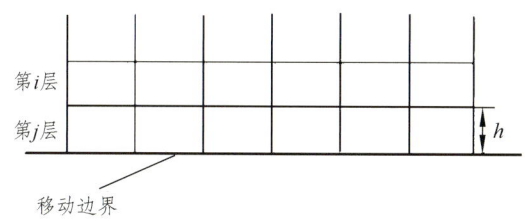

图 3.29　动态层网格更新原理

隧道模型如图 3.30 所示，其中 70 m² 单线隧道用于列车隧道通过计算，100 m² 双线隧道用于列车隧道交会计算。

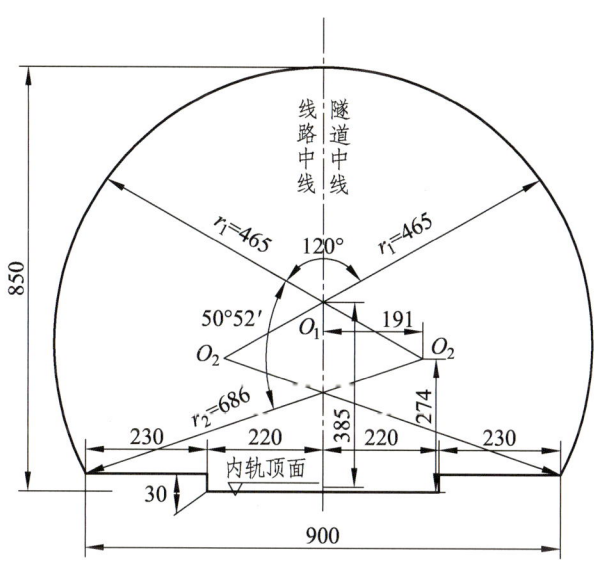

（a）70 m² 单线隧道

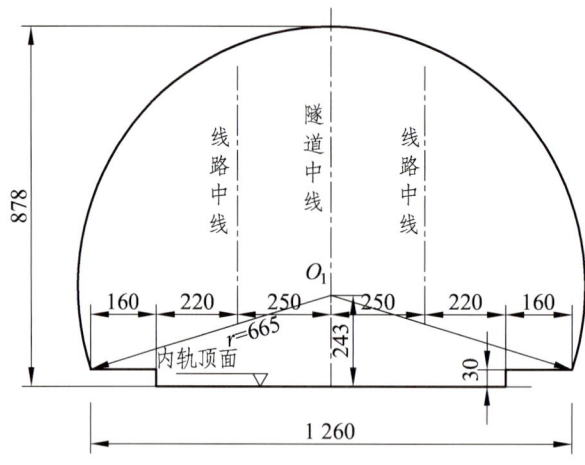

（b）100 m² 双线隧道

图 3.30　隧道断面图（单位：cm）

为方便后面的描述，定义无量纲的气动力系数和气动力矩系数如下：

$$C_F = \frac{F}{0.5\rho A v_\infty^2}, \quad C_M = \frac{M}{0.5\rho A H v_\infty^2} \quad (3.68)$$

式中，$F$ 表示气动力，其分别代表阻力、升力和侧力；$C_F$ 表示气动力系数，其分别代表阻力系数、升力系数和侧力系数；$M$ 表示气动力矩，其分别代表侧滚力矩、摇头力矩和点头力矩；$C_F$ 表示气动力矩系数，其分别代表侧滚力矩系数、摇头力矩系数和点头力矩系数；$A$ 表示参考面积，通常取为列车断面面积；$H$ 表示参考长度，通常取为列车高度；$v_\infty$ 表示远处来流速度。

定义无量纲的气动压力系数如下：

$$C_p = \frac{p - p_\infty}{0.5\rho v_\infty^2} \quad (3.69)$$

式中，$p_\infty$ 表示环境大气压力，即参考压力。

### 3.2.1.5　计算参数影响

由于受到计算条件的限制，数值计算时常常需要对所研究的问题进行简化，例如几

## 第 3 章 空气动力学设计技术

何模型简化、物理模型简化、边界条件近似等,这些都会对计算结果带来一定的误差。

1)明线运行计算参数影响

为了比较地面边界条件对计算结果的影响,采用滑移地面和非滑移地面分别对高速列车明线运行阻力进行计算,其他计算参数设置均一致,计算结果如表 3.6 所示。

表 3.6 地面边界条件设置对气动阻力系数的影响

| 条件 | 阻力系数 | | | |
| --- | --- | --- | --- | --- |
| | 头车 | 中间车 | 尾车 | 整车 |
| 风洞试验 | 0.132 | 0.089 | 0.110 | 0.331 |
| 滑移地面边界条件 | 0.142 | 0.092 | 0.118 | 0.352 |
| 固定地面边界条件 | 0.132 | 0.086 | 0.111 | 0.329 |

由表 3.6 可以看出,地面边界条件的设置对高速列车气动阻力系数影响较大。固定地面边界计算的头车及整车阻力系数比滑移地面边界分别小 7.04% 和 6.53%。由于风洞试验的地面边界为固定地板,因此与固定地面边界的数值计算结果吻合较好。固定地面边界使列车阻力减小,其主要原因包括两个方面:一是地板附面层的影响,当地板静止时,远方来流随着距离的增加,附面层逐渐增厚,列车前端部分车体会被附面层淹没,而附面层内流速从外向内显著减小,使得列车阻力减小。二是地面对列车车底流动的干扰,当选择固定地面时,气流在车底的狭小的空间内流动,受阻碍大,流速下降,导致气动阻力减小;而当采用滑移地面时,滑动地面带动底部部分气流流动,对车底下空间的流场流动有加速作用,导致气动阻力增大。明线运行数值计算时,采用滑移地面边界条件更加接近真实情况。

由于 Navier-Stokes 方程的直接求解对计算机内存及计算速度有极高要求,从经济成本和时间效率上来说目前并不适合工程计算,为简化 Navier-Stokes 方程,众多湍流模型被提出来用于工程计算。为研究湍流模型对计算结果的影响,采用不同的湍流模型(Standard $k\text{-}\varepsilon$、RNG $k\text{-}\varepsilon$、Realization $k\text{-}\varepsilon$、Standard $k\text{-}\varepsilon$、SST $k\text{-}\varepsilon$)对高速列车明线运行阻力进行计算,其他计算参数设置均一致,计算结果如表 3.7 所示。由表 3.7 可以看出,不同湍流模型计算得到的高速列车气动阻力系数有所差异,Standard $k\text{-}\varepsilon$ 湍流模型和

### 高速动车组车体设计关键技术

SST $k$-$\omega$ 湍流模型对头车气动阻力系数的估计值略大，比风洞试验结果分别大 12.12%、8.33%，而其余三种湍流模型的计算结果比较相近，尤其是 RNG $k$-$\varepsilon$ 湍流模型计算得到的头车、中间车及尾车气动阻力系数与风洞试验结果吻合相对最好，建议采用 RNG $k$-$\varepsilon$ 湍流模型开展高速列车明线运行气动性能计算。

表 3.7 湍流模型对列车气动阻力系数的影响

| 湍流模型 | 气动阻力系数 | | | |
|---|---|---|---|---|
| | 头车 | 中间车 | 尾车 | 整车 |
| Standard $k$-$\varepsilon$ | 0.140 | 0.084 | 0.109 | 0.333 |
| RNG $k$-$\varepsilon$ | 0.132 | 0.086 | 0.111 | 0.329 |
| Realization $k$-$\varepsilon$ | 0.135 | 0.082 | 0.106 | 0.323 |
| Standard $k$-$\omega$ | 0.148 | 0.086 | 0.127 | 0.361 |
| SST $k$-$\omega$ | 0.143 | 0.091 | 0.103 | 0.337 |
| 风洞试验 | 0.132 | 0.089 | 0.110 | 0.331 |

采用不同的来流速度对高速列车明线运行阻力进行计算，其他计算参数设置均一致，计算结果如表 3.8 所示。由表 3.8 可以看出，当来流速度从 40 m/s 增加至 100 m/s，Reynolds 数从 $1.04 \times 10^6$ 增加至 $2.60 \times 10^6$ 时，列车头车阻力系数从 0.149 减小到 0.138，整车阻力系数从 0.343 减小到 0.339。国内外大型低速风洞的来流速度一般可以达到 60 m/s。对于运行速度 360 km/h（100 m/s）的高速列车，其头车和整车的气动阻力系数与 60 m/s 来流速度下的差异分别为 4.17% 和 0.59%，可以满足工程计算精度要求。

采用不同的缩比尺度模型对高速列车明线运行阻力进行计算，其他计算参数设置均一致，计算结果如表 3.9 所示。由表 3.9 可以看出，高速列车的阻力系数随着 Reynolds 数的增加而减小。当模型缩比由 1∶1 变为 1∶20 时，Reynolds 数从 $2.11 \times 10^7$ 减小至 $1.06 \times 10^6$，头车阻力系数从 0.131 增加到 0.150，整车阻力系数从 0.330 增加到 0.362。模型缩比尺度越大，其与全尺寸模型的误差越小，但其对风洞尺寸的要求也越大，目前国内外大型风洞一般也只能开展 1∶8 的列车模型试验。当模型缩比尺度为 1∶8 时，其头车和整车的气动阻力系数与 1∶1 全尺寸模型下的差异分别为 3.96% 和 0.61%，可以满足工程计算精度要求。

## 第3章 空气动力学设计技术

表 3.8 来流速度对列车气动阻力系数的影响

| 来流速度 | Reynolds 数 | 阻力系数 | | | |
|---|---|---|---|---|---|
| | | 头车 | 中间车 | 尾车 | 整车 |
| 40 m/s | $1.04 \times 10^6$ | 0.149 | 0.089 | 0.105 | 0.343 |
| 60 m/s | $1.56 \times 10^6$ | 0.144 | 0.092 | 0.105 | 0.341 |
| 80 m/s | $2.08 \times 10^6$ | 0.137 | 0.090 | 0.114 | 0.341 |
| 100 m/s | $2.60 \times 10^6$ | 0.138 | 0.091 | 0.110 | 0.339 |
| 风洞试验 | $1.95 \times 10^6$ | 0.132 | 0.089 | 0.110 | 0.331 |

表 3.9 缩比尺度对列车气动阻力系数的影响

| 模型缩比 | Reynolds 数 | 阻力系数 | | | |
|---|---|---|---|---|---|
| | | 头车 | 中间车 | 尾车 | 整车 |
| 1∶1 | $2.11 \times 10^7$ | 0.131 | 0.085 | 0.113 | 0.330 |
| 1∶8 | $2.64 \times 10^6$ | 0.137 | 0.088 | 0.107 | 0.332 |
| 1∶10 | $2.11 \times 10^6$ | 0.137 | 0.090 | 0.117 | 0.344 |
| 1∶16.8 | $1.26 \times 10^6$ | 0.150 | 0.090 | 0.118 | 0.357 |
| 1∶20 | $1.06 \times 10^6$ | 0.150 | 0.088 | 0.123 | 0.362 |
| 风洞试验 | $1.95 \times 10^6$ | 0.132 | 0.089 | 0.110 | 0.331 |

2）压力波计算参数影响

采用不同的缩比尺度模型对高速列车明线交会压力波进行计算，列车速度为 83.33 m/s，其他计算参数设置均一致，计算结果如图 3.31 所示。由图 3.31 可以看出，模型缩比尺度并不改变车体测点压力波幅值沿车长方向的分布规律，但其对压力波幅值的影响较为明显。随着模型缩比尺度减小，Reynolds 数减小，车体测点压力波幅值变大。模型缩比尺度越大，则其与全尺寸模型的误差越小，但其对动模型试验台尺寸的要求也越高，目前国内外动模型试验台一般难以开展 1∶8 的列车动模型试验。当模型缩比尺度为 1∶16.8 和 1∶20 时，车体测点最大压力波幅值与 1∶1 全尺寸模型下的差异分别为 4.38%和 5.05%，可以满足工程计算精度要求。进行高速列车明线交会数值计算时，可以采用 1∶16.8 或 1∶20 列车模型。

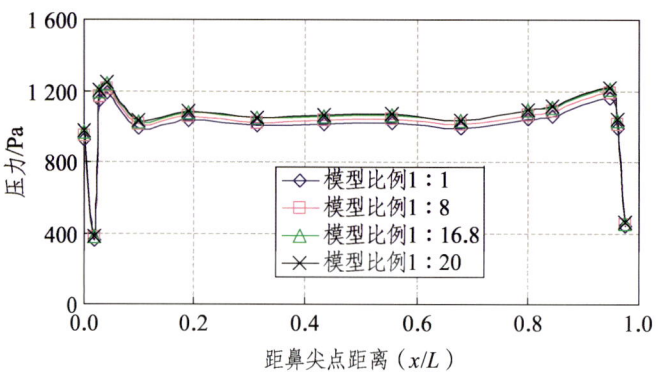

图 3.31　缩比尺度对明线交会压力波的影响

采用不同的缩比尺度模型对高速列车隧道通过压力波进行计算，列车速度为 83.33 m/s，其他计算参数设置均一致，计算结果如图 3.32 所示。由图 3.32 可以看出，模型缩比尺度并不改变车体测点压力波幅值沿车长方向的分布规律，但其对压力波幅值的影响较为明显。随着模型缩比尺度减小，Reynolds 数减小，车体测点压力波幅值变大。模型缩比尺度越大，则其与全尺寸模型的误差越小，但其对动模型试验台尺寸的要求也越高，目前国内外动模型试验台一般难以开展 1∶8 的列车动模型试验。当模型缩比尺度为 1∶16.8 和 1∶20 时，车体测点最大压力波幅值与 1∶1 全尺寸模型下的差异分别为 4.73% 和 4.95%，可以满足工程计算精度要求。进行高速列车隧道通过数值计算时，可以采用 1∶16.8 或 1∶20 列车模型。

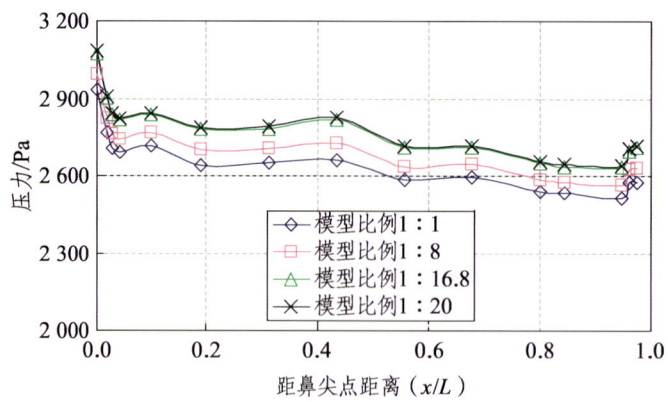

图 3.32　缩比尺度对隧道通过压力波的影响

## 第 3 章  空气动力学设计技术

采用不同的缩比尺度模型对高速列车隧道交会压力波进行计算,列车速度为 83.33 m/s,其他计算参数设置均一致,计算结果如图 3.33 所示。由图 3.33 可以看出,模型缩比尺度并不改变车体测点压力波幅值沿车长方向的分布规律,但其对压力波幅值的影响较为明显。随着模型缩比尺度减小,Reynolds 数减小,车体测点压力波幅值变大。模型缩比尺度越大,则其与全尺寸模型的误差越小,但其对动模型试验台尺寸的要求也越高,目前国内外动模型试验台一般难以开展 1∶8 的列车动模型试验。当模型缩比尺度为 1∶16.8 和 1∶20 时,车体测点最大压力波幅值与 1∶1 全尺寸模型下的差异分别为 4.61% 和 4.99%,可以满足工程计算精度要求。在进行高速列车隧道交会数值计算时,可以采用 1∶16.8 或 1∶20 的列车模型。

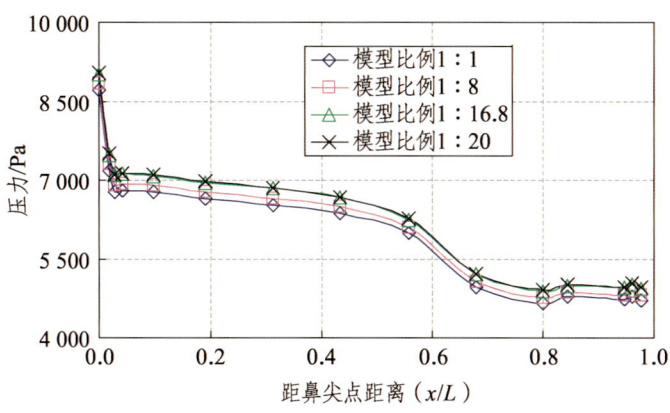

图 3.33  缩比尺度对隧道交会压力波的影响

### 3.2.2  风洞试验

#### 3.2.2.1  缩比模型试验相似性

缩比模型是对真实列车进行缩比、保留关键外形特征后得到的尺寸较小的模型,经缩比后的模型是否能代替实车进行试验,缩比模型试验是否能得到反映真实列车运行的气动性能参数是缩比模型试验的关键基础问题,相似定律的提出为缩比模型试验打下了基础。

高速列车空气动力学性能模拟风洞试验和动模型试验都以空气作为试验介质,与高

## 高速动车组车体设计关键技术

速列车实际运行环境介质相同，缩比模型试验时的空气流动状态与高速列车实际运行时的空气流动状态的相似性直接关系到缩比模型试验结果的正确性。缩比模型试验的相似准则主要包括 Reynolds 数、Mach 数、Froude 数，其计算公式分别如下：

$$Re = \rho v_t l / \mu \tag{3.70}$$

$$Ma = v_t / c \tag{3.71}$$

$$Fr = v_t / \sqrt{gl} \tag{3.72}$$

式中，$Re$ 表示雷诺数（Reynolds）；$Ma$ 表示马赫数（Mach）；$Fr$ 表示弗劳德数（Froude）；$v_t$ 表示列车速度；$l$ 表示列车特征长度；$c$ 表示声速；$g$ 表示重力加速度；$f$ 表示周期性的非定常流动的特征频率。

Reynolds 数是表征流体黏性对流动影响的量度，凡是与流体黏性有关的物理量，都与 Reynolds 数有关。Mach 数是表征流体压缩性对流动影响的量度，对于低速流动，气体压缩性可以忽略不计；但对于高速流动，不能忽略气体压缩性的影响，此时 Mach 数是重要的相似准则。Froude 数是表征重力作用对流动影响的量度，对于试验模型外挂物投放、尾旋试验等，Froude 数是重要的相似准则。

空气动力学理论研究认为，如果缩比列车模型和实际列车几何相似，二者又具有相同的 Reynolds 数、Mach 数、Froude 数、比热比等，则绕模型和实物的流动完全相似。高速列车风洞试验介质与其所处环境介质相同，均为空气，则 Froude 数、比热比等相似准则自动满足。高速列车运行的 Mach 数一般较低，可以忽略气体压缩性的影响，即可以不考虑 Mach 数相似。高速列车风洞试验时需要模拟的最关键相似准则是 Reynolds 数，即要求高速列车风洞试验 Reynolds 数尽可能接近高速列车实际运行 Reynolds 数。需要指出的是，即使只模拟最关键的相似准则（如 Reynolds 数），也是很困难的事情。研究表明，当 Reynolds 数达到一定数值，Reynolds 数的变化对流动现象的影响已变得很小，这种现象称为自模拟，相应的 Reynolds 数定义为临界 Reynolds 数，记为 $Re_{cr}$。当 $Re \geq Re_{cr}$ 时，Reynolds 数进入自模拟区。根据自模拟特性可以简化试验条件，只需要保持试验 Reynolds 数 $Re \geq Re_{cr}$，则无须花费更大的代价使缩比模型试验的 Reynolds 数与实车试验的 Reynolds 数相同。

## 第 3 章 空气动力学设计技术

### 3.2.2.2 气动性能风洞试验

高速列车空气动力学风洞试验时，将列车、线路等按照几何相似制作成缩比模型，固定在风洞的试验段，风洞的动力装置产生气流，通过稳定、加速和整流，使之成为具有所需要的速度、密度和压力的均匀气流，当它流过列车模型，在满足必要的相似条件下，测量列车模型的空气动力学特性，就可以得到真实列车的空气动力学特性。

高速列车气动性能风洞试验主要开展测力试验和测压试验，如图 3.34 所示。测力试验是在给定的动压条件下，采用六分量天平测量列车在不同路况、不同来流、不同侧偏角下的气动阻力、升力、侧力、侧滚力矩、摇头力矩和点头力矩特性，并将其转化为无量纲的气动力（矩）系数，给出气动力（矩）系数随侧偏角的变化规律。测压试验主要测量列车各部分，如车头、车尾、转向架、风挡、受电弓等表面的压力分布，为研究各部分的气动特性及绕模型的流动特性提供依据，其主要测量仪器是压力扫描阀和压力传感器。扫描阀一般尽可能放入模型内部，这样可以减少管道长度，同时可以避免管道对流场的影响。扫描阀的信号线一般可以和测力天平的数据线一起顺天平支杆穿出。

首先进行重复性验证，每台天平重新进行校准，在每一次模型试验之前，都对每台天平的各个分量进行砝码加载试验，加载试验的误差在 0.2%之内。表 3.10 给出列车在来流风速 60 m/s，侧滑角 0°时，列车头车和尾车 5 次测量得到的气动力系数。由表 3.10 可以看出，5 次测量数据基本相同，试验重复性较好。

图 3.34 常规空气动力学风洞试验

## 高速动车组车体设计关键技术

表 3.10 列车气动力系数重复性试验

| 次数 | 头车 | | 尾车 | |
|---|---|---|---|---|
| | 阻力系数 | 升力系数 | 阻力系数 | 升力系数 |
| 1 | 0.146 | −0.018 | 0.114 | 0.071 |
| 2 | 0.143 | −0.018 | 0.115 | 0.071 |
| 3 | 0.146 | −0.018 | 0.116 | 0.072 |
| 4 | 0.144 | −0.018 | 0.124 | 0.072 |
| 5 | 0.146 | −0.018 | 0.114 | 0.071 |

1. Reynolds 数效应研究

风洞试验的介质为空气,则影响 Reynolds 数的关键在于模型尺寸与来流速度。以 1∶8、1∶20 两种缩比尺度模型为试验对象,测试相同 Reynolds 数下的列车气动力特性。为保证 Reynolds 数相同,不同缩比尺度模型所对应的来流速度不同。表 3.11 给出 $Re = 7.55 \times 10^5$ 时,不同缩比尺度模型下的头车和尾车气动力系数,1∶8 模型所对应的来流速度为 20 m/s,1∶20 模型所对应的来流速度为 50 m/s。由表 3.11 可以看出,当 Reynolds 数相同时,不论侧偏角为 0°(无风环境)或 15°(侧风环境),两种缩比尺度模型下的头尾车阻力系数、升力系数及侧力系数均十分接近。

表 3.11 $Re = 7.55 \times 10^5$ 时不同缩比尺度模型下的气动力系数

| 气动力系数 | 侧偏角 | 比例 | 头车 | 尾车 |
|---|---|---|---|---|
| 阻力系数 | 0° | 1∶8 | 0.160 | 0.122 |
| | | 1∶20 | 0.152 | 0.119 |
| | 15° | 1∶8 | 0.185 | 0.174 |
| | | 1∶20 | 0.181 | 0.170 |
| 升力系数 | 0° | 1∶8 | −0.038 | 0.081 |
| | | 1∶20 | −0.028 | 0.075 |
| | 15° | 1∶8 | 1.525 | 0.997 |
| | | 1∶20 | 1.572 | 1.021 |
| 侧力系数 | 15° | 1∶8 | 1.753 | 0.304 |
| | | 1∶20 | 1.720 | 0.264 |

## 第3章 空气动力学设计技术

图 3.35 给出侧偏角 $\beta = 0°$ 时，头车和尾车气动力系数随 Reynolds 数的变化规律。由图 3.35 可以看出，无风环境下，头车和尾车阻力系数均随 Reynolds 数的增大呈减小趋势，当 Reynolds 数从 $3.02 \times 10^5$ 增加到 $2.27 \times 10^6$ 时，头车和尾车阻力系数分别减小 24.4% 和 22.0%。头车和尾车升力系数随 Reynolds 数的增加波动变化，并趋于平稳，当 Reynolds 数从 $3.02 \times 10^5$ 增加到 $2.27 \times 10^6$ 时，头车和尾车升力系数分别减小 67.8% 和 22.3%。

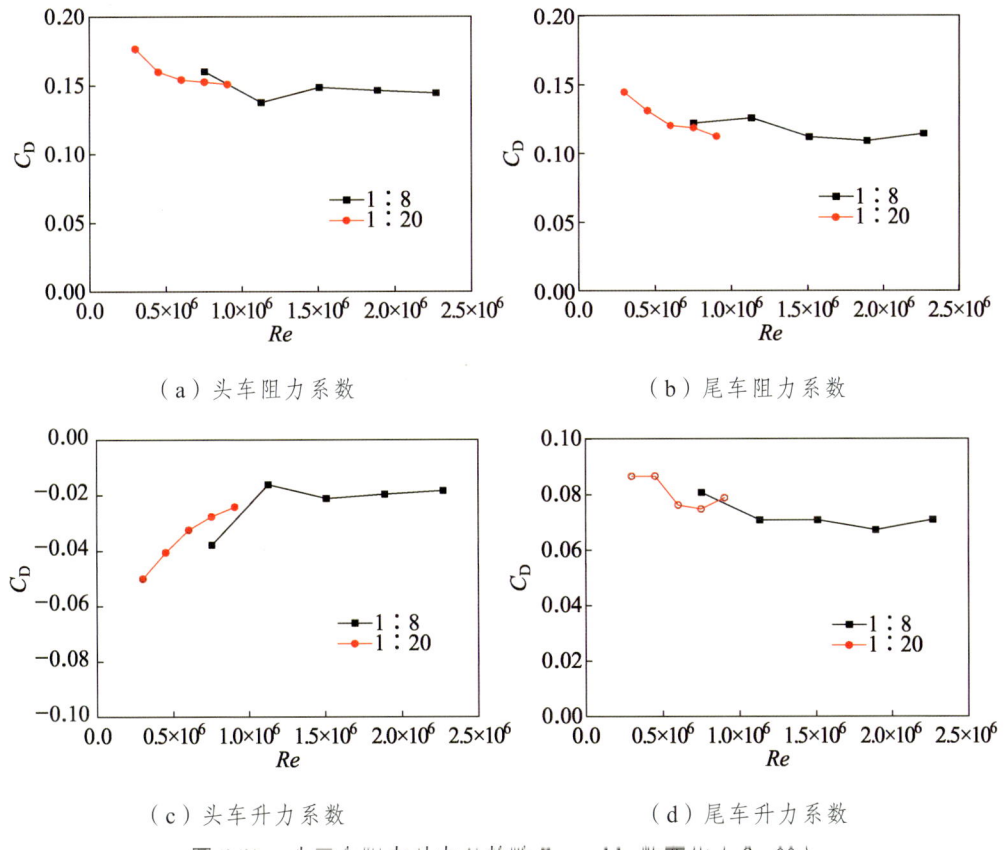

（a）头车阻力系数　　　　　　　（b）尾车阻力系数

（c）头车升力系数　　　　　　　（d）尾车升力系数

图 3.35　头尾车阻力升力系数随 Reynolds 数变化（$\beta = 0°$）

当侧滑角 $\beta = 0°$ 时，头车和尾车气动力系数的 Reynolds 数效应较为显著。当 $Re > 1.0 \times 10^6$ 时，头车阻力系数和升力系数随 Reynolds 数的增加变化不大，头车气动力系数进入自模拟区；当 $Re > 0.5 \times 10^6$ 时，尾车阻力系数和升力系数随 Reynolds 数的增加变化不大，尾车气动力系数进入自模拟区。

■ 高速动车组车体设计关键技术

图 3.36 给出侧偏角 $\beta = 15°$ 时，头车和尾车气动力系数随 Reynolds 数的变化规律。由图 3.36 可以看出，侧风环境下，头车阻力系数的 Reynolds 数效应较为显著，随 Reynolds 数的增加而减小，且当 $Re > 1.0 \times 10^6$ 时，头车阻力系数变化相对较小，进入自模拟区。当 Reynolds 数从 $3.02 \times 10^5$ 增加到 $2.27 \times 10^6$ 时，头车阻力系数减小 37.1%，与无侧风时的头车阻力系数减小 24.4% 相比，侧风下头车阻力系数的 Reynolds 数效应更加显著。尾车阻力系数随 Reynolds 数的增加而减小，且当 $Re > 5.0 \times 10^5$ 时，尾车阻力系数变化相对较小，进入自模拟区。当 Reynolds 数从 $3.02 \times 10^5$ 增加到 $2.27 \times 10^6$ 时，尾车阻力系数减小 9.5%；与无侧风时的尾车阻力系数减小 22.0% 相比，侧风下尾车阻力系数的 Reynolds 数效应相对不显著。

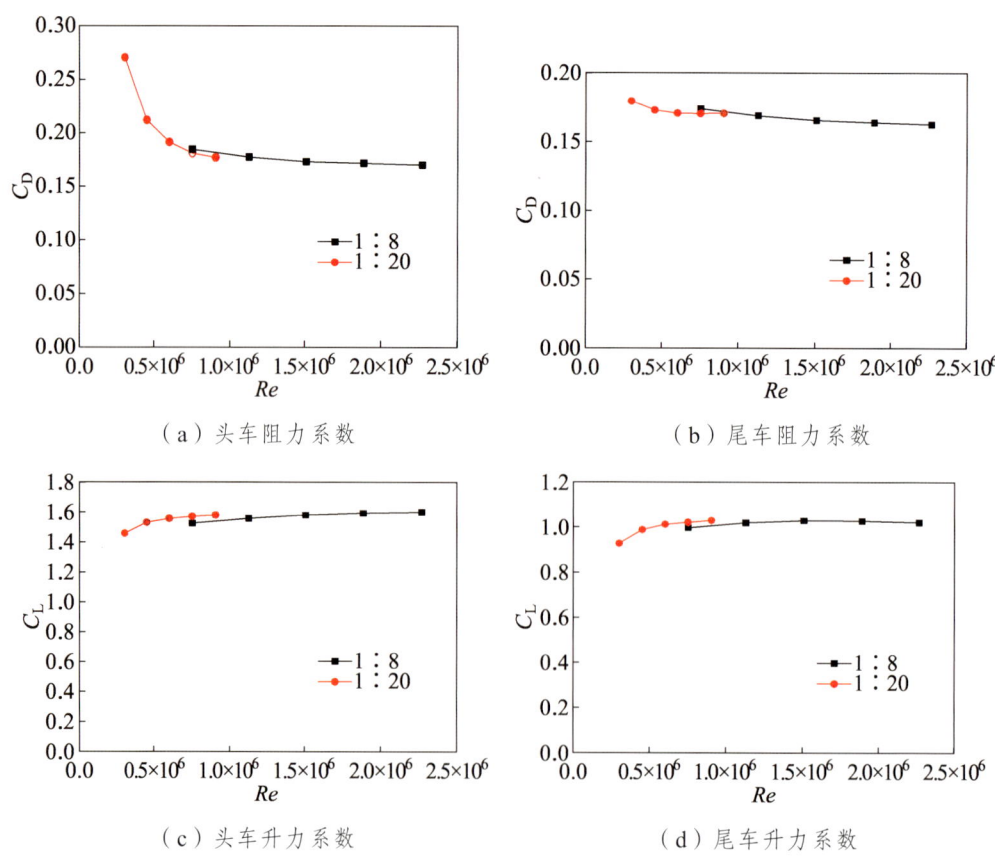

（a）头车阻力系数　　　　　　　　（b）尾车阻力系数

（c）头车升力系数　　　　　　　　（d）尾车升力系数

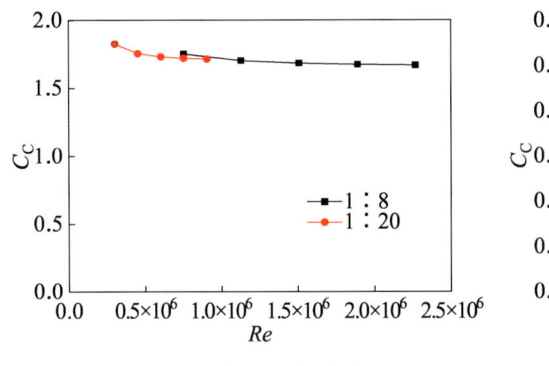
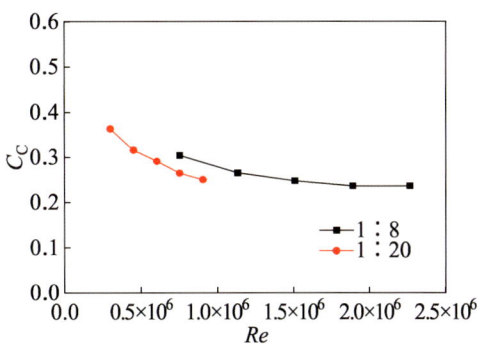

（e）头车侧向力系数　　　　　　（f）尾车侧向力系数

图 3.36　头尾车气动力系数随 Reynolds 数变化（$\beta = 15°$）

侧风环境下，头车升力系数随 Reynolds 数的增加而增大，且当 $Re > 5.0 \times 10^5$ 时，头车升力系数变化相对较小，进入自模拟区。当 Reynolds 数从 $3.02 \times 10^5$ 增加到 $2.27 \times 10^6$ 时，头车升力系数增加 10%，与无侧风时头车阻力系数减小 67.8%相比，侧风下头车升力系数的 Reynolds 数效应不显著，且变化规律相反。尾车升力系数随 Reynolds 数的增加而增大，且当 $Re > 5.0 \times 10^5$ 时，尾车升力系数变化相对较小，进入自模拟区。当 Reynolds 数从 $3.02 \times 10^5$ 增加到 $2.27 \times 10^6$ 时，尾车升力系数增加 11.0%；与无侧风时尾车升力系数减小 22.3%相比，侧风下尾车阻力系数的 Reynolds 数效应相对不显著，且变化规律相反。

侧风环境下，头车侧力系数随 Reynolds 数的增加而减小，且当 $Re > 1.0 \times 10^6$ 时，头车侧力系数变化相对较小，进入自模拟区。当 Reynolds 数从 $3.02 \times 10^5$ 增加到 $2.27 \times 10^6$ 时，头车侧力系数减小 9.3%。尾车侧力系数随 Reynolds 数的增大而减小，且当 $Re > 1.0 \times 10^6$ 时，尾车阻力系数变化相对较小，进入自模拟区。当 Reynolds 数从 $3.02 \times 10^5$ 增加到 $2.27 \times 10^6$ 时，尾车侧力系数减小 53.7%。

综合分析可知，当 $Re > 1 \times 10^6$ 时，无论是无风环境还是侧风环境，高速列车气动力系数随 Reynolds 数的增加变化较小，Reynolds 数进入自模拟区。利用自模拟现象可以显著简化缩比模型试验条件，在风洞试验时，只要保证试验 Reynolds 数大于 $1 \times 10^6$，则无须花费更大的代价使得试验模型的 Reynolds 数与实车试验的 Reynolds 数相同。

2. 附面层效应研究

风洞试验一般采用固定地板。风洞试验时，地板存在一定厚度的附面层，而在高速

### 高速动车组车体设计关键技术

列车的实际运行过程中,由于列车与地面之间存在相对运动,并无此地面附面层。风洞试验地板附面层的存在影响了模型试验的准确度,若能减小风洞地面附面层,则能提升模型试验的准确性。抽吸气地板和移动地板是消除附面层的理想手段,但目前绝大多数高速列车风洞试验仍以固定地板配合路基进行模拟。路基设计参数如何影响附面层厚度是使用固定路基提升风洞试验精度必须研究的问题。

对欧洲标准 EN14067 中的两种典型路基方案(路基 $a$、路基 $b$)进行数值计算分析,得到不同路基附面层分布及路基前沿形状对周围流场的影响特性,以获得较优的路基方案。图 3.37 给出了 EN14067 中两种路基方案的形状及尺寸。

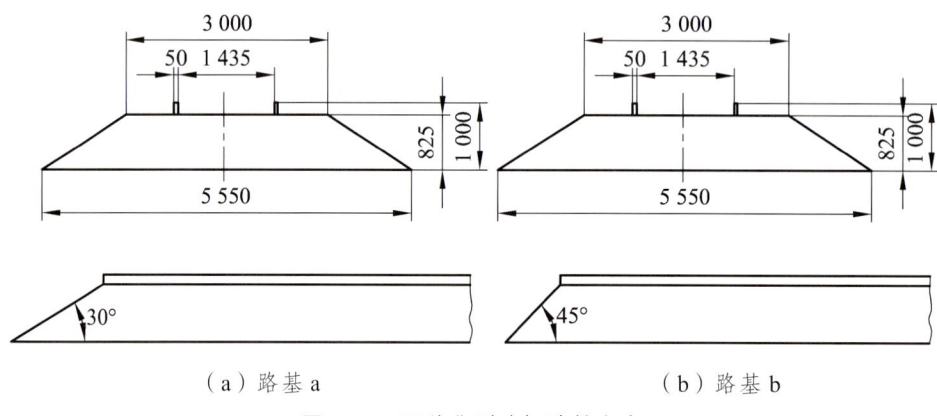

(a)路基 a            (b)路基 b

图 3.37　两种典型欧标路基方案

根据附面层的定义,路基上方流体速度为来流速度 0.99 倍处为附面层边界,以此为标准可以得到路基不同位置的附面层厚度。图 3.38 给出侧偏角为 0°、来流风速为 60 m/s、地板和路基无滑移时,地面与路基中心纵剖面的速度分布及附面层分布,图中 $ab$ 段黑色实线为路基附面层位置。图 3.39 给出了附面层厚度沿路基长度方向的变化规律,路基纵向坐标原点位于路基中间位置。

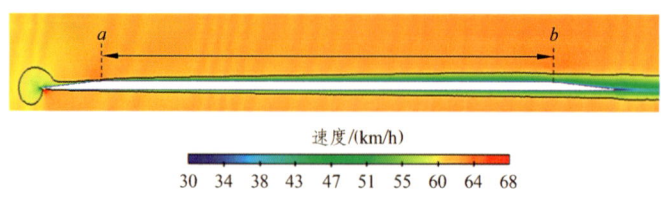

图 3.38　路基中心纵剖面速度分布云图

## 第 3 章 空气动力学设计技术

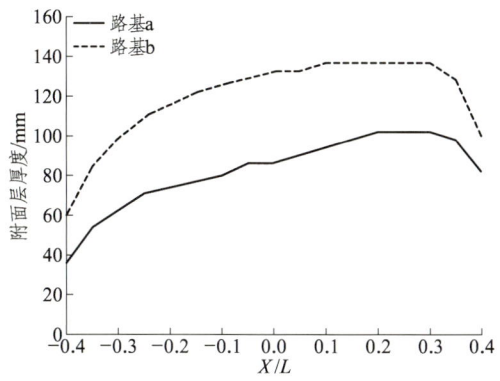

图 3.39 附面层厚度随路基长度变化曲线

由图 3.38 和图 3.39 可以看出，路基前沿位置由于横截面形状突变扰流的影响，附面层厚度较厚，从过渡位置往后附面层厚度随长度的增加而增大，当增大到一定厚度后，由于路基横截面相同，附面层厚度增长缓慢。在路基尾沿位置，由于路基形状的突变，附面层厚度减小。路基 a 的附面层厚度明显小于路基 b 的附面层厚度，说明路基前沿坡度对附面层的影响很大，减小路基前沿坡度能够减小风洞试验地面效应的影响。

进一步研究路基壁面粗糙度及路基前沿坡度对路基附面层厚度的影响。图 3.40 给出了数值计算区域，路基离地高度为 75 cm，网格数量约为 $2\times10^7$，来流速度为 60 m/s。图 3.41 为路基前沿坡度示意图。

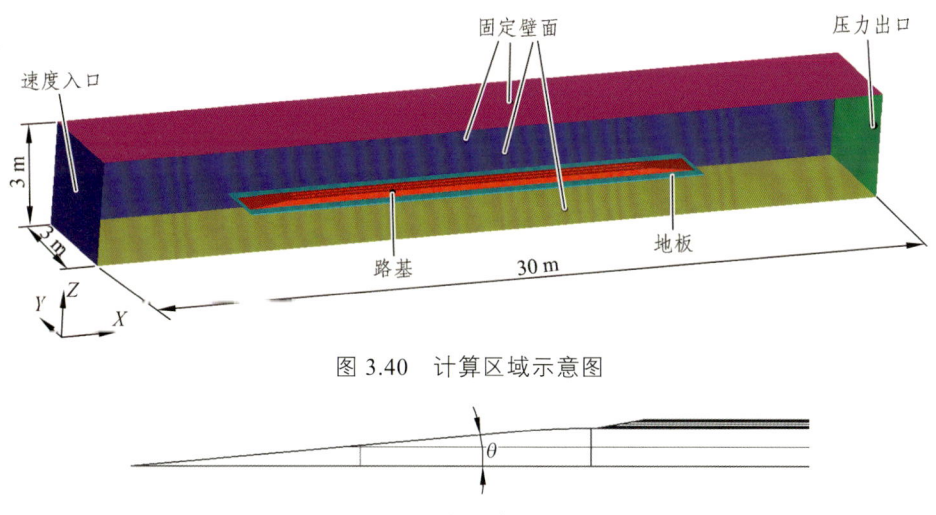

图 3.40 计算区域示意图

图 3.41 路基前沿坡度 $\theta$

图 3.42 给出了附面层最大厚度随壁面粗糙度和路基前沿坡度的变化规律。由图 3.42 可以看出，路基附面层厚度不但受路基前沿坡度影响，而且随着路基壁面粗糙度的增加而呈增长趋势。在同一路基壁面粗糙度下，附面层厚度随着路基前沿坡度的增加而略微增大。在同一路基前沿坡度下，路基壁面粗糙度对附面层厚度的影响也很明显，粗糙路基的附面层厚度比光滑路基的附面层厚度大 20%。总体来说，最大附面层厚度随着两个变量的增长而增长，路基壁面粗糙度对附面层厚度的影响大于路基前沿坡度的影响。而在最大附面层厚度达到一定值后（约为 0.15 m），其随粗糙度及路基坡度的增大而增大的趋势减缓。

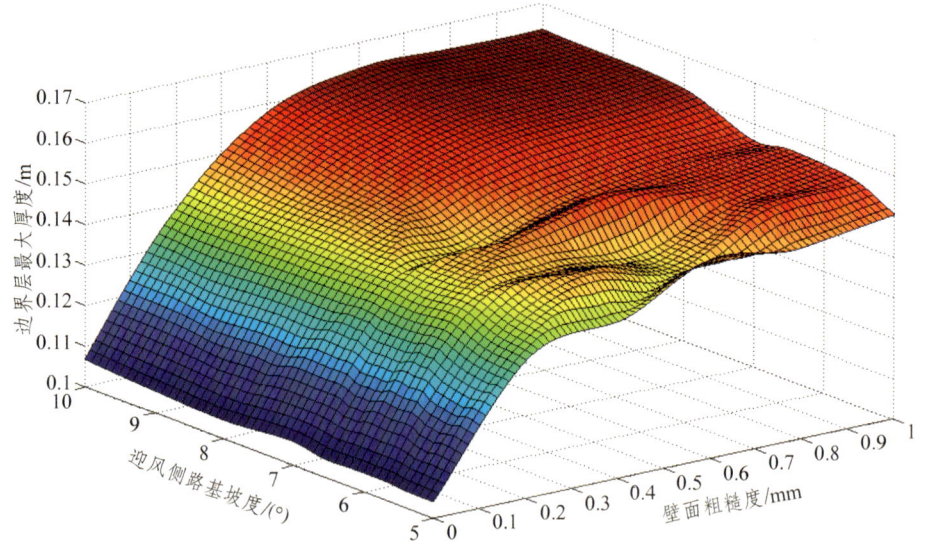

图 3.42　路基上方附面层最大值随壁面粗糙度及路基前沿坡度的变化

为研究不同路基前缘形状的地面效应，对不同前缘形状的路基附面层分布进行计算分析。图 3.43 给出了所研究的三种不同路基前缘形状，其中图 3.43（a）为路基 1，其前沿坡度为 90°；图 3.43（b）为路基 2，其前沿向下斜切 30°；图 3.43（c）为路基 3，其在欧洲标准 EN14067 路基 a 的基础上，两侧进行了大角度斜切。

图 3.44 给出了不同路基前缘形状下的附面层厚度沿路基长度方向的变化规律。由图 3.44 可以看出，附面层厚度沿路基长度方向的增加而增大，当增大到一定厚度后，附面层平稳过渡到路基尾沿位置。路基尾沿位置由于形状的突变，附面层厚度减小。路基 3

## 第3章 空气动力学设计技术

附面层厚度明显小于路基1、路基2。路基3最前端的附面层厚度大于路基a，其他位置的附面层厚度小于路基a。

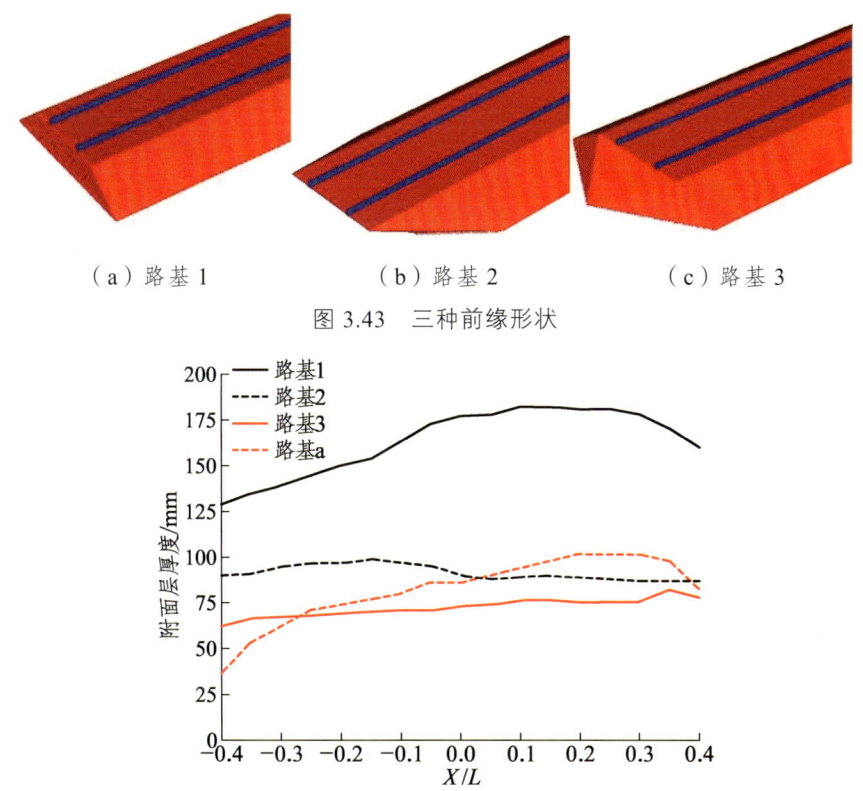

（a）路基1　　　　　　（b）路基2　　　　　　（c）路基3

图3.43　三种前缘形状

图3.44　附面层厚度分别随三种路基长度变化曲线

综合分析可知，路基附面层厚度受路基壁面粗糙度、路基前沿坡度、路基前沿形状的影响，通过优化得到的路基3的附面层厚度小于EN14067中路基a的附面层厚度。

### 3.2.2.3　气动噪声风洞试验

在专门的低噪声风洞中，可以开展高速列车气动噪声风洞试验，测量车身表面气动噪声源和远场辐射气动噪声。高速列车气动噪声风洞试验时，采用相位麦克风阵列测试技术来识别列车模型的气动噪声源分布，并通过在列车模型侧面远场布置自由场麦克风测量列车模型的远场辐射气动噪声。图3.45给出了高速列车气动噪声风洞试验的列车模型及相控麦克风阵列。在正对来流方向的列车模型左侧布置相控麦克风阵列,用于识别列车模型的气动噪声源分布,而在列车模型右侧则同时布置自由场麦克风,用于测量列车模型的辐射气动噪声。

图 3.45　高速列车气动噪声风洞试验

气动噪声风洞试验过程中,数据采集系统记录的是麦克风响应的电信号,需要根据试验前麦克风的校准结果将电信号转换为声压信号 $p(n)$。为了方便评估信号的变化特征,需要将时域信号转换为频域信号,下面采用快速傅里叶(Fourier)变换将时域信号转换为频域信号,具体数据处理过程如下:

首先将麦克风的时域信号分为不重叠的长度为 8 192 的数据块,然后对每一个数据块进行快速 Fourier 变换。数据块的离散 Fourier 变换为

$$p_m(f) = \frac{2}{N}\sum_{n=1}^{N} p_m(n)e^{-2\pi i f n \Delta t} \quad (3.73)$$

式中,下标 $m$ 表示第 $m$ 个麦克风对应的物理量;$N$ 表示一个数据块所包含的采样数(8 192);$\Delta t$ 表示采样周期。

对应的分析频率为

$$f = \frac{k}{N\Delta t}, k = 1,2,\cdots,N/2-1 \quad (3.74)$$

## 第 3 章 空气动力学设计技术

为减小信号频谱分析过程中的"频谱泄漏",可对时间函数增加窗函数。频谱分析的窗函数可选为 hanning 窗或 hamming 窗。

hanning 窗函数为

$$w(n) = 0.5\left[1 - \cos\left(2\pi \frac{k}{N-1}\right)\right], k = 0, 1, \cdots, N-1 \qquad (3.75)$$

hamming 窗函数为

$$w(n) = 0.54 - 0.46\cos\left(2\pi \frac{k}{N-1}\right), k = 0, 1, \cdots, N-1 \qquad (3.76)$$

加窗函数后的离散 Fourier 变换为

$$p_m(f) = \sum_{n=1}^{N} w_m(n) p_m(n) e^{-2\pi i f n \Delta t} \qquad (3.77)$$

为了在统计意义上评估声音信号能量的变化特征,需要对声音信号的功率谱密度(PSD)进行分析。功率谱密度定义如下:

$$p_{xx}(f) = \lim_{T \to \infty}\left[\frac{1}{T}\left|\int_0^T P(t) e^{-i2\pi f t} dt\right|^2\right] \qquad (3.78)$$

对于离散时间信号,功率谱密度可表示为

$$p_{xx}(f) = \frac{1}{N}\left|\sum_{k=0}^{N-1} P(k) e^{-i2\pi f k}\right|^2 \qquad (3.79)$$

本书功率谱密度的计算方法为加窗重叠平均周期图法(Welch 法)。该方法首先对时域信号分段,然后对每一段数据采用合适的非矩形窗函数进行预处理,并计算每段数据的功率谱密度,最后取所有数据段的功率谱密度的平均,得到样本功率谱密度。其计算公式如下:

$$p_{xx}(f) = \frac{1}{NW} \sum_{j=1}^{K}\left|\sum_{k=0}^{N_0-1} w(k) p_N^i(k) e^{-i2\pi f k}\right|^2 \qquad (3.80)$$

式中,$N$ 表示样本数;$K$ 表示样本序列分段数;$N_0$ 表示每段数据中样本数;$w(k)$ 表示数据处理过程中所选取的窗函数；$W$ 表示窗函数归一化因子。

对快速 Fourier 变换后的声音信号频谱进行 1/3 倍频程和 A 计权计算，最后给出 A 计权频谱曲线。

对于麦克风阵列数据处理，与远场自由场麦克风数据处理方法一样，首先采用 Fourier 变换将麦克风阵列中各个麦克风的时域信号转换为频域，并增加窗函数来减小"频谱泄漏"。信号的互谱密度函数为

$$G_{mm'} = \frac{2}{T} P_m(f) P'_{m'}(f) \tag{3.81}$$

对于由 $M_{ic}$ 个麦克风组成的麦克风阵列，可形成一个 $M_{ic} \times M_{ic}$ 的互谱矩阵，互谱矩阵中每一个矩阵元素可通过快速 Fourier 变换取得。将每一个通道的数据分块，对每一块进行 Fourier 变换得到频域的噪声信号，互谱矩阵的计算方法如下：

$$\hat{G} = \begin{bmatrix} G_{11} & G_{12} & \cdots & G_{1M_{ic}} \\ & G_{22} & & G_{2M_{ic}} \\ & & \ddots & \vdots \\ & & & G_{M_{ic}M_{ic}} \end{bmatrix} \tag{3.82}$$

其中：

$$G_{mm'} = \frac{2}{KW_s T_B} \sum_{k=1}^{K} \left[ P_{mk}^*(f) P'_{m'k}(f) \right] \tag{3.83}$$

式中，上标"*"表示共轭；$K$ 表示麦克风阵列数据分块数；$M_{ic}$ 表示阵列麦克风数目；$P'_{m'k}(f)$ 表示第 $m'$ 个麦克风的第 $k$ 段数据块的频域信号；$W_s$ 表示数据窗函数。

麦克风阵列数据处理的经典算法是聚束成形（beamforming）算法。假设在声学试验模型附近存在一个扫描平面，在扫描平面上可以存在任何声源，对于扫描平面上的任一扫描点，阵列的指向向量为

$$\hat{e} = [e_1 \quad e_2 \quad \cdots \quad e_{M_{ic}}]^T \tag{3.84}$$

其中，第 $m$ 个麦克风的指向向量为

## 第 3 章 空气动力学设计技术

$$e_m = A_m \frac{R_m}{R_c} \mathrm{e}^{-j2\pi f \tau_m} \quad (3.85)$$

式中,$A_m$ 表示第 $m$ 个麦克风的剪切层振幅修正因子;$R_m$ 表示声波扫描点与麦克风之间的传播距离,即 $A_m = \tau_m c_0$;$R_c$ 表示阵列中心点到扫描点之间距离;$\tau_m$ 表示延迟时间。

$$2\pi f \tau_m = (\vec{k} \cdot \vec{x}_m) + \omega \Delta t_{m,\text{shear}} \quad (3.86)$$

式中,$\vec{x}_m$ 表示聚焦位置到每 $m$ 个麦克风的距离;$\omega \Delta t_{m,\text{shear}}$ 表示第 $m$ 个麦克风在频率为 $\omega$ 时剪切层影响的相位修正值。

利用互谱矩阵,阵列对每一个扫描点的输出功率谱如下:

$$p(\hat{\boldsymbol{e}}) = \frac{\hat{\boldsymbol{e}}^{\mathrm{T}} \hat{\boldsymbol{G}} \hat{\boldsymbol{e}}}{M_{ic}} \quad (3.87)$$

式中,上标 T 表示转置;$p(\hat{\boldsymbol{e}})$ 表示单位带宽的声压的压力均方值除以麦克风数量,即将阵列输出功率谱转化到单一麦克风的量级。实际应用过程中,数据采集系统、麦克风传感器等本身具有系统通道噪声,它们与声源噪声不相关,为改进阵列数据功率谱结果,可将通道噪声扣除。扣除通道噪声后的阵列输出功率谱为

$$p(\hat{\boldsymbol{e}}) = \frac{\hat{\boldsymbol{e}}^{\mathrm{T}} (\hat{\boldsymbol{G}}_{\text{data}} - \hat{\boldsymbol{G}}_{\text{ini}}) \hat{\boldsymbol{e}}}{M_{ic}} \quad (3.88)$$

式中,$\hat{\boldsymbol{G}}_{\text{ini}}$ 表示没有吹风时的初读数,用于去除数据采集系统噪声。

在气动噪声风洞试验时,可以采用扣除互谱矩阵 $\hat{\boldsymbol{G}}$ 对角线元素的方法抑制背景噪声的影响,改进麦克风阵列动态范围。扣除互谱矩阵对角线元素以后的麦克风阵列输出功率可以表示为

$$p(\hat{\boldsymbol{e}}) = \frac{\hat{\boldsymbol{e}}^{\mathrm{T}} \hat{\boldsymbol{G}}_{\text{diag}=0} \hat{\boldsymbol{e}}}{M_{ic}^2 - M_{ic}} \quad (3.89)$$

对于宽频信号,比如 1/3 倍频程、倍频程等,可采取对窄带信号求和的方式求解。

开展高速列车气动噪声风洞试验之前,需要测试背景噪声。对光地板带路基情形,进行 30 m/s、40 m/s、50 m/s、55 m/s、60 m/s、65 m/s、70 m/s 七种不同风速下的背景噪

声测量。图 3.46 为各风速下远场麦克风的背景噪声频谱曲线。由图 3.46 可以看出，背景噪声在频率 $10^4$ Hz 以下没有明显的峰值，说明地板和路基等支撑装置背景噪声可以进行扣除，试验方案可以满足列车模型试验要求。

高速列车气动噪声风洞试验也需要进行重复性试验，图 3.47 为 5 次重复性试验的远场麦克风测量的声压频谱。由图 3.47 可以看出，5 次测量的频谱曲线中声压幅值大小及其随频率的分布规律相同，重复性良好。

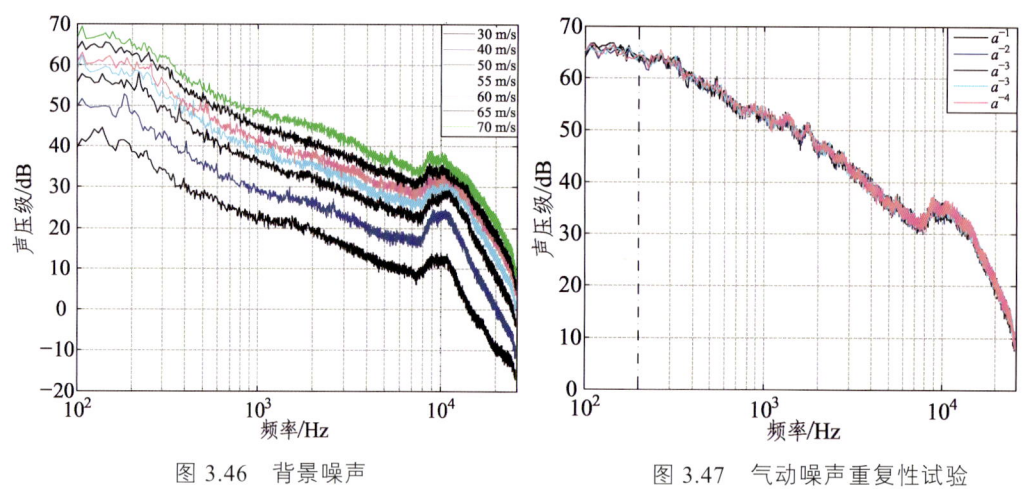

图 3.46　背景噪声　　　　　图 3.47　气动噪声重复性试验

### 3.2.3　动模型试验

#### 3.2.3.1　系统构成

动模型试验系统主要由试验台、加速系统、控制系统、测试系统、制动系统、数据处理系统和试验模型构成。

动模型试验台分上下两层，上层为动模型动车组运行试验线，下层为动力传递小车运行轨道。试验线为复线，铺设在轨道基础中部。试验线分为三段：发射段、试验段和减速段。在试验段上可安装各类隧道模型，用于高速列车隧道通过及隧道交会试验。在整个试验段的轨道中间布置有黑白相间的反射条，通过在动模型车尾部安装的反射式光纤光电传感器及探头，车载数据采集系统可记录动模型车运行时探头与反射条之间的光电发射信号，可据此得到动模型车的速度。

加速系统主要用于对动模型列车进行加速，加速系统应使模型车在极短的时间内由静止状态加速到试验速度。

控制系统能可靠地控制动模型试验的整个运动过程，即控制弹射力加载（通过对弹射力进行检测，返回信号到控制系统）、安全预警、单端发射、单端车载系统与地面系统同步采样、双端同步发射、两交会动车组的车载系统和地面系统同步采样等，以确保在试验时获得时间和空间上一致的试验数据。

测试系统主要由车载测试系统和地面测试系统两大部分组成。两个独立的子系统在控制系统的同步控制信号作用下协调工作，完成试验过程各参量的动态测量、数据采集及预处理。车载测试系统主要用于实时测量、采集、存储、传输动车组交会空气压力波、动车组表面压力分布、模型动车组运行速度等有关信息。该系统由固化在一起的软件和硬件组成，软件包括实时采集、预处理、联机通信与调试软件，硬件包括数据采集主板、传感器、适配器、串行通信接口。地面测试系统主要用于实时测量试验段出入口的模型动车组运行速度、动车组过隧道时隧道内的空气压力变化以及环境参数等，包括瞬态压力传感器、低通滤波放大器、数据采集与分析系统。

制动系统主要用于对动模型列车进行制动。制动系统应使模型车在极短的时间内由试验速度减速到最终停车。

### 3.2.3.2 基本原理

高速列车动模型试验原理主要是基于流动相似性原理，将列车、线路和隧道等按照几何相似制作成缩比模型，通过弹射或者其他发射方式使模型列车在模型线路上无动力高速运行（即动模型），模拟两列列车交会、列车与地面以及列车与周围环境之间的相对运动，再现列车明线运行、高速交会及隧道通过等情形下的空气流动特性，获得高速列车空气动力学特性。

动模型弹射试验基本原理：在模拟线路端部用拉动牵引小车及与其相连的动模型动车组向后运动，控制系统控制牵引小车所受到的拉力大小（通过拉力可近似估算模型动车组的运行速度），同时，带动试验台下层的动力传递小车也向后运动，使绳逐渐

### 高速动车组车体设计关键技术

张紧,当拉力达到规定值时,控制系统使拉力停止,模型动车组处于待发射状态,牵引小车脱钩装置的控制电磁阀动作,松开脱钩装置,弹射装置回弹带动牵引动力传递小车和动模型动车组运动,动模型动车组行驶至试验段入口处,与动力传递小车自动分离,动模型动车组被弹出,依靠惯性沿轨道无动力高速运行。图 3.48 为高速列车动模型试验示意图。

图 3.48 高速列车动模型试验示意图

高速列车空气动力学动模型试验测试系统主要由车载测试系统和地面测试系统组成。两个独立的子系统在控制系统的同步控制信号作用下协调工作,完成试验过程中各参数的动态测量、数据采集及预处理。动模型试验列车压力变化较快,要求传感测量通道具有足够的响应速度。每个压力信号通道采用独立的电路结构和 A/D 转换器,并以相同的时基信号控制同步采样,进而保证各通道数据快速采集及在时间和空间上的一致性。高速列车空气动力学动模型试验可以用于开展明线运行试验(表面压力分布、列车风)、明线交会试验(压力波)、隧道通过和隧道交会试验(压力波、微气压波)。在高速列车隧道通过及隧道交会动模型试验时,应严格控制模型阻塞比(高速列车横截面面积与隧道净空面积的比值)与实际阻塞比相等。

高速列车缩比模型的测点布置情况如图 3.49 所示。T1 至 T12 表示头车测点,T1 表示头车鼻尖测点,T2 表示头车车窗下部测点,交会侧的测点为 T3、T5、T7、T8、T10、T11,靠近隧道壁面的测点为 T4、T6、T9、T12。T13 至 T16 以及 W1 至 W4 表示中间车测点,交会侧的测点为 T13、T15、T16、W2、W3,靠近隧道壁面的测点为 T14、W1、

W4。W5 至 W15 表示尾车测点，W15 表示尾车车窗下部测点，交会侧的测点为 W5、W7、W8、W10、W11、W13，靠近隧道壁面的测点为 W6、W9、W12、W14。

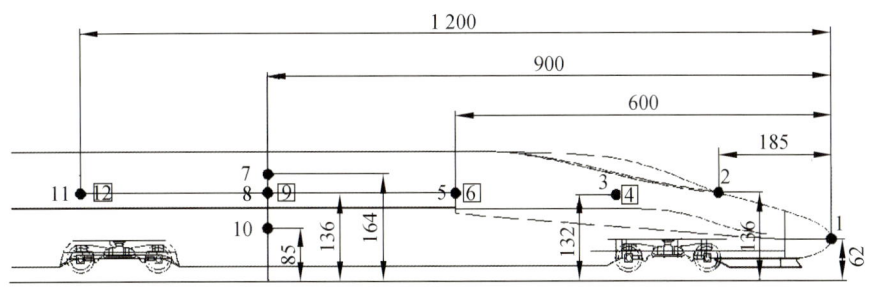

（a）头车测点

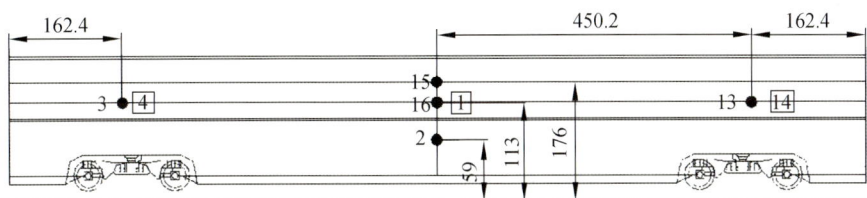

（b）中间车测点

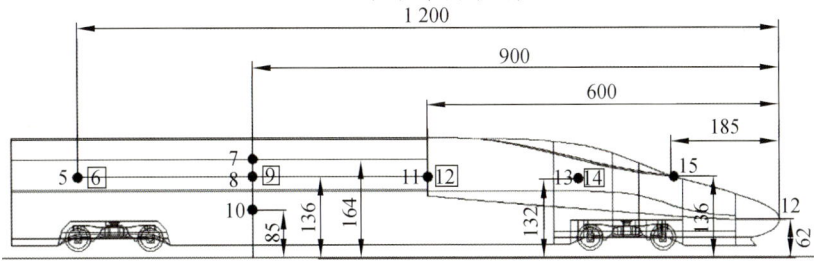

（c）尾车测点

图 3.49 动模型列车测点布置

图 3.50 给出了两列高速列车分别以 200 km/h、250 km/h、300 km/h 和 350 km/h 的速度明线交会时，不同测点压力波幅值系数的变化规律。由图 3.50 可以看出，大部分测点的压力波幅值系数随着列车速度的增加（Reynolds 数增大）呈减小趋势。除头尾车流线型处，Reynolds 数对车体测点压力波幅值系数的影响较小。交会侧测点的压力波幅值系数要大于非交会侧测点的压力波幅值系数。

### 高速动车组车体设计关键技术

图 3.51 给出了两列高速列车分别以 200 km/h、250 km/h、300 km/h 和 350 km/h 的速度通过 100 m² 隧道时，不同测点压力波幅值系数的变化规律。由图 3.51 可以看出，各测点的压力波幅值系数基本都随列车速度的增加而增大。

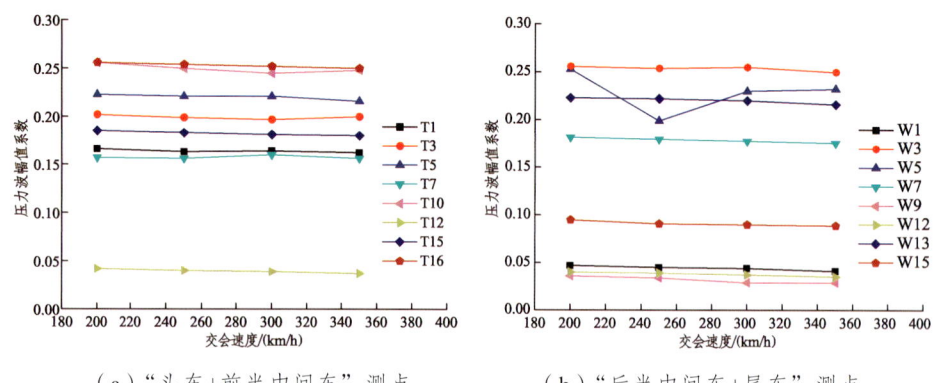

（a）"头车+前半中间车"测点　　（b）"后半中间车+尾车"测点

图 3.50　列车明线交会压力波幅值系数

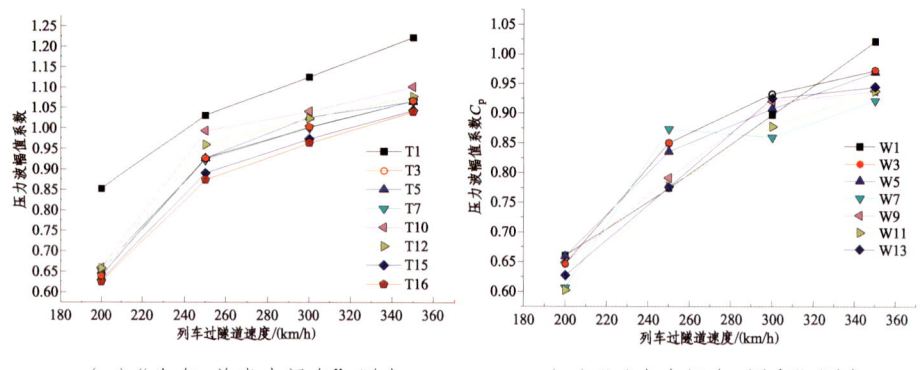

（a）"头车+前半中间车"测点　　（b）"后半中间车+尾车"测点

图 3.51　列车隧道通过压力波幅值系数

当动车组以不同速度通过隧道时，相比 Reynolds 数效应，列车受活塞效应的影响较大。速度等级越高，活塞效应越强，车体测点压力波幅值系数也越大。此外，列车头尾进出隧道引起的压缩波与膨胀波产生、反射及叠加的时间不同，也会对车体测点压力变化产生很大的影响。因此，研究高速列车隧道气动性能时，需要针对不同隧道长度、列车速度、列车编组、隧道截面面积等工况，确定具体的试验方案，有针对性地开展动模型试验。

## 3.2.4 空调通风试验

### 3.2.4.1 试验台概况

空调通风配套试验台包括控制室、模拟空调机组、模拟送/回风道和模拟试验车体(见图 3.52),通过搭建模拟试验车体内的客室及风道结构,准确地测试各风口的风速、风量、客室内压力及噪声等参数,为空调系统的风道结构设计、空调机组的选型、风道送风口及回风口的布置等提供依据;通过测试客室内温度场及其均匀性、微风速等,对客室内流场进行分析及仿真,提高旅客的舒适度;通过测试验证空调通风系统仿真分析结果,提出列车车内空调通风系统优化方案。

图 3.52 空调通风配套试验台整体布局

空调通风配套试验台的功能主要是对列车空调通风系统进行试验研究及设计前期验证,试验台包括模拟试验车体、配电系统、空气处理系统、模拟风道系统、测控系统及数据分析与处理系统六部分,如图 3.53 所示。

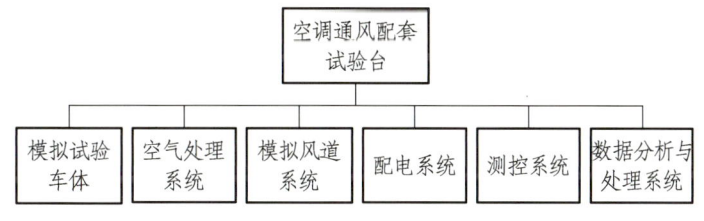

图 3.53 试验台整体结构

模拟试验车体内可以搭建模拟各类车型车内送、回风结构，通过空调机组变风量、变冷量模拟实际空调机组向模拟车体内送风，并通过检测设备进行检测，实现以下功能：车内基本空气参数测定，空调系统集成和优化研究，风道系统阻力及均匀性测试和研究，空调通风系统降噪研究，车内气流组织研究，高速列车空调送风系统研究，新型通风系统研究（如诱导通风、变流量分区控制系统等）。

空气处理系统主要对空气进行处理，使其达到实验送风量和送风温度要求。空气处理系统包括空调冷热源、空气处理机组和水环路。

模拟风道系统需根据测试车型的要求进行搭建，由空气处理装置出风口和回风口接至车体处。同时，在各支管路上加装风量调节阀。

配电系统为试验台配备了所需的各种电源。

测控系统包含试验台试验中测量的各种参数：总送风量、车内风道风压、车内外正压、车内温度、送风温度湿度、噪声、流型可视化、视频监控等；同时根据制订的运行策略对车厢内的各控制量进行自动控制。

数据分析与处理系统通过读取试验数据库中的试验数据，或在试验过程中实时读取试验数据，对获得的试验数据进行反演和繁衍云图，使试验数据转化为直观的彩色图像，以便于试验数据的分析。

#### 3.2.4.2　试验内容

基于试验台及相关测试设备可以开展空调通风系统配套试验以及空调系统型式试验。空调通风系统配套试验主要为轨道交通产品的送风系统进行设计前期验证、改进设计后的通风系统配套试验，模拟实际装车的空调通风系统的试验研究等，为空调系统的设计提供数据支撑和优化方案。通过试验测试，验证车辆空调机组及其风道配套系统客室风口风量、风速、送风均匀性、新风量、紧急风量、风道阻力、微风速等参数是否满足大纲及标准要求，对不能满足的项目进行改进及调整后进行试验验证和优化。空调通风系统型式试验是车辆整车型式试验的一部分，验证车辆司机室和客室送风量、新风量、客室紧急通风量、车内外压差、车内微风速、空调机组的制冷能力、空调机组的温控精度和客室温度均匀性、空调机组的采暖能力指标是否满足设计要求。

## 3.2.5 气密性及气密疲劳试验

### 3.2.5.1 试验台概况

车体及部件气密性试验台主要对轨道车辆车体进行气密性、气密静强度和气密疲劳强度试验，如图 3.54 所示，通过充气和抽气系统评价高速列车在明线运行、隧道通过、隧道内交会情况造成的车体强度及车内压力变化，研究车体结构设计、车体材料、焊缝结构等对车体气密疲劳强度的影响，作为评估车体使用寿命的因素之一。

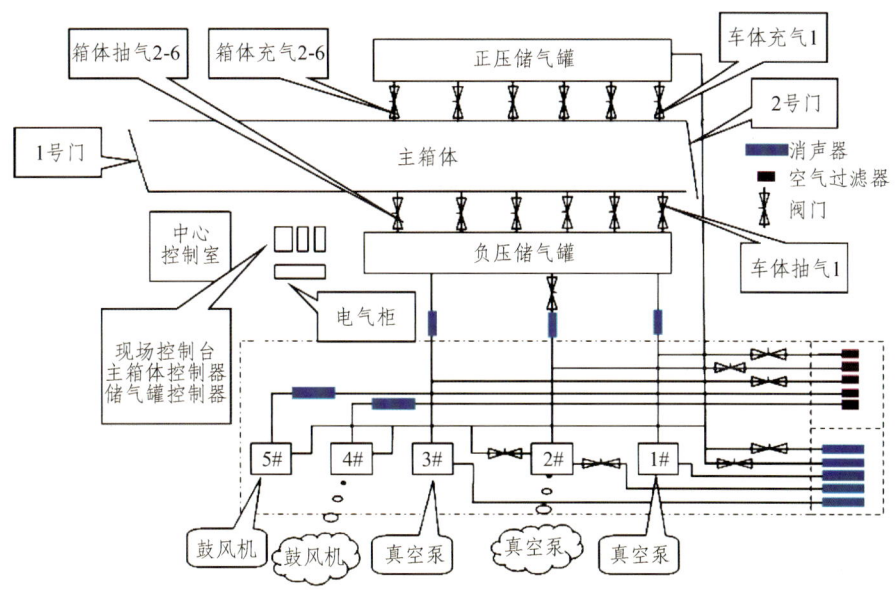

图 3.54 车体及部件气密性试验台整体布局

试验台主要由机械系统、电气系统和测控系统三大部分组成。机械系统主要包含车体压力加载外箱体、正压/负压储气罐、鼓风机、真空泵、气动蝶阀以及管道等，如图3.55 和图 3.56 所示。

电气系统为气密性试验台提供驱动电力，实现对异步电动机-风机组的软启动和变频控制，实现试验所要求的空气流量和压力控制，可进行系统保护与报警，并可通过计算机控制与手动控制切换，既能实现计算机过程控制，又能实现人工的调试操作及应急处理，如图 3.57 所示。

■ 高速动车组车体设计关键技术

图 3.55 试验台外箱

图 3.56 风机、管路

图 3.57 电气控制柜

测控系统主要由中心控制室和现场控制台两部分组成。中心控制室是整个控制系统中的最顶层,在整个系统中,它是主控制器,能够通过远程控制直接控制整个系统的启停,并且实现试验数据的显示与存储、报表打印以及历史数据回放功能。现场控制台主要负责系统的加载和数据的采集,以及控制功能的实现,直接控制微处理器 Compact RIO,并将微控制器的数据接收存储,最终将全部数据上传至中心控制室,如图 3.58 和图 3.59 所示。

试验台加载工况如下:

① 箱体加载。

加载 0~6 kPa 幅值可调的三角波或正弦波,加载周期 2 次/分钟;

加载 ± 20 kPa 以内的恒定压力。

图 3.58　现场控制台　　　　　　　图 3.59　中心控制室

② 车体加载。

加载 0 ~ 6 kPa 幅值可调的三角波或正弦波，加载周期 2 次/分钟；

加载 ± 20 kPa 以内的恒定压力。

③ 车体、箱体同时加载。

同时加载 0 ~ 6 kPa 幅值可调的三角波或正弦波，加载周期 2 次/分钟。

④ 真实压力波载荷加载。

可加载列车运行过程中产生的隧道压力波。

### 3.2.5.2　车体气密性试验

高速动车组在生产制造过程中共进行 2 次气密性试验，分别为一次气密性试验和整车气密性试验，用以验证车体的密封性是否满足气密性指标。

一次气密性试验是在车辆车窗安装及车辆配线完成后进行，试验时需对侧门、车下风道口、便器安装孔等与车体连通部位进行封堵。车辆封堵完成后利用试验台通过端部气密性工装向车辆一端进行充气，将车辆内压力升至一定压力后对车体进行检漏。在检漏过程中，用喷泡沫水检查车顶焊缝、车端焊缝以及车窗等部位的密封性；用手感、耳听的方法检查车底焊缝的密封性；对泄漏部位进行密封处理。车内压力达到 8 kPa 时无明显的啸叫声，记录压力从 4 kPa 自然下降到 1 kPa 所需的时间，评价是否满足要求时间。

整车气密性试验是在车辆所有设备安装完成后进行。但是由于换气装置的废排风口与外界连通，整车气密性试验时需对换气装置废排风口进行封堵。车辆封堵完成后利用试验台通过端部气密性工装向车辆一端进行充气，将车辆内压力升至一定压力后对车体进行检漏。在检漏过程中，用喷泡沫水方法对侧门、司机室侧门（仅头车）、风道与设备连接处等进行检漏；对泄漏部位进行标示整改；对泄漏部位根据图纸以及相关文件的要求进行密封处理。车内压力达到 8 kPa 时无明显的啸叫声，记录压力从 4 kPa 自然下降到 1 kPa 所需的时间，评价是否满足要求；同时记录评价每下降 500 Pa 所需的时间。

### 3.2.5.3　车体气密疲劳强度试验

试验车体支承在假台车上。密封车体结构上的所有开口，并预留充气/抽气接口以及传感器穿线孔。依据试验参考标准及试验要求布置应力和位移测点。加载载荷依据相关标准或者设计要求确定，一般 300 km/h 及以下速度等级动车组铝合金车体气密强度载荷为 4 kPa，350 km/h 速度等级动车组铝合金车体气密强度载荷为 6 kPa。

在正式试验前，应进行预加载，载荷应分阶段增加，直到最大载荷，以消除结构内应力。然后进行 3 次正式试验，并取这 3 次测试数据的平均值作为测量结果。试验结束后，最大气密载荷作用下的应力与车体垂向最大载荷作用下的应力合成，合成应力值不超过材料的屈服极限。

试验车体支承在假台车上。密封车体结构上的所有开口，并预留充气/抽气接口以及传感器穿线孔。对车体施加波形为三角波、波形幅值为 6 kPa（依据试验要求确定幅值大小）、周期为 30 s，（即 1 分钟加载 2 个波形）的波形，如图 3.60 所示。

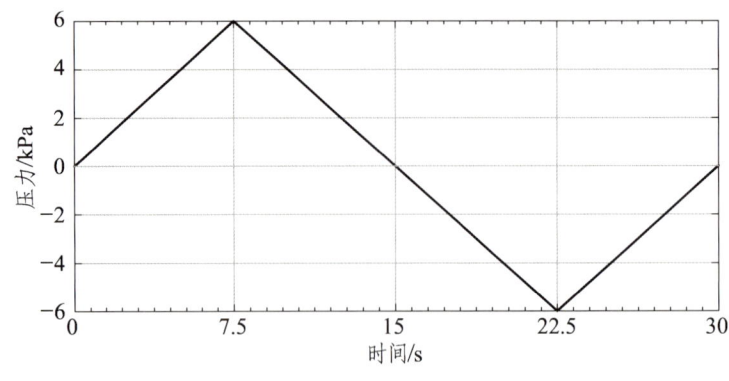

图 3.60　加载波形图

气密疲劳试验总共加载 10 万次，在试验前和每加载 1 万次后对车体进行气密强度试验和 PT 渗透探伤。探伤部位为试验车体内外表面，包括端墙、侧墙、车顶、底架各部件型材的内外表面（包括焊缝），其他部位目视检查。无异常继续试验。同时，试验过程中监测关键位置的应力及位移变化。

## 3.2.6 实车线路空气动力学试验

高速列车空气动力学实车线路试验是在实际线路上对实际运行列车进行空气动力学特性测试的试验。实车试验能够反映实际列车在线路上运行的情况，获得真实环境下列车空气动力学特性规律，其主要包括瞬态试验和稳态试验两类。高速列车空气动力学瞬态试验为非定常试验，包括列车交会、列车隧道通过、列车风、强风下列车空气动力学特性，瞬态试验需要实时测量两列列车交会的压力波及车内压力波动、隧道通过时的压缩波及微气压波、列车风、强风下表面压力分布等。高速列车空气动力学稳态试验主要测量列车稳态运行时的表面空气压力。

### 3.2.6.1 运行阻力试验

通过开展列车运行阻力试验，可以获得高速动车组的气动阻力，以验证高速动车组气动减阻设计效果。

在明线无风环境中，高速列车的运行阻力 $R$ 可以表示为

$$R = C_1 + C_2 v_{\mathrm{tr}} + C_3 v_{\mathrm{tr}}^2 \tag{3.90}$$

式中，$C_1$ 表示机械阻力，其主要依赖于轴重，与列车速度无关；$C_2 v_{\mathrm{tr}}$ 表示动量损失阻力；$C_3 v_{\mathrm{tr}}^2$ 表示气动阻力。

利用实车惰行阻力试验可以得到高速列车的运行阻力。惰行阻力试验在平直道采用溜放法验证动车组运行阻力。动车组进入采样区前应达到预定速度，进入采样区段后动车组断主断路器保持升弓状态惰行，连续记录惰行速度及相应的时间参数和距离，按照下面的公式计算每个速度下的动车组基本阻力：

$$\omega = \frac{1\,000(1+\gamma)}{3.6} \times (\Delta v / \Delta t) \tag{3.91}$$

式中，$\gamma$ 表示回转质量系数，$\gamma = 0.058\ 2$；$\omega$ 表示单位惰行基本阻力（N/t）；$\Delta t$ 表示计算步长（s）；$\Delta v$ 表示 $\Delta t$ 内的速度变化值（km/h）。

通过试验数据整理，对坡道影响进行修正后，可以获得不同运行速度下的高速列车运行阻力，通过二次多项式曲线拟合得到惰行阻力曲线，由此可以得到不同运行速度下的列车气动阻力。图 3.61 给出了列车速度为 350 km/h 时，CR400AF 和 CRH380A 的整车气动阻力对比柱状图。由图 3.61 可以看出，CR400AF 的整车气动阻力为 59.66 kN，CRH380A 的整车气动阻力为 66.15 kN，CR400AF 的整车气动阻力较 CRH380A 降低 9.81%。可见，在车体断面增加的情况下，通过合理的流线型头型设计和车体表面平顺化设计，有效提升了高速列车的气动阻力性能。

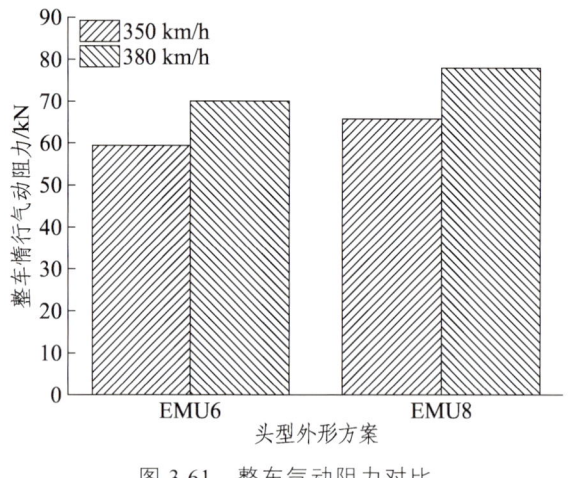

图 3.61　整车气动阻力对比

### 3.2.6.2　车外通过噪声试验

对于整车气动噪声性能，研究表明，当列车速度达到 300 km/h 时，高速列车气动噪声将超过轮轨噪声，成为高速列车的主要噪声。通过开展高速运行工况下的列车通过噪声测试，可以在一定程度上反映不同车型的气动噪声性能。图 3.62 给出了高速列车车外通过噪声测试的远场测点布置情况，远场测点距轨道中心线 25 m，距轨面 3.5 m 高。

列车车外通过噪声测量时，列车恒速运行通过测试点，测量从头车通过传声器前开始，到尾车离开传声器后结束。图 3.63 给出了 CR400AF 和 CRH380A 车外通过噪声测试的试验结果，列车速度为 350 km/h。由图 3.63 可以看出，无论是上行运行还是下行运行，CR400AF 的车外通过噪声较 CRH380A 降低约 2.0 dB（A）。由于高速情况下列车噪声以气动噪声为主，由此可知，CR400AF 的气动噪声性能要优于 CRH380A，即在车体断面增加、气动噪声源面积增大的情况下，通过合理的流线型头型设计和车体表面平顺化设计，有效提升了高速列车的气动噪声性能。

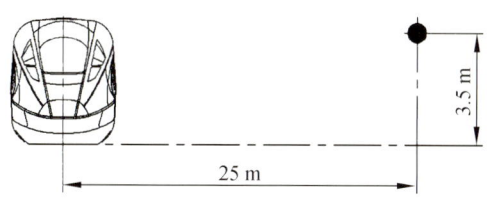

图 3.62 列车车外通过噪声测点布置

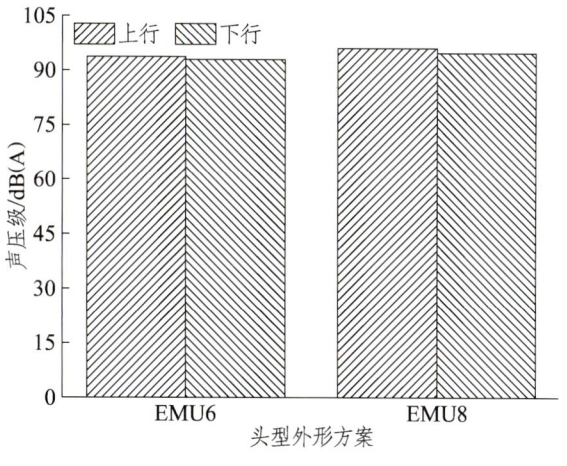

图 3.63 远场测点噪声声压级对比

## 3.3 列车气动设计技术

### 3.3.1 气动设计原则及性能指标

#### 3.3.1.1 气动设计原则

高速列车车体气动设计时，需要考虑的因素繁多，各种设计要素和气动性能之间相

### 高速动车组车体设计关键技术

互关联、相互制约。高速列车车体气动设计应在满足《高速列车空气动力学性能计算和试验暂行规定》的前提下，在诸多设计因素之间寻求不同气动性能之间的平衡，以求达到最佳的设计效果。为此，需要确定高速列车气动设计的原则性目标，即在切实保障安全性的前提下，提升乘坐舒适性，同时兼顾环保和节能要求，实现以人为本的根本目标。

1. 安全性能

安全性能是设计中需要考虑的首要因素，任何性能的提升都不允许以安全性能为代价。在列车运行过程中，高速运行的列车与静止的地面和周边设施以及线路上运行的其他列车相互影响，形成复杂的流固耦合效应，对列车自身的安全和周边设施以及行人的安全均带来不良影响。对列车自身安全的影响主要包括气动升力、交会侧向力及横风对运行稳定性的影响，表面压力及交会压力波对车体强度的影响等；对周边设施以及行人安全的影响包括列车隧道耦合效应对隧道设施的影响、列车风对路边设施及行人的影响等。高速列车车体气动设计，要将这些对列车自身和周边设施以及行人带来安全隐患的性能提升放在首要位置予以考虑，据此分析设计改进的方向和措施。

2. 舒适性能

随着列车速度的提高，乘客的综合舒适度问题变得日渐突出。对高速列车舒适度产生影响的空气动力学因素主要有车内噪声、车体局部结构及车内设备振动、列车交会引起的车内压力波动等，以及交会压力波或侧向力对列车平稳性造成的不利影响。高速列车车体气动设计，要着重考虑减小车体气动噪声、减小交会压力波幅值及车内压力波动，全力提高乘客的综合舒适度。

3. 环保性能

纵观高速列车的发展历史，列车的设计始终是整个线路-车辆系统的有机组成部分，列车对环境的影响适应性问题，一直受到各国的高度关注。高速列车的气动性能对环境的影响包括气动噪声、隧道出口的微气压波等，需要通过翔实的论证和试验，力争以最小的环保代价实现运行速度的最大提升。如何克服这一矛盾，正是高速列车车体气动设计需要考虑的另一课题。

## 第 3 章 空气动力学设计技术

**4. 经济性能**

在地表稠密大气层中运行的高速列车,其运行阻力包括机械阻力、动量损失阻力和气动阻力。机械阻力基本上与列车的运行速度无关,动量损失阻力与列车的运行速度成正比,而气动阻力与列车运行速度的平方成正比。随着列车运行速度的提高,气动阻力增加最快,其在总阻力中所占的比重也变大。当列车运行速度超过 200 km/h,尤其是达到 300 km/h 时,列车需要克服的阻力主要来自周围空气介质。高速列车运行阻力的增加,成倍地提高了高速列车对牵引功率的需求。从节能降耗的角度看,单单依靠提升牵引功率来解决问题,显然是不科学的,应该同时考虑降低运行阻力,特别是气动阻力。减阻设计已经成为高速列车设计研发的主要课题。深入了解高速列车的气动阻力特性,并提出有效的减阻措施,可以降低高速列车的能耗,具有重要的工程意义。

### 3.3.1.2 气动性能指标

由于运行条件的特殊性,高速列车有其独特的空气动力学特性:高速列车贴近地面或轨道运行、长径比远大于其他交通工具、与地面以及建筑物或其他列车强烈耦合、易受横风的干扰、通过隧道时会发生隧道效应等,因此对其设计性能的评价参数比较复杂,需要综合考虑。一般来说,在设计中需要考虑的列车空气动力学性能参数主要有车体表面压力及流场分布情况、气动阻力系数、气动升力系数、交会压力波幅值及其变化率、气动噪声声压级与频谱特性及分布特性、列车风、横向气动性能、隧道耦合特性、微气压波等。

列车气动性能指标按作用对象的不同可以分为两类:评价对列车自身影响的气动参数,如表面压力分布、气动升力、气动阻力、横风效应、交会压力波、气动噪声等,以及评价列车对环境影响的气动参数,如列车风、微气压波、气动噪声等。对于评价列车自身影响的气动性能指标,都是建立在列车的表面气动力分布影响基础上的。

**1. 表面压力**

列车表面产生的气动力,包括表面压力和表面摩擦力,是评价列车自身影响的其他气动参数的基础。头型的变化对气动阻力、气动升力、交会压力波、横风效应等的影响,都是首先基于表面气动力,尤其是表面压力分布的影响而产生的。理想的列车外形,其表面光滑平顺，表面压力分布均匀、稳定，无流动分离、脱涡等现象，这也是设计中希望达到的目标。

2. 气动阻力

列车气动阻力主要由压差阻力和摩擦阻力两部分构成。其中，压差阻力是由于列车表面压力分布不同而产生的；摩擦阻力是由列车表面的黏性切应力产生的。头车及尾车受到的气动阻力以压差阻力为主，中间车则以摩擦阻力为主。相关研究表明，对于速度 250～300 km/h 的流线型列车来说，总阻力的 75%～85% 为气动阻力，而气动阻力中，大约 30% 为表面摩擦阻力，8%～13% 为压差阻力，38%～47% 为转向架部件的阻力，8%～20% 为受电弓及其他车顶设备的阻力。

为减小全车的气动阻力，首先需对头车、尾车进行流线化设计，减小压差阻力，更主要的是采取各种措施减小整列列车的摩擦阻力，减小全车外表面上的不平顺，对车端连接处、受电弓、转向架等部位进行优化，减小其复杂性，改善上述部位的气动性能。

3. 气动升力

列车气动升力主要由压差升力与摩擦升力两部分构成。其中，压差升力是由于列车上下表面外形不同，导致空气流速不同，列车上下表面压力分布不同而产生的；摩擦升力是由列车表面的黏性切应力产生的。除列车头尾车外，整车车体表面的切向力大部分与列车行驶方向相同，摩擦升力对列车气动力的影响较小，压差升力是列车气动升力的重要组成部分。

对于轮轨系统列车，如果列车气动正升力过大，使列车轮轨接触力降低，导致列车产生"飘"现象，容易引起列车脱轨；若负升力过大，将增加列车动态轴重，使列车对钢轨的动力冲击加剧。理想的列车，空气升力系数应尽可能接近于零。

气动升力主要与长细比、纵断面、水平断面形状以及鼻锥引流等头型设计参数有关。列车行进过程中，气流首先接触鼻锥，由鼻锥将气流引流至车头的不同部位，通过司机室区域后越过头顶。鼻锥引流方式的不同、列车头型长细比的变化和纵断面形状的变化，直接影响气流在头型表面的压力分布，头型表面压力大小和区域发生变化，影响气动压差升力。由前述内容可知，摩擦力在车身对升力影响不大，主要体现在头尾车的摩擦升

## 第 3 章 空气动力学设计技术

力,头型形状的变化同样会在一定程度上影响表面摩擦力分布,使气动摩擦升力出现差异。列车气动升力垂直于列车水平面,同一气动升力系数下,列车水平断面的大小直接影响列车气动升力的大小。

4. 交会压力波

高速行驶列车使列车周围的空气流场受到强烈扰动,当两相对行驶的列车交会时,这一扰动将会加剧,尤其是一列车的头部或尾部通过另一列车瞬间,将引起另一列车交会一侧表面的空气压力发生突变,形成一种瞬态压力冲击,在几十毫秒之间相继出现正、负压力峰值,这一瞬态压力冲击称为列车交会压力波。列车在隧道内交会时,空气流动受到隧道壁面阻滞,并且容易与列车引起的隧道压力波相互影响,其压力波幅值远大于明线交会工况。

观测发现,在交会列车头部到达被测列车测点前一段时间,压力就已开始增加,之后迅速增大,在列车头部鼻尖到达测点时产生一正、负脉冲,即头波;在最大负脉冲出现后开始等幅波动,直到尾车鼻尖通过测点时,产生一负、正脉冲,即尾波;然后等幅波动直到会车结束后一段时间信号逐渐消失。头尾车驻点的压力波约为交会侧侧墙上压力的一半。

影响列车交会压力波的因素主要与车体断面形状、长细比、纵断面形状以及水平断面形状等头型设计变量有关。

5. 气动噪声

气动噪声的产生机理较为复杂,其产生要素涉及受电弓与导流罩、列车形状、车辆连接面、通风格栅、裙板以及其他凹凸不平等诸多方面。当列车高速行驶时,在车身及外形变化较剧烈的部位,会产生复杂的分离流动,产生大量涡旋,流动很快由层流转至湍流,从而产生强大的空气脉动压力场。车外脉动压力场及其诱发的气动噪声,是形成列车气动噪声的直接原因。

如何减少列车运行过程中的噪声,一直是发展轨道交通必须面临的一个重大技术难题。研究表明,气动噪声强度与速度的六次方成正比,随着运行速度的提高,气动噪声将成为高速列车的主要噪声来源,气动噪声的研究成为解决高速轨道交通噪声问题的关键。同时，列车气动噪声主要是由涡旋与湍流影响产生，气动噪声大，说明气动外形设计不合理，其气动阻力必然大。努力减少列车气动噪声不仅是改善列车运行环境的需要，同时也是减少列车运行阻力的需要。因此，通过改善列车的头型设计，提出减少噪声的技术措施，对实现新一代高速铁路的环保与节能指标具有重大意义。

列车行进过程中，气流冲击车体表面，产生的涡旋和湍流引起的压力脉动是产生气动噪声的直接原因。列车头部的粗糙程度和几何外形对气动噪声都有重要影响，光滑的表面和较好的外形能大大减小车头产生的气动噪声。较大的气动噪声主要产生于以下几个位置：车头部、车厢之间连接处和受电弓系统。列车头型的长细比和截面面积变化率会在一定程度上影响列车头部的流场结构。湍流的发展状态发生变化，不同头型的涡流位置和涡流强度也会出现差异，从而影响气动噪声强度。另外，在头型设计中，需要注意转向架侧罩、驾驶舱倾角等局部位置的降噪措施。

车辆下部的气动噪声中，转向架部的噪声较大，头车前转向架的噪声特别高。对有无转向架盖板时的噪声值也进行了比较，转向架侧罩可减小转向架处的气动噪声，从而对减小整车气动噪声有很大贡献。

6. 列车风

由于空气的黏性作用，列车在地面高速运行时将带动列车侧面、底部及尾部的周围空气随之运动，形成一种特殊的非定常流动，称为列车风。研究结果表明，列车通过时对道旁人体产生作用的区域主要分为两部分：一为列车从即将到达人体旁至列车尾部完全通过人体，称为列车通过区；二为列车尾部通过后的一段时间内，称为列车尾流影响区。列车头部经过人体时，会由于头部高压区产生顺列车行驶方向的推力，头部越过人体后，人体经过列车后部不同压力区，产生较大的压力波动，对安全造成影响；同时由于空气的黏性作用，距列车越近，列车附近的空气流速越大，其压力越小，人体前后压差产生的气动力会将人体"吸"向列车，严重影响人身安全。在列车尾流区，尾车头型造成的涡旋可能将附近人体和物品卷入尾流，造成人员伤亡或列车受损事故。若线路附近道砟不标准或气候干燥多沙，尾流引起的飞沙走石也会危及周围人员及设施的安全。

目前，判别人体安全性的标准有风速标准和气动力标准两种。日本和英国采用风速标准：日本以平均风速 9 m/s 作为确定站台安全距离的标准；英国以平均风速 11 m/s 确

## 第 3 章 空气动力学设计技术

定站台安全距离,以 17 m/s 确定作业安全距离。法国和德国采用气动力标准。

我国的气动力和风速建议值:对于站台而言,人体允许承受的最大气动力值为 100 N。对于线路作业而言,人体允许承受的最大气动力值为 100 N。站台旅客和线路作业人员人体允许承受的列车风速为 14 m/s。

因而,在高速列车头型设计中,特别是对设计效果的评价中,应当纳入列车风的因素。

7. 横向气动性能

高速列车在强侧风作用下,列车空气动力性能恶化,不仅列车气动阻力、气动升力、横向力迅速增加,还影响列车的横向稳定性,严重时将导致列车倾覆。对于特大桥、高架桥、路堤等特殊环境,列车的绕流流场改变更加突出;列车在双线隧道内单线运行时,也会受到侧向力和倾覆力矩的作用。列车横向气动性能是与列车稳定性和安全性相关的重要设计变量。

通过合理设计车体断面形状,可以有效降低横风、交会压力波在车体侧壁上产生的侧向力、侧向力矩,从而有效改善列车的横向气动性能,降低强横风、交会压力波等对列车稳定性的不利影响。

8. 隧道耦合特性

当高速列车进入隧道时,由于受到隧道四周壁面的限制,将会在隧道内产生强烈的空气压力波动,从而使列车运行的工况更为恶劣,在隧道效应的作用下,列车的气动阻力、气动升力、交会压力波、侧向力以及倾覆力矩等性能指标都将受到影响,对列车运行的安全性、经济性、乘坐舒适度以及隧道周边的环境均带来不利影响。改善列车的隧道耦合特性,是在新一代头型设计中必须解决的关键问题。特别是隧道内的交会压力波问题,直接影响到车体的强度和寿命问题,成为高速列车设计标准建立的依据。

9. 微气压波

在明线高速行驶的列车,其前端被压缩的空气可以向四周扩散,当列车进入比较长的隧道时,空气流动受到隧道壁面限制,前端空气受到剧烈压缩,产生空气压缩波。随着列车的进一步驶入隧道,列车和隧道形成的环状空间长度逐步增大,使列车前方隧道空间的气压进一步升高，压缩波强度继续增大，并在隧道内以声速向前传播。在隧道出口处反射形成膨胀波，同时形成了一个脉冲状态的压力波（又称微气压波）自隧道出口辐射至周围地区，并在隧道出口处产生强烈的气爆音，引起周围房屋门窗的振动，对周边环境造成影响。

微气压波的形成可以分为三个阶段：列车在隧道入口形成压缩波、压缩波在隧道内传播、压缩波在隧道出口向外辐射。微气压波的最大峰值与隧道入口处压缩波的波面压力梯度最大值成正比。微气压波的峰值与阻塞比、长细比、截面面积变化率等头型设计变量有关。

### 3.3.1.3 设计原则与性能指标的相关性

1. 影响安全性的性能指标

影响安全性的性能指标主要包括表面压力、交会压力波、侧向力、气动升力、列车风等。具体阐述如下：

表面压力：列车在高速运行中，其表面气动压力对车体结构而言，是一个交变载荷。过高的局部压力可能使该部位车体应力超标，从而危及车体安全。隧道效应使得表面压力的变化更为剧烈，从而进一步放大了对车体的影响。在新一代列车设计中，需要分析和利用车体表面压力分布规律，以此为依据进行车体结构以及门、窗等设备的强度和刚度校核，避免因交变的气动压力引起疲劳破坏和失效。

交会压力波：列车在明线交会时，瞬态的空气压力将在侧壁中部和侧壁上鼻端高度位置达到峰值，从而对车窗造成很大的影响；交会压力波作为一个交变的载荷，将影响到车体本身的疲劳寿命；列车交会压力波的幅值是确定车体气密载荷，设立强度校核标准的一个依据；当列车在隧道内交会时，压力波幅值将成倍增加，瞬变的空气压力对车体和车窗均造成很大影响，将进一步危及行车安全。

侧向力：横风对气动阻力、气动升力、侧向力、气动转矩等都有影响，而这些参数对列车稳定性评估都是很重要的。在强侧风作用下，列车空气动力学性能恶化，列车气动阻力、气动升力、侧向力迅速增加，将影响列车的横向稳定性，严重时将导致列车倾覆。当列车通过双线隧道时，由于列车两侧流场不完全对称，在列车-隧道耦合作用下，列车将受到侧向力和侧向力矩的作用。当列车在隧道内交会时,在交会压力波的作用下,列车受到的侧向力和侧向力矩将显著增大,严重时将影响行车安全。

气动升力:正的升力会降低轮轨黏着力,降低列车牵引力;负的升力将增加轮轨接触力,加剧轮轨的磨耗。正的升力可能导致列车爬轨或跳轨,影响行车安全。负的升力也会对弓网接触特性造成不利影响。因此,设计中应尽量使气动升力接近于零。

列车风:列车在地面高速运行时,带动列车侧面、底部及尾部的周围空气随之运动而形成列车风。列车风将对站台上的乘客、轨道沿线的工作人员等的安全性造成不利影响。

2. 影响舒适度的性能指标

气动噪声引起的车内噪声:列车表面气动噪声对车内噪声的影响很大。试验表明,当 CRH2 型动车组以 200 km/h 的速度运行时,头部表面噪声已达 97 dB(A),成为司机室噪声的主要来源。相关研究也表明,气动噪声与列车运行速度的六次方成正比,随着运行速度的进一步提高,车体气动噪声对车内影响将进一步加大,将对乘客的心理、生理两方面造成不利影响,影响乘坐舒适度。在新一代头型设计中,应通过设计气动性能良好的造型,减小车体表面上的流动分离,减小气动噪声。

交会压力波及其引起的车内压力波动:车辆交会时引起的车身表面压力波动必然导致车内压力波动,造成乘客的耳部不适感,对乘坐舒适度产生不利影响;交会压力波引起的车体局部变形,以及瞬态的侧向力、侧向力矩会对车体平稳性产生影响,也容易引起不适感。隧道耦合效应使得隧道内交会引起的不适感加重。

3. 影响节能的性能指标

气动阻力:随着运行速度的提高,气动阻力已经成为列车运行阻力的一个主要组成部分。气动阻力主要分为压差阻力和摩擦阻力。头型设计主要影响其中的压差阻力部分,对总的气动阻力影响较小。在新一代头型设计中,需要通过设计性能良好的外形,来减小压差阻力,同时通过改进车体外表面,实现优化设计,达到减阻节能的目标。

4. 影响环保的性能指标

车外气动噪声:列车高速运行时产生的气动噪声,将会对沿线居民的生活造成影响,引起不适感。

微气压波：列车高速运行时将会在隧道出口处产生微气压波，并将产生爆鸣声，将会对沿线居民的生活造成影响，引起不适感。

列车风：列车高速运行时产生的列车风，将会对线路以及周边环境产生一定的影响。

### 3.3.2 气动设计方法

高速列车车体气动设计是复杂的多目标循环优化设计，全面富于创新与挑战。高速列车车体气动设计难点主要体现在外形与空间结构的协调、各种性能参数的匹配以及多种研究手段的平衡。对于外形与空间结构的协调，需要处理好车体外形设计与结构、空间以及气动性能与外部尺寸的矛盾，气动性能与室内空间的平衡，通过合理的断面选取和气动设计进行协调；对于各种性能参数的匹配，需要解决气动性能与其他性能及气动性能各参数之间的匹配问题。单一强调某项性能，会导向偏颇的造型路线，为此需要确定主要矛盾，平衡解决；对于多种研究手段的平衡，需要综合利用仿真分析、模型试验的研究成果。采取单一模式，或者代价巨大，周期漫长，或者精准不足，目标难以实现，为此需多种手段并举，以最快的速度达成目标。高速列车空气动力学是一项前沿学科，需要大量的试验验证和经验积累。中国高铁运营速度为世界之最，无现成经验可以借鉴，需全面实践创新。

高速列车展现中国技术发展成就，外观的文化涵义与技术性能同样重要。在高速列车车体气动设计过程中，需要注重技术性与文化性的交融，需要兼顾民族文化传统、表现情感与技术性能的要求，不应采取极端的技术解决方案，同时也需要反观造型人文精神的表达，表情和内涵要符合高速列车功能化的需要。

高速列车车体气动设计主要从流线型头型设计和表面平顺化处理两个方面展开，综合提升技术性能；通过技术分析，总结前期设计经验，同时借鉴其他车型的成功经验，根据顶层指标的新要求，提出技术方案的思路和建议。气动设计策略主要为反馈迭代、优化边界、结果一致、完善平台。

### 3.3.3 流线型头型设计

#### 3.3.3.1 设计变量影响

高速列车气动性能涉及多个方面，需要解决不同气动性能与设计参数之间的匹配问

## 第 3 章 空气动力学设计技术

题,同时需要考虑空间结构对外形设计的限制,并需要兼顾民族文化传统的要求。高速列车的气动设计是在一定的限制条件下,系统分析气动性能指标与设计变量的相关性,遵循设计目标最优化的原则,采用仿真和试验相结合的方法开展设计。图 3.64 给出了高速列车气动设计的顶层设计原则、性能指标及设计变量之间的关系。

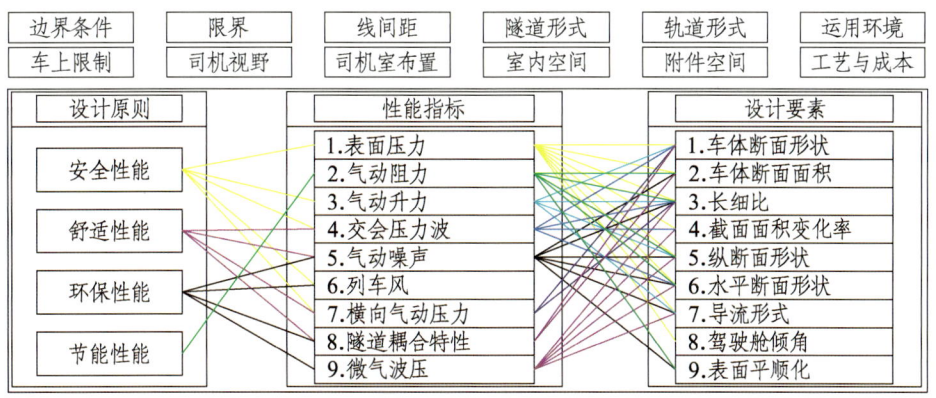

图 3.64  气动设计原则、性能指标及设计变量的相关性

高速列车气动设计的顶层设计原则包括安全性能、舒适性能、环保性能和经济性能;性能参数主要包括表面压力、气动阻力、气动升力、交会压力波、气动噪声、列车风、横向气动性能、隧道耦合性能、微气压波等;设计变量主要包括车体断面形状、车体断面面积、截面面积变化率、长细比、纵向断面形状、水平断面形状、鼻锥引流、转向架侧罩、驾驶舱倾角等。各个性能参数与设计变量之间的关系错综复杂,且不同气动性能之间可能相互矛盾,给高速列车头型设计带来非常大的难度。气动设计变量对气动性能指标的影响特性具体如下:

1. 车体断面形状

车体断面形状主要对列车横向气动性能及交会压力波产生较大影响,这些气动作用对列车的安全性能和舒适性能造成影响。通过优化车体断面形状,将有效改善列车上述两方面的气动性能。

车体断面形状主要有鼓形和直壁形两种类型。与直壁形断面相比,鼓形断面更有利于减小交会压力波,鼓形断面的综合气动性能优于直壁形断面。对于鼓形断面,拐点高

### 高速动车组车体设计关键技术

度的变化对气动横向力影响不大,但是对气动升力、倾覆力矩的影响比较显著,拐点高度不宜过高。车顶过渡圆弧半径对列车横风性能影响比较显著,增大车顶过渡圆弧半径能够有效改善列车的横向气动性能,并可以改善交会压力波,但是过度加大该圆弧,将会减小车内净空间。

#### 2. 长细比

长细比是反映车体流线化程度的一个指标,常用的定义为

$$\gamma = \frac{L}{\sqrt{A_{tr}/\pi}} \quad (3.92)$$

式中,$\gamma$ 表示长细比;$A_{tr}$ 表示车体断面面积;$L$ 表示流线型长度。

长细比的改变几乎对所有的空气动力学性能都有影响。增加头部长细比将降低列车气动阻力,减小气动升力,降低交会压力波,减小隧道微气压波,从而改善列车的空气动力学性能。

然而,随着长细比的增大,长细比对改善气动性能的作用逐渐减小。增大长细比还受到司机室空间及视野、头车乘客定员、制造成本等因素的限制,流线型头部长度不能无限加长。

#### 3. 截面面积以及截面面积变化率

研究结果表明,车体截面面积,是影响列车气动阻力的一个主要因素。对于同一外形,列车的截面面积越大,来流在列车头部的滞止区域即正压区域越大,尾部的负压区域也变大,使得压差阻力增大。对于同一外形,截面面积的增大意味着车体截面"周长"增大,车体与空气接触面积扩大,气动摩擦阻力也会相应提升。截面面积变化对气动阻力有着明显影响。气动阻力随截面面积减小而减小。但过度减小截面面积,将减小车内净空间,从而会对乘坐舒适度造成影响。

列车截面面积变化率将对列车进入隧道时的微压波产生主要影响。通过控制截面面积变化率,实现截面面积近似线性变化,可以有效减小微气压波。具体可控制截面面积分段变化,每一阶段截面面积都为线性变化,在列车高速运行时,前区为高压区,后区为低压区。通过控制截面面积变化率,可以有效减小微气压波。

## 第3章 空气动力学设计技术

**4. 纵断面及水平断面形状**

纵断面及水平断面控制线，两者相互关联，相互影响，为长细比、截面面积变化率等设计变量在头部造型上的具体反映，共同决定了头型的具体形状。纵向和水平型线的设计决定了来流分流的比例和逆压梯度。

通过合理设计纵断面以及水平断面形状，可以有效减小气动阻力、气动升力、交会压力波，改善列车的气动性能。纵断面较尖锐，而水平断面较饱满的扁宽形头型有助于减小空气压力波，但空气阻力较大；纵断面较饱满，而水平断面较尖锐的椭球形头型空气阻力较小，但空气压力波较大；另外，在横风作用下，椭球形的头型空气阻力急剧上升，很快就超过了扁宽形的头型。这也解释了为何欧系动车组多为椭球形，而线路上隧道较多的日系动车组多为扁宽形。在高速磁浮列车头型设计中，需要综合考虑各种因素，合理选择头型。

**5. 鼻锥引流**

鼻锥部分的设计对列车的流场分布状况有重要的影响，其形状、驻点高度，以及与车端排障装置形成的导流槽，直接决定迎风面来流的分流形式。鼻锥可分为椭球形鼻锥和扁宽形鼻锥。椭球形鼻锥即将头部气流向上下左右各个方向引导的"三维"鼻锥，有着较小的气动阻力，但交会压力波较大；扁宽形鼻锥即将头部气流主要向上下两个方向引导的"二维"鼻锥，气动阻力较大，但有助于减小交会压力波。

**6. 驾驶舱倾角设计**

驾驶舱倾角主要影响视窗部位的流场，从而对表面压力分布及司机室气动噪声造成较大影响。驾驶舱倾角较大，则司机视野较好，司机室内部净空间较大，但将影响整车的气动性能，气动阻力及噪声较大；驾驶舱倾角较小，则气动性能改善，但司机视野受到影响，容易形成曲光现象，内部空间较小。综合分析国内外流行的高速列车，驾驶舱倾角建议取值22°~35°。

### 3.3.3.2 概念设计及方案初选

根据中国传统文化特点，高速列车流线型头型部分造型应圆润、光滑、线条流畅，

■ **高速动车组车体设计关键技术**

形态饱满，体现着"和"的思想，以区别于法国高速列车的强壮有力、德国车的严谨理性、日本高速列车的经济时尚。中国的高速列车在造型特征上应该体现中国造型观，具有稳重、含蓄、均衡、和谐的气质，突出速度感、科技感、时尚感、国际化等特点，反映富有创新气质的中华民族特质，构建中国高速列车的"品牌形象特征"，为今后形成丰富统一的产品系列提供依据，延续高速品牌持久的"生命力"，提高品牌认知度与忠诚度。在具体的造型设计上，应该满足以下亮点要求：① 圆润饱满。圆润饱满的产品造型符合中国传统文化中对"和"的要求，这一直都是产品造型的主要特点。比如太极图上那两个圆润的太极鱼、长信宫灯那饱满的形态等都反映着中国人对圆润形态的偏好。② 简洁流畅。流线型的整车造型，富有动感，很好地体现了速度感，整体大气浑厚，细部精致讲究，符合中国设计的历史传统。总之，中国高速列车的造型设计应以体现高速列车国际化、现代化为主，同时区别于西方的列车，反映中国的传统文化、地域特色，体现中国文化特点、富含传统民族精神。在满足功能与技术要求的前提下，中国高速列车的设计应反映中国文化特点，从而使中国的乘客产生文化归属感。

通过全面深入分析国内外各种不同特色的高速列车，把握当前高速列车头型设计的人文及工业美工的最新潮流，并确定主要特征要素，作为概念设计的考虑因素，形成新头型的概念设计综合建议。围绕"舒适、安全、可靠"的设计目标，结合大自然特有物种，如五德之禽"重明鸟"、中华鲟、扬子鳄等生态物象的仿生，开展一系列新头型头脑风暴和方案设想，如图 3.65 所示。

图 3.65　新头型头脑风暴及方案设想

## 第3章 空气动力学设计技术

根据前述分析确定的头型设计要素进行创新设计,形成大量的高速列车新头型概念设计方案,如图3.66所示。概念方案体现了"博采众长,以我为主;造型流畅,力度内敛;气势天然,形象鲜明;体现现代感、速度感、民族感"的文化特征。

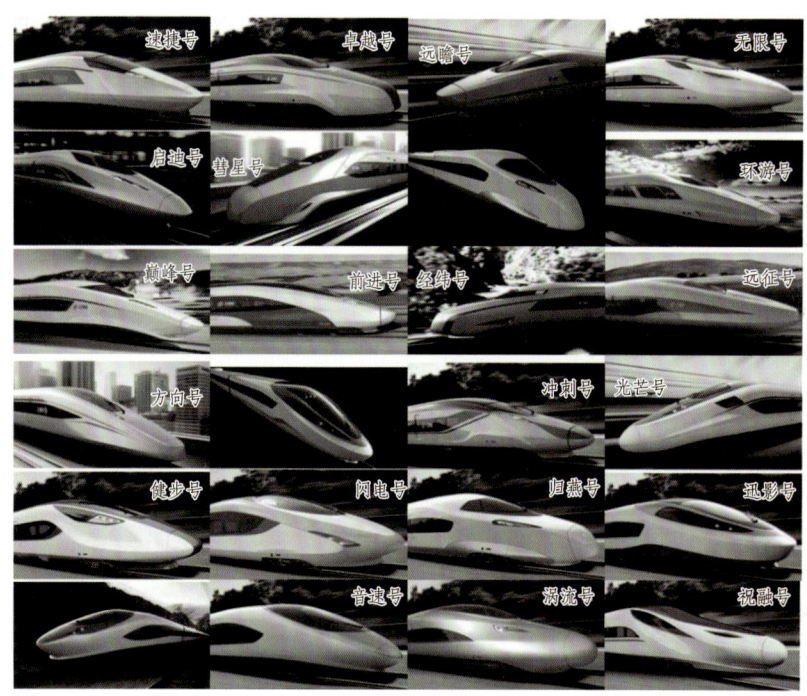

图 3.66　高速列车新头型概念设计方案

在概念设计的基础上,从工业设计的角度进行初选。从大量的概念设计方案中选取1/2左右的设计方案,开展高速列车新头型外形初步工业设计,提出初步的工业设计系列方案,开展高速列车新头型工业设计,同时对头型进行制造工艺、结构强度、部件关联等各方面的初步技术分析,提出改进建议,修改初步的设计概念和设计方案,对优选、完善后的设计方案制造1∶20模型和表面喷漆,以便直观地对各方案进行选择,进一步平衡空气动力学性能和文化特性的诉求,确定较优方案,作为方案初选的基础开展仿真计算和缩比模型试验。

根据前期气动设计技术分析成果,结合中国传统文化特性,开展高速列车流线型头型创新设计,建立7种较优的流线型头型方案,分别命名为EMU1、EMU2、EMU3、EMU4、

## 高速动车组车体设计关键技术

EMU5、EMU6、EMU7，各头型方案外形如图 3.67 所示。EMU1 ~ EMU7 具有相同的车体断面形状，断面宽度为 3 360 mm，高度为 4 050 mm，断面面积为 11.94 $m^2$，各头型方案的截面面积变化率如图 3.68 所示。针对这 7 种流线型头型方案，利用数值计算及缩比模型试验方法开展高速列车空气动力学性能分析，以确定最优头型设计方案。

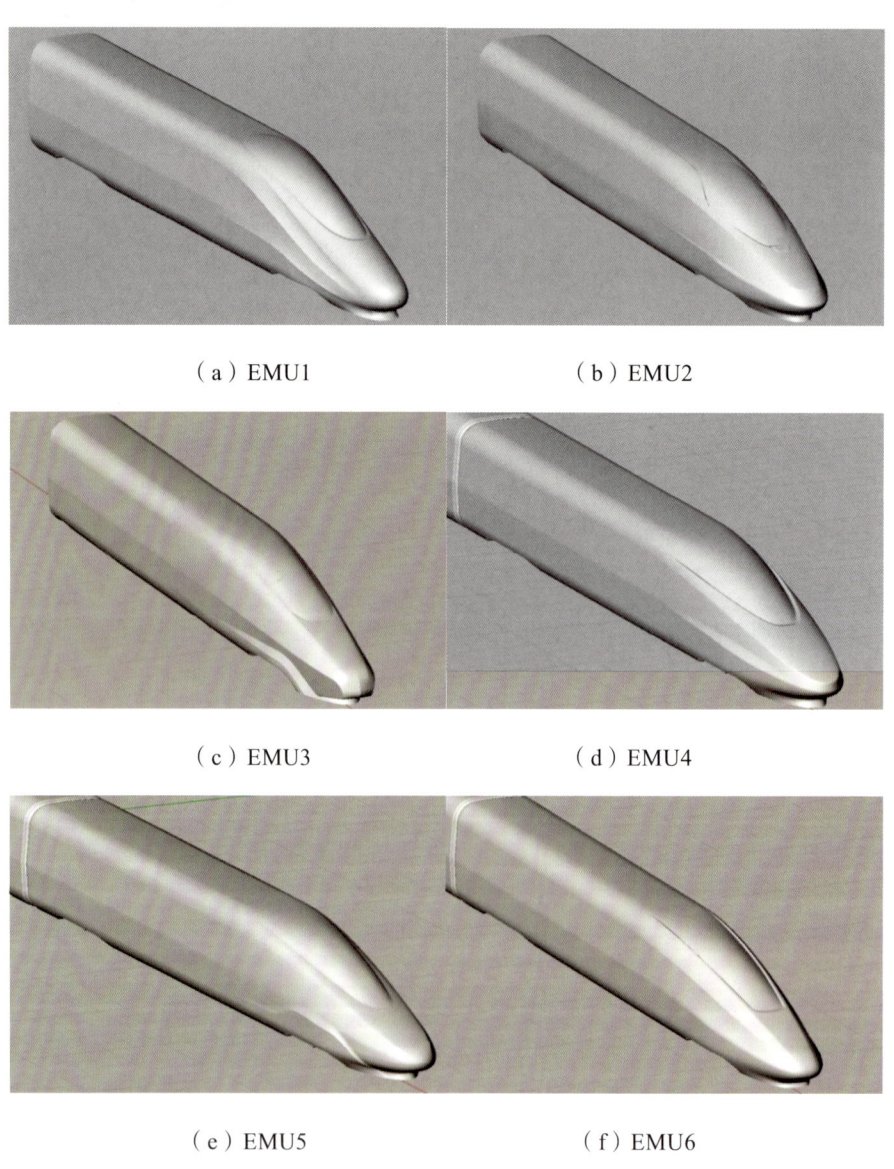

（a）EMU1　　　　　　　　　（b）EMU2

（c）EMU3　　　　　　　　　（d）EMU4

（e）EMU5　　　　　　　　　（f）EMU6

## 第 3 章 空气动力学设计技术

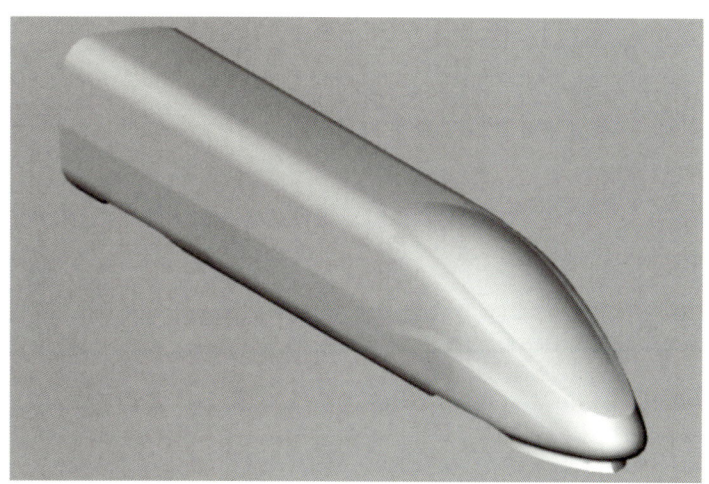

（g）EMU7

图 3.67 流线型头型外形

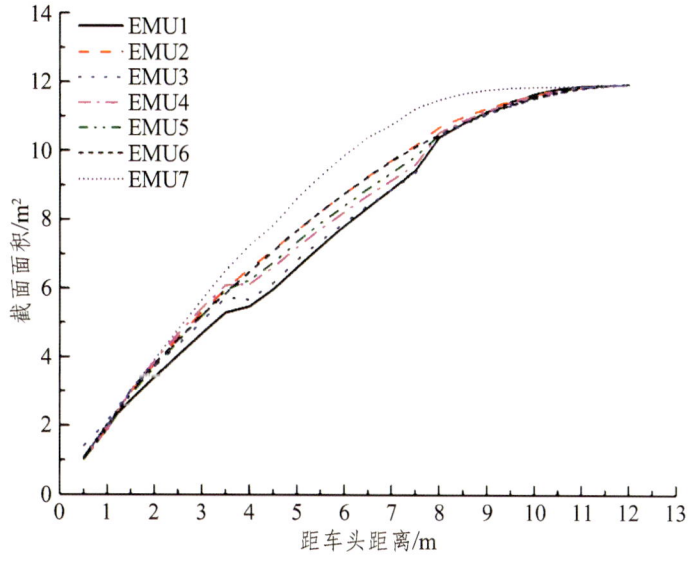

图 3.68 流线型头型截面面积变化

#### 3.3.3.3 数值计算分析

采用数值计算方法,对 7 种流线型头型方案的空气动力学性能进行系统研究和比选,以确定最优头型设计方案。对比分析的气动性能主要包括:基本气动性能、横风气动性能、明线交会气动性能、隧道通过气动性能、隧道交会气动性能、气动噪声。

对于基本气动性能,为与风洞试验结果进行对比,计算模型采用 1∶8 的 3 车编组模型,考虑转向架、车端风挡、路基和轨道,暂不考虑受电弓,计算来流风速为 65 m/s,与风洞试验风速一致。

图 3.69 给出各头型方案的列车阻力系数对比柱状图。由图中可以看出,对于头车阻力系数,各头型方案的阻力系数均比较小,充分说明这些头型设计合理,阻力性能非常好。对于整车阻力系数,EMU1 最小,EMU6 次之,EMU7 最大;各头型方案的整车阻力系数优劣排序依次为 EMU1、EMU6、EMU5、EMU4、EMU2、EMU3、EMU7。

图 3.70 给出各头型方案的列车升力系数对比柱状图。从图中可以看出,各头型方案的列车升力规律一致,即头车升力为负,中间车和尾车升力为正,尾车升力绝对值最大;各头型方案的尾车升力系数优劣排序依次为 EMU1、EMU6、EMU5、EMU4、EMU2、EMU3、EMU7。

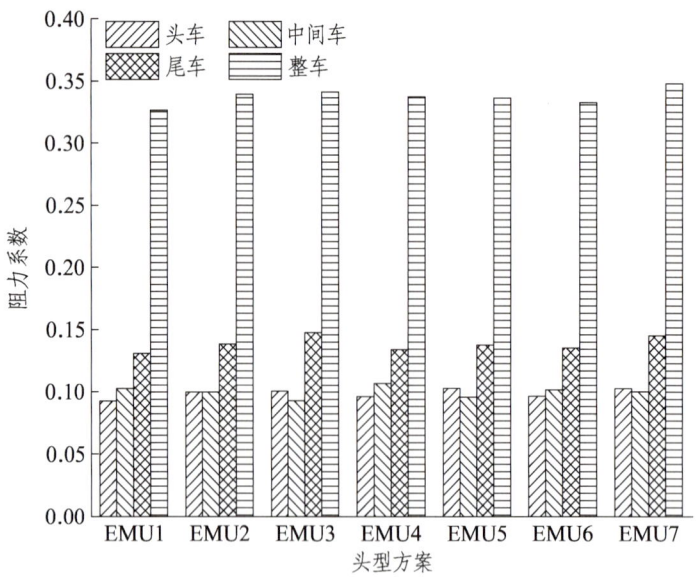

图 3.69　各头型阻力系数(计算)

## 第 3 章 空气动力学设计技术

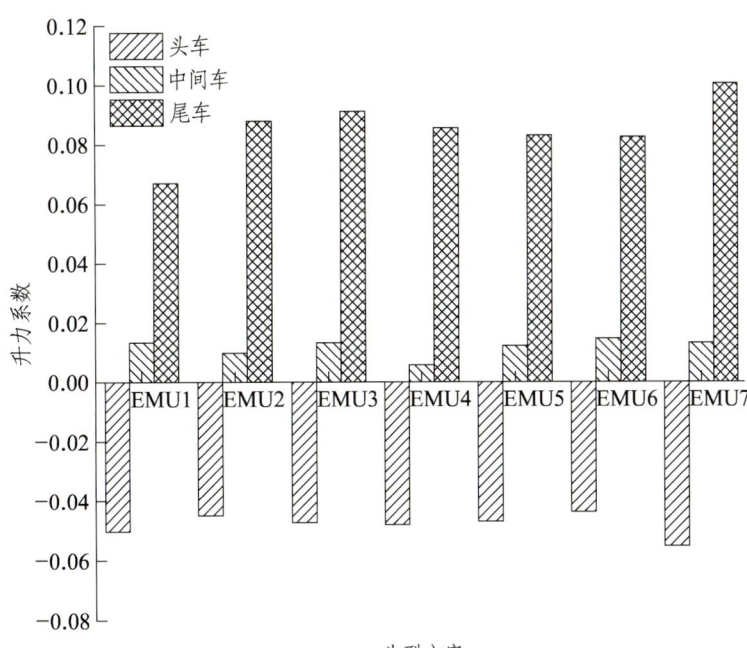

图 3.70　各头型升力系数（计算）

对于横风气动性能，计算模型与基本气动性能计算模型一致，计算来流风速为 65 m/s，侧偏角为 24.2°。图 3.71 和图 3.72 分别给出各头型方案的列车侧力系数和升力系数对比柱状图。从图中可以看出：① 各头型方案的列车侧力系数和升力系数均表现出相同的规律，头车侧力系数和升力系数在各节车中最大；② 受列车尾流的影响，尾车侧力系数和升力系数在各节车中最小；③ 各头型方案的头车侧力系数优劣排序依次为 EMU2、EMU5、EMU1、EMU6、EMU4、EMU3、EMU7；④ 各头型方案的头车升力系数优劣排序依次为 EMU7、EMU4、EMU2、EMU6、EMU5、EMU1、EMU3。

**高速动车组车体设计关键技术**

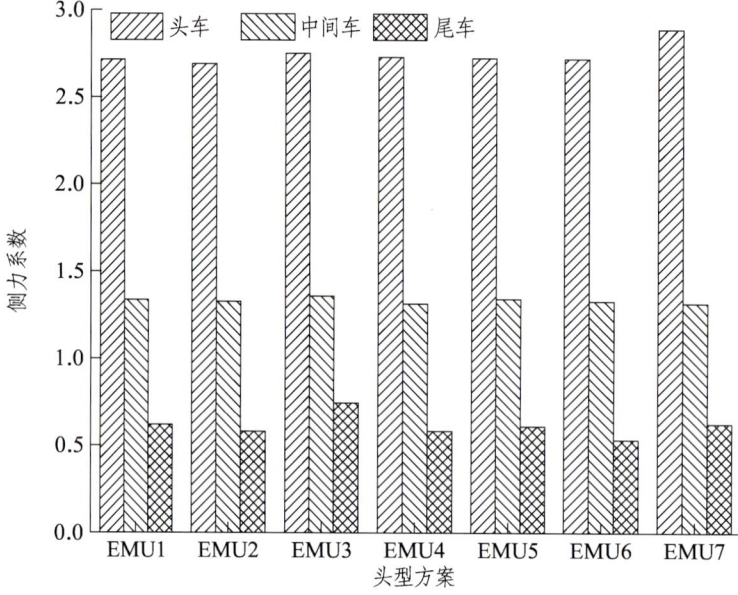

图 3.71　各头型侧力系数（计算）

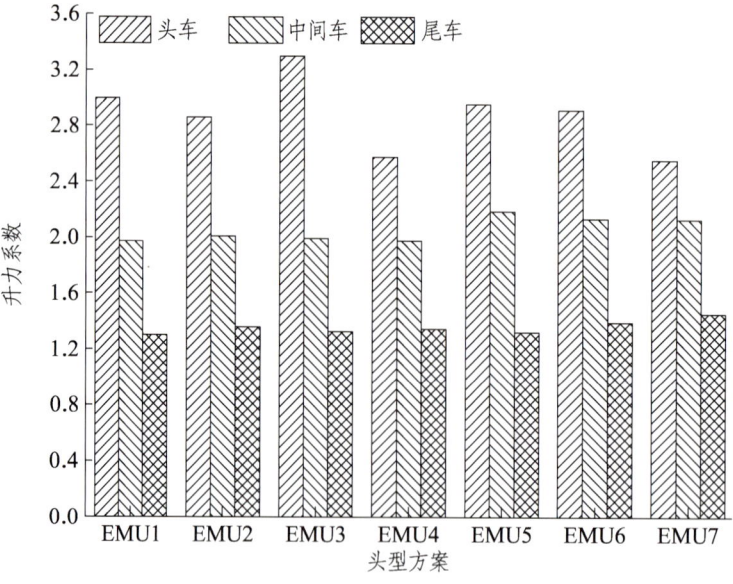

图 3.72　各头型升力矩系数（计算）

## 第 3 章　空气动力学设计技术

对于明线交会气动性能，为与动模型试验结果进行对比，计算模型采用 1∶20 的 3 车编组模型，考虑转向架、车端风挡，暂不考虑受电弓，计算列车速度为 350 km/h。图 3.73 给出各头型方案的列车明线交会测点当量压力对比柱状图。从图中可以看出，列车明线交会时，头车测点当量压力最小，其次是中间车测点，而尾车测点当量压力最大，不同头型方案的测点当量压力相差不大，差异在 100 Pa 以内。各头型方案的列车明线交会测点当量压力满足设计要求，其优劣排序依次为 EMU5、EMU4、EMU1、EMU2、EMU6、EMU3、EMU7。

对于隧道通过气动性能，计算模型与明线交会计算模型一致，计算列车速度为 350 km/h，隧道断面面积为 70 m$^2$，隧道长度取最不利隧道长度。图 3.74 给出各头型方案的列车隧道通过测点当量压力对比柱状图。从图中可以看出，列车隧道通过时，头车测点当量压力最大，其次是中间车测点，而尾车测点当量压力最小，不同头型方案下的测点当量压力相差不大，差异在 300 Pa 左右。各头型方案的列车隧道通过测点当量压力满足设计要求，其优劣排序依次为 EMU6、EMU4、EMU5、EMU1、EMU3、EMU7、EMU2。

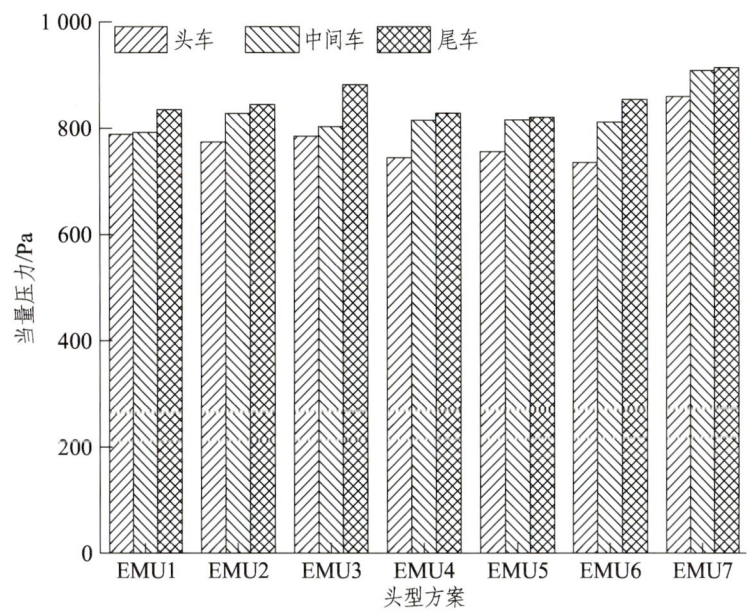

图 3.73　各头型明线交会当量压力（计算）

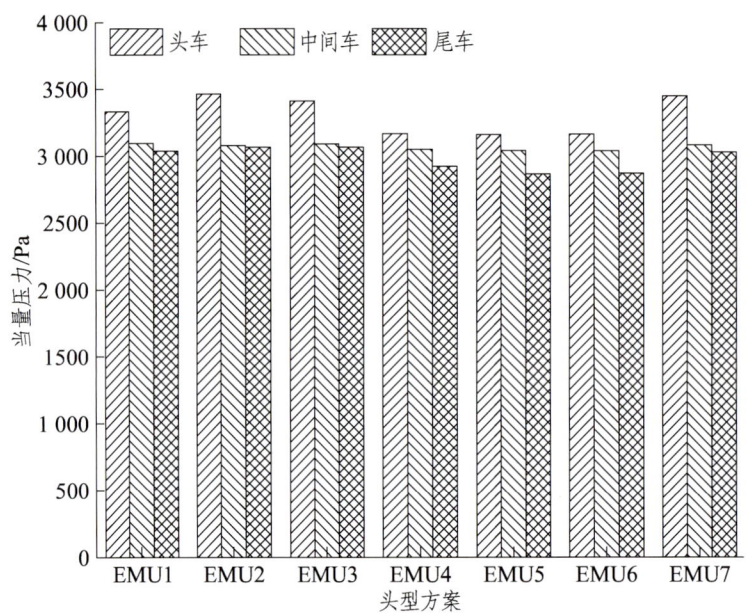

图 3.74 各头型隧道通过当量压力（计算）

对于隧道交会气动性能，计算模型与明线交会计算模型一致，计算列车速度为 350 km/h，隧道断面面积为 100 m²，隧道长度取最不利隧道长度。图 3.75 给出各头型方案的列车隧道交会测点当量压力对比柱状图。从图中可以看出，列车隧道交会时，头车测点当量压力最大，其次是中间车测点，而尾车测点当量压力最小，不同头型方案下的测点当量压力相差不大，差异在 400 Pa 以内。各头型方案的列车隧道交会测点当量压力满足设计要求，其优劣排序依次为 EMU6、EMU5、EMU1、EMU7、EMU4、EMU2、EMU3。

对于气动噪声性能，计算模型与基本气动性能计算模型一致，计算列车速度为 350 km/h。图 3.76 给出各头型方案的列车表面声功率级对比柱状图。从图中可以看出，各头型方案的列车表面声功率级优劣排序依次为 EMU6、EMU1、EMU5、EMU4、EMU2、EMU7、EMU3。

## 第 3 章 空气动力学设计技术

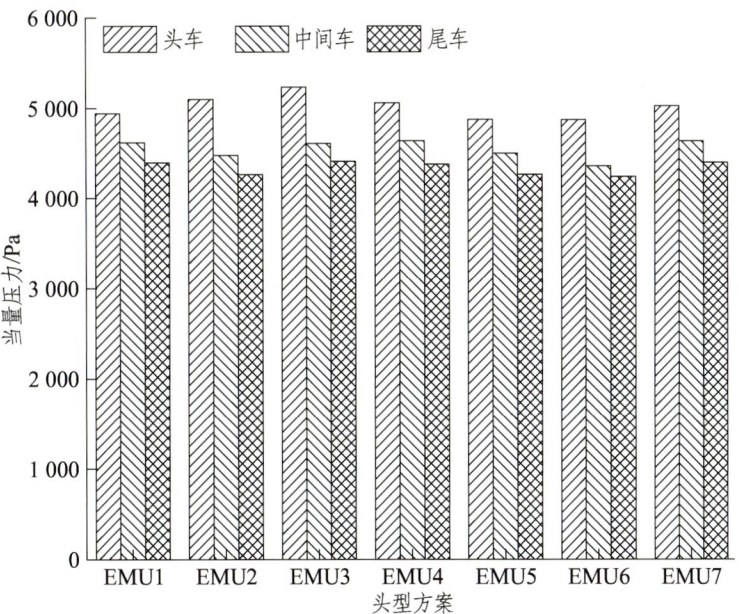

图 3.75 各头型隧道交会当量压力（计算）

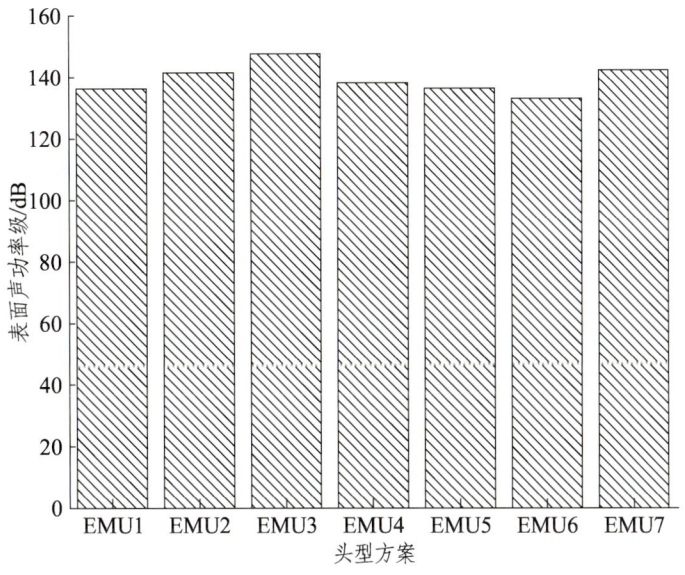

图 3.76 各头型表面声功率级（计算）

### 3.3.3.4 缩比模型试验结果分析

利用常规风洞试验和气动噪声风洞试验方法研究不同头型方案的气动性能。试验模型采用 1∶8 的 3 车编组列车模型，考虑转向架、车端风挡、受电弓等关键部件，并考虑路基和轨道。通过对不同头型方案开展风洞试验，可以更为准确地评估各头型方案的空气动力学性能，为头型比选提供依据。

图 3.77 给出 $\beta = 0°$ 时各头型方案的列车气动阻力系数对比柱状图。从图中可以看出，对于头车阻力系数，各头型方案的阻力系数均比较小，充分说明这些头型设计合理，阻力性能非常好。对于整车阻力系数，EMU1 最小，EMU6 次之，EMU7 最大；各头型方案的整车阻力系数优劣排序依次为 EMU1、EMU6、EMU4、EMU5、EMU2、EMU3、EMU7。

图 3.78 给出 $\beta = 0°$ 时各头型方案的列车升力系数对比柱状图。从图中可以看出，各头型方案的列车升力规律一致，即头车升力为负，中间车和尾车升力为正，尾车升力绝对值最大；各头型方案的尾车升力系数优劣排序依次为 EMU1、EMU5、EMU6、EMU4、EMU2、EMU3、EMU7。

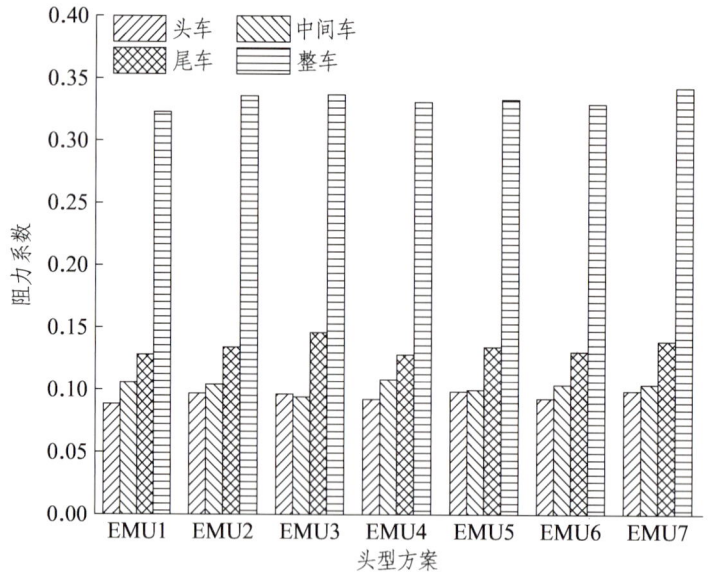

图 3.77　各头型的阻力系数（试验）

## 第 3 章 空气动力学设计技术

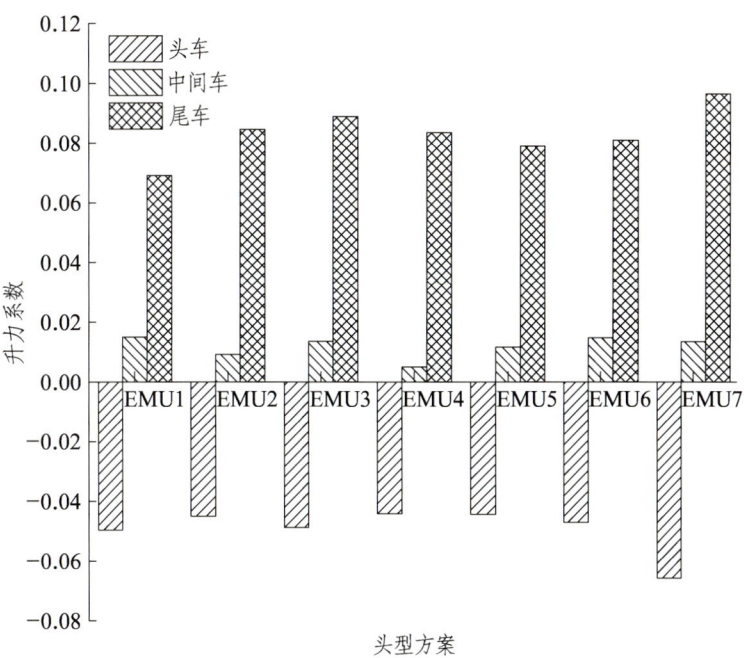

图 3.78 各头型的升力系数（试验）

图 3.79 和图 3.80 分别给出 $\beta = 19.8°$ 时各头型方案的列车侧力系数和升力系数对比柱状图。从图中可以看出：① 各头型方案的列车侧力系数和升力系数均表现出相同的规律，头车侧力系数和升力系数在各节车中最大；② 受列车尾流的影响，尾车侧力和升力系数在各节车中最小；③ 各头型方案的头车侧力系数优劣排序依次为：EMU5、EMU6、EMU1、EMU2、EMU4、EMU3、EMU7；④各头型方案的头车升力系数优劣排序依次为 EMU7、EMU4、EMU3、EMU2、EMU5、EMU1、EMU6。

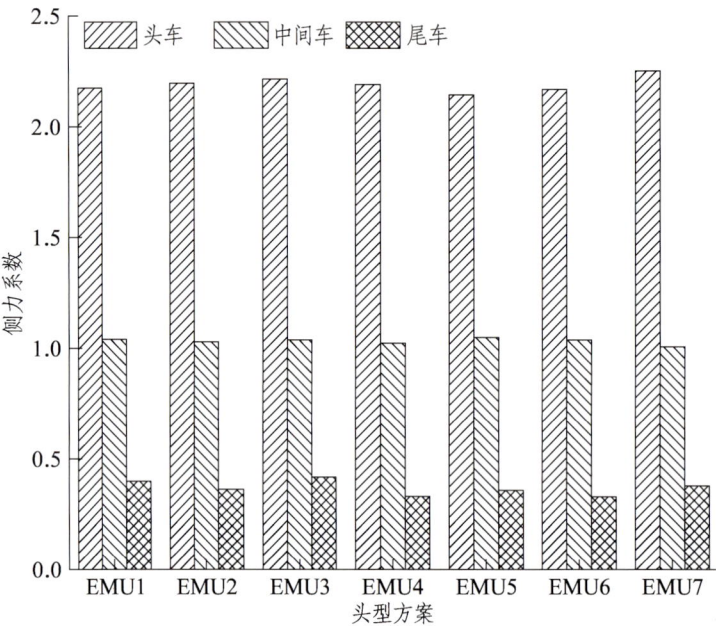

图 3.79 各头型侧力系数（试验）

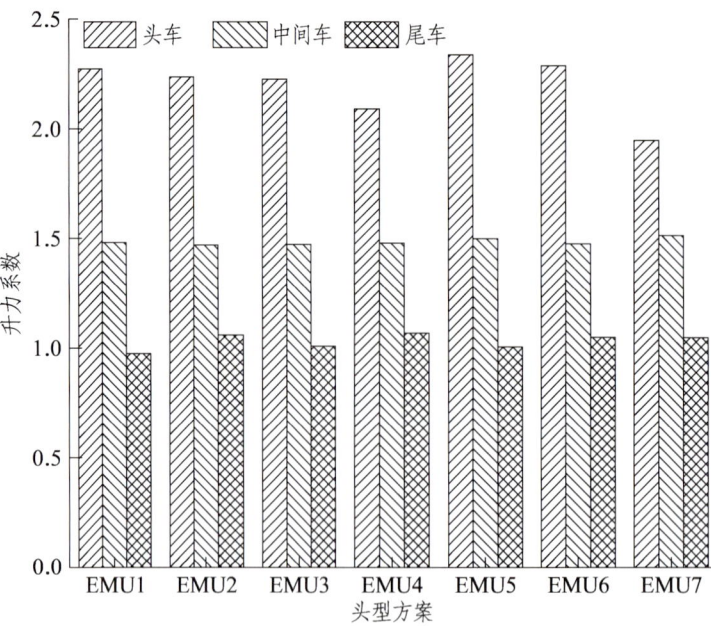

图 3.80 各头型升力系数（试验）

图 3.81 给出高速列车车体表面气动噪声源分布。从图中可以看出,在 1 kHz 频率下,头车转向架区域是主要噪声源;在 2 kHz 频率下,受电弓区域是主要噪声源,其次是头车转向架区域;在 3 kHz 频率下,受电弓区域噪声源强度已远大于头车转向架区域,成为主要噪声源。

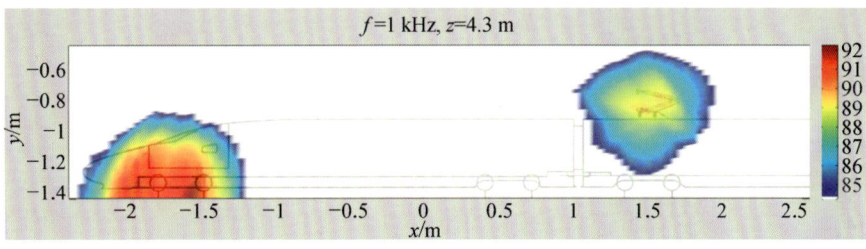

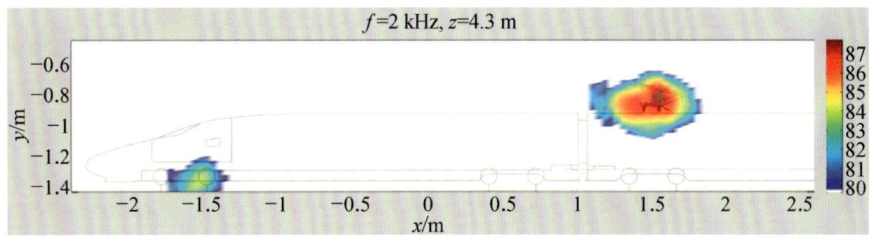

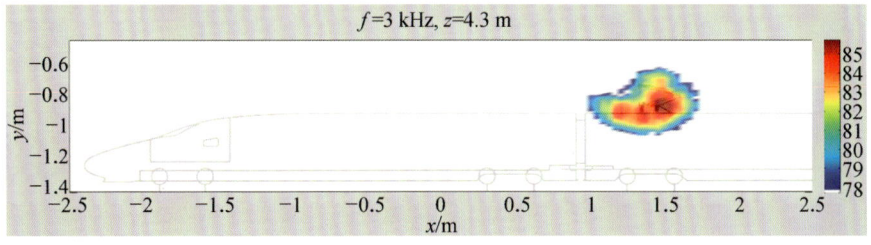

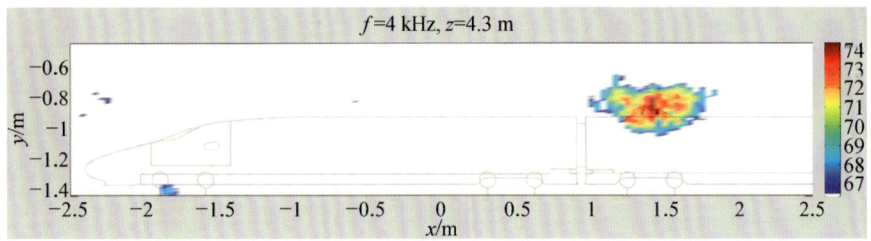

■ 高速动车组车体设计关键技术

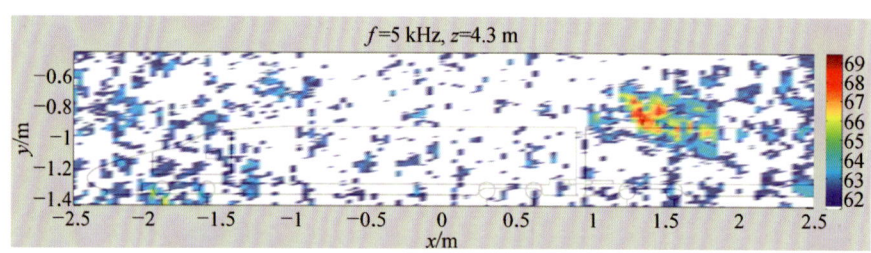

图 3.81　车身表面气动噪声源分布

图 3.82 给出来流风速为 70 m/s 时，EMU1 远场 30 个麦克风测得的 A 计权声压级。从图中可以看出，远场气动噪声沿高度方向的指向性很强，上部测点声压级大于下部测点声压级，且梯度很大，在高度差为 200 mm 的情况下，相差 2～3 dB。

图 3.83 给出来流风速为 70 m/s 时，各头型方案远场测点气动噪声声压级对比柱状图。从图中可以看出，各头型方案的远场测点气动噪声声压级差异较小，这主要是由于头型不是主要气动噪声源。从数值上可以看出，EMU1、EMU6、EMU3 声压级相对较低，EMU4、EMU2、EMU5 次之，EMU7 声压级相对较高。

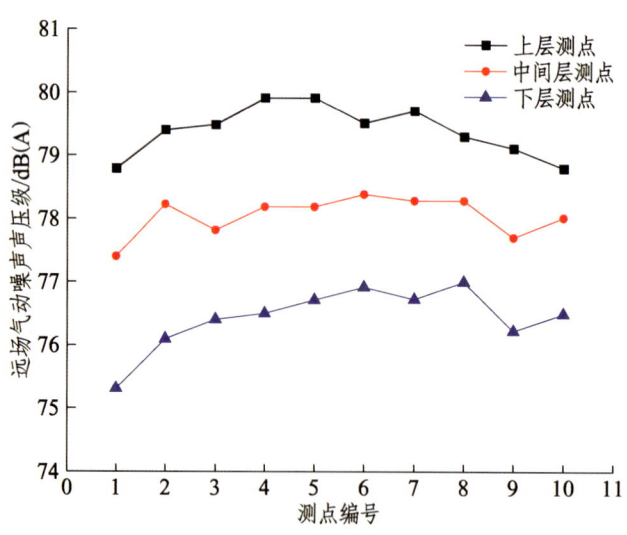

图 3.82　EMU1 远场声压级（试验）

# 第 3 章 空气动力学设计技术

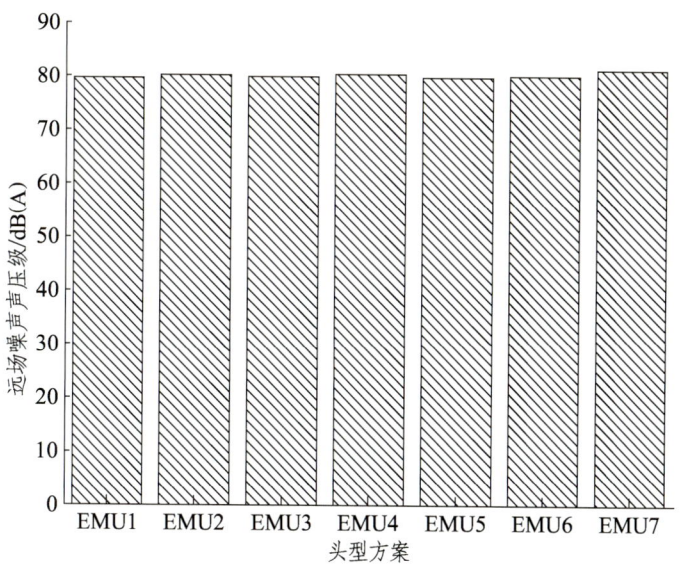

图 3.83 各头型远场声压级（试验）

利用动模型试验方法研究不同头型的瞬态气动性能。试验模型采用 1：20 的 3 车编组列车模型，考虑转向架、车端风挡、受电弓等关键部件，并考虑路基和轨道。通过对不同头型方案开展动模型试验，可以更为准确地评估各个头型方案的空气动力学性能，为头型比选提供依据。由前面的分析可知，高速列车隧道交会压力波明显大于隧道通过压力波和明线交会压力波，因此这里重点关注隧道交会压力波。图 3.84 给出 350 km/h 隧道交会工况下，各头型方案的列车测点当量压力对比柱状图。从图中可以看出，列车隧道交会时，头车测点当量压力最大，其次是中间车测点，而尾车测点当量压力最小，不同头型方案下的测点当量压力相差不大，差异在 300 Pa 以内。各头型方案的列车隧道交会测点当量压力满足设计要求，其优劣排序依次为 EMU6、EMU1、EMU5、EMU7、EMU4、EMU2、EMU3。

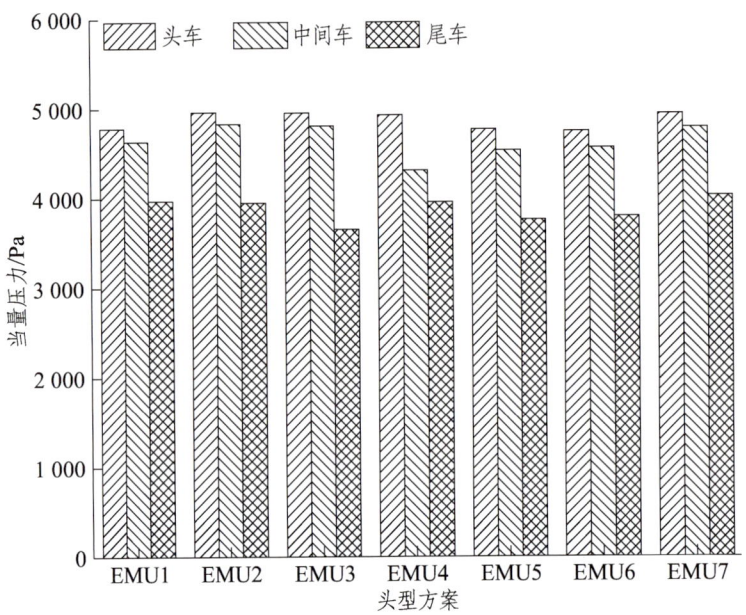

图 3.84 各头型的隧道交会当量压力（试验）

综合以上分析，从气动阻力、尾车升力、侧风下头车侧力、隧道交会压力波、气动噪声等方面对各头型方案进行评价。表 3.12 给出不同头型方案的气动性能排序。综合分析不同头型方案的气动性能可知，EMU1 和 EMU6 的综合气动性能相对最优，将作为新头型设计的备选方案。在此基础上，建立优选头型方案 EMU1 的三维参数化模型，利用多目标优化设计方案，进一步提升优选头型方案的气动性能。

表 3.12 不同头型方案气动性能排序

| 方　案 | EMU1 | EMU2 | EMU3 | EMU4 | EMU5 | EMU6 | EMU7 |
|---|---|---|---|---|---|---|---|
| 整车气动阻力 | 1 | 5 | 6 | 3 | 4 | 2 | 7 |
| 尾车气动升力 | 1 | 5 | 6 | 4 | 2 | 3 | 7 |
| 侧风下头车侧力 | 3 | 4 | 6 | 5 | 1 | 2 | 7 |
| 隧道交会压力波 | 2 | 6 | 7 | 5 | 3 | 1 | 4 |
| 气动噪声 | 1 | 6 | 3 | 5 | 4 | 2 | 7 |

## 第3章 空气动力学设计技术

### 3.3.3.5 流线型头型多目标气动优化设计

通过对大量流线型头型概念设计方案的分析比选，可以获得气动性能相对最优的头型方案。然而，概念设计方案是通过三维建模软件绘制而成的，虽然考虑了一些关键设计要素，并采用仿生设计，但仍具有一定的主观性，流线型头型气动性能仍具有进一步提升的空间。开展高速列车流线型头型外形气动优化设计，获得气动性能更为优良的流线型头型外形具有重要意义，这也是气动外形优化领域的研究热点。高速列车运行过程中具有重要研究价值的气动性能指标主要有：气动阻力、尾车升力、侧力、倾覆力矩、交会压力波、气动噪声等。气动性能指标的选择依赖于实际工程问题的需要，本章主要基于 Kriging 代理模型，进行以远场气动噪声和整车气动阻力为目标的多目标优化设计。为提高 Kriging 响应面的精度，利用交叉验证和加点准则来确立最优响应面。

**1. 流线型头型三维参数化建模**

几何外形的参数化建模方法在气动外形优化设计中起着至关重要的作用，良好的参数化方法不仅能够充分描述外形的变化，而且能够在很大程度上缩短优化周期，提高优化效率。目前，常用的三维曲面外形参数化建模方法有：基于曲面的自由变形法、样条曲面法、网格点法等。

自由变形法和样条曲面法是性能良好的曲面参数化方法，能够使用较少的控制点控制较大的变形区域，而且能够保证曲面的光顺性。本章使用该方法对流线型头型进行参数化建模，其实现过程如图 3.85 所示，具体实现步骤如下：

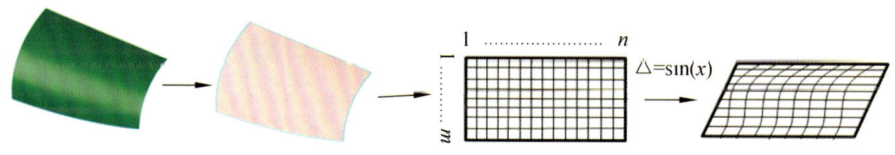

图 3.85 局部型函数曲面变形

■ **高速动车组车体设计关键技术**

（1）对于给定的几何外形，根据具体的优化问题，划分出需要局部变形的区域。为了更加容易地实现几何曲面光滑变形，在不影响整体变形的情况下，选取的变形区域应尽可能保证边界坐标值一致，即同一边界某个方向的坐标值相等。

（2）对划分的区域进行网格离散，得到所有区域的离散网格点的坐标值，为使变形曲面更为光顺，使用结构网格离散方法。

（3）设计每个区域的变形函数（即形函数），不同的型函数将导致不同的曲面变形效果，如果选择不合适，则会产生病态的曲面变形。型函数通常包括三角函数、指数函数、样条函数等，通过对比不同型函数的变形效果，本章采用三角函数作为型函数。型函数还需要保证每个区域边界处的光滑过渡。为此，对于规则边界（沿某一方向的离散点坐标值不变），可以使用离散点的坐标值作为型函数的自变量；对于不规则边界（沿任意方向曲面的离散点坐标值均不同），需要使用离散点的拓扑编号作为型函数的自变量，由此，将不规则曲面投影到平面，并成为一个规则的长方形区域。

（4）为每个区域的型函数设置权重因子 $w_i$，权重因子的数值决定变形曲面的最大变形量。

（5）根据每个区域内的型函数和权重因子，计算得到离散网格点的坐标增量值 $\Delta$。

（6）将计算得到的离散网格点的坐标增量值 $\Delta$ 与其原始坐标值进行代数相加，获得变形后的离散网格点的坐标值。

（7）根据变形后的离散网格点的坐标值，拟合得到变形后的曲面，完成一次曲面变形。

流线型头型外形是关于纵剖面对称的，因此可以针对纵剖面一侧的流线型头型进行参数化，当完成一次曲面变形后，以纵剖面作为对称面，可以获得纵剖面另一侧的流线型头型，得到流线型头型的参数化模型。本章将纵剖面一侧的流线型头型划分成 4 个变形区域，如图 3.86 所示。区域 1 控制流线型头型宽度，设置点 1，将其横向坐标增量作为优化设计变量 $W_1$；区域 2 控制驾驶舱倾角，设置点 2，将其垂向坐标增量作为优化设计变量 $W_2$；区域 3 控制鼻锥高度，设置点 3，将其垂向坐标增量作为优化设计变量 $W_3$；区域 4 控制导流槽外形，设置点 4，将其横向坐标增量作为优化设计变量 $W_4$。

## 第3章 空气动力学设计技术

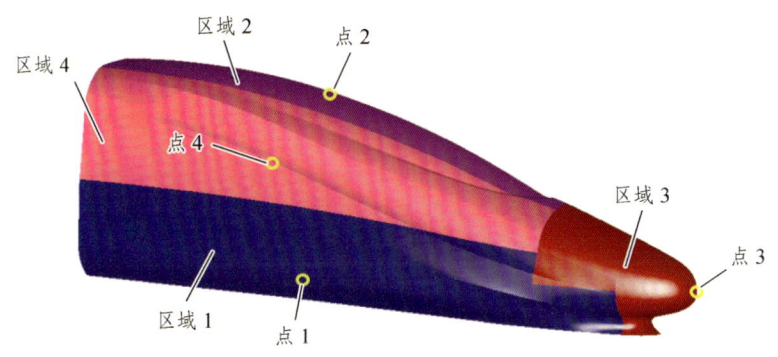

图3.86 流线型头型优化设计变量

**2. 多目标自适应遗传算法**

遗传算法结合自然界的"适者生存"法则和进化论的"优胜劣汰"思想，通过使用选择、交叉、变异优化算子，以及解的分量特征（采用基因描述）、解的编码串（采用染色体描述）、解的适应性（采用适应性函数描述）等，进行优化问题的求解。优化求解过程中，选择、交叉和变异算子以全概率形式控制优化过程，通常情况下，以选择、交叉算子为主，以变异算子为辅，进行最优解的寻找。

对于多目标遗传算法，NSGA-II算法将父代种群$P_n$和子代种群$Q_n$组成大种群$R_n$，通过多目标解对种群$R_n$逐层分类，并根据各个个体之间的优劣关系进行个体非劣排序。在此基础上，根据各个个体的非劣等级给出个体的适应度值，从最优非劣等级开始，提取最优的前$N$个个体组成新的种群。本章根据NSGA-II非劣排序原则，将子代种群和父代种群的Pareto前沿进行组合，通过非劣排序获得子代种群的Pareto前沿，并利用具有自适应改变交叉、变异算子的遗传算法，建立多目标自适应非劣排序遗传算法，同时利用小生境技术确保Pareto解集的均匀性。在遗传算法编码方面，主要编码方式包括实数编码方式和二进制编码方式，实数编码方式可以保持较好的种群多样性，二进制编码方式可以保持较好的搜索能力。本章所采用的小生境技术可以较好地保持种群多样性，因此多目标遗传算法采用二进制编码方式。

交叉概率$P_c(x)$、变异概率$P_m(x)$的计算公式分别如下：

**高速动车组车体设计关键技术**

$$P_c(x) = \begin{cases} P_{c1} - \dfrac{(P_{c1} - P_{c2})(f' - f_{avg})}{f_{max} - f_{avg}} & f' \geqslant f_{avg} \\ P_{c1} & f' < f_{avg} \end{cases} \quad (3.93)$$

$$P_m(x) = \begin{cases} P_{m1} - \dfrac{(P_{m1} - P_{m2})(f_{max} - f)}{f_{max} - f_{avg}} & f \geqslant f_{avg} \\ P_{m1} & f < f_{avg} \end{cases} \quad (3.94)$$

式中，$x$ 表示优化设计变量；$f_{max}$ 表示种群个体适应度函数的最大值；$f_{avg}$ 表示种群个体适应度函数的平均值；$f'$ 表示两个交叉个体中较大的适应度函数值；$f$ 表示变异个体的适应度函数值。

种群个体 $i$ 的适应度函数可以表示为

$$f_i(x) = \dfrac{1}{[1 + \phi(x) + \psi(x)]\sum_{j=1}^{N} Sh(d_{ij})} \quad (3.95)$$

式中：

$$\phi(x) = (d-1)/D_{rank} \quad (3.96)$$

表示第 $Sh(d_{ij}) = \begin{cases} 1 - \dfrac{d_{ij}}{\sigma_{share}} & d_{ij} \leqslant \sigma_{share} \\ 0 & d_{ij} > \sigma_{share} \end{cases}$ 级个体的距离惩罚函数，$D_{rank}$ 表示最大等级数。由此可知，同一等级个体的距离惩罚函数是相同的，进而可以确保相同等级非劣解个体之间的距离相同。

$$\psi(x) = \sum_{i=1}^{l} \alpha_i \left| \min\{0, g_i(x)\} \right|^r \quad (3.97)$$

$$g_i(x) \leqslant 0, i = 1, 2, \cdots, l \quad (3.98)$$

式中，$\psi(x)$ 表示约束惩罚函数；$l$ 表示不等式约束数目；$\alpha_i$ 表示惩罚因子系数，$\alpha_i = 1$；$r$ 表示惩罚因子尺度，$r = 2$。

$$Sh(d_{ij}) = \begin{cases} 1 - \dfrac{d_{ij}}{\sigma_{\text{share}}} & d_{ij} \leq \sigma_{\text{share}} \\ 0 & d_{ij} > \sigma_{\text{share}} \end{cases} \quad (3.99)$$

表示小生境技术中的共享函数；$d_{ij}$ 表示个体 $i$ 和 $j$ 之间的距离；$\sigma_{\text{share}}$ 表示小生境半径，其可以表示为

$$\sigma_{\text{share}} = \frac{\sum_{i=1}^{N}\sum_{j=1}^{N} d_{ij}}{N \times N} \quad (3.100)$$

$$d_{ij} = \sqrt{\sum_{k=1}^{m}(x_{i,k} - x_{j,k})^2} \quad (3.101)$$

式中，$m$ 表示优化设计变量数目；$x_{i,k}$ 表示个体 $i$ 归一化后的第 $k$ 个优化设计变量。

3. Kriging 代理模型

利用多目标自适应遗传算法和 CFD 方法直接开展优化设计，会因为计算量太大而导致优化效率太低，甚至难以实现，近似模型正是为解决这一问题而提出的。基于响应面思想的近似模型方法主要包括：Kriging 代理模型、神经网络模型和支持向量机模型。本章主要采用 Kriging 代理模型。Kriging 代理模型是一种基于统计理论，充分考虑变量空间相关特征的插值技术，包含回归部分和非参数部分：

$$y(\boldsymbol{x}^{(i)}) = F^T(\boldsymbol{x}^{(i)})\beta + z(\boldsymbol{x}^{(i)}), i = 1, 2, \cdots, n \quad (3.102)$$

式中，$n$ 表示样本点数目；$\beta$ 表示回归系数；$\boldsymbol{x}^{(i)}$ 表示样本点，$F^T(\boldsymbol{x}^{(i)})$ 表示确定性函数，反映对设计空间的全局近似，通常可以采用 $\boldsymbol{x}^{(i)}$ 的多项式进行表示。因为随机部分可以充分捕捉响应变量的变化趋势，因此可以将回归部分 $F^T(\boldsymbol{x}^{(i)})\beta$ 设为常数 $\mu$；$z(\boldsymbol{x}^{(i)})$ 表示随机分布误差，反映对局部偏差的近似，其均值等于 0，标准差为 $\sigma_z$，协方差矩阵为：

$$\text{cov}[z(\boldsymbol{x}^{(i)}), z(\boldsymbol{x}^{(j)})] = \sigma_z^2 R(\theta, \boldsymbol{x}^{(i)}, \boldsymbol{x}^{(j)}), i, j = 1, 2, \cdots, n_s \quad (3.103)$$

式中，$n_s$ 表示训练样本点数目；$R(\theta, \boldsymbol{x}^{(i)}, \boldsymbol{x}^{(j)})$ 表示含有权重因子 $\theta$ 的相关函数，反映了训练样本点的空间相关性，通常可以采用高斯函数进行描述，其计算公式为

$$R(\theta, \boldsymbol{x}^{(i)}, \boldsymbol{x}^{(j)}) = \mathrm{e}^{-d(\boldsymbol{x}^{(i)}, \boldsymbol{x}^{(j)})} \quad (3.104)$$

式中：

$$d(\boldsymbol{x}^{(i)} \boldsymbol{x}^{(j)}) = \sum_{k=1}^{m} \theta_k \left| x_k^{(i)} - x_k^{(j)} \right|^2, i, j = 1, 2, \cdots, n_s \quad (3.105)$$

其中，$x_k^{(i)}$ 表示与 $x^{(i)}$ 对应的优化设计变量值。$\theta_k$ 取值相同时，相关函数为各向同性的，即 $x^{(i)}$ 所有分量的权重相等，此时近似模型的预测精度下降。为提高 Kriging 代理模型的预测精度，模型中 $\theta_k$ 的取值各不相同。

为提高 Kriging 代理模型的预测精度和泛化能力，预测误差的均值应等于零，均方差应最小，由此得到 concentrated log-likelihood 函数：

$$-\frac{n_s}{2}\ln(\hat{\sigma}_z^2) - \frac{1}{2}\ln(|\boldsymbol{R}|) \quad (3.106)$$

通过求解公式（3.106）的最大值，即求解：

$$\max_{\theta_k > 0} \left[ -\frac{n_s}{2}\ln(\hat{\sigma}_z^2) - \frac{1}{2}\ln(|\boldsymbol{R}|) \right], k = 1, 2, \cdots, m \quad (3.107)$$

可以得到 $\theta_k$ 的取值。

通过训练样本点的线性组合，可以估计优化设计空间中任意一个设计点 $\boldsymbol{x}^*$ 的响应值，设计点响应的预测值 $y(\boldsymbol{x}^*)$ 及预测值标准差 $\sigma(\boldsymbol{x}^*)$ 的计算公式分别为

$$y(\boldsymbol{x}^*) = \hat{\mu} + \boldsymbol{r}(\boldsymbol{x}^*)^{\mathrm{T}} \boldsymbol{R}^{-1} (\boldsymbol{Y} - \boldsymbol{1}\hat{\mu}) \quad (3.108)$$

$$\sigma(\boldsymbol{x}^*) = \hat{\sigma}_z [1 + (\boldsymbol{1}^{\mathrm{T}} \boldsymbol{R}^{-1} \boldsymbol{1})^{-1}(1 - \boldsymbol{1}^{\mathrm{T}} \boldsymbol{R}^{-1} \boldsymbol{r})^2 - \boldsymbol{r}^{\mathrm{T}} \boldsymbol{R}^{-1} \boldsymbol{r}]^{1/2} \quad (3.109)$$

其中：

$$\hat{\mu} = (\boldsymbol{1}^{\mathrm{T}} \boldsymbol{R}^{-1} \boldsymbol{1})^{-1} \boldsymbol{1}^{\mathrm{T}} \boldsymbol{R}^{-1} \boldsymbol{Y} \quad (3.110)$$

$$\hat{\sigma}_z^2 = \frac{(\boldsymbol{Y} - \boldsymbol{1}\hat{\mu})^{\mathrm{T}} \boldsymbol{R}^{-1} (\boldsymbol{Y} - \boldsymbol{1}\hat{\mu})}{n_s} \quad (3.111)$$

式中，**1** 表示所有元素都等于 1 的矩阵；$Y$ 表示训练样本点的响应值；$r$ 表示 $x^*$ 与训练样本点间的相关函数向量。

为提高 Kriging 代理模型的准确度，需要在优化设计空间产生均匀分布的样本，以使 Kriging 代理模型可以较好地估计响应量在整个优化设计空间中的变化趋势。20 世纪 70 年代产生的随机拉丁超立方设计可以采用尽可能少的样本对整个设计空间进行有效的均匀填充。然而，随机拉丁超立方设计仍然存在样本分布不够均匀的情况，且随着水平数的增加，丢失设计空间局部区域的可能性增大。最优拉丁超立方设计进一步改善了采样的均匀性，采样样本具有更好的空间填充性和均衡性。为此，本章采用最优拉丁超立方设计方法获得样本点，空间填充最优准则采用极大极小距离准则。

鉴于高速列车空气动力学数值计算的巨大计算量，在保证优化计算结果的前提下，应尽量减少样本数量。本章基于最小化响应面加点准则的序列优化设计方法构造 Kriging 代理模型。首先利用最优拉丁超立方设计获得 20 个样本点，利用这 20 个样本点构造出基准 Kriging 代理模型。利用基准 Kriging 代理模型，结合多目标自适应遗传算法，开展流线型头型多目标优化计算，获得 Pareto 最优解集。在 Pareto 最优解集中任意选择 4 个点，利用 2.2.1 节建立的数值计算方法进行验证，如果 Kriging 代理模型的预测精度与数值计算结果相差较大，则将预测精度较差的设计点加入最初的样本点，并重新构造 Kriging 代理模型；如果 Kriging 代理模型的预测精度与数值计算结果相差较小，则迭代中止，Kriging 代理模型构造完成。

Kriging 代理模型的构造过程本质上是求解权重因子最优解的过程。为尽量减少样本数目，并保住 Kriging 代理模型的预测精度，本章采用交叉验证方法，将样本进行随机分组，每组两个样本点，则初始的 20 个样本点划分为 10 组，利用其中 9 组构造 Kriging 代理模型，剩余 1 组用于验证模型预测精度。通过循环操作，每组样本点都有一次机会用于验证模型精度，进而获得 10 组相对误差，将其均值作为目标函数，利用遗传算法获得目标函数的最优解，进而得到最优权重因子的数值。最后采用表现最优的 9 组样本及最优权重因子构造 Kriging 代理模型。当数值计算量大或样本点稀缺时，这种方法在保证预测精度的前提下可以大大节约优化设计时间，具有很好的现实意义。

### 4. 优化流程与结果分析

优化计算时，首先利用最优拉丁超立方设计方法在优化设计空间中进行均匀采样，并利用 2.2.1 节建立的数值计算方法获得与各个采样点相对应的优化目标数值。然后基于交叉验证方法和加点准则构建 Kriging 代理模型，确保构造的 Kriging 代理模型在 Pareto 最优解集区域具有很好的预测精度。最后，利用构造的 Kriging 代理模型及多目标自适应遗传算法在优化设计空间中进行寻优，得到高速列车流线型头型多目标优化的 Pareto 最优解集，优化流程结束。

以此为基础，本章进行以整车气动阻力和远场气动噪声为目标的多目标优化设计，下面将针对优化结果进行详细分析。

在构造 Kriging 代理模型时，遗传算法的参数设置为：初始种群为 100，最大进化代数为 100，选择算子采用轮盘赌法，交叉概率为 0.9，变异概率为 0.3，所有 $\theta$ 值的取值范围均为[0, 10]。图 3.87 给出权因子寻优的收敛曲线及对应的最优权因子值。从图中可以看出，平均适应度值在迭代 30 代之后就趋于收敛，而且基本无振荡，最终收敛到一个稳定值，这说明交叉验证算法可以构建出稳定的 Kriging 代理模型。从适应度幅值来看，平均相对误差为 0.056%，说明构建的 Kriging 代理模型精度较高，可以用来预测优化设计空间中的最优解。Kriging 代理模型对应的最优权因子值为[0.6462，0.6514，5.3151，0.1035]。

利用 Kriging 代理模型开展多目标优化计算，遗传算法的参数设置为：初始种群为 200，最大进化代数为 1 000，选择算子采用轮盘赌法，交叉概率为 0.9，变异概率为 0.3。迭代 1 000 代后，Pareto 最优解集已经非常稳定，具体分布如图 3.88 所示。由图可以看出，整车气动阻力系数变化范围为 0.290 3 ~ 0.291 1，最大、最小值相差较小，而远场气动噪声变化范围为 80.66 ~ 80.75，最大、最小值相差也较小，这说明最优气动外形在这两个优化目标上的取值都比较接近。本章选取 Pareto 最优解集中居中的 1 个点作为典型设计点对 Kriging 代理模型的预测精度进行验证。

第 3 章　空气动力学设计技术

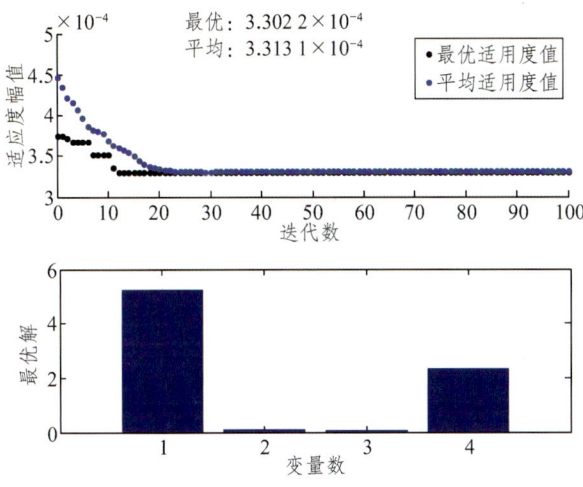

图 3.87　权重因子计算

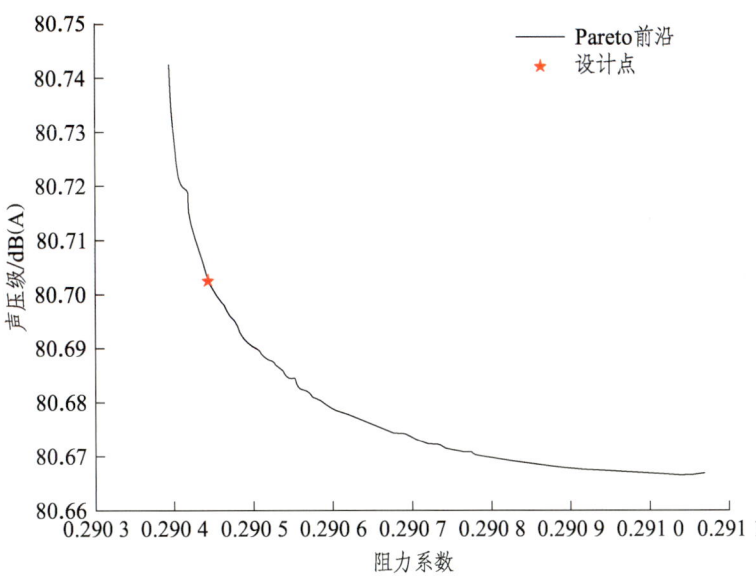

图 3.88　Pareto 最优解集

表 3.13 给出典型设计点外形的数值计算结果与 Kriging 代理模型的预测结果。从表中可以看出，Kriging 代理模型对整车气动阻力和远场气动噪声的预测精度较高，前者误差为 0.493%，后者误差仅为 0.027%，满足工程计算精度要求。

表 3.13　典型设计点外形的数值计算值与 Kriging 代理模型的预测值

| 参　　数 | 数值计算值 | 代理模型预测值/dB（A） | 误　　差 |
|---|---|---|---|
| 气动噪声/dB(A) | 80.676 | 80.698 | 0.027% |
| 气动阻力 | 0.291 9 | 0.290 5 | 0.493% |

表 3.14 给出典型设计点的设计参数值相对于原始值的变化值。由于 $W_1$ 控制流线型部分的车体宽度，$W_2$ 控制驾驶舱倾角，$W_3$ 控制鼻锥高度，$W_4$ 控制导流槽外形，由表 3.14 可以看出，最佳外形中所有控制参数的数值均有一定程度的降低。

表 3.14　典型设计点的设计参数值相对于原始外形的变化值（1∶1 尺寸）

| 参　　数 | $W_1$/mm | $W_2$/mm | $W_3$/mm | $W_4$/mm |
|---|---|---|---|---|
| 测试结果 | −40.853 5 | −38.500 7 | −50.813 9 | −61.547 3 |

图 3.89 给出典型设计点外形相对于原始外形的变化情况，图中绿色表示原始外形，橙色表示优化外形。从图中可以看出，优化后，列车几何外形保持了较好的光顺性；流线型底部宽度和排障器基本不变，流线型宽度变窄，鼻锥部位和司机室视窗均略有降低，而导流槽也向内靠拢。

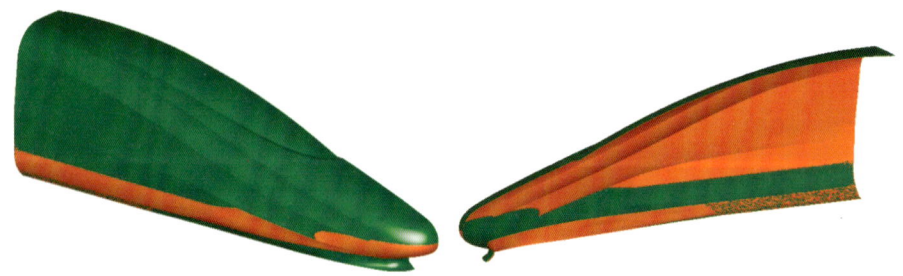

图 3.89　原始外形与优化外形

表 3.15 给出原始外形与典型设计点外形的整车气动阻力和远场气动噪声。从表中可以看出，优化后，典型设计点外形的整车气动阻力降低 4.0%，远场气动噪声降低 0.67 dB。对于原始外形，摩擦阻力与压差阻力非常接近，压差阻力略大，而典型设计点外形的压差阻力减小，摩擦阻力有一定程度的增大。由此可知，气动外形的优化减阻问题，主要减小的是压差阻力。

## 第 3 章 空气动力学设计技术

表 3.15 原始外形与典型设计点外形的设计目标比较

| 参 数 | 气动噪声/dB（A） | 气动阻力 | 压差阻力 | 摩擦阻力 |
| --- | --- | --- | --- | --- |
| 原始数据 | 81.35 | 0.3041 | 0.1650 | 0.139 0 |
| 测试结果 | 80.68 | 0.2919 | 0.1364 | 0.155 5 |
| 降低 | 0.67 | 4.0% | 5.8% | −11.8% |

从压力分布角度来分析优化外形和原始外形的阻力差异，头车附近的压力分布如图 3.90 所示。从图中可以看出，优化外形和原始外形相比，鼻锥高度降低，司机室车窗降低，两侧变窄，从头车纵剖面压力分布云图上来看，两者比较接近。

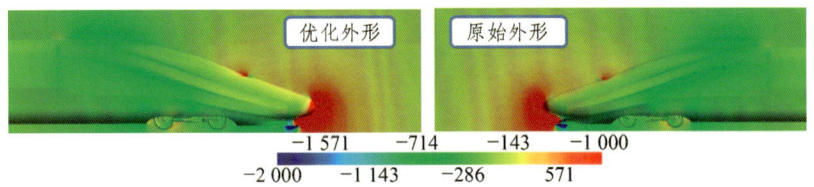

图 3.90 原始外形与优化外形头车附近的压力分布

同理，给出尾车鼻锥附近优化外形和原始外形的压力分布比较，如图 3.91 所示。从尾车纵剖面压力云图可以看出，优化外形在鼻锥侧上方存在一个幅值较高的高压区，该区域压力值要明显高于原始外形。由于正压会对尾车鼻锥整体产生一个向前的推力，从而可以有效降低尾车鼻锥压差阻力。

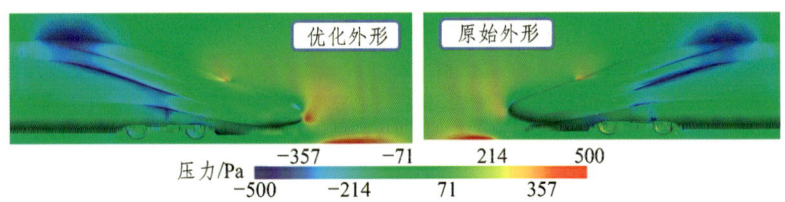

图 3.91 原始外形与优化外形尾车附近的压力分布

为研究原始外形和优化外形在尾车气动升力上的差异，图 3.92 给出优化前后尾车鼻锥上的压力分布云图。从图中可以看出，优化后导流槽上方的正压相对于原始外形明显

■ 高速动车组车体设计关键技术

增大，作用在鼻锥表面正上方的正压对鼻锥起到下压的作用，从而可以有效降低尾车的气动升力。

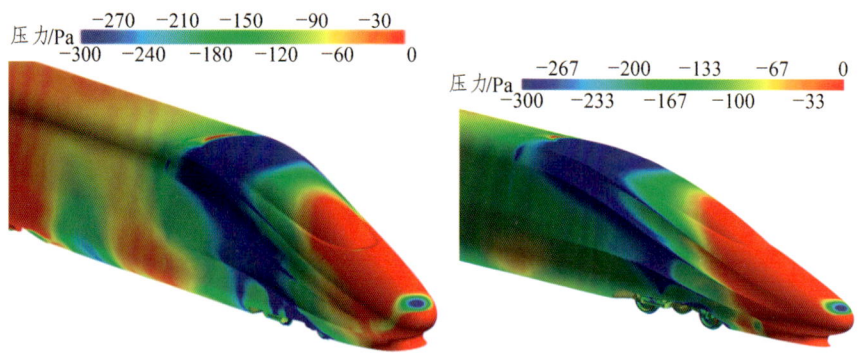

图3.92　原始外形与优化外形尾车表面压力分布

从气动噪声的角度出发，研究优化前后噪声的差异，图3.93给出原始外形和优化外形的头车表面湍动能分布云图，图3.94给出原始外形和优化外形的尾车表面湍动能分布云图。从图中可以看出，原始外形和优化外形在近壁面的湍动能分布云图比较接近，这也表明优化前后的近场气动噪声源是比较一致的，故其向远场传播时应该也比较接近。考虑到优化外形相对于原始外形变小，作为偶极子声源的列车流线型壁面面积也相应变小，进而造成优化外形的远场气动噪声略有降低。

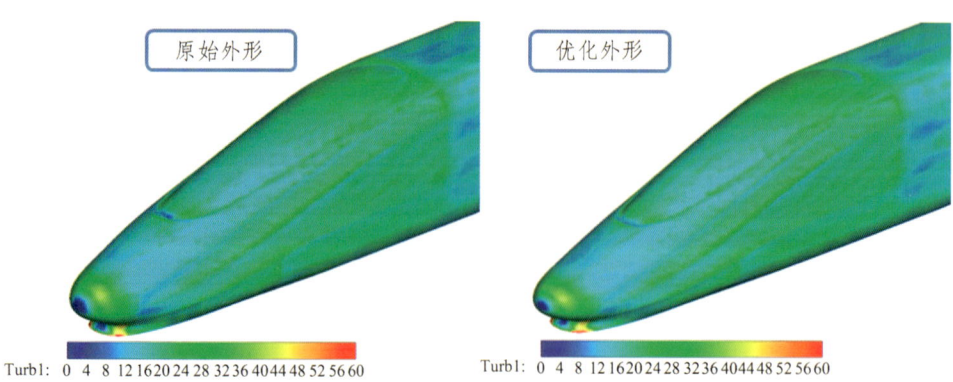

图3.93　优化前后头车表面湍动能分布云图

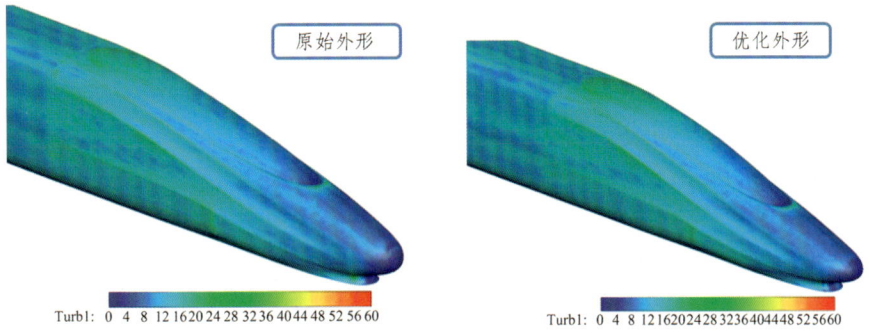

图 3.94　优化前后尾车表面湍动能分布云图

图 3.95 给出原始外形和优化外形的远场测点声压级。从图中可以看出，优化外形相对于原始外形，远场测点声压级除个别点外基本都有所降低。相对于原始外形，优化外形的远场气动噪声值降低 0.67 dB。

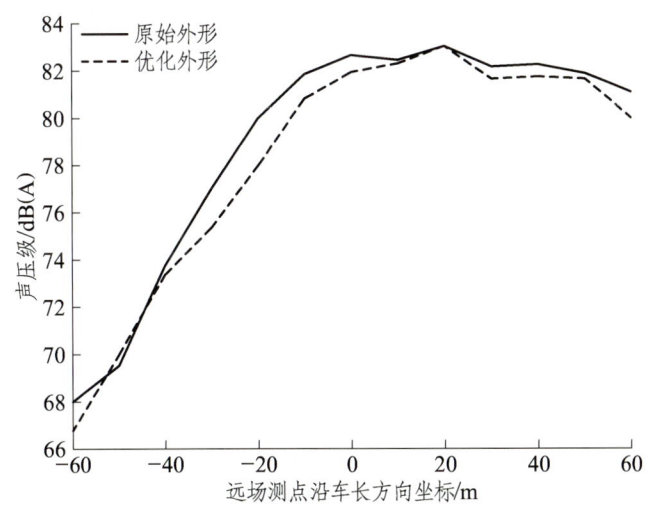

图 3.95　优化前后远场测点声压级比较

### 3.3.4　整车表面平顺化设计

流线型头型造型优化达到相当的程度，车体表面的平顺化设计对综合气动性能的影响变得显著，需要重点处理车顶受电弓区域、车端连接区域以及转向架区域等气流扰动剧烈区域的平顺化设计问题。

### 高速动车组车体设计关键技术

#### 3.3.4.1 车顶平顺化设计

车顶平顺化设计对高速列车气动性能有着较为明显的影响,考虑空调和车顶设备的安装形式,综合分析车顶设备布置与车体断面高度的设计关系。

在车顶空调安装方面,根据地板高度、客室净高、空调高度等设计要素,设计3种不同的安装方案,空调突出车体断面的高度分别为350 mm(方案1)、190 mm(方案2)和0 mm(方案3),如图3.96所示。利用数值计算方法研究不同车顶空调安装方式对高速列车气动阻力的影响。研究发现,空调采用不突出车体断面的安装方式(方案3),可以最大限度地减少列车的气动阻力。当空调突出车体断面190 mm时,列车气动阻力略有增加,增加0.21%;当空调突出车体断面350 mm时,列车气动阻力增加1.41%。

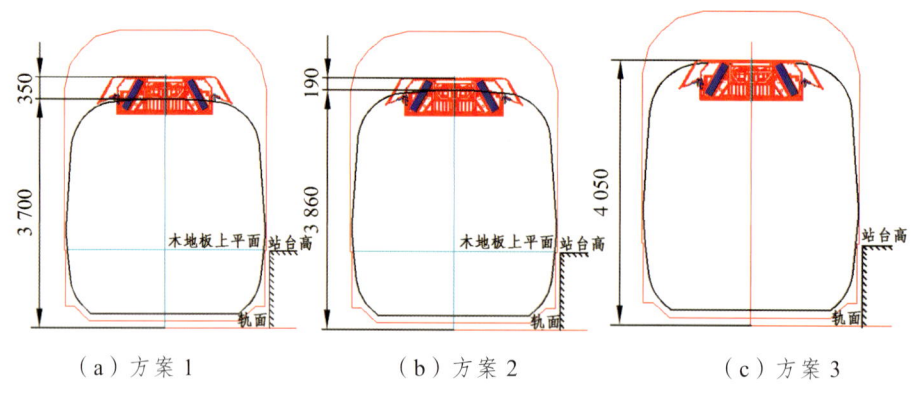

图3.96　车顶空调安装方式

在高压设备安装方面,考虑高压设备安装及绝缘距离,高压设备所需高度尺寸比空调更大,设计下沉450 mm的开口形式(方案1)、下沉450 mm的半包覆形式(方案2)、下沉590 mm的全包覆形式(方案3)三种方案进行论证,如图3.97所示。利用数值计算方法研究不同车顶高压设备安装方式对列车气动阻力的影响。研究发现,在空间允许的情况下,高压设备采用下沉590 mm的全包覆形式(方案3),可使车顶外形平顺,减阻效果最为有效。当高压设备采用下沉450 mm的半包覆形式,列车气动阻力略有增加,增加0.48%;当高压设备采用下沉450 mm的开口形式,局部湍流大幅度增加,列车气动阻力显著增大,增加10.21%。

# 第 3 章　空气动力学设计技术

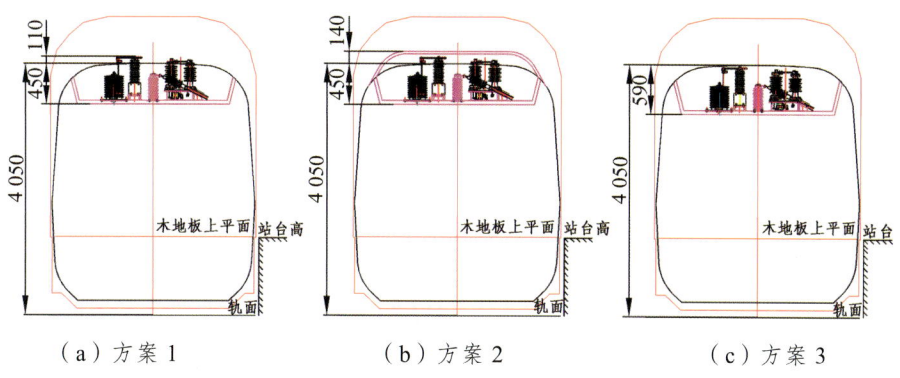

图 3.97　车顶高压设备安装方式

在受电弓安装方面，分析下沉式平台与弧顶安装的性能差异，设计 3 种不同的安装方式，受电弓下沉高度分别为 380 mm（方案 1）、250 mm（方案 2）和 0 mm（方案 3），如图 3.98 所示。利用数值计算方法研究不同车顶受电弓安装方式对列车气动阻力的影响。研究发现，受电弓弧顶安装（方案 3）时的列车气动阻力最大；当受电弓下沉 250 mm（方案 2）时，列车气动阻力减小 2.92%。考虑客室净高及车内降噪设计的空间限制，受电弓最大下沉量为 380 mm（方案 1），此时减阻效果最优，列车气动阻力较弧顶安装减小 3.50%。

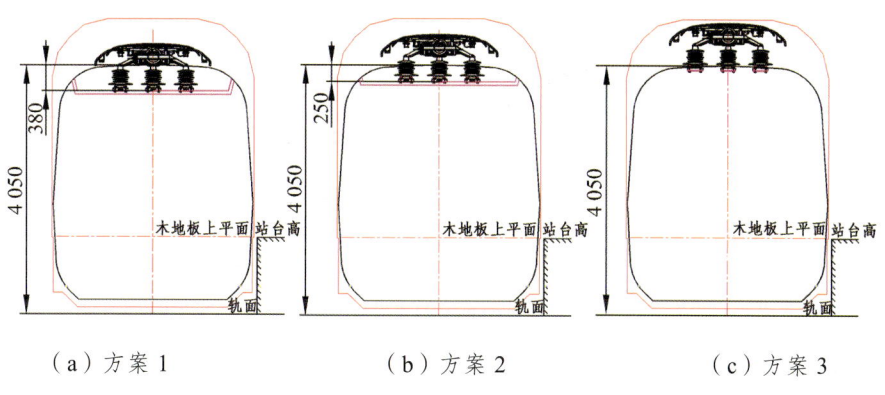

图 3.98　车顶受电弓安装方式

#### 3.3.4.2 受电弓区域气动设计

受电弓作为裸露于车体上部的部件，对列车气动阻力及气动噪声均有较为显著的影响，如何减少受电弓气动阻力和气动噪声是当前研究的重点。本节针对受电弓区域的气动设计问题进行研究。受电弓区域的气动设计方案主要包括两类：受电弓平台下沉方案和隔声方案。本节根据受电弓区域工程实际情况，设计5种受电弓平台下沉方案（椭圆形、梯形、矩形、鸭蛋形、五边形，下沉高度为380 mm）和两种导流隔声方案（四周隔声方案和两侧隔声方案），如图3.99所示。

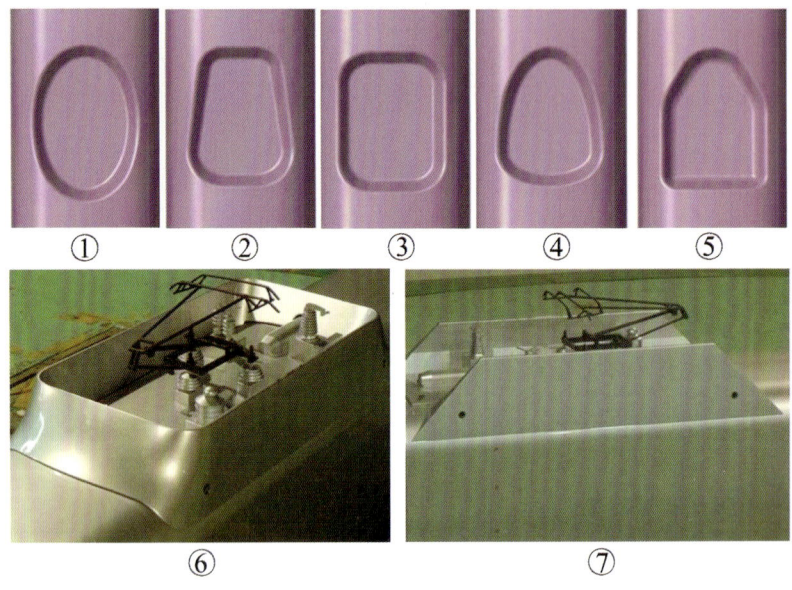

图 3.99　受电弓区域外形设计方案

利用数值计算和风洞试验方法研究受电弓区域不同气动设计方案的气动特性，如图3.100所示。图3.101给出无风及横风环境下，受电弓区域不同气动设计方案的列车气动阻力。研究发现，数值计算结果与风洞试验结果基本吻合。不同形式下沉平台设计方案的气动阻力，较原始方案降低1%~4%；受电弓导流罩及隔声板可以降低气动噪声，但不利于减阻；综合分析气动性能和结构设计要求，五边形下沉平台设计方案效果最佳，较原始方案减阻4.0%，降噪1.0 dB（A）。

## 第 3 章 空气动力学设计技术

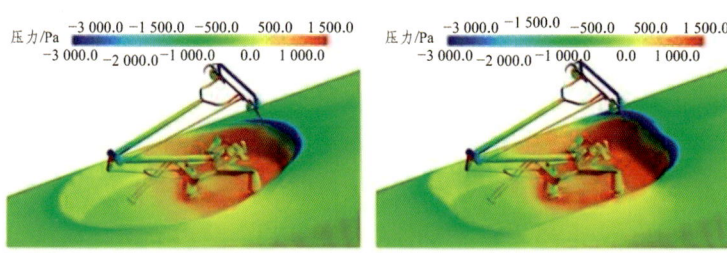

数值计算

 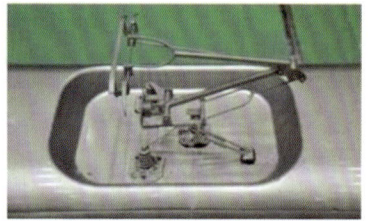

风洞试验

图 3.100 受电弓平台气动性能仿真及试验

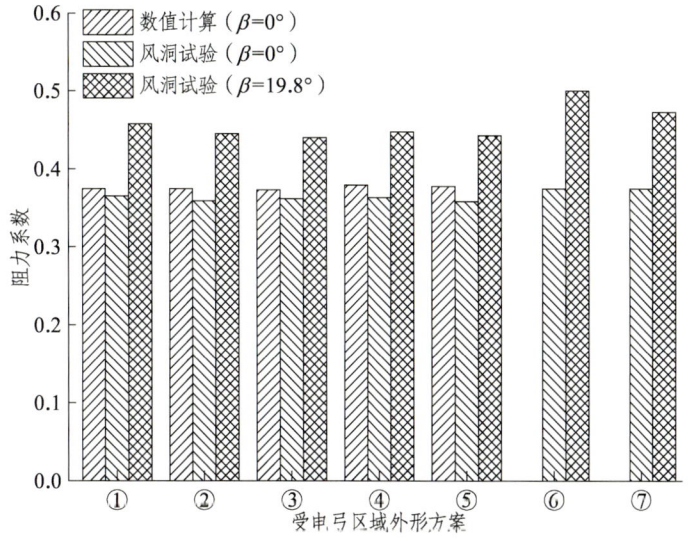

图 3.101 不同受电弓平台的气动阻力系数

### 3.3.4.3 转向架区域气动设计

转向架是高速列车气动阻力的又一个重要来源,隐藏于列车车体部分的转向架,其

### 高速动车组车体设计关键技术

阻力大小主要由转向架舱的外形设计来决定的。合理的转向架舱外形可以有效引导来流进入舱内的方向，使得冲击到转向架上的冲击力大幅降低，从而可以有效降低气动阻力和气动噪声。本节针对转向架区域工程实际情况，设计不同的外形方案，如图 3.102 所示。图中方案①为原始外形方案，方案②~④为最小转向架舱方案，并采用不同的导流方案；方案⑤为最大转向架舱方案；方案⑥和⑦在最小转向架舱方案的基础上采用扰流设计方案和包覆裙板方案。

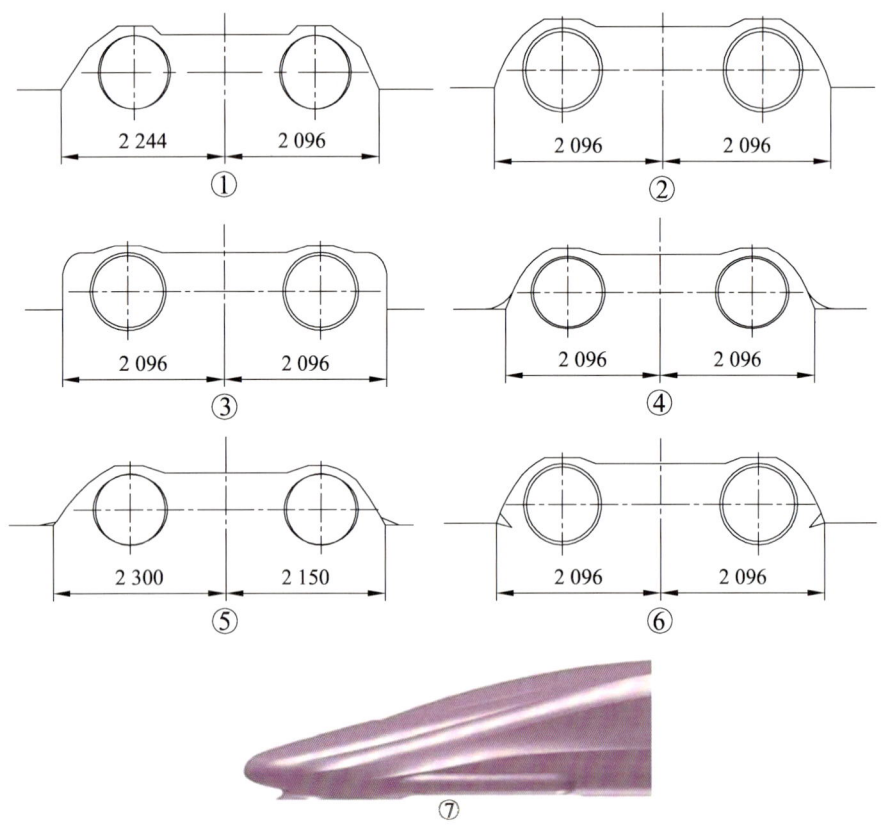

图 3.102　转向架区域外形设计方案

利用数值计算和风洞试验方法研究转向架区域不同气动设计方案的气动特性，如图 3.103 所示。图 3.104 给出无风及横风环境下，转向架区域不同气动设计方案下的列车气动阻力。仿真及试验结果表明：转向架舱尺寸越小，压差阻力越小。在保证安装空间的前提下，最小尺寸为 2 096 mm，且采用圆弧导流方案最佳；转向架舱下部扰流板及包覆裙板，可控制进入气流的总量及速度，实现减阻降噪设计，尤其在侧风环境下，减阻可达 6.1%，降噪可达 1.3 dB（A）。

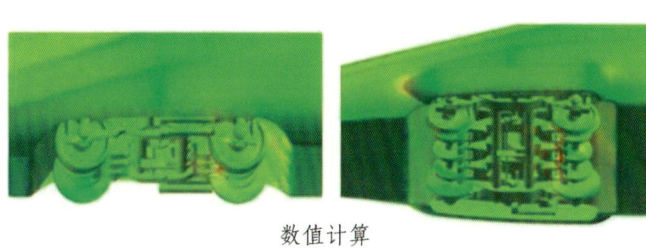

数值计算

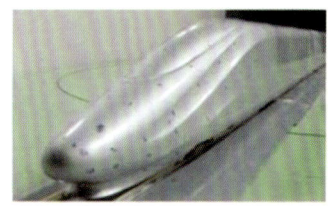 

风洞试验

图 3.103　转向架区域数值仿真及风洞试验

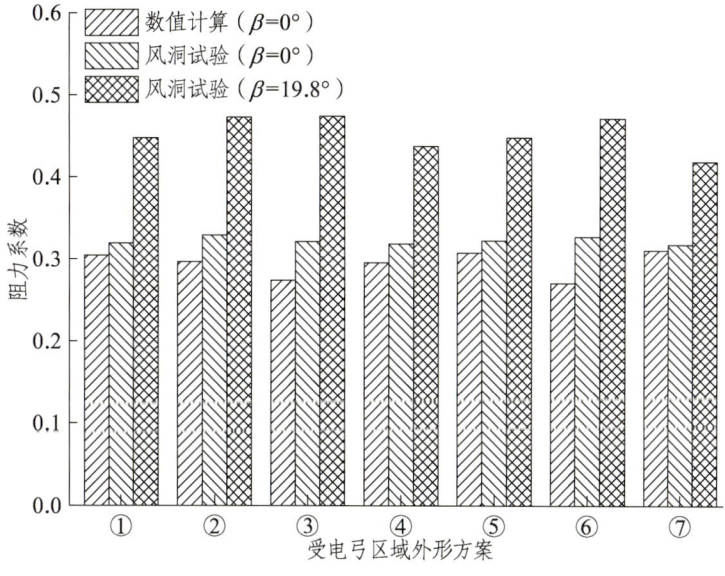

图 3.104　不同转向架区域的气动阻力系数

#### 3.3.4.4 风挡区域气动设计

高速列车车端风挡外形影响列车气动性能,其中比较重要的影响指标是列车气动阻力和气动噪声。不同风挡形式的设计都有可能引起列车阻力性能的变化,进而会对列车的运行安全性、舒适性和能耗产生影响。本节根据车端风挡区域工程实际情况,设计了 7 种不同类型的车端风挡外形,如图 3.105 所示,并研究其对列车气动性能的影响。

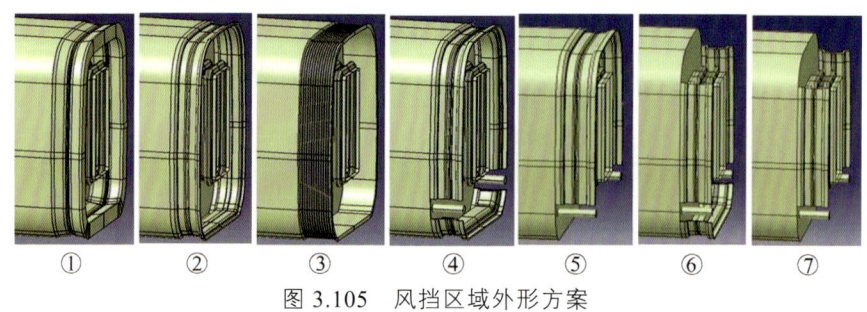

图 3.105　风挡区域外形方案

利用数值计算和风洞试验方法研究风挡区域不同气动设计方案的气动特性,如图 3.106 所示。图 3.107 给出无风及横风环境下,风挡区域不同气动设计方案的列车气动阻力。研究发现,仿真与试验规律基本一致。全包风挡气流均匀流过,对气流扰动最小,半包方案均会产生气流分离;不同气动设计方案的气动性能优劣排序为①<②<③<④<⑦<⑥<⑤;方案①全包风挡,可减阻 5.7%,尤其在侧风环境下,减阻效果更优,可达 18.0%,降噪约 1.0 dB(A)。

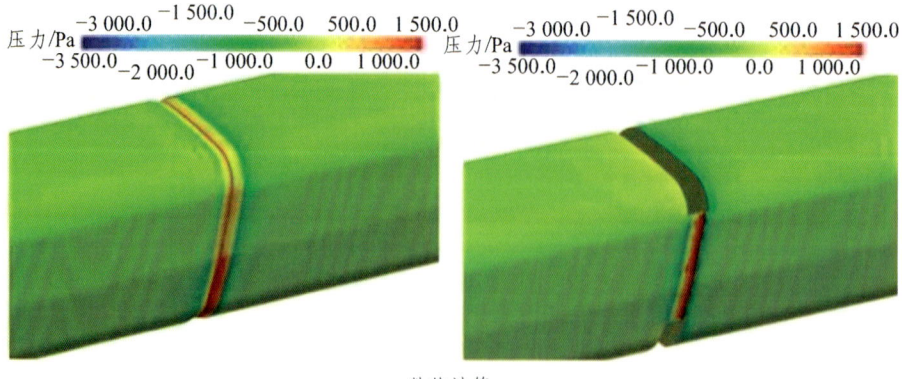

数值计算

## 第 3 章 空气动力学设计技术

风洞试验

图 3.106 风挡区域数值仿真及风洞试验

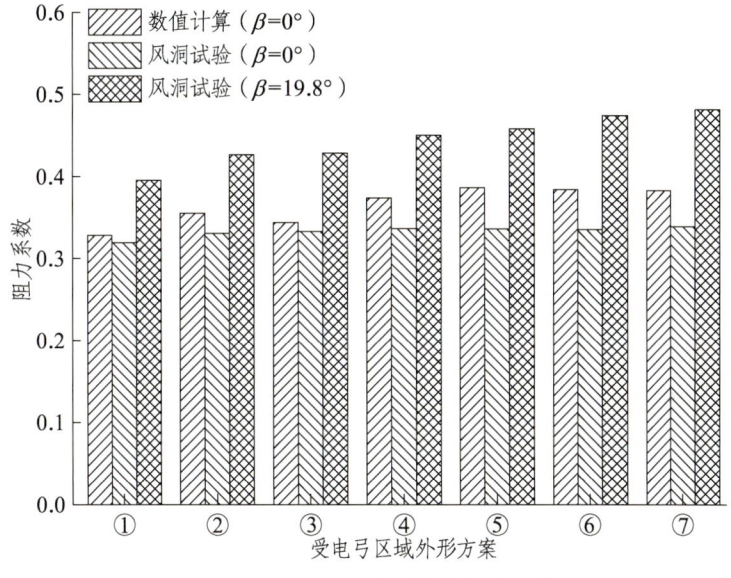

图 3.107 不同风挡区域的气动阻力

### 3.3.5 局部流动控制技术

流场界面控制减阻方法是通过施加适当的扰动模式,与流动的内在模式相互耦合来实现对流动的控制,该方法能在需要的时间和部位出现。通过局部能量输入,对局部或全局的流场进行改变,从而使流场结构显著改善,达到减阻、降噪的效果。基于前述的高速列车周围流场形成机理、演化规律和气动阻力分布特性系统性研究,将采用在列车车体表面、转向架等局部区域设置吹气和吸气方式,改变列车周围流场结构,以达到减小列车气动阻力的目的。

■ 高速动车组车体设计关键技术

### 3.3.5.1 头车抽吸气流动控制

图 3.108 为在高速列车车头流动分离位置附近抽、吸气孔位置示意图。

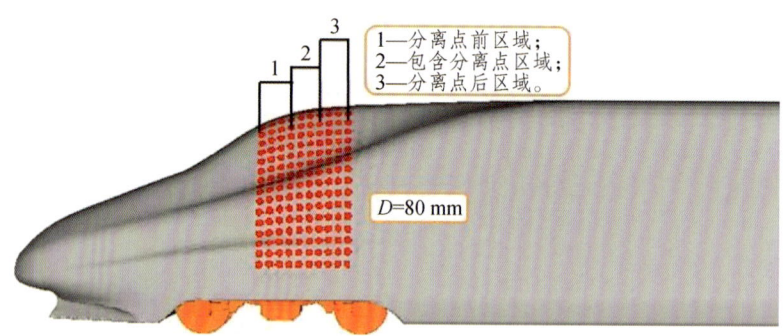

图 3.108　头车抽吸孔位置示意图

图 3.109 为在列车头车分离点前区域 1、包含分离点区域 2、分离点后区域 3 设置抽吸气时，列车头车气动阻力系数随抽吸气速度变化的曲线，图中，$U$ 表示前方来流速度。图 3.110 给出列车头车表面压力分布变化情况。在列车头车分离点前区域 1、包含分离点区域 2、分离点后区域 3 三个位置设置抽吸气孔时，列车头车、中间车、尾车、整车阻力系数和减阻率随抽吸气速度变化曲线可以看出：

（1）不论在列车分离点前区域 1、包含分离点区域 2、分离点后区域 3 设置抽吸气孔都仅对列车头车阻力系数产生较大影响，对列车中间车和尾车气动阻力影响不大。设置抽吸气孔后，列车头车阻力系数减小；中间车阻力系数略有减小，但减小幅度非常小；尾车在抽吸气速度小时略有减小，但当抽吸气速度增大到某一数值时有非常小幅度的增阻，中间车和尾车的气动阻力变化和头车变化相比可忽略不计，因此头车设置抽吸气时可仅重点分析头车周围流场变化。

（2）在包含分离点区域 2 设置抽吸气孔时的减阻效果比在分离点前区域 1 和分离点后区域 3 设置抽吸气孔好，抽吸气孔设置在包含分离点区域 2 时的减阻效果明显优于区域 1 和区域 3。

（3）随着抽吸气速度的增大，列车头车减阻率基本呈线性增大，而中间车和尾车的减阻率则变化不大，因此整车减阻率也随着抽吸气速度的增大而增大，当抽吸气速度达

到 $U$ 时，头车减阻率高达 14%，整车减阻率达 5.8%，减阻效果明显。

总之，在包含分离点位置设置抽吸气能够有效减小列车阻力。

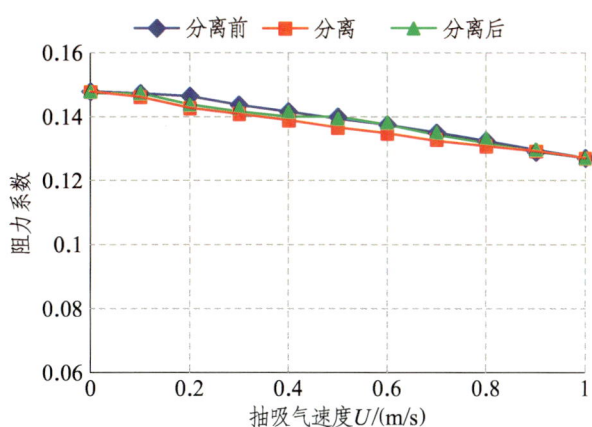

图 3.109　头车阻力系数随抽吸气速度变化曲线

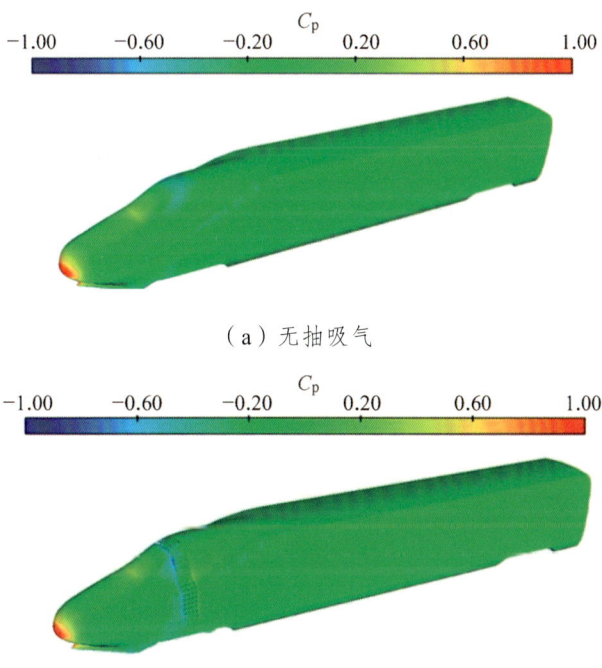

（a）无抽吸气

（b）分离前区域 1 以 $0.3U$ 抽吸气

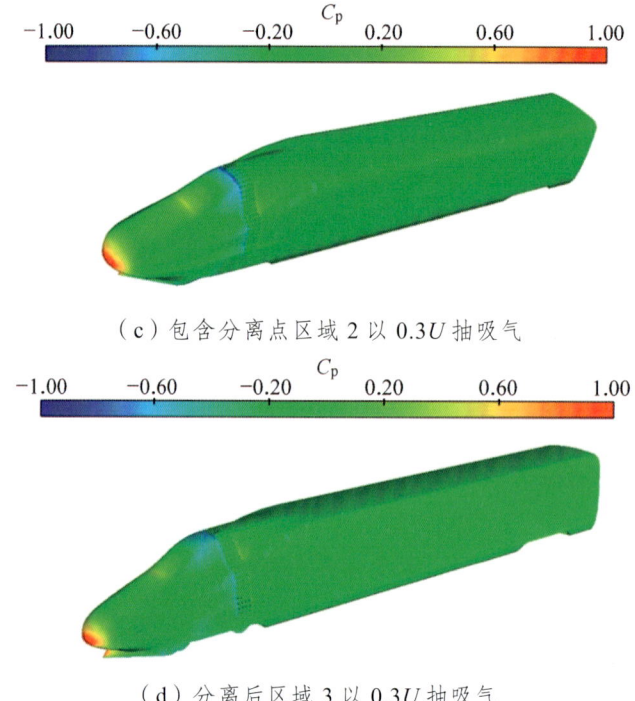

（c）包含分离点区域 2 以 0.3$U$ 抽吸气

（d）分离后区域 3 以 0.3$U$ 抽吸气

图 3.110　列车头车表面压力分布

### 3.3.5.2　尾车抽吸气流动控制

对列车尾部布置了类似列车头车的抽吸孔，抽吸孔布置也分为分离点前区域 1、包含分离点区域 2 和分离点后区域 3，如图 3.111 所示。

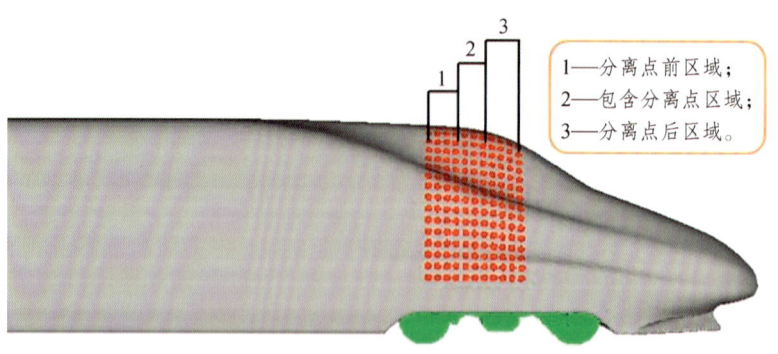

图 3.111　尾车抽吸孔位置示意图

## 第3章 空气动力学设计技术

图 3.112 为在列车尾车分离点前区域 1、包含分离点区域 2、分离点后区域 3 设置抽吸气时，列车尾车气动阻力系数随抽吸气速度变化的曲线。图 3.113 给出了列车尾车表面压力分布变化情况。从在列车尾车分离点前区域 1、包括分离点区域 2、分离点后区域 3 三个位置设置抽吸气时，列车头车、中间车、尾车、整车阻力系数和减阻率随抽吸气速度变化曲线可以看出：

（1）不论在列车尾车分离点前区域 1、包含分离点区域 2、分离点后区域 3 设置抽吸气孔都仅对列车尾车阻力系数产生较大影响，对列车头车和中间车气动阻力影响不大。设置抽吸气孔后，列车尾车阻力系数减小，尾车设置抽吸气时可仅重点分析尾车周围流场变化。

（2）在分离点后区域 3 设置抽吸气孔时的列车尾车和整车阻力系数明显小于在包含分离点区域 2 和分离点前区域 1 设置抽吸气孔。

（3）随着抽吸气速度的增大，列车尾车和整车减阻率基本呈线性增大，且在分离点后区域 3 抽吸时减阻率明显大于分离点前区域 1 和包含分离点区域 2；当抽吸气速度达到 $U$ 时，尾车减阻率高达 14.3%，整车减阻率达 6%，减阻效果明显。

总之，在分离点后位置设置抽吸气能够有效减小列车阻力。

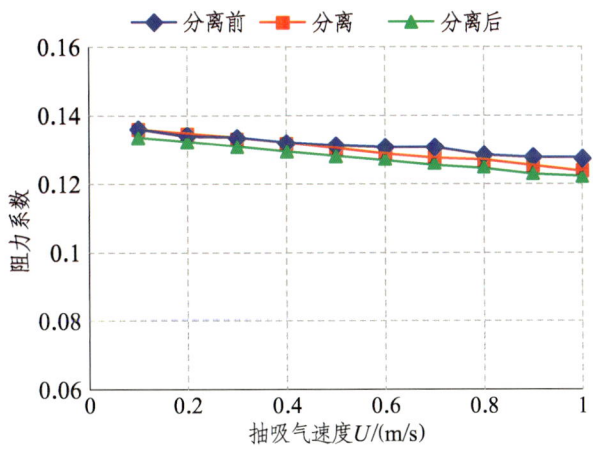

图 3.112 尾车阻力系数随抽吸气速度变化曲线

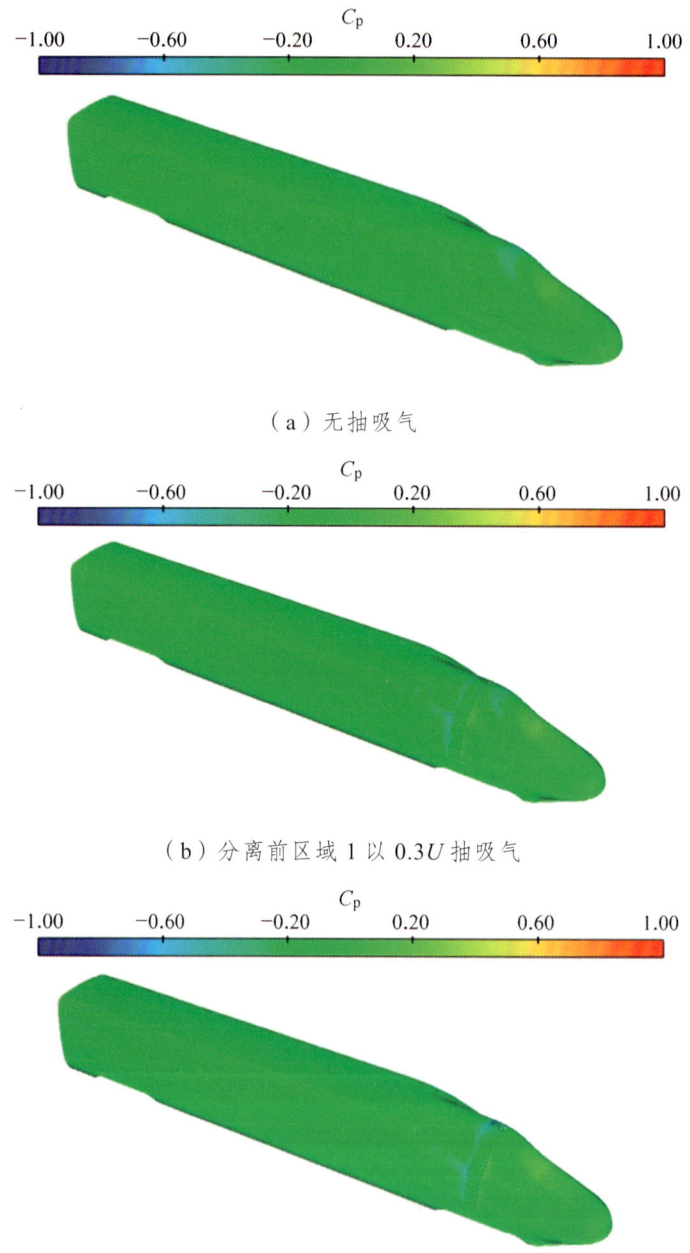

(a)无抽吸气

(b)分离前区域 1 以 $0.3U$ 抽吸气

(c)包含分离点区域 2 以 $0.3U$ 抽吸气

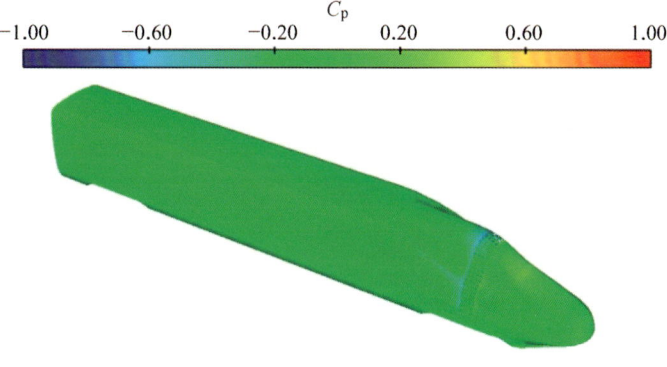

（d）分离后区域 3 以 $0.3U$ 抽吸气

图 3.113 列车尾车表面压力分布

### 3.3.5.3 转向架区域抽吸气流动控制

高速列车头车一位转向架流场变化剧烈，是气动阻力贡献较大的部位。图 3.114 给出列车头车一位转向架压力分布。从图中可以看出，由于列车转向架的存在，使得转向架后端墙出现较大的正压，因此在该位置设置抽吸，一方面减小该部位正压，另一方面减小底部流场流过转向架后的扰流，从而达到减小阻力的目的。图 3.115 给出了转向架部位抽吸气位置和形式。

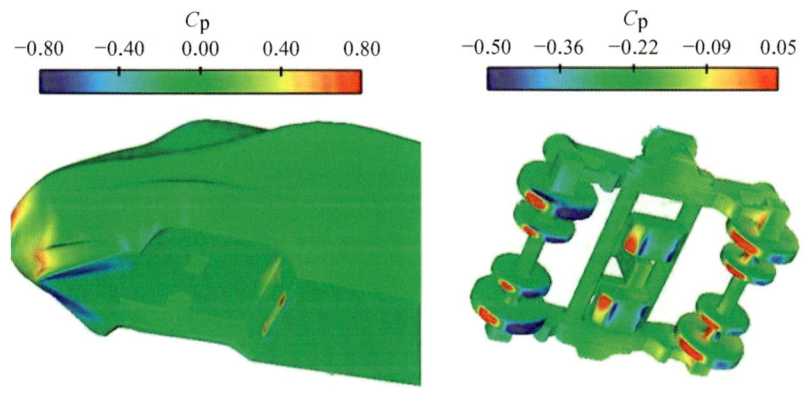

图 3.114 列车头车一位转向架压力分布

▎高速动车组车体设计关键技术

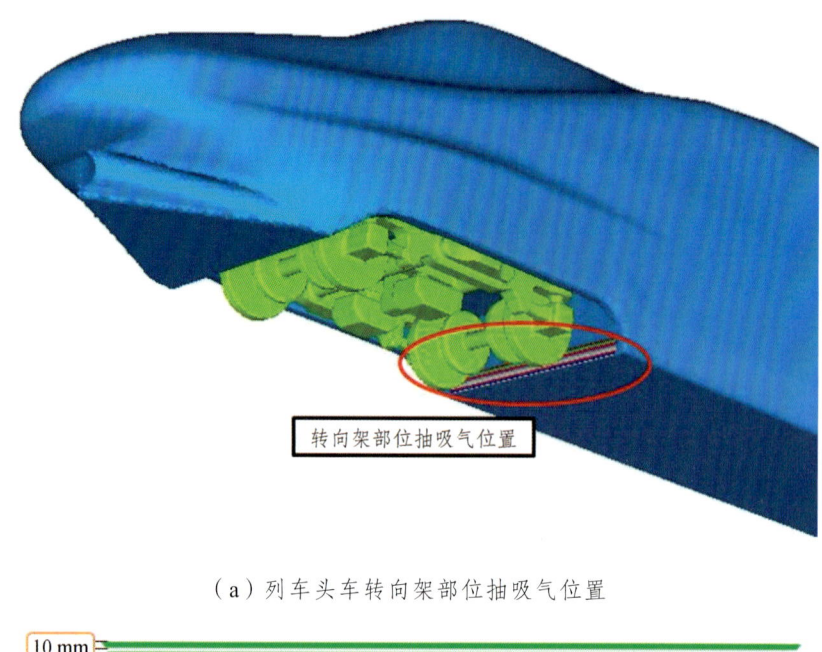

（a）列车头车转向架部位抽吸气位置

（b）栏栅式抽吸气设置

图 3.115 头车转向架部位抽吸气设置

图 3.116 给出了不同抽吸气速度下，列车头车、中间车、尾车气动阻力系数及减阻率变化随抽吸气速度变化的曲线。由图可以看出，头车转向架部位设置抽吸气对列车头车阻力系数影响较大，对中间车和尾车影响较小。随着抽吸气速度增大，头车、中间车、尾车气动阻力系数呈先减小后增大的趋势；列车转向架部位以较小速度抽吸气时，减阻效果明显；当抽吸气速度为 $0.05U$ 左右时，列车阻力系数达到最小，整车减阻率为 4.44%，减阻显著；进一步增大抽吸气速度，列车阻力系数逐渐增加，当抽吸气速度增大到 $0.7U$ 时，列车阻力系数达到与无抽吸气时水平；再继续提高抽吸气速度，反而开始增阻；当列车转向架部位抽吸气速度为 $0.05U$ 时，和无抽吸气相比，列车头车一位转向架后端墙正压区和正压值明显减小，使得压差阻力减小；当抽吸气速度达到 $0.7U$ 时，转向架端墙压力变化不明显，由于抽吸气速度的增大，转向架后位的扰流更加复杂多变，产生附加的涡阻。

# 第 3 章 空气动力学设计技术

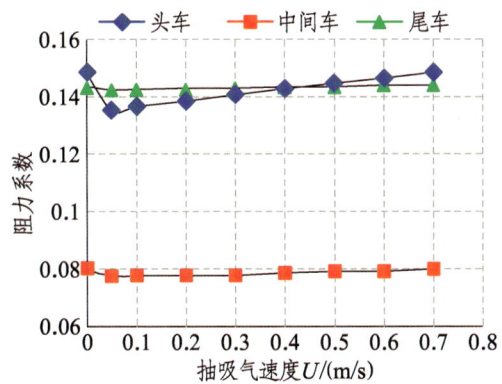

图 3.116 头车转向架部位抽吸气设置

## 3.3.5.4 尾涡控制减阻

空气流至列车尾部，在尾流区域形成对称的漩涡，由于该漩涡的存在形成列车尾部负压区，同时由于漩涡向远方发展脱落，造成能量的损失，使得列车产生较大的阻力。为了有效控制列车尾涡的发展，参考飞机、轮船等交通工具的喷射装置，在列车头型底部倒流位置开设两个对称的喷气装置。从图 3.117 所示的靠近列车尾端截面尾涡分布可以看出，列车两侧涡核距离轨道中心线 0.35 m，距离轨面 0.38 m，管状喷气装置的圆心与漩涡的核心位置一致，如图 3.118 所示。

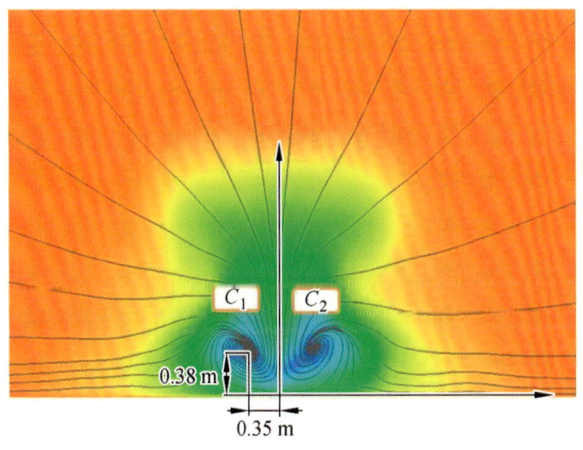

图 3.117 列车尾流漩涡核心位置

# 高速动车组车体设计关键技术

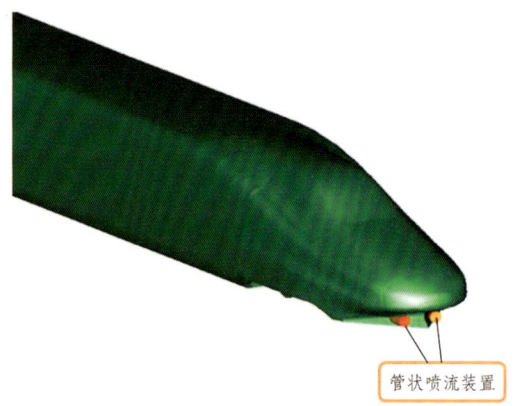

图 3.118　列车尾部喷流装置

图 3.119 给出了管状喷流装置不同管径大小 $R$ 下，高速列车尾车气动阻力系数随喷流速度变化的曲线。

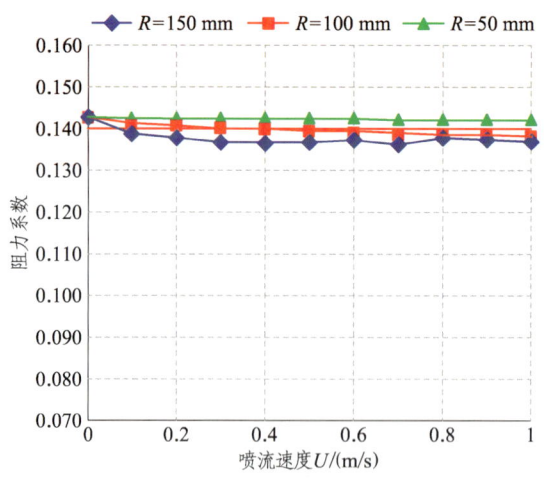

图 3.119　列车尾车阻力系数随尾部喷流速度变化曲线

从图中可以看出：

（1）列车尾部设置喷流装置对列车头车和中间车阻力影响较小，对尾车阻力系数影响最大，当设置一定孔径的管状喷流装置时，尾车阻力系数减小，使得整车阻力减小。

（2）尾端设置孔径 $R=50$ mm 的喷流装置时，喷流速度从 0 加速到 $U$，阻力系数变化都不明显。当孔径增大到 $R=100$ mm 和 $R=150$ mm 时，尾车阻力系数出现了较明显的减小，且孔径越大，阻力系数越小。

# 第 3 章　空气动力学设计技术

（3）随着尾部喷流速度的增大，列车尾车阻力系数逐渐减小。尾车阻力在不同管径喷流装置下的减阻率均随着喷流装置管径和喷流速度的增大而增大。当喷气速度为 $0.3U$，$R = 150 \text{ mm}$ 管径时列车减阻率最大，可达 4.34%，减阻效果明显。

## 3.3.6　美工设计

作为一个文化的产物，也作为世界高科技的代表，高速列车已经成为彰显一个国家科技、文化、经济等综合实力的形象窗口，而这种文化性的展示最直接的体现正是在高速列车的外观设计之中。高速列车的设计应体现出一种对该国文脉的延续，对国民精神的一种诠释，是文化性、民族性的集中体现，从高速列车的设计就能感受到一个国家或民族的精神风貌。中国新一代高速列车头型设计应顺应潮流，体现出中华民族的精神，并体现地域性、时代感与品牌特征。

下面以和谐号 CRH380A 为例，阐述高速动车组的美工设计理念。和谐号 CRH380A 采用火箭的流线型风格，强调流畅的线形与穿透力，外观设计不仅充分考虑空气动力学的要求，更具有很强的视觉冲击力，造型显示出"风驰电掣"的意向，像风吹过或闪电划破夜空一样迅速，表达了强烈的速度感、技术感与现代感。将高速列车的速度感表达得淋漓尽致，透露出中国高速发展的信号，标志着现代中国向富强的工业化社会的转变，是中国综合国力的体现。图 3.120 为和谐号 CRH380A 草图设计过程。

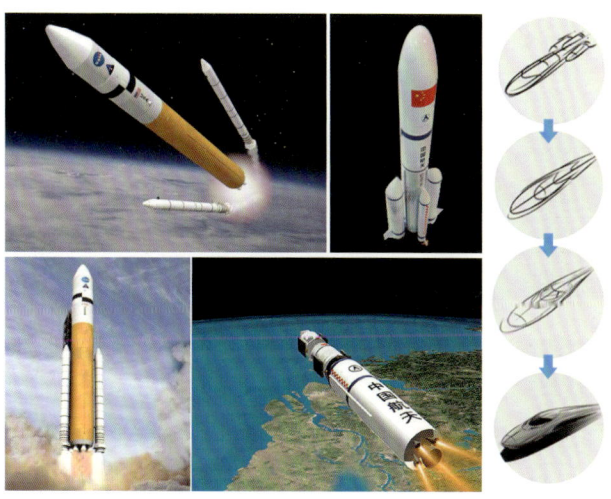

图 3.120　和谐号 CRH380A 草图设计过程

## 高速动车组车体设计关键技术

1. 轮廓特征

通过在设计中采取共同的造型设计思想，融入具有中国古典哲学思想"方中带圆""圆中取直"的线形和细节处理作为其造型元素的"中国基因"。故而将火箭造型与高速列车头型巧妙融合，前脸型线的圆润与车身的直线连接更是彰显着中国高速列车"圆中取直，刚柔并济"的内在底蕴，且车窗部位饰以黑色带，突破了传统的红、白、蓝、绿几色搭配，色调清爽明快，色带形式与整车的流线型相配合，具有强烈的时代感和速度感，洋溢着现代高速列车的强烈动势。图 3.121 为和谐号 CRH380A 轮廓特征。

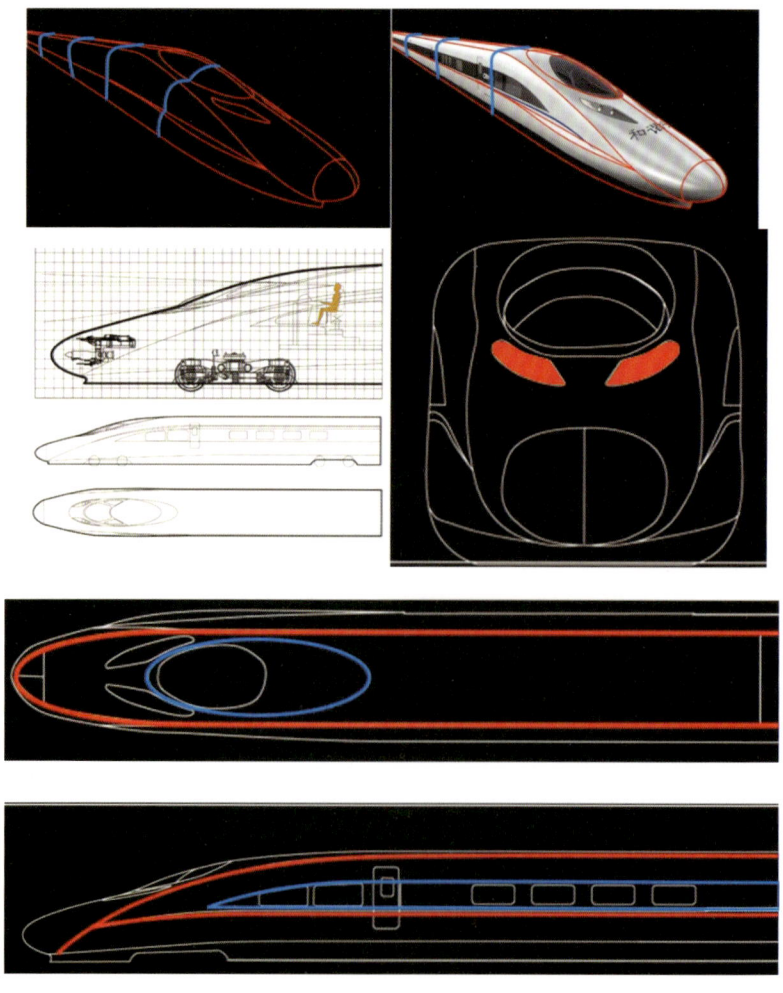

图 3.121　和谐号 CRH380A 轮廓特征

## 2. 外观涂装

为了在视觉上减少客车体积，使客车轻量化，在色彩的配制上，车体采用两套色配制，车体的主色调为浅色。另外，采取贯穿整列车的流畅的装饰色带，确保列车在高速运行下保持原有视觉形象，装饰色带为与底色对比较为强烈的颜色，选择纯度较高的颜色，形成既简洁明快，又对比强烈的视觉效果，同时也为减小近处观看的心理压力。图3.122为和谐号CRH380A外观涂装方案。

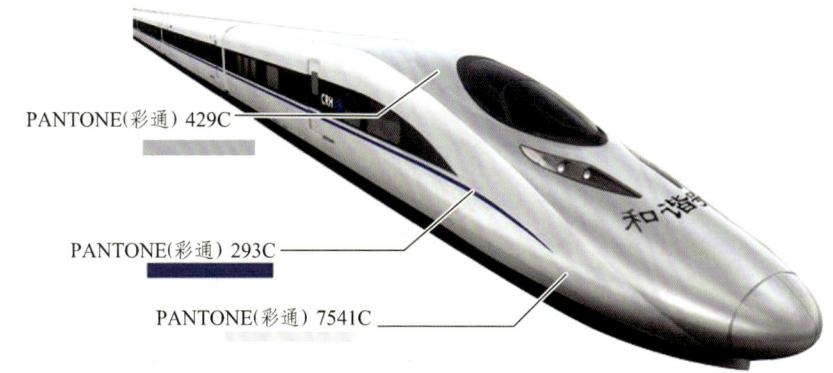

图 3.122　和谐号 CRH380A 外观涂装

## 3. 车顶造型

通过对比分析得出，采取对造型元素（基因）的重组，或夸张某些特征，使之造型产生变异，在品牌特征不变的情况下，具有新意的造型。此次高速列车车灯造型更仿生，或像动物肌肉般有力，或像鱼类般溜滑，犀利中带着柔和，速度中带着平稳，与欧洲的简洁充满力量感的车不同，也与日本的夸张阴柔风格迥异。车灯设计与整体风格的和谐统一，交相呼应，形成了鲜明的个性。

车灯造型采用仿生造型，提取自运动中的海豚，海豚向人们传达的都是积极、有爱心和可爱的形象，而其流线型的身体更体现海洋中的速度之快，如图3.123所示。

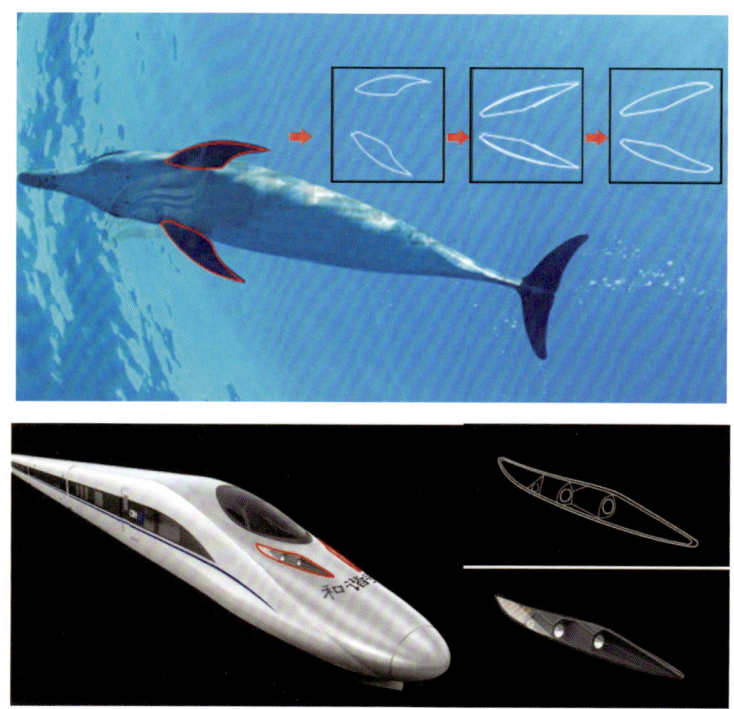

图 3.123　和谐号 CRH380A 车灯造型

## 3.4　列车头型的制造技术

### 3.4.1　复杂曲面制造技术

高速列车流线型头型主要由大型扭曲型材构成的弯梁、窗骨架、头灯安装座等各类曲面窗口，带有醒目"棱线"的外板等结构组成，前端带有吸能装置，后端弯梁采用型材整体拉弯成型工艺，头灯安装座法兰和逃生窗骨架采用整体加工成型，外板采用模压、胀拉、锤压等方式成型。复兴号 CR400AF 司机室骨架结构如图 3.124 所示。司机室骨架外部覆盖 4~6 mm 厚外板，外板共分 82 块，最终拼焊成型，带有 6 条纵向棱线，棱线部位要求线条流畅、醒目。骨架焊接完成之后变形较大，铺装外板时保证棱线的顺滑是制造难点。

## 第 3 章 空气动力学设计技术

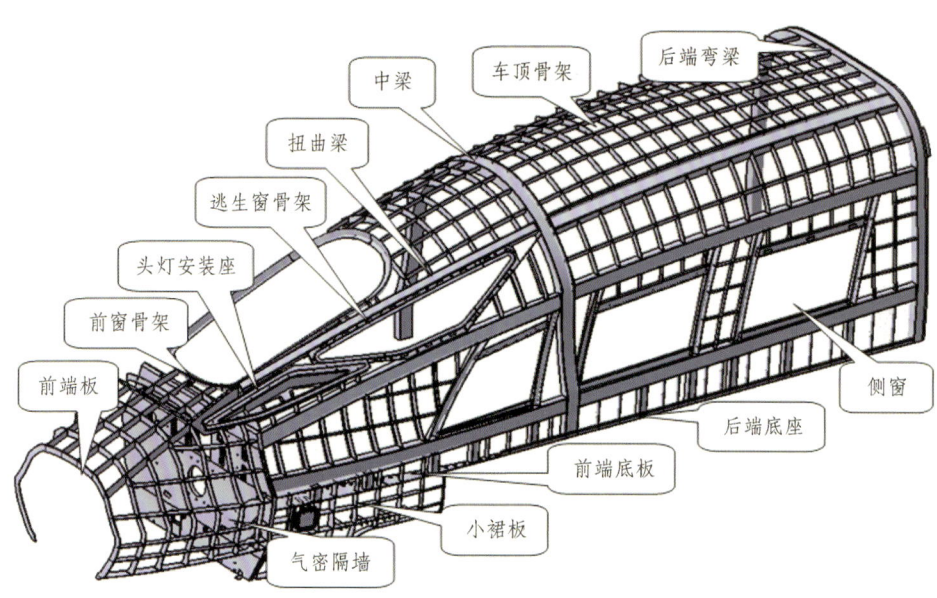

图 3.124 高速列车司机室骨架

1. 工艺流程

根据高速动车组司机室结构的特点、尺寸要求等，制定司机室骨架的组焊工艺流程。根据以前的经验并结合标准动车组司机室结构的特点确定司机室的焊接放量，两种头型长度方向设置不同的放量系数，验证焊接完成之后司机室长度较理论尺寸偏差在 0~3 mm 之间。司机室工艺放量确定之后，进行总组工装的具体设计，根据司机室的结构特点，总组工装在气密隔墙处分成不同高度的两部分，其中扭曲梁的空中定位、气密隔墙的定位和平面度控制、前端底板尺寸控制是工艺难点。另外，总组工装的设计不能影响活动工艺撑的安装，并留足焊接空间，方便抬车等。图 3.125 给出司机室总组工装局部图。

图 3.125　司机室总组工装局部（气密隔墙、前端板、扭曲梁定位）

2. 曲面窗口制造

复兴号 CR400AAF 前窗骨架尺寸是各车型中最大的一个，前窗位置及玻璃安装结构如图 3.126 所示，根据前期经验主要采取以下措施，提高前窗骨架尺寸的精度和稳定性。

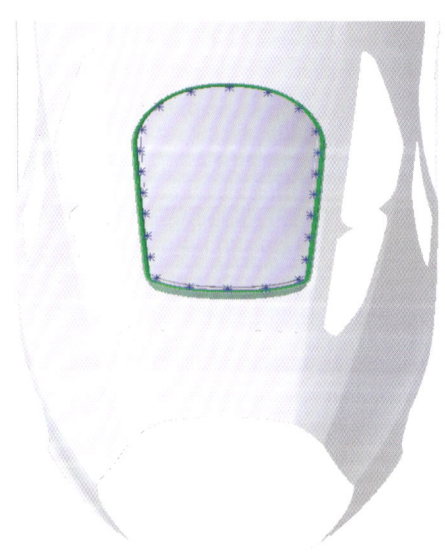

图 3.126　动车组前窗骨架结构

## 第 3 章　空气动力学设计技术

（1）批量车前窗骨架预组时采用正组工艺，代替原来的反组工艺。

（2）用工装保证尺寸代替人工技能保证尺寸，在前窗骨架制造过程中各个工步均采用工装保证尺寸，所有工装都经过三维扫描仪计量保证精度。

（3）梳理尺寸链，将总装分厂玻璃安装公差拆分反推出车体前窗骨架公差。

（4）统一测量基准，车体分厂和总装分厂使用同结构、同一厂家制作的检验样板。

（5）前窗骨架提前焊接，形成刚性模块。

（6）采用快速三维扫描仪对前窗骨架进行过程监控和最终检验。

根据玻璃安装标准倒推出车体前窗骨架检验标准，并在此基础上适当加严，最终确定车体交出时前窗骨架检验标准。图 3.127 为车体前窗骨架检验项点。

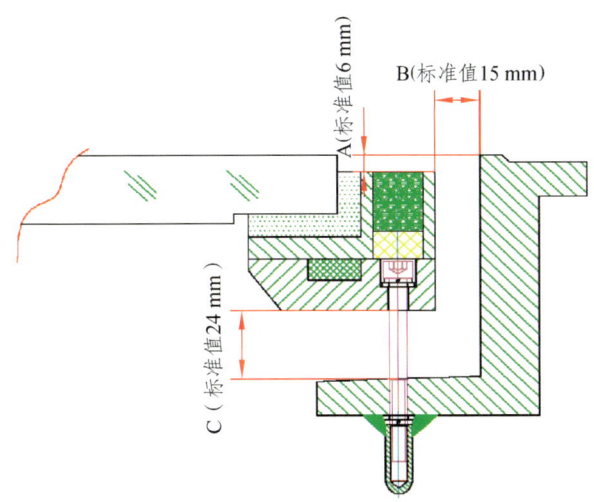

图 3.127　车体前窗骨架检验项点

前窗骨架分块压型，预组采用正组工艺，在前窗骨架钢模上完成，钢模与前窗骨架接触面采用整体加工方式成型，精度不低于 ± 0.5 mm。前窗骨架与钢模吻合度不大于 2 mm。前窗骨架单件成型之后，在前窗骨架焊接转台上完成组焊，形成刚性模块，焊接转台自带的组焊工装具有高精度、随形、可调等特点，结构如图 3.128 所示，在前窗骨架设计过程中，多次调整前窗焊接转台定位块位置（即反变形尺寸）。

## 高速动车组车体设计关键技术

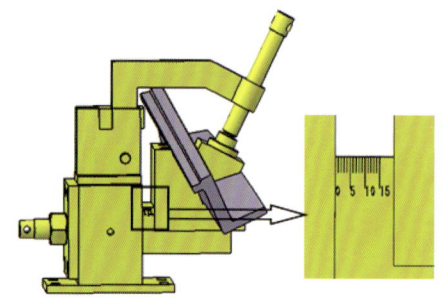

图 3.128　前窗骨架焊接转台

前窗骨架焊接量大是控制前窗骨架尺寸的主要难点，司机室组焊过程中，采用专用靠模控制尺寸，前窗骨架固定靠模采用整体加工方式成型，曲面与前窗骨架轮廓相契合，精度高、刚度大，能够实现尺寸校正、反变形和刚性固定三种功能，如图 3.129 所示。

图 3.129　前窗骨架固定靠模的应用

### 3.4.2　数字化造型和冲压技术

#### 3.4.2.1　空腔弯梁成型工艺

为了增强司机室耐碰撞性能，司机室结构采用大型中空型材弯曲结构焊接成整体支撑框架，因此司机室型材成型成为司机室制造的一大难点。为此根据司机室初版的设计结构进

## 第 3 章 空气动力学设计技术

行科技开发项目立项,针对其中成型难度最大的主体弯梁和中梁进行工艺试验,研究成型工艺,验证弯曲梁成型精度,研究内容主要如下:

(1)成型工艺:根据司机室弯梁结构以及各种成型工艺的特点,初步制定拉弯和压型相结合的工艺方法。

(2)使用设备:拉弯工艺采用拉弯机完成,压型工艺采用四柱油压机或双向压力机完成。

(3)材料:根据司机室弯梁的结构,由于零件局部弯曲半径较小($R = 670$ mm),为了避免在成型时出现裂纹,成型材料选用 6A01 人工时效前的软态材料进行拉弯,整体成型后人工时效处理至 T5 态,使最终机械性能等相关指标满足设计要求。由于零件在成型后尺寸较大,而时效炉尺寸有限,因此采用该工艺前首先对零件时效的放置方法进行了理论确认,同时在成型后进行实际验证。

(4)模具研制与结构优化:根据三维模型设计并制造专用拉弯模具,初步方案中拉弯模具采用厚钢板弯曲形成模具型面,并固定于底座上。经过拉弯试验,上述拉弯模具成型的弯梁与设计要求有较大出入,因此对拉弯模具进行多次优化,加入了型材拉弯后的回弹量。其中,主体弯梁成型模具 $R = 670$ mm 弧面由于型材成型时变形量较大,受力较大,型材成型后垂直度大于 5 mm,无法满足设计要求,因此对模具局部结构采用机加工后装配保证成型精度,其余位置采用厚钢板弯曲形成模具型面,整体固定于底座上,最终模具如图 3.130 所示。

(a)主体弯梁拉弯模具　　　　(b)中梁拉弯模具

图 3.130　拉弯试验模具

(5)成型工艺流程制定:根据试验过程制定了完整的成型工艺流程,如图 3.131 所示。

### 高速动车组车体设计关键技术

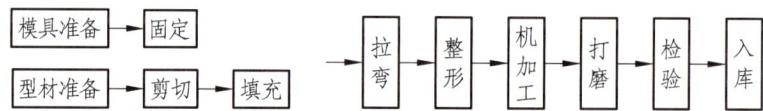

图 3.131 成型工艺流程

由于型材断面尺寸大且带有梯形斜边,空腔面积大,弯曲半径小,型材在成型过程中平面度、垂直度很容易受到影响而发生改变。为了达到司机室装配所需的精度,弯梁经过了数十次的成型试验,做到每次试验都有针对性改进。例如:零件的平面度由 6 mm 改为 2.5 mm,垂直度由 3.5 mm 改为 2 mm,轮廓度由 3 mm 改为 2 mm,弯梁成型后状态如图 3.132 所示。

(a) 主体弯梁　　　　　　　　　　　(b) 中梁

图 3.132 司机室弯梁

#### 3.4.2.2 外板成型工艺

复兴号 CR400AF 司机室曲面突出了棱线结构,棱线不仅遍布整个曲面,同时弯曲半径小棱线明显,因此外板制造过程可分为三个阶段:第一阶段工艺验证,第二阶段工艺分析与外板成型,第三阶段外板蒙皮。

(1) 第一阶段:通过工艺验证确认板材弯曲半径大小,并确定外板棱线制造工艺,为设计结构提供参考。选取典型曲面(外板外侧棱线半径 $R = 5$ mm)制作试验模具进行弯曲半径验证试验,试验采用两条棱线拉延成型、板材加热后拉延成型、单条棱线拉延成型和单条棱线对压成型四种方式进行,试验后拉延成型件板材在 $R = 5$ mm 位置断裂,如图 3.133(a)所示,对压成型局部出现微裂纹。经过与技术中心现场确认将曲面弯曲半径增加至 $R = 8$ mm,再次试验后外板成型位置未出现裂纹,成型曲面满足设计要求,如图 3.133(b)所示。为了模拟现车,验证棱线涂装后效果,对棱线半径 $R = 8$ mm 试验件按现车涂装要求进行涂装,如图 3.134 所示。

(a)初次试验结果(棱线半径 $R = 5$ mm)　　(b)再次试验结果(棱线半径 $R = 8$ mm)

图 3.133　外板棱线成型试验结果

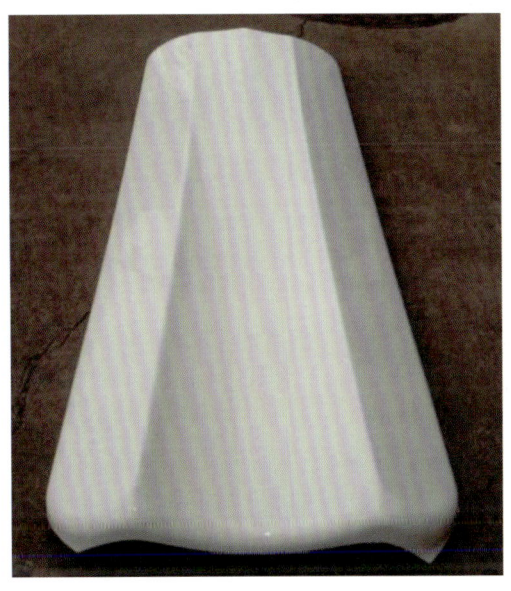

图 3.134　带棱线外板涂装样件

(2)第二阶段:司机室设计两种曲面结构,根据上述棱线验证情况,对两种曲面进行外板工艺性分析,外板分块如图 3.135 所示。

### 高速动车组车体设计关键技术

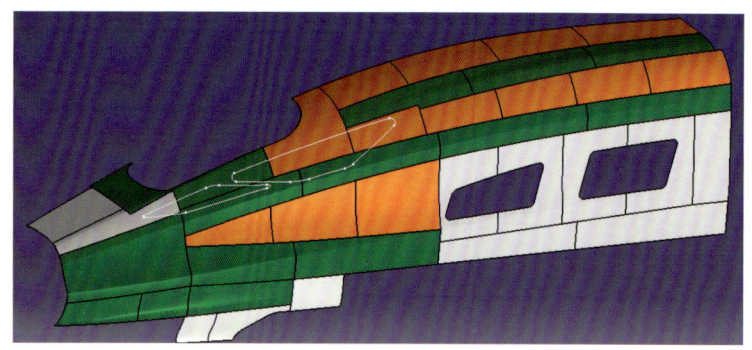

图 3.135　司机室外板分块图

图中将棱线结构集中分段，采用模具成型以保证棱线质量，模具模板采用互换形式，以降低模具成本；其他球形曲面采用胀拉成型工艺成型，以提高曲面的成型质量，降低模具的准备成本和周期。模具制作完成后进行试模验证，外板棱线整体尖锐、光顺，如图 3.136 所示。外板经过莱卡扫描仪检测，棱线等异形曲面精度较高，误差小于 2 mm。

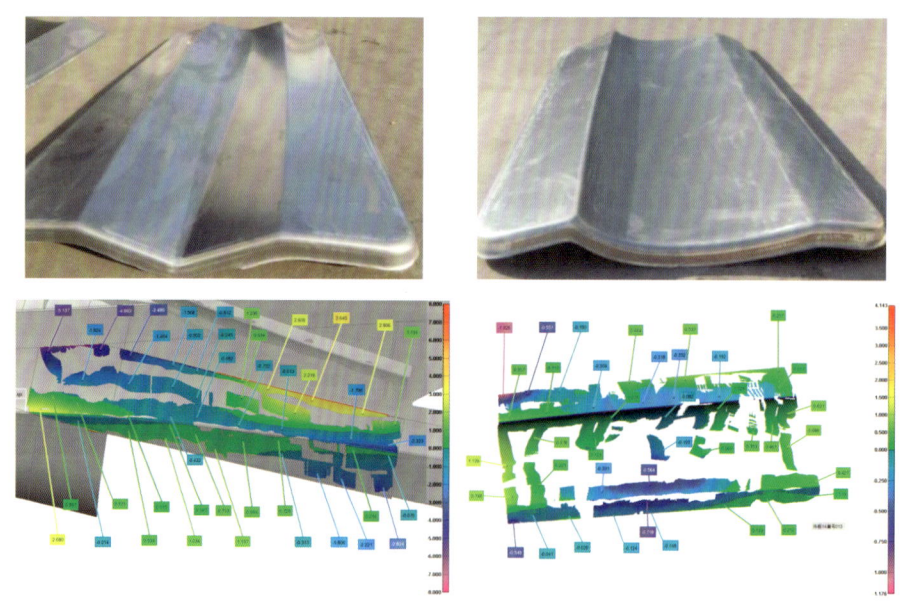

图 3.136　外板及检测结果

（3）第三阶段：根据外板分块图，对司机室进行蒙皮作业，蒙皮一般按照由气密墙沿前窗向后，由上至下的顺序进行，如图 3.137 所示。

第 3 章 空气动力学设计技术

图 3.137　司机室蒙皮

司机室外板最重要的特点是锐利的棱线,因此保证各块外板间棱线的顺滑过渡是蒙皮作业的重要内容。在蒙皮过程中,除了目视棱线是否顺滑外,首次制作了棱线检具(见图 3.138),检具使用时横跨在两块外板的棱线上,在外板点固前检测。检具两侧与外板贴合,说明棱线过度顺滑;若存在不均匀闪缝,说明两块外板棱线过度不顺滑,需要重新进行外板定位,最终保证每道棱线顺滑。

图 3.138　外板棱线检具

### 3.4.2.3　三维检测技术应用

基于动车组头部曲面特点,对相关检测技术进行研究,结合国内外相关检测设备发展现状,提出系统总体设计方案,在满足检测功能需求及拓展空间的基础上,综合

■ 高速动车组车体设计关键技术

考虑操作安全、测量效率、人体工学等因素。根据系统总体方案和核心部件的选型结果、外形尺寸、安装要求以及测量空间需求，对系统平台辅助结构进行机械设计和工业设计，最终实现尺寸测量的高精度、高效率要求。根据硬件的配置，开发相应的软件，软件主要包括通信连接模块、参数设置模块、接口模块、测量模块、显示模块和测量数据库，优选合适的界面开发平台，将以上各子模块进行系统集成，测量系统架构如图 3.139 所示。

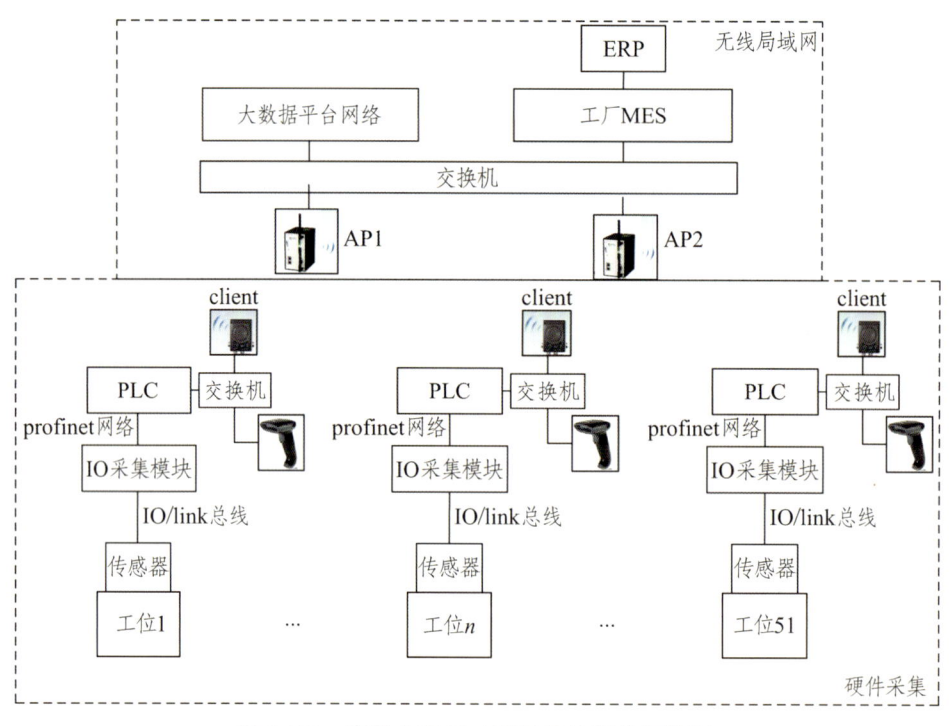

图 3.139　车体曲面尺寸测量系统架构拓扑图

根据高速动车组车体部件及其测量项特点，综合考虑生产线布置、测量效率和便捷性因素，采用便携式三维扫描作为基础装备进行尺寸测量。测量设备为非接触式测量，运用激光采集空间点的位置，由点云汇成面，最终形成被测物的立体数据，再与标准模型比对，即可得出被测物的偏差数值。核心部件为追踪器和扫描头，另配备工作站、稳压器、数据线、电源线等，如图 3.140 所示。

第 3 章 空气动力学设计技术

图 3.140　便携式三维扫描仪硬件配置

依托扫描仪测量设备，结合曲面尺寸测量需求，编制专用的测量软件，以降低设备的操作难度，提高测量效率，实现尺寸测量极简操作基础数据采集流程，如图 3.141 所示。图 3.142 为生产现场目视化显示。

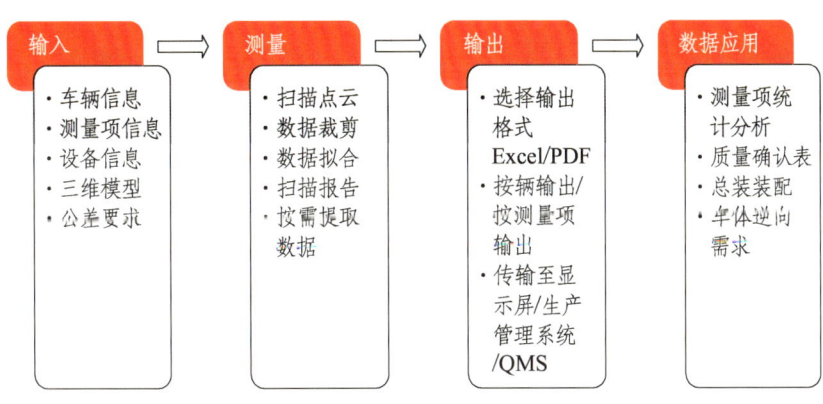

图 3.141　基础数据采集流程图

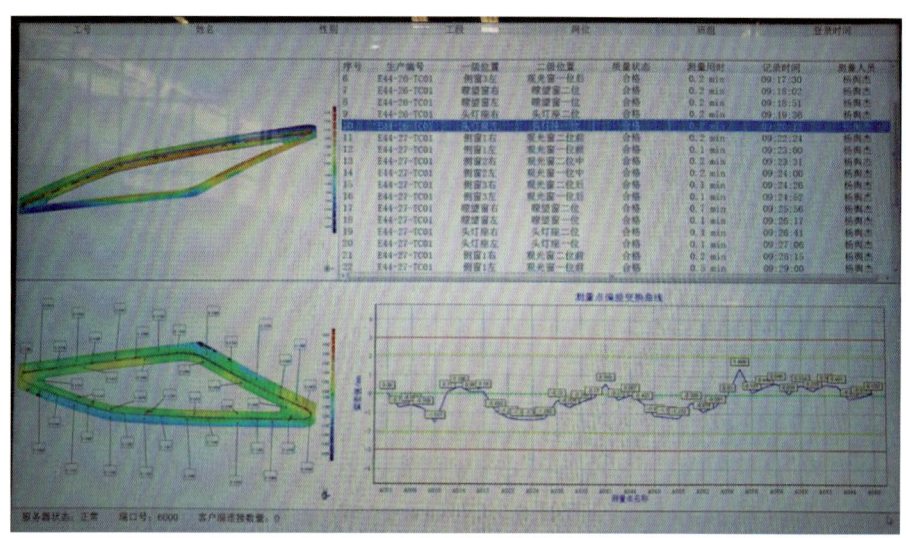

图 3.142　生产现场目视化显示

## 3.4.3　列车表面涂层技术

标准动车组美工技术条件采用全新的色彩体系,整车外部采用9072浅灰色金属漆,色带改为标准中国红色。标动批量车涂装质量要求满足480万千米内不进行总体重新涂装。

标准动车组选用的涂装材料和配套体系,底漆耐盐雾试验600 h,配套体系耐人工老化试验1 500 h(UVB),拉拔试验层间结合力大于4.5 MPa,各项性能均处于优等水平。通过涂装配套体系研究,确定了标准动车组的涂装体系,并通过配套工艺试验验证了相关的工艺参数。

车体外部涂装体系:车体喷砂+双组份环氧底漆+双组份聚酯弹性腻子+双组份聚氨酯中间层+双组份聚氨酯面漆+金属漆+清漆+车顶防滑涂料。

车体内部涂装体系:表面清洗+双组份蚀刻涂料+双组份铬酸锌特种树脂防锈底漆+水性阻尼涂料+面漆(门口、门框外露部位)。

车下底架涂装体系:零部件预涂+表面清洗+双组份蚀刻涂料+双组份铬酸锌特种树脂防锈底漆+转向架区域水性阻尼涂料+面漆。

## 第 3 章 空气动力学设计技术

转向架涂装体系：钢板预处理+构架预涂底漆+构架抛丸+双组份磷酸锌环氧厚浆型底漆+双组份聚氨酯面漆+双组份聚氨酯防结冰涂料的涂装体系。

为保证涂装质量，对各工序从人、机、料、法、环、测六个方面进行工艺培训和工艺验证，并加强过程控制。标动进入生产线后，对施工过程中出现的问题进行现场指导，明确施工标准。标准动车组首辆车分色完工、喷砂、底漆、阻尼浆、腻子、中间层、一遍面漆、车顶分色、车顶防滑、车内防寒、地板布、二遍面漆、分色工序均明确了施工标准，形成标准化作业，如图 3.143。针对车底大横梁滑槽内部涂装不严问题，从施工工具到施工工艺，进行多次试验验证，以确保涂装严密。为解决油漆脱落问题，在工艺文件中明确要求增加底漆、腻子等附着力检测。

（a）预先喷涂　　　　　（b）刷子找补　　　　　（c）完工效果

图 3.143　生产现场目视化显示

标准动车组头车多维弧面及棱线结构，车体通过 16 组模板成型，涂装过程中，为满足棱线美工效果，通过特制的刮刀和施工工具，采用定位、划线等特殊的施工工艺，确保了效果。

根据现车情况，为适应不同的棱线，采用 3D 打印技术制作了棱线高度、弧度模板，很好地保证了棱线的成型一致性，如图 3.144 所示。为保证后续工序打磨不损伤棱线结构，选择软磨头及特殊的打磨方法。

图 3.144　棱线成型涂刮工具

# PART FOUR

# 第 4 章 减振降噪设计技术

## 4.1 高速列车减振降噪基础理论

### 4.1.1 结构振动和声辐射理论

声波的产生与物体振动是紧密相关的，物体振动激励，其周围空气质点振动，由于空气具有惯性和弹性，在空气质点的相互作用下，振动物体四周的空气交替产生压缩与膨胀，并由近及远地向周围传播，从而形成声波。声源的振动在周围的介质中激发声波，称为辐射。

目前，振动声辐射问题的研究方法主要有理论研究、解析法和数值计算三种。理论研究方法目前仅局限于比较简单的理论模型和理论方法。解析法应用范围比较狭窄，其局限性表现在受使用条件、范围等的限制比较多，只能应用于求解结构边界条件简单、几何形状规则的结构振动声辐射问题，主要包括微分方程、模态叠加、分离变量等传统的理论方法。数值计算方法是通过简单的模型计算振动声辐射结果与解析法相比较，验证其正确性后，再进行求解较为复杂边界条件下的结构振动声辐射问题。数值计算方法主要应用于一般形状结构声辐射场求解，常用的数值计算方法包括有限元法、边界元法、统计能量分析法等。

#### 4.1.1.1 结构声辐射基本方程推导

在结构声学耦合问题中，需要把结构动力方程、流体动力方程与流体连续性方程一起考虑。结构动力方程可以使用结构有限单元计算，在不考虑声压对结构振动的影响时，

结构振动的控制方程为

$$[M_e]\{\ddot{U}_e\}+[C_e]\{\dot{U}_e\}+[K_e]\{U_e\}=\{F_e\} \tag{4.1}$$

其中，$[M_e]$ 为结构质量矩阵；$[C_e]$ 为结构阻尼矩阵；$[K_e]$ 为结构刚度矩阵；$[F_e]$ 为结构外激励力。

为了完整描述流体-结构耦合问题，对于结构振动特性而言，还必须考虑作用于节面上流体压力载荷向量 $\{F_e^{\text{Pr}}\}$ 的影响，此时的结构振动方程为

$$[M_e]\{\ddot{U}_e\}+[C_e]\{\dot{U}_e\}+[K_e]\{U_e\}=\{F_e\}+\{F_e^{\text{Pr}}\} \tag{4.2}$$

流体压力载荷向量 $\{F_e^{\text{Pr}}\}$ 可以作为界面面积 $S$ 上压力的积分获得：

$$\{F_e^{\text{Pr}}\}=\int_S \{N'\}P\{n\}\mathrm{d}(s) \tag{4.3}$$

其中，$\{N'\}$ 为位移单元形函数；$\{n\}$ 为界面的单位法线。

将用于压力空间变化的有限单元形函数方程代入式（4.3）中，生成新的界面压力向量方程：

$$\{F_e^{\text{Pr}}\}=\int_S \{N'\}\{N\}^{\text{T}}\{n\}\mathrm{d}(s)\{P_e\} \tag{4.4}$$

可得到考虑界面压力向量的结构动态有限单元方程：

$$[M_e]\{\ddot{U}_e\}+[C_e]\{\dot{U}_e\}+[K_e]\{U_e\}-\{R_e\}\{P_e\}=\{F_e\} \tag{4.5}$$

其中，$\{R_e\}=\int_S \{N'\}\{N\}^{\text{T}}\{n\}\mathrm{d}(s)$

流体动力方程与流体连续性方程通过假设简化为声学波动方程。如果不考虑流体边界上阻尼产生的能量消耗，声学波动方程是流体中声音传播的无衰减波动方程。当考虑流体边界上阻尼产生的能量消耗时，声学波动方程是流体中声音传播的衰减波动方程。完整的流体-结构耦合问题的有限单元离散化方程为：

$$\begin{bmatrix}[M_e]&[0]\\[M^{fs}]&[M_e^p]\end{bmatrix}\begin{Bmatrix}\{\ddot{U}_e\}\\\{\ddot{P}_e\}\end{Bmatrix}+\begin{bmatrix}[C_e]&[0]\\[0]&[C_e^p]\end{bmatrix}\begin{Bmatrix}\{\dot{U}_e\}\\\{\dot{P}_e\}\end{Bmatrix}+\begin{bmatrix}[K_e]&[K^{fs}]\\[0]&[K_e^p]\end{bmatrix}\begin{Bmatrix}\{U_e\}\\\{P_e\}\end{Bmatrix}=\begin{Bmatrix}\{F_e\}\\\{0\}\end{Bmatrix} \tag{4.6}$$

其中：$[M^{fs}]=\rho_0[R_e]^{\text{T}}$，$[K^{fs}]=[R_e]$。

对于流体-结构耦合问题，除了耦合子矩阵 $\rho_0[R_e]^T$ 和 $[R_e]$ 外，声学流体单元将生成所有上标为 $p$ 的子矩阵，其他子矩阵将由模型中的结构单元生成。

### 4.1.1.2 声压级与振级的关系分析

声音的传播是能量的传递，而传递能量的质点并不随声音扩散。声波传到原先静止的媒质中，一方面使媒质质点在平衡位置附近来回振动起来，同时在媒质中产生了压缩和膨胀过程，前者使媒质具有了振动动能，后者使媒质具有了形变位能，两部分之和就是由于声扰动使媒质得到的声能量。

研究声波的传播需要考虑两种速度：质点的速度 $u$ (m/s)和声速 $c$ (m/s)，通常情况下：$u \ll c$。

对于平面声波，声压与质点速度的关系为

$$P = \rho_0 c_0 u \tag{4.7}$$

式中，$\rho_0$ 为空气密度；$c_0$ 为空气中的声速；$\rho_0 c_0$ 为空气的特性阻抗，在 20 ℃ 标准大气压下取值 415 $kg \cdot m^{-2} \cdot s^{-1}$。

将式（4.7）转化成对数级的形式，可以得到如下所示的声压级和振级关系式：

$$SPL = VL + C \tag{4.8}$$

式中，$SPL$ 为声压级；$VL$ 为振级；常数 $C \approx 33.7$。

### 4.1.1.3 薄板中的结构声辐射

车体受到外界激励后引起车体壁板振动，同时车体壁板的振动又受到车体内空腔流体的反作用，壁板振动后产生噪声，再经过车内空腔放大或衰减，反过来产生的噪声同样又放大或抑制壁板的振动，外界输入的力经这样的耦合后传到受声点，形成最终的车内噪声。所以，单独考虑车体结构本身的振动模态或车内空腔声学模态都不能反映力-振动、振动-声、声-振动这种系统的耦合特性，必须将车体结构振动和车内空腔噪声耦合起来考虑其耦合系统的模态参数。

薄板结构中主要有三种结构的弹性波，分别是胀缩波（纵波）、弯曲波（横波）和

### 高速动车组车体设计关键技术

切变波,其波速分别如式(4.9)~(4.11)所示。

胀缩波(纵波)波速 $c_L$ 为

$$c_L = \sqrt{\frac{E}{\rho(1-\sigma^2)}} \quad (4.9)$$

式中,$E$ 为板的弯曲弹性模量;$\rho$ 为板的密度;$\sigma$ 为板的泊松比。

弯曲波(横波)波速 $c_b$ 为

$$c_b = \left(\frac{B\omega^2}{\rho H}\right)^{\frac{1}{4}} \quad (4.10)$$

式中,$B$ 为板的弯曲刚度;$\rho$ 为板的密度;$H$ 为板厚度;$\omega$ 为角频率。

切变波波速 $c_t$ 为

$$c_t = \sqrt{\frac{G}{\rho}} \quad (4.11)$$

式中,$G$ 为板的切变弹性模量;$\rho$ 为板的密度。

由公式(4.9)、(4.10)可以看出,纵波的传播速度是一个只与材料参数有关的定值,横波的传播速度随着角频率变化,并且与板的弯曲刚度和板的密度都有关系。

结构中的弹性波在连接处可能产生从一种类型变成另一种类型的现象,如T形连接的两个构件,一个构件的弯曲波,会转换成另一个构件的胀缩波。不同类型的波,在板中传播时的特性力阻抗与各自在板中的传播速度有关,其计算公式如式(4.12)~(4.14)所示。

板中胀缩波的特性力阻抗 $Z_L$ 为

$$Z_L = H\rho c_L \quad (4.12)$$

式中,$H$ 为板厚度;$\rho$ 为板的密度;$c_L$ 为胀缩波波速。

板中弯曲波的特性力阻抗 $Z_b$ 为

$$Z_b = H\rho c_b \quad (4.13)$$

式中,$H$ 为板厚度;$\rho$ 为板的密度;$c_b$ 为弯曲波波速。

## 第 4 章 减振降噪设计技术

板中切变波的特性力阻抗 $Z_t$ 为

$$Z_t = H\rho c_t \tag{4.14}$$

式中，$H$ 为板厚度；$\rho$ 为板的密度；$c_t$ 为切变波波速。

对于任意结构形状的声源，可以看作由众多点声源集合而成，板结构的振动声功率可表示为

$$W = \int I_S \mathrm{d}S \tag{4.15}$$

式中，$S$ 为以声源球心为原点，距离 $r$ 处波阵面的面积，$S = 4\pi r^2$。

单频振动情况下有：

$$I_S = \frac{1}{2} Re[P^{\mathrm{T}}(R) V_n^*(R)] \tag{4.16}$$

式中，$R$ 为结构封闭区域 $S$ 上的点；$I_S$ 为 $R$ 点的声强；$P^{\mathrm{T}}(R)$ 为 $R$ 点的声压；$V_n^*(R)$ 为 $R$ 点的法向振速；$V_n^*$ 为 $V_n$ 的共轭复数。

如果结构离散成 $N_e$ 个单元，均采取四节点等参单元模型，$N_i$ 为等参单元模型中的插值形函数，$P_i$ 和 $v_i$ 分别表示节点声压值和法向振速值。

$$P = \sum_{i=1}^{4} N_i P_{el} \tag{4.17}$$

$$v = \sum_{i=1}^{4} N_i V_{el} \tag{4.18}$$

式中，$P_{el}$ 和 $V_{el}$ 分别表示第 $i$ 个单元四节点的声压值和速度值。由式（4.15）~（4.18）得：

$$W_i = \frac{1}{2} Re \int (P^{\mathrm{T}} V_n^*) \mathrm{d}S_i - \frac{1}{2} \sum_{t=1}^{N_e} \int [Re(P_{el}^{\mathrm{T}}) N_l^{\mathrm{T}} N_l V_{el}^*] \mathrm{d}S_i \tag{4.19}$$

经离散后有：

$$P = AV \tag{4.20}$$

则每个节点的声压实部值表示为

$$P_i = A_i V \Rightarrow P_i^{\mathrm{T}} = (A_i V)^{\mathrm{T}} = V^{\mathrm{T}} A_i \tag{4.21}$$

将式（4.21）代入式（4.19）得到结构每个节点声辐射功率表达式为

$$W_i = \frac{1}{2} Re \left[ V^{\mathrm{T}} \sum_{t=1}^{N_e} \int (A_i N_l^{\mathrm{T}} N_l) \mathrm{d}S_i V_{el}^* \right]$$

令 $Z_i = \sum_{i=1}^{4} \int (A_i N_l^{\mathrm{T}} N_l) \mathrm{d}S_i$，结构的总辐射声功率为

$$W = \sum_{i=1}^{N_e} W_i = \frac{1}{2} \sum_{i=1}^{N_e} (V^{\mathrm{T}} Z_i V_i) = \frac{1}{2} V^{\mathrm{T}} Z V$$

其中，$Z$ 为阻抗矩阵，它表征板结构辐射声功率和结构表面法向振动速度之间的关系。板结构辐射声功率大小由结构表面各点处的振动速度幅值决定。

### 4.1.2 振动舒适性

在 UIC513《铁路车辆内旅客振动舒适性评价标准》中，列车综合乘坐舒适度应是在一段时间内 3 个方向加速度 $a$ 的加权均方根值的综合值。对列车舒适性有三种评估方法：根据在车内地板（站姿）或座椅（坐姿）上测得的加速度进行统计分析的完整方法；或根据在车内地板上测得的加速度进行统计分析的简化法。这三种测量方法的计算公式如表 4.1 所示。

表 4.1 舒适性三种测量方法

| 测量方法 | 传感器变量 | 计算公式 |
| --- | --- | --- |
| 坐姿的完整方法 | 地板上 $a_{ZP}$<br>座椅面上 $a_{YA}$、$a_{ZA}$<br>座椅背面 $a_{XD}$ | $N = 4 a_{ZP95}^{W_b} + 2\sqrt{(a_{YA95}^{W_d})^2 + (a_{ZA95}^{W_b})^2} + 4 a X D_{ZP95}^{W_c}$ |
| 站姿的完整方法 | 地板上 $a_{XP}$、$a_{YP}$、$a_{ZP}$ | $N = 3\sqrt{16(a_{XP50}^{W_d})^2 + 4(a_{YP50}^{W_d})^2 + (a_{ZP50}^{W_b})^2} + 5 a_{YZ50}^{W_d}$ |
| 简化法 | 地板上 $a_{XP}$、$a_{YP}$、$a_{ZP}$ | $N = 6\sqrt{(a_{XP95}^{w_d})^2 + (a_{YP95}^{w_d})^2 + (a_{ZP95}^{w_b})^2}$ |

式中，$N$ 为舒适度指标；$a$ 为加速度的均方根值；每个加速度的上标表示频率加权，下

标表示加速度有效值的置信点,如 $a_{XP95}^{W_d}$ 表示纵向加速度使用 $W_d$ 频率加权且取 95%的置信有效值。符号详细说明见表 4.2。

表 4.2 舒适度评价中各符号含义

| W | | a | | |
|---|---|---|---|---|
| d | 垂向的 | A | 座椅面 | 50 | 50% |
| c | 座椅背面的 | P | 车地板面 | 95 | 95% |
| b | 横向的 | D | 座椅背面 | | |

舒适度指标的计算方法如下:以 5 min 时间为一分析段,每 5 s 为一计算单元,求得加权有效值,然后取 60 个有效值的 50%或 95%的置信点进行统计分析,最后合成 3 方向加速度计算得到舒适度,所记频谱的范围为 0.4~80 Hz。

以简化法为例,舒适性指标的计算方法如下:

(1) 对记录信号进行数字加权。

(2) 以 5 s 为一分析段,计算各方向的加速度加权均方根值。

(3) 按表 4.1 简化法公式计算舒适度指标。

最终舒适性指标的评价等级如表 4.3 所示。

表 4.3 各方向舒适度等级划分表

| 舒适度 | 评 价 |
|---|---|
| $N<1$ | 非常好的舒适度 |
| $1 \leqslant N < 2$ | 好的舒适度 |
| $2 \leqslant N < 4$ | 中等舒适度 |
| $4 \leqslant N < 5$ | 差的舒适度 |
| $N \geqslant 5$ | 非常差的舒适度 |

## 4.1.3 噪声舒适性

随着列车速度的提升,乘客在客室内部的舒适性得到越来越多的重视。客室内部噪声水平是影响乘车舒适性的重要因素之一，人们通过对车内噪声声场分布的研究，采用适当的降噪手段，从很大程度上降低了车内噪声水平，达到国家规定的噪声限值标准（见表4.4）。

表4.4 国家规定的噪声限值标准

| 车 种 | | 噪声限值/dB（A） | |
|---|---|---|---|
| | | 运行时 | 静止时 |
| 软卧车、软坐车、一等车 | | ≤65 | ≤60 |
| 硬卧车、硬座车、二等车 | | ≤68 | ≤62 |
| 餐车 | 餐厅 | ≤68 | ≤62 |
| | 厨房 | ≤75 | ≤70 |

然而声压级达到标准并不意味着乘客对声环境的感觉一定舒适。噪声舒适性主要源于乘客出行过程中的生理和心理感受。

#### 4.1.3.1 车内噪声评价指标

人耳对声音强弱的心理声学参数有：响度、尖锐度和粗糙度。客观评价参数有：声压级、声音频率、声强、声功率等。

1. A 计权网络

为了使声音的量度与人耳听觉感受一致，在测量仪器上都装置了对频率的计权网络，对所接收的声音按频带设一定的衰减，来模拟人耳的听觉特性。这样得到的声级称为计权声级。

现有的计权网络分为 A、B、C、D 4 种。A 计权网络是采用一组 A 计权的滤波器来补偿人耳的听力特性，用于评价声音的感觉强度。A 声级的测量结果与人耳对噪声的主观感觉相似，同人耳的损伤程度也相对应，因此国内外研究人员通常将 A 声级作为评价噪声的主要指标。

## 第 4 章　减振降噪设计技术

### 2. 听　阈

通常人耳能感受的振动频率在 20～20 000 Hz 之间，而且对于其中每一种频率，都有一个刚好能引起听觉的最小振动强度，称之为听阈。当振动强度在听阈以上继续增加时，听觉的感受也相应增强，但当振动强度增加到某一限度时，它引起的将不单是听觉，同时还会引起鼓膜的疼痛感觉，这个限度称为最大可听阈。

### 3. 响　度

响度是感觉判断的声音强弱，即声音响亮的程度，它的大小主要依赖于声强、声源远近、声音发散多少，同时也与声音的频率有关。无论用何种方式求响度，都要经过烦琐的计算。响度可以用传感器直接测量。

根据噪声分贝标准可知，当声压为 10～20 dB 时，几乎感觉不到声音；当声压为 20～40 dB 时，相当于轻声说话；当声压为 40～60 dB 时，相当于室内说话；当声压为 60～70 dB 时，有损神经；当声压大于 70 dB 时，长期在这种环境下学习和生活，会使人的神经和细胞逐渐受到破坏甚至耳聋。

#### 4.1.3.2　噪声舒适性研究方法

噪声舒适性是人对车内噪声水平的主观感觉，是一个主观量、感觉量，没有量纲；车内噪声则是高速列车运行时产生的客观量、物理量，量纲为 dB。噪声舒适性适用于定性分析，而车内噪声适用于定量分析。目前，高速列车噪声舒适性方面还未形成比较统一的评价指标和评价体系。

声品质参数与噪声舒适性之间存在关系。声品质研究分为客观和主观两方面：客观评价方面，可以通过测量响度、尖锐度、粗糙度等常用的心理声学属性，分别从不同角度阐述声音感受；主观评价方面，主要是通过主观评价试验来获得人对声音最直观的感受，以问卷调查的形式获取有价值的数据，分析和研究被调查事物之间的联系，建立事物之间的关系模型，利用统计学知识整理分析所得数据，研究噪声与人的听觉舒适性之间的关系。

## 4.2 高速列车减振降噪设计方法

### 4.2.1 噪声控制策略

高速列车在运行过程中，车体表面受到不同激励源及相互耦合的作用。高速列车作为一个封闭结构，任何噪声薄弱环节都会对车内噪声产生影响。因此，在车辆设计过程中，车辆各个部分都需尽可能具有相同的吸隔声性能，实现等声压级设计，避免木桶效应的出现。

另外，由于车辆在运行过程中，受到不同噪声源的激励，不同的噪声源具有不同的频率特性。而且高速列车车体结构中的声传播以弯曲波为主，在不同频率下，影响板隔声性能的主要参数有差异，按照隔声特性规律中不同区段的特点，合理确定刚度、阻尼、质量、吸声等噪声控制措施，分频段进行控制，如图 4.1 所示。

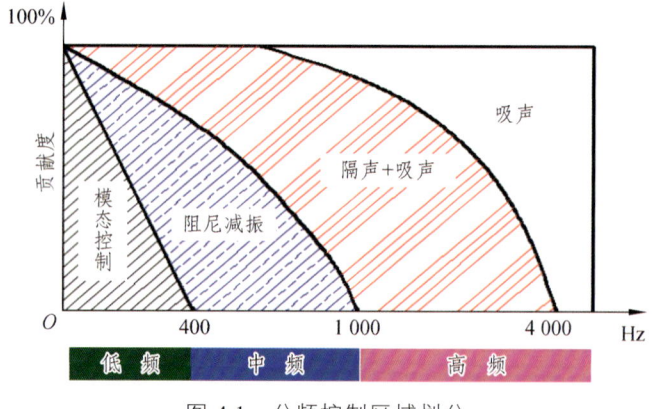

图 4.1　分频控制区域划分

### 4.2.2 整车噪声管理和正向设计技术

随着轨道交通的快速发展以及车辆行驶速度的大幅提升，列车不仅要保证安全高速地运行，也要更好地给司乘人员创造舒适的乘坐环境。随着车速的提高，列车内噪声也随之增加，这直接影响到车内司乘人员的乘坐舒适性。高速列车车辆的噪声源众多，且每个噪声源产生的机理不同，使得噪声频带分布范围宽。目前，常用的噪声控制措施主

## 第4章 减振降噪设计技术

要为隔声、吸声、阻尼等被动控制措施,但大多为粗放型,控制效率比较低。为了科学合理地进行噪声控制,形成体系化的噪声控制方法,基于高速列车的噪声特性,根据分频段控制策略,优化噪声控制措施设计方法,针对性地实施噪声控制。

全寿命周期振动噪声管理技术是指主要围绕整车振动噪声控制指标,建立噪声正向设计流程,在噪声数据库、全频段噪声仿真和全链条噪声试验支撑下,开展产品的全寿命周期的噪声管理,开展降噪方案开发和基于新技术的持续优化,保证了高速列车车型的整车性能。

随着运营速度的不断提高,对噪声的要求也不断提高。目前,我国高铁对噪声的研究还处于噪声值控制阶段。现有的高速列车在目前的运行速度下车内噪声指标基本符合设计要求,但若提高运行速度,车内噪声必然会超出设计要求,接下来的工作便是不断修改车体结构,以使噪声符合要求。为了在车辆生产之前获得满足设计要求的车体部件的声学参数指标,为实际工程提供基础指导,需要对整车开展正向设计。

(1)确定高速列车的整车噪声设计目标;

(2)根据整车噪声设计目标对高速列车各部件的声学指标进行分解;

(3)根据分解的声学指标进行声学仿真;

(4)对高速列车的各个部件进行声学试验,并通过对比声学仿真结果得到高速列车各个部件的优选参数;

(5)根据高速列车各个部件的优选参数,进行整车噪声仿真分析;

(6)根据整车噪声仿真分析结果,更新轨道列车部件的声学指标,实现高速列车低噪声的正向设计。

基于轮轨形式的高速列车处于 350 km/h 达速运行阶段,为进一步提高车辆的运行速度,完善人们的出行方式,高速磁浮是一种目前较为理想的选择。高速磁浮车辆的设计运营速度为 600 km/h,高于现有的高速轮轨动车组,但其车内舒适度要求没有降低。在磁浮车辆设计阶段,对整车的噪声振动进行管理,可指导高速磁浮车辆的降噪设计。

基于上海磁浮、德国 TVE 试验线获取的数据,结合高速动车组研发过程中开展的噪声理论和仿真技术研究,建立速度 600 km/h 高速磁浮列车噪声正向设计流程,如图 4.2 所示。

## 高速动车组车体设计关键技术

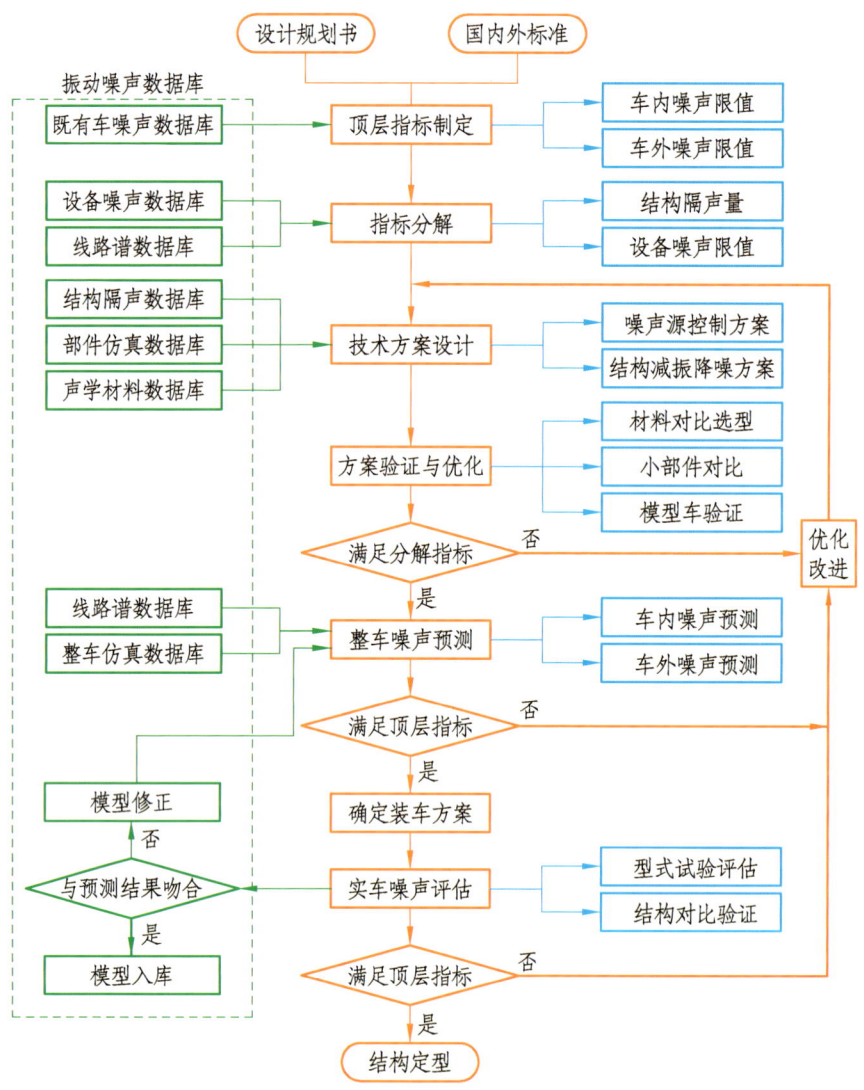

图 4.2 高速列车噪声正向设计流程图

该流程将整车噪声控制工作前置到车辆规划、方案设计及施工的全过程,具体实现过程如下:

(1)以高速磁浮课题任务书和国内外相关标准为依据,制定噪声顶层控制指标,即车内和车外噪声限值。

（2）通过自主开发的一系列工具，将噪声控制指标分解到具体的结构部件和设备，形成结构隔声量和设备声功率指标，并规定检测方法，在部件和系统设计阶段进行控制。

（3）噪声控制技术方案的设计需考虑噪声指标要求，在既有结构数据库基础上进行优化提升，并经过试验验证和循环优化。

（4）噪声控制技术方案初步确定后，还需经过整车噪声预测、模型车和样车等实车噪声评估等环节，最终确定批量车装车方案。

## 4.2.3 噪声仿真技术

### 1. 有限元和边界元方法

在车辆噪声仿真预测中，有限元方法主要用于计算由结构振动引起的车内噪声问题，通过有限单元将声传播的空气域（如车辆内部空间）或结构弹性域离散化，根据声学波动方程或力学方程，得到系统的联立方程组。该方法常限于封闭空间。

有限元方法在工程声学的应用开始于 20 世纪 60 年代。1966 年，Gladwell 和 Zimmermann 提出了一个声场-结构能量公式，为有限元在声学领域的应用奠定了基础。1971 年，Gladewell 又利用余能定理和汉密尔顿变分原理推导了简单板结构与声场耦合的表达关系式，进一步开拓了有限元方法求解结构与声学耦合问题的应用领域。美国通用公司的 Nefske 等人是最早应用有限元方法预测车内噪声的研究者之一。他们通过在空气运动方程中引入边界表面的加速度向量，在结构运动方程中引入边界压力向量来解决声固耦合问题。由于当时计算机进行大型运算的能力有限，他们建议在假定真空的情况下计算结构模态，在假定硬墙壁的情况下计算空腔模态。Nefske 和 Sung 将这种方法应用于计算一个货车的前 100 阶结构模态和前 20 阶空腔模态。Turner 和 Turgay 于 1998 年发表的论文中给出了在不考虑内饰和座椅的情况下，使用驾驶室结构和空腔的有限元模型对车内噪声进行预测。1999 年，Sung 和 Nefske 等人又对汽车车内噪声进行预测，预测值和实测值的对比结果表明，所建立的模型在 200 Hz 以内可以达到较好的预测精度。

由于有限元方法对空腔的模拟和分析基本沿用对结构振动的处理方法。低频段利用较少的节点数就可以对系统响应和各个节点之间相互作用的关系进行精确描述，但是随着频率的升高，模态密度增大，其结构模型在 10～20 阶模态以后精度变得非常低，因此有限元分析法在车辆噪声分析方面的局限性使其应用频段限值在 200 Hz 以下。

从 20 世纪 80 年代开始，科学工作者开始应用边界元方法进行声场预测。边界元方法是一种求解边界积分方程的数值方法。与需要将区域离散化的有限元方法不同，边界元方法是边界建模，只需对边界离散化，使问题的维数从三维降至二维，可大大减少单元数量，从而减少了数据量和计算时间，可方便地分析结构的声辐射、声散射以及结构-空腔等问题。因此，边界元方法可以克服有限元方法的一些不足，只建立边界表面的二维模型，而且与车身结构进行零号匹配，使得模型规模减小，计算时间大大减小，并且能够很好地解决噪声辐射问题。

　　Sestieri 等人于 1984 年发表了一篇论文，讲述了边界元法在空腔噪声问题中的应用。一年之后，Sestieri 更详细地阐述了这个概念。Succi 在他发表的论文中也报告了类似的分析方法。此后，很多人就边界元方法的理论和应用进行了研究。1992 年，Wu Xuefeng 利用有限元分析方法结合边界元分析方法预测了随机激励下矩形箱子的振动及其声场响应问题，预测了板件结构振动和结构辐射声场的变化。1997 年，Debashis Basu 利用有限元分析方法和边界元耦合的方法研究了结构声场的预测仿真问题。Seybert 等人对拖拉机驾驶室的内部空腔建立了边界元模型，预测了在力激励和声激励作用下驾驶室内的噪声。预测值和试验值的对比结果表明，在 500 Hz 以下的频率范围内，两者之间吻合得很好。但该方法计算时间较长、效率较低，对一些复杂结构仍然需要大量的正交模态来获取结构和声场之间的耦合关系，所以会使得计算成本过大。

　　在国内，有限元分析方法和边界元分析方法在汽车噪声预测方面的应用开始于 20 世纪 90 年代。余兴悼、方新在 1992 年以 Helmholtz 积分法为基础，采用有限元和边界元结合的方法预测封闭箱体结构振动产生的辐射声场。1994 年，李世岩应用边界元分析方法对结构的声振耦合进行了分析研究。2000 年以后，有限元分析方法结合边界元的分析方法开始应用于发动机、齿轮室罩、水下声场的圆柱形薄壳等结构噪声的预测中。

　　在轨道车辆领域，有限元分析方法和边界元预测方法应用较晚，2004 年北京交通大学的宋雷鸣采用有限元法分析了铁路客车车内空腔的声学特性，得出了 200 Hz 以下车内声场的分布特性。2007 年，大连交通大学的刘唐利用有限元分析软件 ANSYS 对铁路客车车体模态以及车内空腔模态进行了仿真计算，对客车进行了声固耦合响应分析，得到了声固耦合的固有频率以及对应的固有模态。2008 年，张磊采用有限元和边界元相结合的方法，对车内噪声进行了预测与控制研究，给出了车内观测平面 10~200 Hz 内的声场分布，确定了主要噪声源及面板的贡献量，结合试验数据，提出了相应的减振降噪措施。

有限元分析方法和边界元方法的方法虽然可以精确预测结构在低频段振动和声场辐射问题，但是对于具有大量 DOF 的结构或系统处于中高频段时，有限元分析方法和边界元分析方法具有较大的局限性，尤其是高速列车结构非常复杂，体积比较庞大，采用有限元分析方法和边界元分析方法，高频计算量大，计算时间较长，不适合多种噪声方案的快速对比分析。

2. 统计能量分析方法

统计能量分析（Statistical Energy Analysis, SEA）是研究复杂声振系统中高频噪声的一种有效方法。1962 年，Lyon 和 Maidanik 合作发表了第一篇统计能量分析方法方面的论文，建立了单模态和多模态子系统的相互作用公式，提出了模态密度、阻尼和耦合损耗因子三个基本统计能量分析方法参数对响应估计的重要性。之后，有学者将 SEA 方法推广到解决三个子系统耦合系统的分析。1975 年，Lyon 发表了代表性专著《Statistical Energy Analysis of Dynamic Systems: Theory and Application》，这本书总结了统计能量分析理论以及在实际应用中的研究，为统计能量分析方法的发展奠定了基础。

在统计能量方法发展初期，它主要用于研究航空航天器的"声振"问题。Valerio 等采用 AutoSEA 对 VEGA 型运载火箭整流罩在外部噪声激励下的噪声响应进行了计算分析。Betts 等也采用同样的统计能量分析方法对 CNOFS 航天器结构进行了声振响应分析，计算结果显示，在 200 Hz 以上频段，仿真预测结果与试验结果吻合得很好。Larko 等对航天器上的夹层蜂窝板结构分别采用 VEPEPS 和 AutoSEA 对结构响应进行了仿真预测，计算结果表明，在 100 Hz 以上频段两者计算结果比较相近。

在车辆噪声研究方面，Cole 等人在 1983 年对运输车的驾驶室模拟成一个密封的方盒模型进行噪声传递研究，用 SEA 方法进行了噪声的衰减理论计算和试验。Richard 在 1985 年将一辆越野车简化成一系列简单的板、梁和声空间等非常理想的动态子系统的结合体，通过计算各个子系统间的功率流，以确定哪个结构是引起车内噪声的主要噪声源。Robert 和 Unglenieks 等人打破了传统的建模方式，建立了简化的声腔-多孔仪表板-声腔的统计能量分析模型，对各种具有不同气流阻力的多孔板件子系统的声传递损失进行了数值计算与试验测量，计算结果与试验结果对比表明二者具有较好的一致性。Fred 对统计能量分析理论的功率平衡方程进行了改进，提出了带有阻尼的车身 SEA 系统的建模方法，并建立了防火墙-地板-后隔板的统计能量分析模型，采用传统功率平衡方程与改进后的功率平衡方程分别对防火墙-地板-后隔板模型子系统的响应进行了计算。Philippe 和 Moron 等人提出了一种新的汽车设计思想，在汽车产品开发设计阶段可以进行模型的有效性验证、贡献度分析、目标设定、设计灵敏度分析，并针对汽车的不同设计理念和整车布置进行优化设计。

随着汽车对舒适度要求的提高，汽车的声学包装设计越来越重要。Tracey 等人通过计算声学包装的声传递损失，并通过试验对声传递损失进行了测量，验证了统计能量分析模型的有效性。Huang Liangyu 等人则利用统计能量分析方法对一款豪华运输车的声学包装性能进行研究，采用功率流分析方法来确定车内噪声的主要传递路径，同时指出精确的 SEA 模型，对指导汽车声学设计具有非常重要的意义。Pan Jian 等人采用 SEA 方法，对汽车声学包装进行了最优化设计，通过对汽车声学包装进行优化设计，驾驶员耳旁噪声降低了 3 dB，与此同时，声学包装质量降低了 20%。Norimasa Kobayashi 等人采用相同的方法对声学包装进行了优化，同时建立了一个基于统计能量分析方法的数学模型，该模型首先假定 SEA 模型中能量的流动方向，并且描述了车内声压级与能量流之间的关系，同时通过 SEA 模型预测了车内噪声级，并与试验结果进行了对比，结果表明二者具有较好的一致性。

随着 SEA 技术的不断完善与发展，国内外许多公司都致力于开发一种商用软件来实现快速及标准化的统计能量分析建模，同时注重相似车型模板的开发，具有代表性的是法国 ESI 公司开发的软件 AutoSEA2。AutoSEA2 是基于统计能量分析方法，用于中高频振动噪声分析的结构-声学仿真分析软件。

国内对统计能量分析的研究开始于 20 世纪 80 年代初，最早也是针对航空航天飞行器的动力学系统问题，航天部和北京理工大学于 20 世纪 90 年代初分别研制出了《声振环境预示系统（AVEP2.0）》软件和《HIFREM 预示飞行器高频动力响应》软件。1995 年，北京理工大学的姚德源和王其政编写的《统计能量分析原理及应用》一书成为国内关于 SEA 的第一本教材,从而奠定了这种分析方法在国内发展和应用的基础,使 SEA 开始被人们认识并研究使用。西北工业大学的孙进才在统计能量分析的理论和应用方面开展了大量研究,对国内 SEA 的发展起到了推动作用。

国内 SEA 在车辆领域的应用比较广泛。宋雷鸣等人最早使用统计能量分析方法应用于内燃机车牵引噪声源的噪声贡献量分析。朱桂华采用 SEA 方法预估了处于扩散声场中的拖拉机驾驶室的内部声级和外部声级衰减量,但结果在低频部分并不理想。随后左言言用 SEA 方法计算了拖拉机驾驶室各振动板壁向车内空间的声辐射。同济大学应用 SEA 方法对汽车声振系统进行了研究,靳晓雄等人应用 SEA 方法对国产某轿车内室噪声进行了优化与控制,建立了轿车 SEA 模型,并获得一系列有价值的分析结果,且模型分析结果与车内噪声实测值误差在 3 dB 以内。王毅刚等人还对复杂结构 SEA 的低频限进行了研究,并指出复杂结构的 SEA 低频分析受向目标子系统传递主要能量的子系统支配。孙玲玲等人采用统计能量分析方法对轿车驾驶室的结构声进行了预测分析。于笑非采用 SEA 方法对客车的噪声水平进行了预测分析。刘涛采用一个汽车真实模型说明汽车的车内噪声性能设计完全可以采用统计能量分析来进行预测和分析,验证了它的准确性和适用性。于学华采用 SEA 方法对汽车道路噪声进行了研究。

国内采用 SEA 方法对轨道车辆的声振特性研究得较少。2005 年,马纪军对轨道客车的噪声预测进行了研究,将统计能量法用于轨道客车的噪声预测中。2008 年,大连交通大学的麻建省采用统计能量分析对车体结构辐射噪声进行了分析和仿真计算,研究了加筋板的建模方法,预测了车内声场的声学环境。2010 年,谢素明采用统计能量法对铁路客车室内高频噪声进行预测与控制。2012 年,哈尔滨工业大学的何小伟采用统计能量分析方法,建立了高速列车车内噪声预测模型,得到了高速列车头车司机室和中间车的噪声分布,以此来指导高速列车的车内声学设计。但是高速列车结构比较复杂,单纯采用 SEA 方法不能满足要求,尤其是车体底架结构,枕梁和牵引梁刚度较大,模态密度较小,由于 SEA 适用于模态密度较大的高频段,因此单独采用 SEA 方法进行仿真计算在中低频段精度较低。

3. 混合有限元统计能量分析方法

如前所述,高速列车结构复杂,既有刚度较小、模态较密集的板件结构,又有刚度较大、模态密度较小的枕梁、横梁等结构，因此高速列车的噪声仿真预测属于典型的中频声振系统研究的范畴。目前，在研究中频噪声问题时，混合有限元统计能量分析（FE-SEA）方法是一种有效的新方法，该方法是由 Robin Langley 教授针对复杂的中频声振问题提出的，它将有限元分析和统计能量分析方法相结合，采用动力平衡方程和功率平衡方程计算声振系统的响应。该方法可以建立声振系统的 FE-SEA 耦合模型，将 FE 子系统与 SEA 子系统紧密耦合在一起，既解决了有限元分析在高频计算量大、计算时间长的问题，又解决了 SEA 方法在低频计算不精确的问题。

随着 FE-SEA 方法的不断发展和完善，也由于混合 FE-SEA 方法的优越性，它被广泛应用于汽车领域。Phil shorter 采用混合 FE-SEA 方法对汽车前围板结构的声传递损失进行了预测和分析。Charpentier 用混合 FE-SEA 方法对汽车结构建立了混合模型，并对中频段结构噪声的传播进行了预测。Denis Blanchet 利用混合 FE-SEA 方法对加筋板的辐射噪声进行了研究。Chadwyck T. Musse 等人采用混合 FE-SEA 分析技术对全内饰汽车中频噪声预测精度进行了改进，并指出，利用较少的时间和建模步骤，选择性地利用局部子系统 FEA 计算，可以提高中频噪声的预测精度。Jerome E. Manning 对轿车中频问题进行了分析，通过预测与试验传递函数对比，证实了混合 FE-SEA 方法预测的有效性。Amaud Charpentier 等人建立了全内饰轿车混合 FE-SEA 模型，对结构传播噪声进行了预测，通过改进内饰设计，对车内声学包装进行了优化。Ignatiusvaz 利用混合 FE-SEA 方法对 Aparmat Ⅱ测试模型的结构声学进行了预测和仿真。Steven G. Mattson 等人建立了消声器混合 FE-SEA 模型，对消声器插入损失进行了预测，并与试验结果进行了对比，对比结果表明，二者有着较好的一致性。

Taner Onsay 等人使用 FEA 和 SEA 相结合的方法以及试验方法对表面带有不同形状孔洞平板的声振特性进行了分析，并指出孔洞的深度、位置等均会影响板的低频与高频声振特性，沿孔洞方向的弯曲波和声波在低频范围内有着较好的一致性，此项研究对汽车板件上的孔洞设计提供了指导，并成功应用于新车型的设计与开发。在统计能量分析过程中，需要对模型中各子系统的模态密度、内损耗因子、耦合损耗因子三大参数进行计算。Harold 等人通过有限元模型来求解 SEA 子系统的一些重要参数，并且通过试验验证了该方法的有效性，此求解方法可以考虑一些子系统的细节结构，从而有助于提高模型在低频范围内的 SEA 预测精度，结果还显示了通过有限元低频分析可以得到较准确的高频耦合损耗因子。Arnaud Charpentier 等人在分析汽车结构噪声时建立了考虑内饰的汽车混合 FE-SEA 模型，并描述了划分 FE 和 SEA 子系统的简单原则，指出如何采用有限元模型对 SEA 板件以及耦合子系统进行描述，同时对车内噪声进行了预测，进而通过该模型对整车的声学性能进行了改进，通过传递路径分析确定了车内噪声的主要传递路径，对车内噪声进行了有效控制。此外，他们还建立了车内报警系统的混合 FE-SEA 模型，对由报警系统产生的车内噪声进行了预测。

使用混合 FE-SEA 方法，可以预测复杂结构系统的中、高频噪声响应，从而避免了单独使用 FEA 或 SEA 方法所带来的局限性。Vincent Cotoni 等人推导出了子系统的功率平衡方程，利用该功率平衡方程可以计算得到各子系统的响应，混合 FE-SEA 方法的计算结果与有限元随机抽样法的计算结果比较表明：混合 FE-SEA 方法预测结果与现有分析方法预测结果具有较好的一致性。

混合 FE-SEA 方法已集成在商业软件 VA one 中，此软件集成了 FEM、BEM 和 SEA 模块，可以对全频带尤其是中频的结构声学问题进行预测仿真，得到越来越广泛的应用。国内也开始有人开展这方面的研究，潘凯采用 VA one 软件，建立了机舱的声学模型，对飞机舱内的噪声进行了预测分析。罗放基于混合 FE-SEA 方法对全频带内的齿轮箱基座噪声进行了仿真和预测。陈书明利用混合 FE-SEA 方法对汽车车内空腔的声学响应进行了预测。混合 FE-SEA 方法的优越性使其被广泛应用于汽车、航天、船舶等领域，但在高速列车领域却鲜见报道。

## 4.2.4 噪声试验技术

1. 隔声量测试

目前，结构隔声测试方法主要有混响室方法、隔声箱法、混响室-消声室方法以及混响室-半消声室方法等。

隔声箱由上下两个箱体组成，上下箱体外壳采用钢板制作，上箱体五个壁面均铺设吸声材料，下箱体五个壁面均涂有水泥，试件尺寸的大小限制了该测试方法的通用性。

混响室-消声室由相邻的混响室和消声室组成，试件尺寸根据样品窗的大小而定。该方法目前在国际上没有相关标准,但国内外很多汽车行业采用该测试方法进行隔声测试。

混响室-半消声室隔声测试与混响室-消声室测试不同之处在于接收室改为只有五个壁面铺有吸声材料的半消声室,待测试件的尺寸大小具有一定的灵活性,通过与混响室法隔声测量比较,证明采用混响-半消声法进行隔声测量是可行的。该方法基于声辐射理论,只适用于厚度远小于长度和宽度的二维结构。

混响室法是测量隔声量的标准方法。混响室是声学测量研究领域的一种专业实验室,国内外均把混响室作为声波无规则入射时材料吸声性能测量鉴定的必要实验条件。利用传声器分别测量出声源室和接收室的各自声压级 $L_1$ 和 $L_2$,它们都是时间和空间的平均值。空间的平均可以通过房间中的多个测点所测值平均,而时间的平均比较简单,因为声源本身是稳定的。此外,还要测量接受室的混响时间 $T$,并根据塞宾公式求得吸声量:

$$A = \frac{0.16V}{T}$$

式中　$A$——接收室的吸声量;

$V$——接收室的体积;

$T$——接收室的混响时间。

根据声源室和接收室各自的平均声压级及试件面积,就可以通过下式计算出隔声量:

$$TL = L_1 - L_2 + 10\lg\frac{S}{A}$$

其中,$10\lg(S/A)$ 是修正项。

2. 阻尼比试验测试

尽管关于各种材料、各种结构的阻尼损耗数据和计算公式可以很方便地查询,但是最常用和最可靠获得阻尼损耗因子的办法是通过试验测量,工程上常用的结构内损耗因子数值为 $10^{-4} \sim 10^{-1}$,通常对它的精度要求不是十分苛刻,所以用简单的试验方法就可得到满意的结果。

简单传统的阻尼测试方法主要有自由梁法、悬臂梁法、自由衰减法和阻抗法等。自由梁法、悬臂梁法也称时域法阻尼测试。

自由梁法是采用弯曲共振曲线（频率-振幅）测试阻尼损耗因子的测试系统，如图4.3 所示。

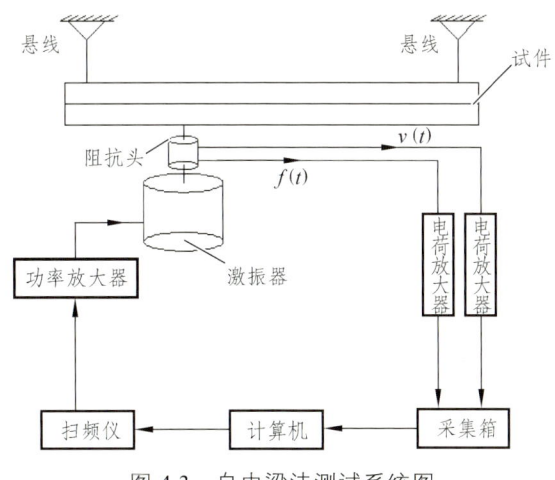

图 4.3 自由梁法测试系统图

在试件 2 阶模态的节点上固定两根悬线，组成悬挂结构，即自由梁。测试系统在软件的支持下，对试件进行扫描，处理得到其弯曲共振曲线。然后，应用半功率带宽法求阻尼损耗因子，即通过结构试件在共振时的共振频率与其相应的带宽，应用式（4.22）来确定试件的阻尼损耗因子。

$$\eta = \frac{f_\mathrm{H} - f_\mathrm{L}}{f_n} = \frac{\Delta f}{f_n} \tag{4.22}$$

式中，$\eta$ 为材料结构的阻尼损耗因子；$f_\mathrm{H}$ 为频率增大时，振幅下降 3 dB 时的频率，Hz；$f_\mathrm{L}$ 为频率减小时，振幅下降 3 dB 时的频率，Hz；$\Delta f$ 为半功率带宽；$f_n$ 为第 $n$ 阶共振频率，Hz。

在弯曲共振曲线上，共振峰的相对高度不小于 10 dB，计算结果 $\eta \leq 0.1$ 时结果才可靠；当 $\eta > 0.1$ 时，应在式（4.22）的基础上加一修正项，阻尼因子计算式化为式（4.23）。

$$\eta = \frac{\Delta f}{f_n}\left(1 - \frac{11\Delta f}{32 f_2}\right) \tag{4.23}$$

悬臂梁法与自由梁法相似，其测试原理都是建立在线性小阻尼的理论基础上，并且这两种方法测试设备简单，操作容易。

自由衰减法是用于测试结构试件的阻尼比，是利用试件自由振动振幅逐渐减小的特征，来测试试件的阻尼比。测试原理是用力敲击试件，试件在受到瞬时激励后会产生振动响应，激励停止后，响应会逐渐衰减，最后达到静止。在这个过程中，自由衰减波的幅度是逐步减小的，幅度衰减得越快，试件的阻尼系数越大。但自由衰减法主要用于测试结构阻尼较小的构件，从受激振动到静止，至少要经过三个周期才能有一定的测试精度。

阻抗法源于机械阻抗的概念，使用一种叫阻抗头的传感器，测量激振力及加速度响应的特性。阻抗头的上部安装在试件中部，阻抗头的下部与机械式激振器连接。激振器工作时，阻抗头的两个输出口分别输出力信号和加速度信号。经采样、运算、滤波后得到试件的动刚度曲线，然后采用半功率带宽法进行阻尼损耗因子的计算。阻抗法主要用于特定频率要求下和较大阻尼系数材料结构的能量阻尼系数的测定。

阻尼作为振动系统中耗损能量能力的一个标志，其特征值的数学描述方法很多，各种描述方法通常与表现阻尼的物理现象相联系，同时也和能否清楚地表现实际机械结构的阻尼特性相联系。阻尼特性是指某个特征值随某些因素而呈函数关系的特性曲线或用数学式表达的函数，这些因素主要是频率和振动幅值，主要包括位移 $x$、速度 $\dot{x}$、加速度 $\ddot{x}$ 等，随阻尼频率而变化的函数尤为重要。因此，阻尼特征值的数学描述包括两个方面：即选用怎样的特征值以及以这一特征值为指标用数学模型所描述的阻尼特性。

特征值的选择要求是，必须能够区分阻尼在数量上的差异，而且能准确地加以测量。测量的可能性和精确度往往影响到阻尼特征值的实用价值。所以，下面将阻尼特征值的数学描述结合测量方法联系起来加以分析。

试验中采用自由衰减法，利用声振测试软件 LMS 和加速度传感器，对板件进行测试。通过位移振幅衰减计算阻尼比法推导响应加速对振幅衰减的阻尼比计算方法。

对于图 4.4 所示的有阻尼单自由度的振动系统，在自由振动时，外力 $F(t) = 0$，系统

的振动微分方程为

$$m\ddot{x} + c\dot{x} + kx = 0 \tag{4.24}$$

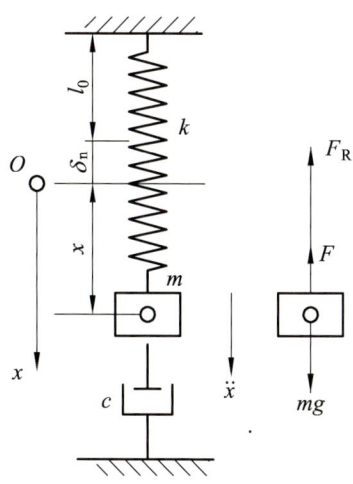

图 4.4 单自由度阻尼振动模型

式（4.24）可以写成下列形式：

$$\ddot{x} + 2n\dot{x} + w_n^2 x = 0 \tag{4.25}$$

其中，$w_n$ 为无阻尼固有频率，满足 $w_n^2 = \dfrac{k}{m}$；$2n = \dfrac{c}{m}$；$c$ 为黏性阻尼系数。

微分方程（4.25）的特征方程为

$$r^2 + 2nr + w_n^2 = 0 \tag{4.26}$$

对于弱阻尼结构试件，即阻尼比 $\zeta = \dfrac{n}{w_n^2} < 1$，其特征解为

$$\begin{cases} r_1 = -n + j\sqrt{n^2 - w_n^2} = -n + jw_d \\ r_2 = -n - j\sqrt{n^2 - w_n^2} = -n - jw_d \end{cases} \tag{4.27}$$

式中，$w_d$ 为阻尼固有频率，其表达式为

$$w_d = \sqrt{w_n^2 - n^2} = w_n \sqrt{1 - \zeta^2} \approx 1 \tag{4.28}$$

## 高速动车组车体设计关键技术

此时，微分方程（4.28）的通解为

$$x = e^{-nt}(C_1 \cos w_d t + C_2 \sin w_d t)$$
$$= e^{-\zeta w_n t}(C_1 \cos w_d t + C_2 \sin w_d t)$$
$$= x_0 e^{-\zeta w_n t} \sin(w_d t + \alpha) \tag{4.29}$$

式中，$x_0^2 = C_1^2 + C_2^2$；$\tan\alpha = \dfrac{C_1}{C_2}$；$C_1$、$C_2$ 为可以通过初始条件确定的常数。

如图 4.5 所示为自由振动的位移时间历程图。

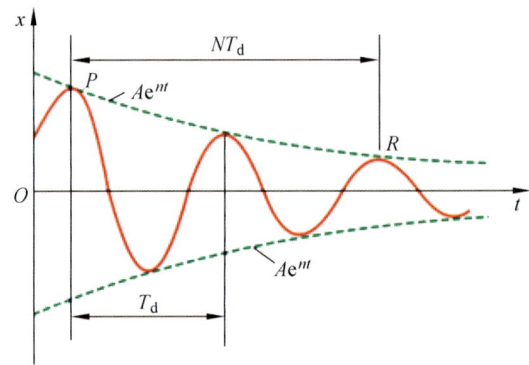

图 4.5  自由振动衰减振动曲线

自由振动时对数衰减率 $\delta$ 为

$$\delta = \ln\frac{e^{-\zeta w_n t_1}}{e^{-\zeta w_n (t_1+T_d)}} = \zeta w_n T_d = 2\pi\zeta \tag{4.30}$$

或取 $N$ 个周期：

$$\delta = \ln\frac{e^{-\zeta w_n t_1}}{e^{-\zeta w_n (t_1+NT_d)}} = \zeta w_n T_d = 2N\pi\zeta \tag{4.31}$$

所以阻尼比计算表达式为

$$\zeta = \frac{\delta}{2N\pi}, N = 1, 2, 3\cdots \tag{4.32}$$

因为对板件的阻尼比试验测试采用的传感器为加速度传感器，下面验证式（4.32）

同样适用于通过加速度振幅的衰减变化求解试件的阻尼比。

对位移方程式（4.29）两端对时间 $t$ 进行两次微分，便可获得加速的振动方程：

$$\ddot{x} = (\zeta^2 w_n^2 - w_d^2)x_0 e^{-\zeta w_n t}\cos(w_d t + \alpha + \pi) + 2\zeta w_n w_d x_0 e^{-\zeta w_n t}\sin(w_d t + \alpha + \pi)$$
$$= a_0 e^{-\zeta w_n t}\sin(w_d t + \alpha + \pi + \phi) \quad (4.33)$$

其中：

$$a_0^2 = [(\zeta^2 w_n^2 - w_d^2)x_0]^2 + (2\zeta w_n w_d x_0)^2$$

$$\tan\phi = \frac{(\zeta^2 w_n^2 - w_d^2)x_0}{2\zeta w_n w_d x_0}$$

通过式（4.33）可以看出加速度的振幅的对数衰减率与位移振幅对数衰减率相同，所以式（4.32）适用于通过加速度振幅的衰减变化求解试件的阻尼比。

3. 噪声源识别测试分析技术

高速列车噪声源特性分析是为了更好地了解车外噪声源空间声场分布和频谱特性，研究车内噪声产生的原因，为高速列车的减振降噪设计提供试验和理论依据。

准确地掌握高速列车的噪声源分布特性，是开展降噪设计的前提。波束形成技术在高速声源识别中有广泛应用。该技术利用声阵列系统，对传声器阵列中各阵元上测量的信号进行加权、延时、求和等运算，使得各阵元由位置差异引起的信号延时得到补偿，形成空间指向性，达到识别来自不同方向声源的目的。

波束成形声阵列是由一定数量的声传感器以一定的方式排列而成的，常用的有十字形、圆形和螺旋形。声阵列的主要结构参数有阵列直径、传感器间距、传感器空间分布方式、传感器数量等。这些结构参数就确定了声阵列的特征参数——指向性、主瓣宽度、最高旁瓣级、栅瓣位置、分辨率等。波束形成方法输出的结果与阵列的这些几何参数密切相关。其中，分辨率是指阵列能够分辨出的两个声源的最小距离，也是体现阵列声源识别能力的主要指标。分辨率越高，阵列的识别效果越好，阵列的分辨率与阵列的孔径和测试距离有关，当声源正对阵列，即方位角为 0 时，阵列的分辨率 $R(0)$ 满足式（4.34）。

$$R(0) = \alpha \frac{Z}{D}\lambda \quad (4.34)$$

式中，$Z$ 为阵列面与声源面的距离；$D$ 为阵列的孔径；$\lambda$ 为入射波波长。

方位角为 $\theta$ 的阵列分辨率 $R(\theta)$ 满足式（4.35）。

$$R(\theta) = \frac{\alpha}{\cos^3 \theta} \frac{Z}{D} \lambda \tag{4.35}$$

式中，$Z$ 为阵列面与声源面的距离；$D$ 为阵列的孔径；$\lambda$ 为入射波波长。

式（4.35）除以式（4.34）可得：

$$\frac{R(\theta)}{R(0)} = \frac{1}{\cos^3 \theta} \tag{4.36}$$

式中，$\theta$ 为方位角。

由式（4.36）可知，方位角越大，分辨率越差，因此声源识别时方位角不宜过大，工程应用中，一般要求小于 30°。

传统波束形成原理已经得到了广泛的应用，但在实际应用中其分辨率都较低，尤其在低频区域分辨率严重不足。而声源成像反卷积算法 DAMAS（Deconvolution Approach for the Mapping of Acoustic Source，DAMAS）能有效消除旁瓣，提高分辨率，其计算流程如图 4.6 所示。

图 4.6　反卷积法计算流程图

A 过程为最终声源通过虚拟传感器转换为中间声源，虚拟传声器和中间声源在最终结果中都不显示，只作为中间结果出现；B 过程为原始信号转换为中间声源。解过程 A 与 B 之间的等式，便可得出最终结果。

以传统波束形成作为中间声源，从功率谱的角度分析，可以得到波束形成的互功率谱输出如式（4.37）所示。

$$Y(\eta, \omega) = \frac{1}{N^2} \sum_{m,n=1}^{N} \overline{P_m(\omega) P_n^*(\omega)} \, e^{j\omega(\eta_m - \eta_n)} = \sum_{m,n=1}^{N} C_{mn} e^{j\omega(\eta_m - \eta_n)} \tag{4.37}$$

其中，$C_{mn}$ 为传声器信号的互谱矩阵，如式（4.38）所示。

$$G = C_{mn} = \begin{bmatrix} C_{11} & \cdots & C_{1n} \\ \vdots & \ddots & \vdots \\ C_{n1} & \cdots & C_{nn} \end{bmatrix} \quad (4.38)$$

可以得到传统波束形成的功率谱输出 $Y(e)$，如式（4.39）所示，在反卷积计算中作为中间声源。

$$Y(e) = \frac{e^{\mathrm{T}} G e}{N^2} \quad (4.39)$$

其中，$e = \mathrm{col}[e_1, e_2, \cdots, e_n]$ 为导向向量。

通过导向向量，用式（4.40）计算获得虚拟传感器信号。

$$P_{n:m} = Q_m e_{n:m}^{-1} \quad (4.40)$$

式中　$P_{n:m}$——虚拟传声器信号；

$Q_m$——第 $m$ 个最终声源点的声压平方；

$n:m$——第 $n$ 个传声器和第 $m$ 个声源点。

任意两个虚拟传声器对应的信号乘积如式（4.41）所示。

$$P_{n:m}^* P_{n':m} = (Q_m e_{n:m}^{-1})^* (Q_m e_{n':m}^{-1}) = Q_m^* Q_m (e_{n:m}^{-1})^* (e_{n':m}^{-1}) \quad (4.41)$$

式中，*表示复数共轭，其目的是使最终声源信号变为实数。

代入式（4.42）所示的矩阵 $G$ 中，得：

$$G = X_m \begin{bmatrix} (e_1^{-1})^* e_1^{-1} & \cdots & (e_1^{-1})^* e_{n_0}^1 \\ \vdots & \ddots & \vdots \\ (e_{n_0}^{-1})^* e_1^{-1} & \cdots & (e_{n_0}^{-1})^* e_{n_0}^1 \end{bmatrix} \quad (4.42)$$

将虚拟传感器信号通过导向向量转换为修正后的中间声源：

$$Y_{m_{\mathrm{mod}}}(e) = \sum_{m'} \frac{e^{\mathrm{T}} [\,]_{m'} e}{n_0^2} X_{m'} = A X_m \quad (4.43)$$

其中，$[\,] = \begin{bmatrix} (e_1^{-1})^* e_1^{-1} & \cdots & (e_1^{-1})^* e_{n_0}^1 \\ \vdots & \ddots & \vdots \\ (e_{n_0}^{-1})^* e_1^{-1} & \cdots & (e_{n_0}^{-1})^* e_{n_0}^1 \end{bmatrix}$；$m$ 为最终声源点；$m'$ 为中间声源点。

由建立修正后的中间声源点和原始信号计算出中间 S 声源点之间的等式：

$$AX = A_{m1}X_1 + A_{m2}X_2 + \cdots + A_{mM}X_M = Y \quad (4.44)$$

式中：$A$ 为 $N$ 阶方阵，如果 $A$ 为非奇异矩阵，可以通过求逆矩阵，直接得到 $X$；当 $A$ 为奇异矩阵时，利用迭代方法进行计算，由于声压平方为大于 0 的数，所以要求每次迭代结果大于 0，如果小于 0，则赋值 0，迭代公式如下：

$$X_m = Y_m - \left[\sum_{m'}^{m-1} A_{mm'}X_{m'} + \sum_{m'=m+1}^{M} A_{mm'}X_{m'}\right]$$

4. 传递路径试验分析技术

车体噪声辐射和振动现象，往往是由多个激励，经由不同的传递路径抵达目标位置后叠加而成的。为相关技术在车体噪声振动检测中的应用及车体噪声预报提供技术支持，往往要综合考虑各个激励和传递路径的情况，传递路径分析就是一个行之有效的方法。通过传递路径分析，确定各途径流入的激励能量在整个问题中所占的比例，找出传递途径上对车内噪声起主导作用的环节，进行声源及振源的辨识，通过控制这些主要环节，如使声源的强度、路径的声学灵敏度等参数在合理的范围内，使噪声控制在预定的目标值内。

传递路径分析方法研究的是系统的传递特性。对于一个系统来说，当它受到一个激励 $F$ 后，必然产生一个响应 $X$，那么表征系统这种激励-响应关系的特性就是系统的传递函数。复杂系统受多种振动噪声源的激励，每种激励都可能通过不同的路径，经过衰减传递到多个响应点。一般来说，通过试验掌握系统的传递特性，那么当系统处于不同的激励状态时，就可通过激励与系统传递函数的乘积来计算出系统的响应。传递路径分析方法的意义不仅在于预测系统响应，更重要的是，当振动和噪声响应超过标准时，工程技术人员能够找出关键路径，从而有的放矢地改进设计。对于一种特定现有车型，一旦整车传递路径分析模型建立起来，那么在研发新车型时就能够有指导性地进行设计。对于需要减振降噪的车型，还可将传递路径分析方法与数值计算方法相结合，将计算得到的新结构特性函数代入模型中，通过预测到的系统响应来辨识结构修改的好坏。

工况传递路径分析（Operational Transfer Path Analysis，OTPA）是一种利用多工况下实测数据进行传递路径定量化分析的方法。通常在测试过程中选取 $n$（$n>1$）个激励点，

测试 $m$（$m \geq n$）种工况的数据，组成一个 $m$ 维度的线性方程组，其中第 $j$ 个工况数据中目标点处产生的响应分别为 $P_j$（$j=1,2,\cdots,m$），第 $j$ 个测试步中第 $i$ 个激励处的激励信号为 $x_{opji}$（$i=1,2,\cdots,n$），两者之间的传递函数为 $h_i$（$i=1,2,\cdots,n$），则其矩阵方程如式（4.45）所示。

$$\begin{bmatrix} P_1 \\ P_2 \\ \vdots \\ P_j \\ \vdots \\ P_m \end{bmatrix} = \begin{bmatrix} x_{op11} & x_{op12} & \cdots & x_{op1i} & \cdots & x_{op1n} \\ x_{op21} & x_{op22} & \cdots & x_{op2i} & \cdots & x_{op2n} \\ \vdots & \vdots & \cdots & \vdots & \cdots & \vdots \\ x_{opj1} & x_{opj2} & \cdots & x_{opji} & \cdots & x_{opjn} \\ \vdots & \vdots & \cdots & \vdots & \cdots & \vdots \\ x_{opm1} & x_{opm2} & \cdots & x_{opmi} & \cdots & x_{opmn} \end{bmatrix} \cdot \begin{bmatrix} h_1 \\ h_2 \\ \vdots \\ h_i \\ \vdots \\ h_n \end{bmatrix} \quad (4.45)$$

其矩阵形式可以简化为下列形式：

$$[P]=[X][H]$$

由于选取的测试工况数 $m$ 大于等于激励源的个数 $n$，可以保证激励源信号矩阵的逆矩阵是唯一的。因此在式两边同时乘以 $[X]$ 的逆矩阵，即可得到传递函数矩阵 $[H]$，如下式所示。

$$[H]=[X]^{-1}[P]$$

OTPA 方法不需要测试静态下的传递函数矩阵，较传统 TPA 方法更为方便，并且能很好地对低频噪声贡献量进行预测，因此在轨道车辆噪声传递路径分析中得到广泛应用。

## 4.3 高速列车噪声源特性及其对车内噪声影响研究

### 4.3.1 高速列车的主要噪声源及贡献度分析

#### 4.3.1.1 高速列车的主要噪声源

中国高速铁路起步晚，发展快。与之相对应，中国高速铁路噪声研究起步晚，但市场需求大，最近几年更是得到了高度重视，噪声研究（尤其是高速下的噪声特性研究）取得较大进步。按照产生机理的差异，高速列车的噪声源主要分为轮轨噪声、气动噪声、

### 高速动车组车体设计关键技术

受电弓噪声和设备噪声，其在车体表面的分布如图 4.7 所示。气动噪声又包括车头气动噪声、车体表面气动噪声和车间连接部分气动噪声，如图 4.8 所示。

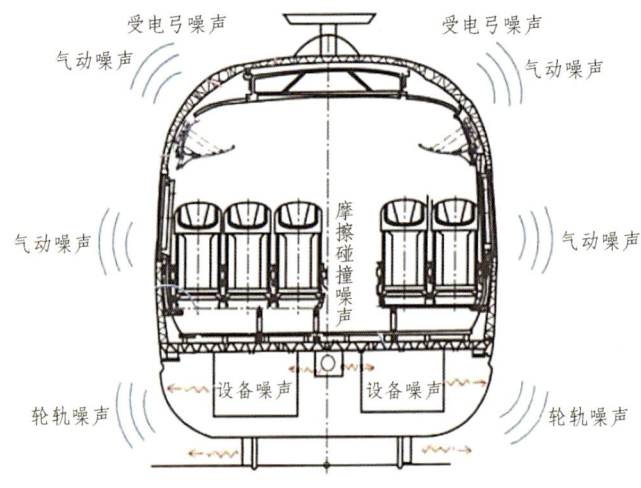

图 4.7　高速列车噪声源示意图

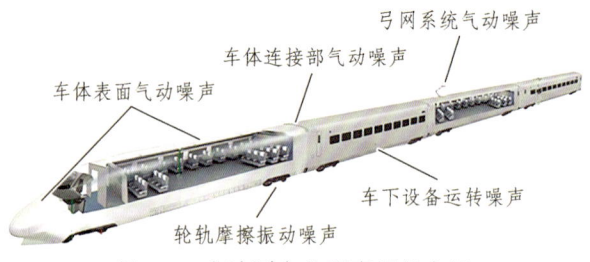

图 4.8　高速列车的噪声源分布图

#### 4.3.1.2　某高速列车不同速度级下的噪声源贡献度

不同速度级下占主导地位的噪声源不同：

① 0~50 km/h：牵引和辅助系统噪声；

② 50~300 km/h：轮轨噪声，随速度的 3 次方增长；

③ 300 km/h 以上：气动噪声，随速度的 6 次方增长，如图 4.9 所示。

划分主导噪声源的速度并不是绝对的，其取决于很多因素，如车轮和轨道的维护情况对轮轨噪声影响很大。

## 第 4 章 减振降噪设计技术

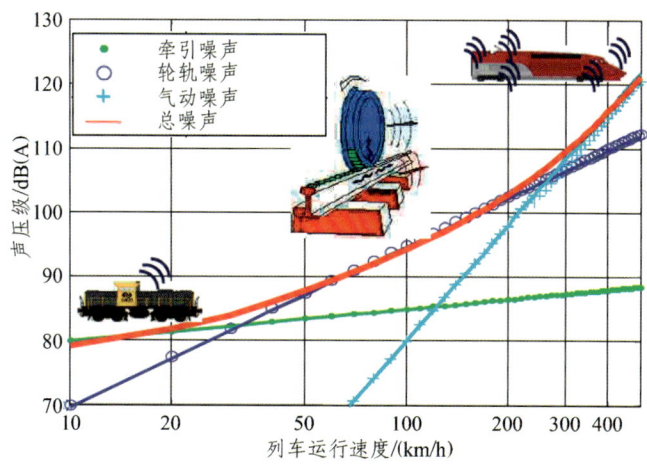

图 4.9 噪声源随速度变化关系

在距离线路轨道中心线 10 m 处设置声阵列，声阵列中心在轨面以上 2.5 m 处，对高速列车进行声源识别测试，获得某高速动车组以 350 km/h 运行时的声源识别结果。以 15 dB 的动态范围，分别计算获得 200～5 000 Hz 的总声压级云图和 200～1 000 Hz 各 1/3 倍频带的声压级云图，如图 4.10 所示。从图中可以看出，无论是总声压级，还是在各个 1/3 倍频带内，车外噪声在头车区、轮轨区和受电弓区强度相对较大，车体表面噪声相对较小。噪声最突出的两个位置是受电弓区和头车轮轨区。

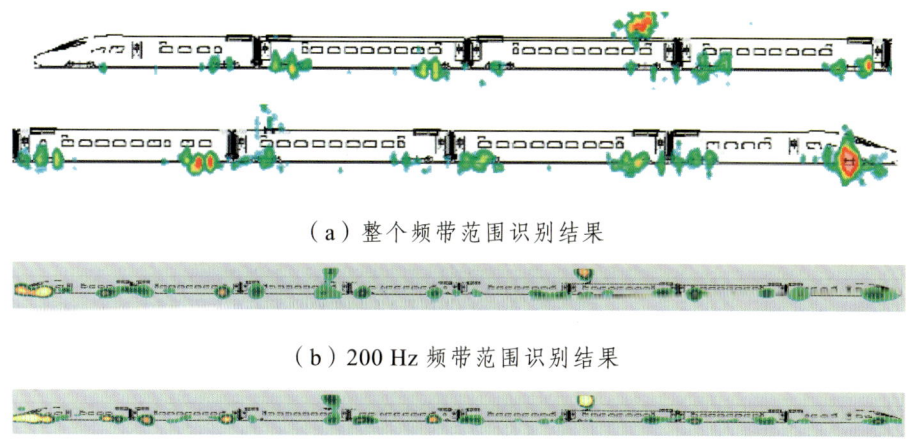

（a）整个频带范围识别结果

（b）200 Hz 频带范围识别结果

（c）250 Hz 频带范围识别结果

**高速动车组车体设计关键技术**

（d）315 Hz 频带范围识别结果

（e）400 Hz 频带范围识别结果

（f）500 Hz 频带范围识别结果

（g）630 Hz 频带范围识别结果

（h）800 Hz 频带范围识别结果

（i）1 000 Hz 频带范围识别结果

图 4.10　某高速动车组车外声源分布云图

噪声源可以分为受电弓区噪声、转向架区噪声和车体表面噪声三大部分，图 4.11 给出了这三类噪声源的贡献量随速度的变化关系。按总噪声能量排序：转向架区噪声>车体表面噪声>受电弓区噪声。但随着速度的提升，转向架区噪声贡献量随着速度的增加而减小，车体表面和受电弓区噪声贡献量随速度的增加而增加；受电弓区噪声增加的速度高于车体表面噪声。350 km/h 速度级下，转向架区、车体表面和受电弓区声源能量所占的比例分别为 52%、27%、21%。外推到 400 km/h 速度级下，上述三类声源的比例将变为 45%、30%、25%，气动噪声的贡献度进一步增大。

虽然在总噪声能量中，受电弓区噪声是三类声源中占比最小的，但在受电弓局部区域，该噪声是对车内噪声影响最大的声源。无论是局部声源最强的受电弓噪声，还是对整体贡献度最大的转向架区噪声，均位于客室端部区域，对车内噪声有很大影响。

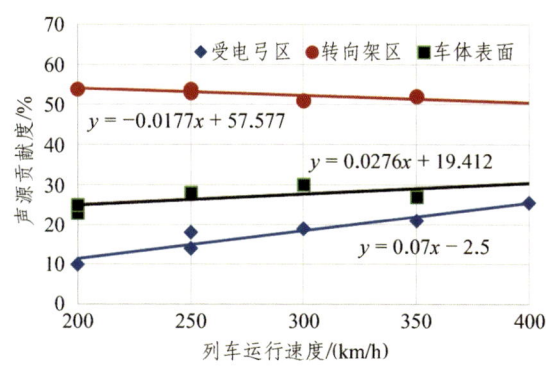

图 4.11 主要噪声源贡献量随速度的变化关系

### 4.3.1.3 噪声源对车内噪声影响研究

**1. 噪声源对车内噪声影响区研究**

与客室中部相比，客室端部增加了受电弓和轮轨噪声两个声源。这两个声源对客室噪声的影响区，决定了降噪方案的实施范围。在车辆客室中心线，距地板面 1.2 m 高度，沿车长方向进行多点测试，并按照以下两个原则划定受电弓和轮轨噪声影响区：

（1）车内噪声出现明显的连续下降趋势；

（2）声压级比声源中心位置降低 3 dB（A）以上，即声能量降低 50%。

在某高速动车组上，开展了 350 km/h 速度级车内噪声纵向分布特性的测试分析，共测试了受电弓车和非受电弓车两种车型，并对比了受电弓升弓和降弓的影响。测试区域包括车间连接处、两端通过台和整个客室区，测点间隔约 1 m，所有测点的数据采集过程中，客室内端门均处于关闭状态。

受电弓车升弓和降弓运行工况车内噪声纵向分布曲线如图 4.12 所示。很显然，车间连接处的噪声最大，比客室区高 16～18 dB（A）。受此影响，两端通过台噪声也较高，这也是前述分析的国内外标准限值对通过台噪声限值更为宽松的原因。受车辆两端转向架区轮轨噪声、车顶受电弓噪声、通过台噪声影响，客室区两端噪声比客室中部噪声高。无论受电弓升弓还是降弓工况，车辆一位端（图形左侧）噪声均高于二位端（图形右侧），这是因为一位端车顶受电弓弓噪声的影响。

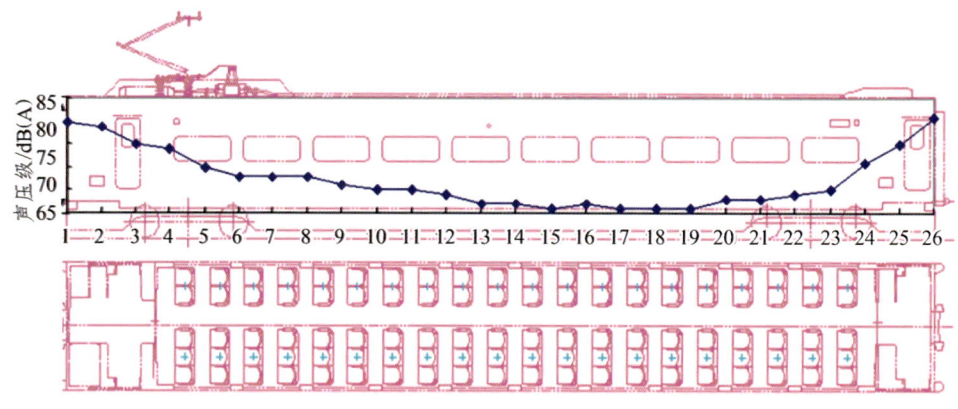

（a）升弓运行工况

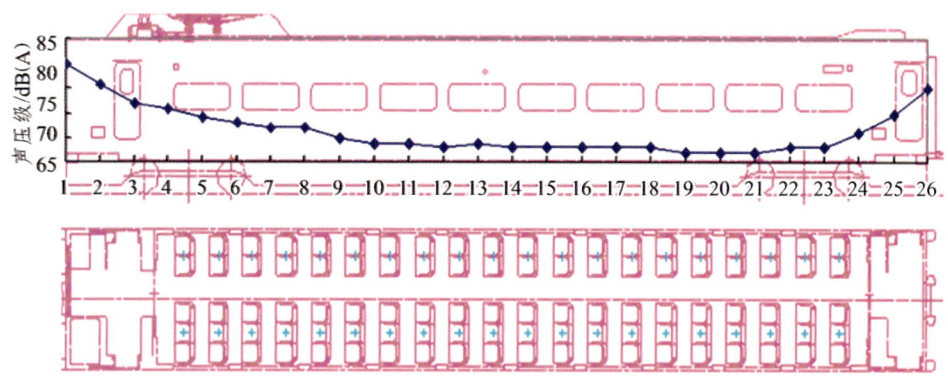

（b）降弓运行工况

图 4.12　受电弓车车内噪声纵向分布

对照上述两条原则，从图 4.12 中曲线变化趋势分析，受电弓噪声主要影响 2~8 号测点范围，为受电弓两侧各 3.5 m 左右的范围。在此范围内，受电弓升弓状态的噪声比降弓高 1~3 dB（A），靠近通过台区域噪声高 3 dB（A），客室内噪声高 1 dB（A），如表 4.5 所示。

表 4.5　受电弓升弓和降弓噪声 A 声级差值

| 测点编号 | 2 | 3 | 4 | 5 | 6 | 7 | 8 |
|---|---|---|---|---|---|---|---|
| $L_{升弓} - L_{降弓}$ | 2.9 | 3.1 | 3.0 | 1.2 | 0.3 | 1.1 | 0.9 |

非受电弓车车内噪声纵向分布曲线如图 4.13 所示。该车为一等车，与受电弓车规律类似，车间连接处及通过台的噪声较高。测试时，内端门处于关闭状态，客室内噪声比通过台相邻测点噪声降低约 6 dB（A）。从图中曲线变化趋势分析，一位转向架影响区为转向架右侧 2.5 m 左右。由于二位端通过台较大，客室离转向架距离远，基本不受转向架噪声的影响。

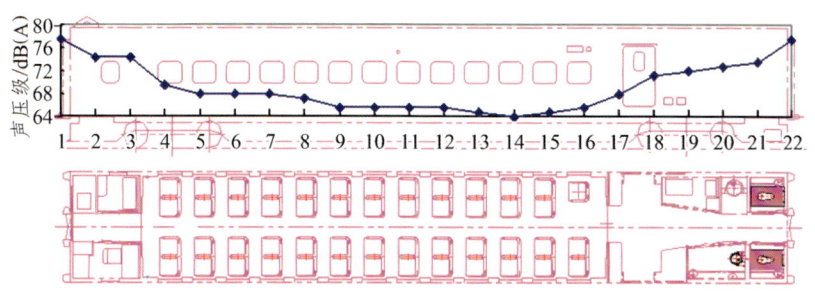

图 4.13　非受电弓车车内噪声纵向分布

由以上数据分析可知，受电弓噪声对车内噪声影响范围较大，为受电弓两侧各 3.5 m 左右范围；转向架区轮轨噪声对客室噪声影响范围为 2.5 m 左右。噪声控制应重点加强这个范围内的降噪处理。

2. 车内噪声频谱特性

300 km/h、350 km/h 和 380 km/h 三个速度级的噪声频谱如图 4.14 所示，测点位置为标准 ISO 3381：2021 规定的测试点，即车辆纵向中心线上，距离客室地板上表面 1.2 m 高度处的测点。从 300 km/h 到 350 km/h 和 380 km/h，客室中部噪声分别增加了 2 dB（A）和 4 dB（A），客室端部噪声分别增加了 3 dB（A）和 5 dB（A），而受电弓区噪声分别增加了 4 dB（A）和 6 dB（A）。随着速度提升，中低频噪声的增长幅度比高频噪声大。客室中部和客室端部区域均出现 160 Hz 的显著峰值，250～1 600 Hz 频段噪声幅值差别不大，1 600 Hz 以上噪声迅速衰减。与客室中部和端部噪声频谱不同，受电弓区噪声呈现宽频特性，尤其是 125～800 Hz 频段，噪声近似一条水平线。

**高速动车组车体设计关键技术**

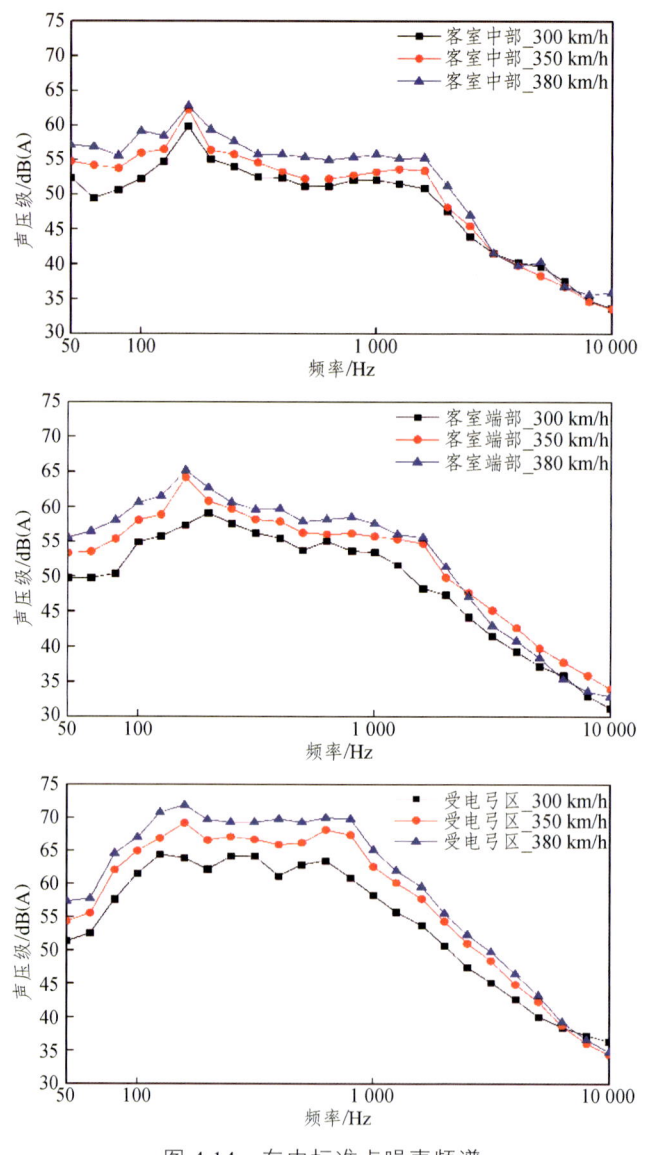

图 4.14 车内标准点噪声频谱

为了对比不同客室区域噪声频谱的差异，将相同速度级下三个位置的噪声谱画在同一张图上，如图 4.15 所示。在 300 km/h 速度级下，受电弓区和其他客室区的噪声差值较小，为 3~7 dB（A）。随着速度的提高，受电弓区域与其他客室区域的噪声差值增大，400 Hz 以上频段差值超过 10 dB（A）。要消除受电弓噪声对客室的影响，使得该区域噪

## 第4章 减振降噪设计技术

声与普通车厢客室端部噪声一致，受电弓区噪声峰值至少需降低 10 dB（A），其对应的频带为 80~1 600 Hz，如图 4.15 中虚线框所示。

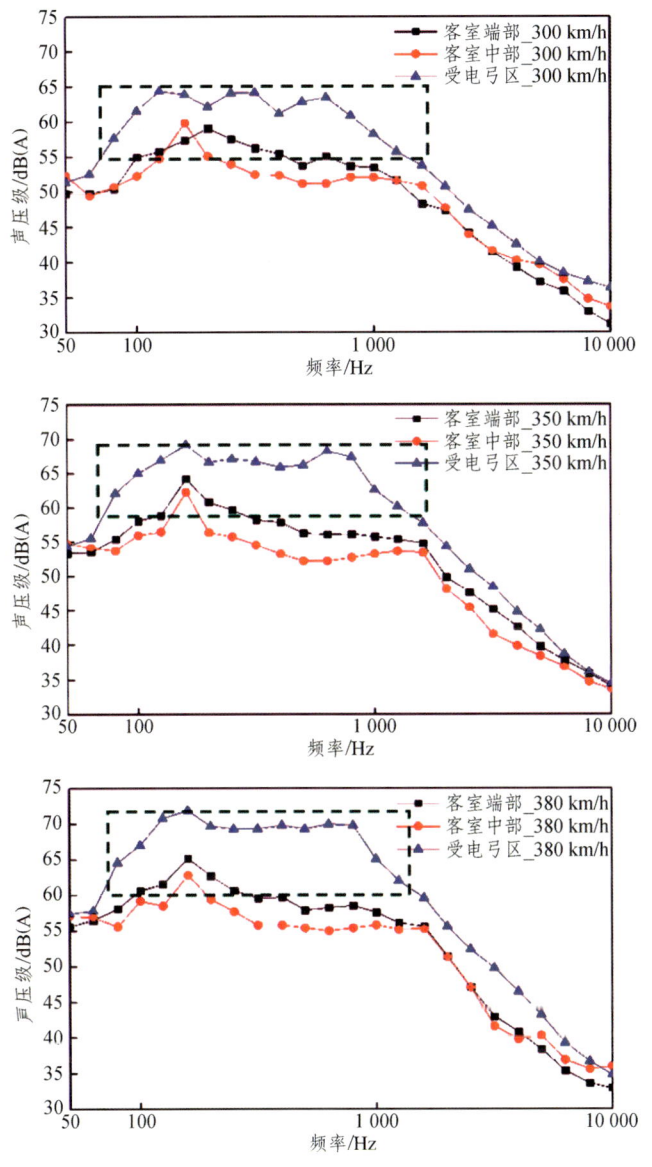

图 4.15 不同断面位置噪声频谱对比

### 4.3.2 高速列车车体结构中的声传播机理研究

#### 4.3.2.1 高速列车典型的车体结构

典型的车体双层铝合金型材结构如图 4.16 所示。该型材由上下两层面板和中间的斜筋组成,从设计参数上可分为 5 个参数:① 型材总厚度 $H$;② 上面板厚度 $h_1$;③ 下面板厚度 $h_2$;④ 斜筋厚度 $t$;⑤ 斜筋角度 $\alpha$。

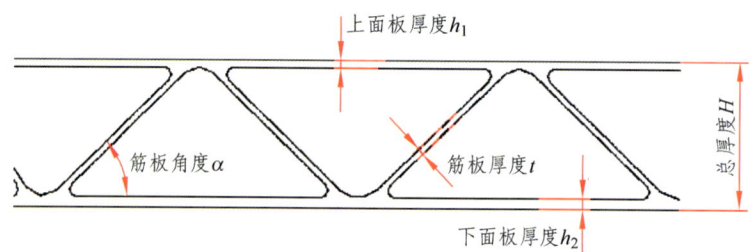

图 4.16 车体双层铝合金型材结构示意图

#### 4.3.2.2 车体双层铝合金型材中的声传播机理及优化设计

1. 原车体型材的隔声特性分析

图 4.17 和图 4.18 给出了两种既有车体型材的隔声特性曲线,试验样件尺寸为 1.2 m × 1.5 m,其中车体型材 1 总厚度比车体型材 2 大 10 mm,其余四个参数不变。

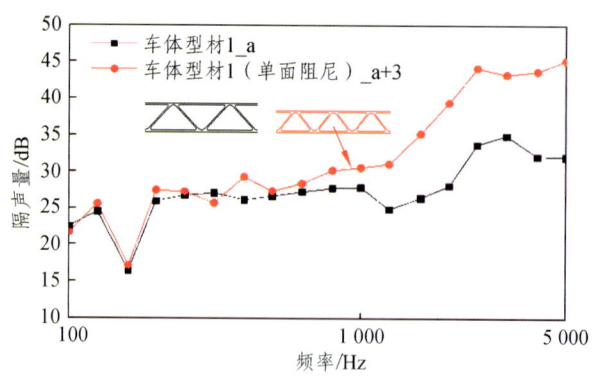

图 4.17 车体型材 1 隔声曲线

从图 4.17 所示的车体型材 1 的隔声特性曲线上看,没有显著的质量控制区,200 ~

1 000 Hz 频段隔声量差异不大。阻尼处理前，型材 1 在 1 250 Hz 出现隔声量低谷。阻尼处理后，400 Hz 以下频段隔声量基本没有变化，400～1 000 Hz 频段隔声量略有增加，1 250 Hz 的隔声量低谷得到有效改善，且该频率以上隔声量提升显著，这也使得计权隔声指数增加了 3 dB。

从图 4.18 所示的车体型材 1 和车体型材 2 的隔声特性曲线上看，总厚度加厚 10 mm 后的车体型材 1，总体隔声性能反而更差，尤其是在 800～2 000 Hz 之间隔声量大幅下降，并在 1 250 Hz 出现了隔声量低谷，而车体型材 2 的隔声量低谷出现在 2 500 Hz。

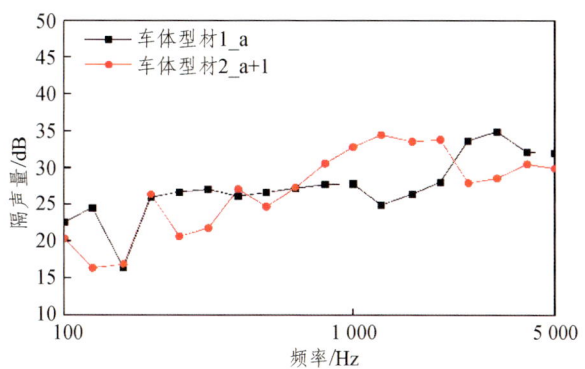

图 4.18　两种车体型材隔声量对比

2. 模态特性分析

结构在外部激励下的响应特性，可以用振动模态叠加法来分析。这是利用系统固有模态的正交性，以系统的各阶模态向量所组成的模态矩阵作为变换矩阵，对选取的物理坐标进行线性变换，使得振动系统以物理坐标和物理参数所描述的、互相耦合的运动方程组能够变为一组彼此独立的模态方程（每个独立方程只含一个独立的模态坐标）。由于坐标变换是线性变换，因而系统在原有物理坐标系中，对任意激励的响应，便可视为系统各阶模态的线性组合。在外部声激励工况下，车体型材辐射的噪声是其各阶模态叠加的结果，各阶模态在叠加中所占的比重或加权系数则取决于各阶模态的响应。

从图 4.19 给出的车体型材 1 的前 27 阶模态阵型上可以看出，853 Hz 以前，型材以整体模态振动为主，体现为板的整体振动响应，但从 454 Hz 开始，在整体阵型上，开始叠加有局部模态，到 883 Hz 以上，则全部转变为上下面板和筋板的局部模态。因此，对

■ 高速动车组车体设计关键技术

于车体型材这样的结构,振动模态在某一个特定频率下将会从全局模态转变为局部模态,在该频率下,型材以整体振动为主,该频率以上,则以局部振动为主,该频率为筋板自身以及在其约束下的局部面板的一阶频率。

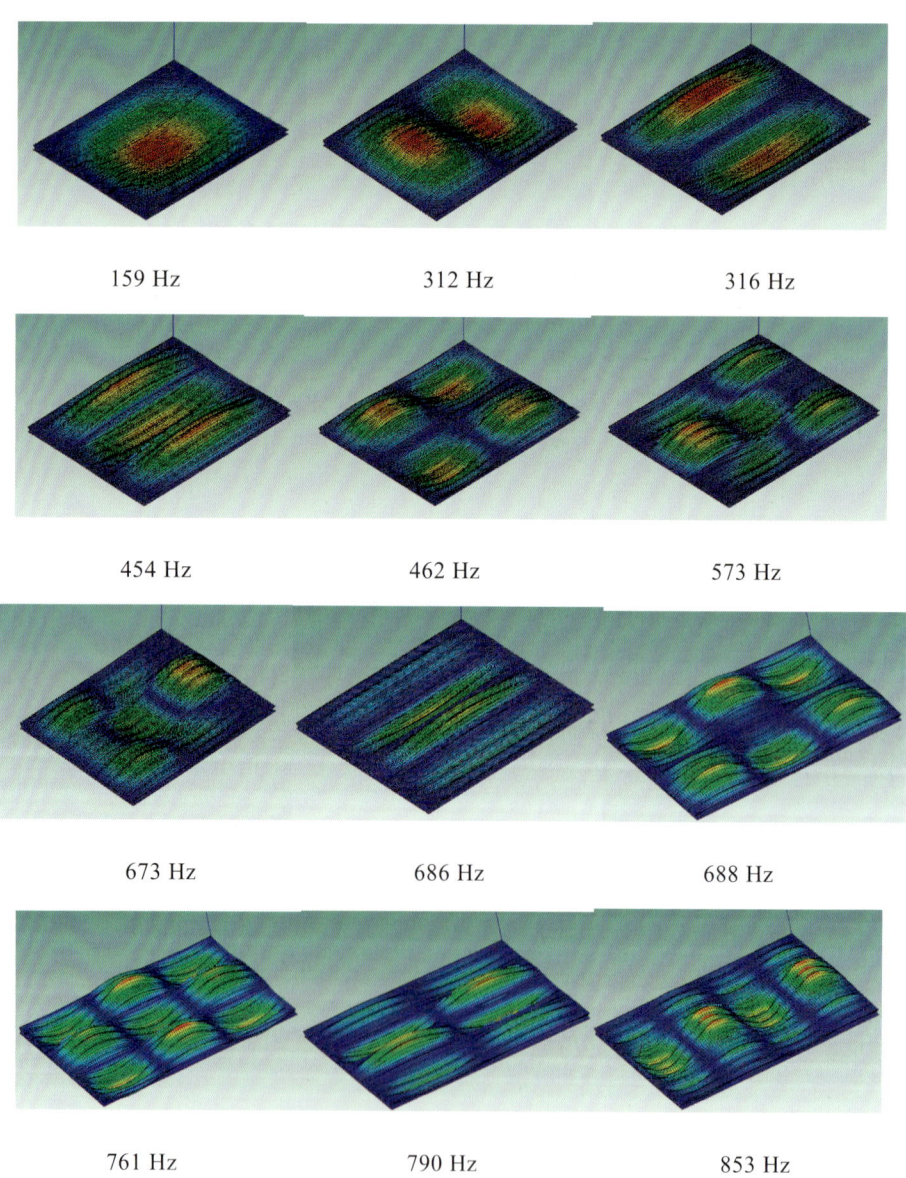

159 Hz     312 Hz     316 Hz

454 Hz     462 Hz     573 Hz

673 Hz     686 Hz     688 Hz

761 Hz     790 Hz     853 Hz

第 4 章 减振降噪设计技术

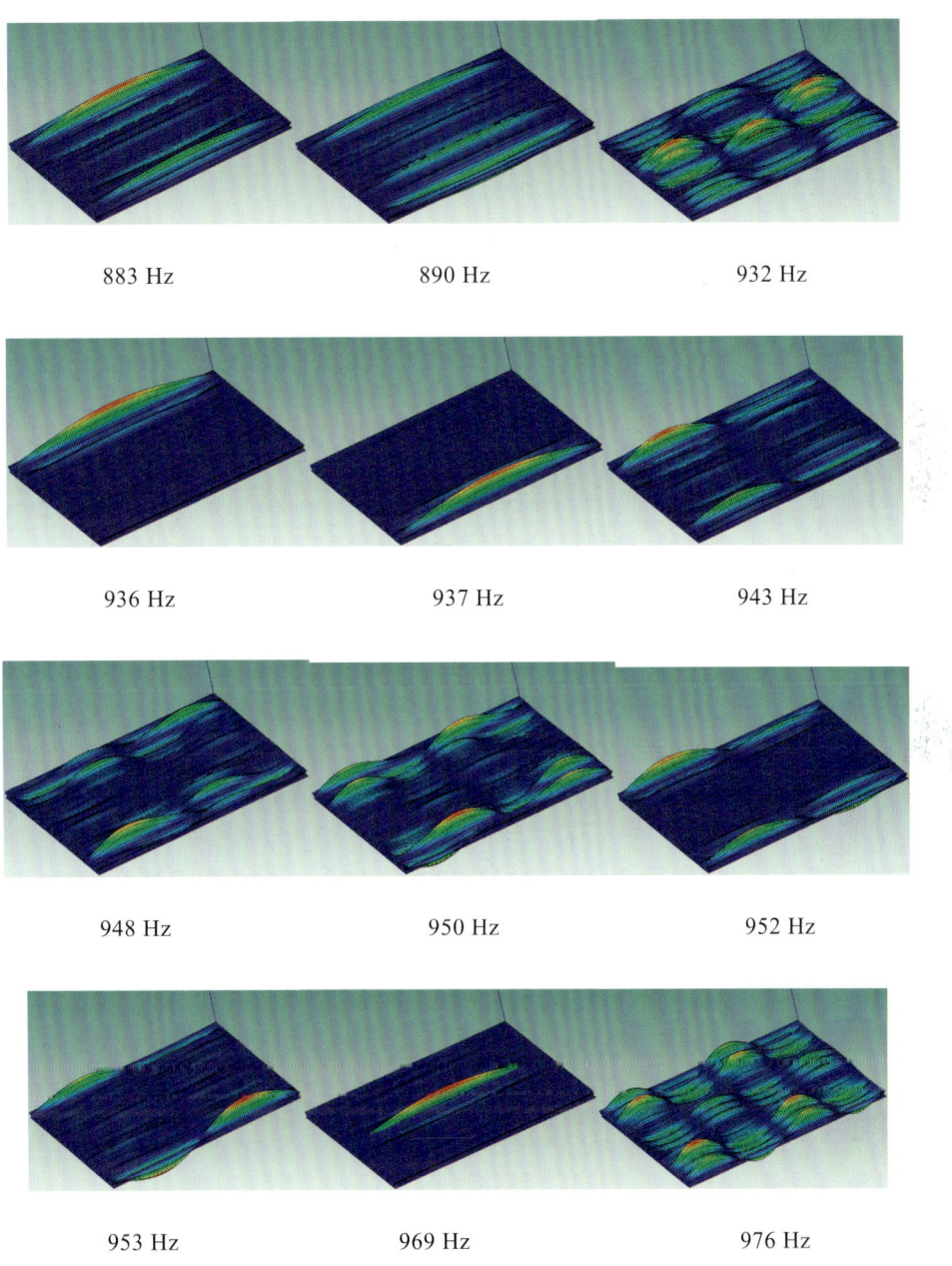

图 4.19 车体型材 1 的模态阵型和频率

257

### 3. 车体型材模态密度分析

因为车体型材在某一频率以下以整体阵型为主,型材的振动与板的局部结构关系不大,那么在该频率以下区域,型材可以等效为一种整体结构。为尽量保持型材原有的结构参数,可将车体型材等效为一种三明治复合板结构,即上下面板厚度和材质不变,型材的总厚度也不变,中间夹层采用一种虚拟等效材料代替,如图 4.20 所示。该虚拟等效材料的密度与中间筋板的密度一致,通过选取合适的弹性模型,使得等效后的三明治夹芯板振动模态与车体型材的振动模态一致。

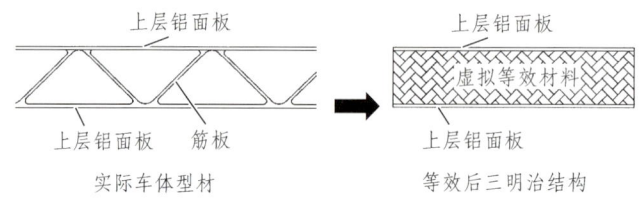

图 4.20　车体型材等效示意图

通过模态密度的分析,可以更清楚地看出从整体振动到局部振动的转变频率的作用。图 4.21 给出了四种结构的模态密度分析图,分别是等效三明治复合板、型材上面板(2 mm 铝板)、型材下面板(2.5 mm 铝板)、型材实际结构。按照 1/3 倍频程统计出的模态数上,车体型材的模态数从 800 Hz 到 1 000 Hz 出现跳变,800 Hz 以下频带的模态数与三明治等效板整体一致,而 1 000 Hz 以上频段则与上下板面的模态数接近,在 500 ~ 800 Hz 频段,型材的模态略高于三明治等效板,说明有局部模态的叠加,但不起主要作用。结合隔声特性曲线分析可知,在 1 000 Hz 以下,车体型材处于整体模态控制区,即板的振动受整体刚度控制,由于板的刚度很大,阻尼层并不能有效减小型材的振动,因此阻尼的作用不显著。1 000 Hz 以上频段,型材的振动突然跳变到局部模态控制区,由于许多尺寸接近的小面板同时振动,导致隔声性能下降,出现隔声量低谷。这时阻尼层的作用能有效减小局部面板的振动,从而提升隔声量。

### 4. 车体型材的阶跃频率

根据上述分析,将车体型材从整体振动向局部振动跳变的频率定义为阶跃频率。从局部振动的角度看,筋板及上下面板上处于筋板之间的小面板,可作为四边简支的矩形板，这些板的一阶模态是由面板厚度 $h$、宽度 $b$ 和材料参数决定的，如图 4.22 所示。

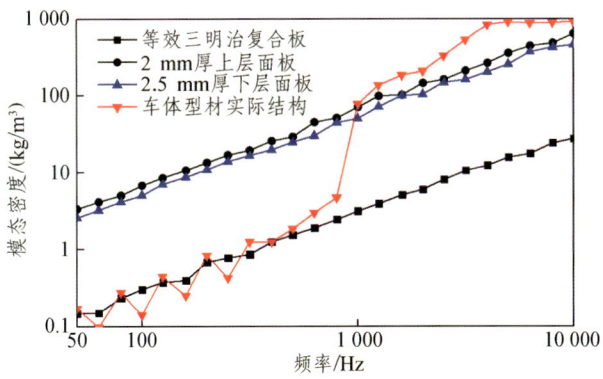

图 4.21 车体型材模态密度分析

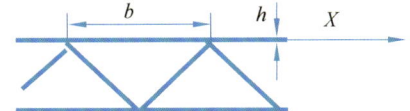

图 4.22 中空型材面板局域模态参量

由板壳理论可知，四边简支矩形板的固有频率可由式（4.46）计算获得。

$$f_{p,q} = \frac{\pi h}{2}\left(\frac{p^2}{a^2} + \frac{q^2}{b^2}\right)\sqrt{\frac{E}{12(1-\sigma^2)\rho}} \quad (4.46)$$

式中，$a$ 为筋板所夹面板的长；$b$ 为筋板所夹面板的宽；$h$ 为筋板所夹面板的厚度；$\rho$ 材料的密度；$E$ 为板的材料的弹性模量；$\sigma$ 为材料的泊松比；$p$、$q$ 为描述阵型的任意正整数。

由于筋板的宽度尺寸远小于长度尺寸，因此一阶模态振型应出现在 $p=0$，$q=1$ 时，就得到如图 4.22 中所示 $x$ 方向的一阶有固有频率，如式（4.47）所示，即所定义的阶跃频率。

$$f = \frac{\pi h}{2}\left(\frac{1}{b^2}\right)\sqrt{\frac{E}{12(1-\sigma^2)\rho}} \quad (4.47)$$

式中，$b$ 为筋板所夹面板的宽；$h$ 为筋板所夹面板的厚度；$\rho$ 为材料的密度；$E$ 为板的材料的弹性模量；$\sigma$ 为材料的泊松比。

5. 型材断面声学性能提升设计

由阶跃频率的计算公式（4.47）可知，在材质和板厚不变的条件下，减小 b 可有效提高阶跃频率，使得隔声量低谷出现在更高频率，从而避开对噪声影响较大的中低频区域。据此对型材断面进行了声学性能提升设计，在型材总厚度、筋板厚度、上下面板厚度均不变的前提下，调整筋板角度由 44°变为约 60°，使得原来约 70 mm 的面板局部宽度 $b$ 变为约 40 mm，如图 4.23 和图 4.24 所示。

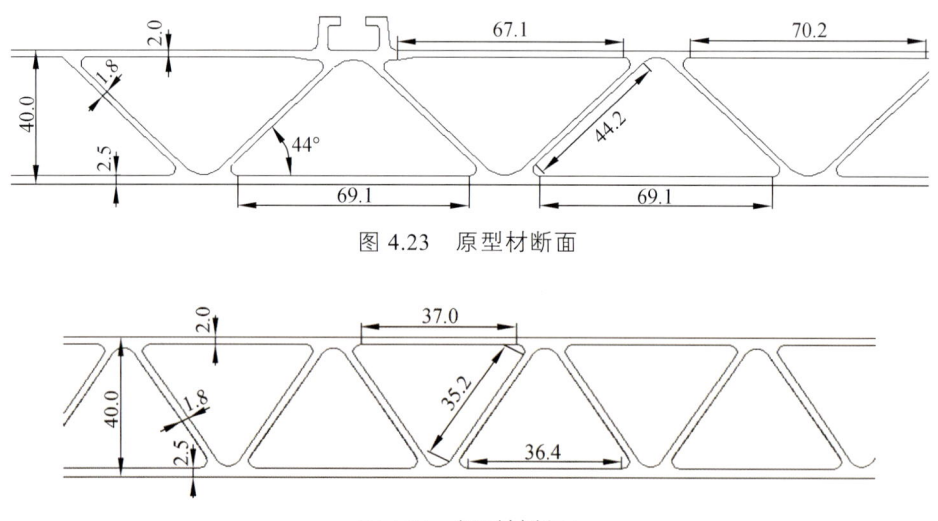

图 4.23　原型材断面

图 4.24　新型材断面

两种车体型材断面的阶跃频率及隔声量分别如表 4.6 和图 4.25 所示。原型材上下面板局部振动的阶跃频率为 937 Hz、1 174 Hz，重新设计后的型材下面板的小板尺寸局部振动的阶跃频率提高到 3 000 Hz 左右。

## 第 4 章 减振降噪设计技术

表 4.6 优化前后面板的阶跃频率

| 局部筋板宽度 | 新型材 | 原型材 |
|---|---|---|
|  | 0.04 m | 0.07 m |
| 上面板厚度为 0.002 0 m 的阶跃频率 | 2 875 Hz | 937 Hz |
| 下面板厚度为 0.002 5 m 的阶跃频率 | 3 598 Hz | 1 174 Hz |

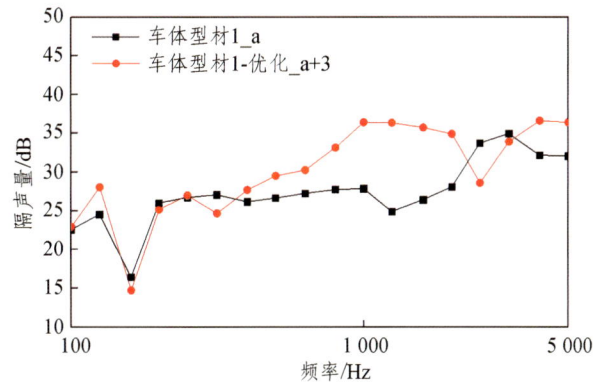

图 4.25 车体型材优化前后隔声量变化

从隔声曲线可以看出，原型材的隔声量在 800~1 600 Hz 内隔声都较低，这是因为原型材的上下面板的跨度较大，使得阶跃频率较低，在 937~1 174 Hz 就进入了局部振动状态，上下面板的局部振动使得型材的隔声量变低，新型材局部振动的阶跃频率移动到 3 000 Hz 左右，改善了中频隔声性能，总体隔声量提高 3 dB。

### 4.3.2.3 线路运行工况声振特性研究

1. 用于列车"声-振"特性研究的断面测试法

高速列车客室端部的声学环境较为复杂，车下有轮轨、牵引电机等设备激励，部分车辆顶部有受电弓激励，侧面则主要是气动噪声激励，这些激励源与车体间的作用关系如图 4.26 所示。多种声源同时以声激励或振动激励的方式作用在车体上，使得车体结构产生受迫振动，向车内辐射噪声。

■ 高速动车组车体设计关键技术

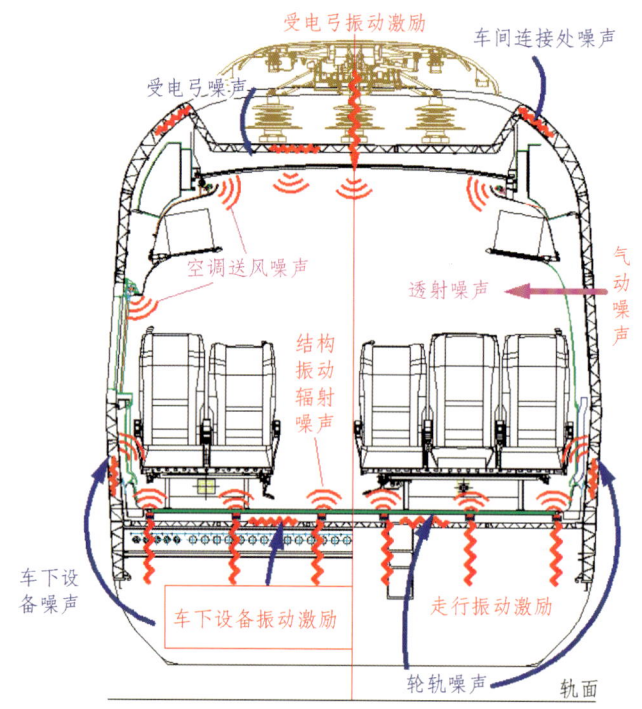

图 4.26 客室端部噪声源与车体结构作用关系示意图

既有高速列车噪声测试标准主要以车辆验收为目的，车内座席区测试距地板面 1 200 mm 的标准点，通过台和过道区测试距地板面 1 600 mm 的标准点。车外噪声分别测试距轨道中心 25 m 或 7.5 m 的标准点。这种噪声测试方法虽然能够较客观地反映高速列车车内噪声和车辆辐射噪声的总体水平，但是无法全面反映列车的噪声源特性、噪声向车内的传播特性、车辆局部结构的实际减振降噪效果等，这些对车辆的设计和制造来说至关重要。基于大量的试验测试经验和数据，提出了一种全新的工程化测试方法。该方法可以准确地测试出高速运行下动车组车外近场噪声，识别动车组噪声的传播途径和车内声场的分布，对动车组车辆的减振降噪设计和制造具有很强的针对性和实用性。

高速动车组的噪声源分布是不均匀的，高速运行时受电弓噪声最突出，其次是轮轨噪声、车间连接处噪声、车体表面噪声。这就导致了客室端部噪声偏高，客室中部噪声相对较低。根据这一特点，车内噪声的测试可分为 6 个典型断面，各断面噪声源和结构特性如表 4.7 所示。

## 第 4 章　减振降噪设计技术

表 4.7　噪声测试断面

| 断面名称 | 噪声源及结构特点 |
| --- | --- |
| 客室中部断面 | 气动噪声、车下设备噪声（变压器/变流器/空调等） |
| 客室端部断面 | 轮轨噪声、气动噪声 |
| 受电弓区断面 | 受电弓噪声、轮轨噪声、气动噪声 |
| 通过台断面 | 轮轨噪声、气动噪声、车间连接处噪声 |
| 观光区断面 | 车头曲面部位、气动噪声较大、车体为单层筋板 |
| 司机室断面 | 车头曲面部位、气动噪声较大、轮轨噪声 |

6 个典型断面的每一个断面都是一个独立的二维声场，可以全面反映地板、两面侧墙、车顶四个面对车内标准点噪声的影响，以及车外噪声在断面上的分布情况。将相邻的两个断面结合，可获得动车组三维声场分布，全面显示车外和车内噪声分布，从而实现噪声源识别和传播途径分析。

在每一个断面上，需测试车体振动、内饰板振动、车内近场噪声和车内标准点噪声。车外噪声测试应获得车顶、侧顶圆弧、侧墙、车下设备舱等典型部位的噪声特性。车体振动和内饰板振动测试是为了分析两者的振动频谱特性和振动传递特性，因此测点布置应包含内饰板与车体的连接处及模态峰值处，因此具体测点布置前应对结构进行模态分析，根据结构振型确定测点的具体位置。车内噪声测试要兼顾近场噪声和标准点噪声，需要在距地板面 1.2 m 或 1.6 m 高度标准点、内饰顶板近场、侧墙近场、地板近场等分别布置声压传感器。各断面测试时，可近似认为动车组噪声是沿车体中心线对称分布的，因此每个断面可测试一半区域。根据作者所在单位产品特性，设计了断面扫描阵列测试布置图，如图 4.27 所示。

车外近场噪声分为车体表面气动噪声和车下噪声。车体表面气动噪声采用平面传声器测试。由于平面传声器很薄，对气流的扰动较小，因而能够较为准确地获得车辆运行时车体表面的噪声。车体表面噪声主要布置车顶（W1）、侧顶圆弧（W2）、侧墙（W3）、挡水板区（W4）4 个测点。车下每个断面布置一个测点（W5）。由于轮轨侧面没有裙板的遮挡，传声器受列车运行速度影响很大，测点布置时需合理确定传声器的方向，才能获得较准确的测试结果。

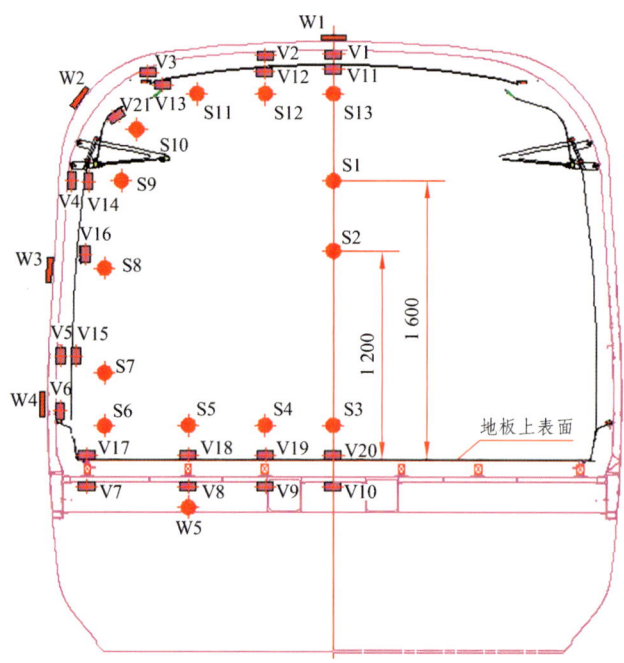

图 4.27　断面扫描阵列测试布置图

车体振动测试的主要目的是分析振动传递特性，因此车体振动测点主要布置在内饰板的连接座附近；根据内饰板连接位置，车顶布置 3 个测点（V1 ~ V3），侧墙布置 3 个测点（V4 ~ V6），地板布置 4 个测点（V7 ~ V10）。内饰板振动测试要保证顶板、侧顶板、墙板、车窗、地板的振动都能测到。顶板布置 3 个测点（V11 ~ V13），侧顶板布置 1 个测点（V21），墙板布置 2 个测点（V14 ~ V15），车窗布置 1 个测点（V16），地板布置 4 个测点（V17 ~ V20）。

车内噪声阵列扫描断面是一种近场声全息测试方法。在测试的断面上共布置 13 个声压（强）传感器，其中车顶 4 个（S10 ~ S13），侧墙 3 个（S7 ~ S9），地板 4 个（S3 ~ S6）。除 2 个标准点（S1、S2）外，其余各测点距内饰表面的距离均为 150 mm。

2. "声-振"断面测试

为分析车内噪声低频峰值来源，研究导致隧道运行噪声增加的传播途径，某高速列车线路试验过程中，开展了车内声-振特性试验，分析不同速度级车内噪声特性与内饰板振动的关系。

## 第 4 章　减振降噪设计技术

列车的内饰板按照结构功能不同，可以分为地板、窗下墙板、窗口墙板、车窗、侧顶板、中顶板六部分。以车辆纵向中心面为分界面，各面板均为左右对称结构，如图 4.28 所示。基于这种结构对称性，"声-振"断面测试时，只在半个断面范围内布置噪声和振动测点，测点布置图和现场照片如图 4.29 所示。

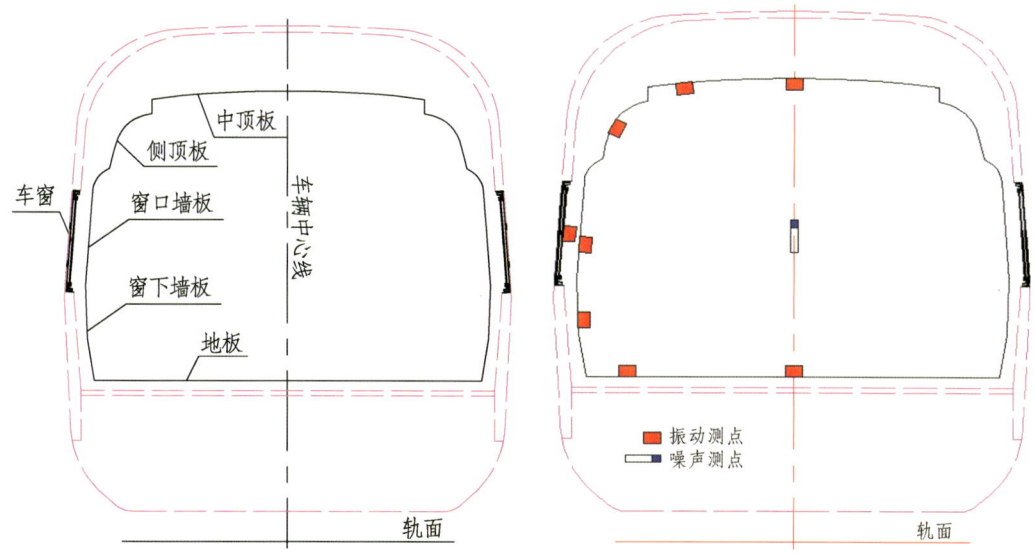

图 4.28　内饰板分块及"声-振"断面测点布置图

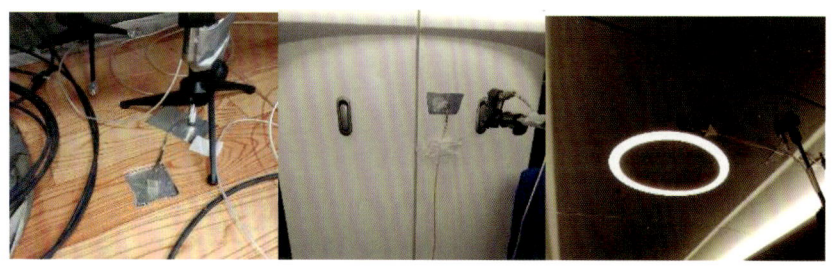

（a）地板　　　　　（b）侧墙　　　　　（c）车顶

图 4.29　测试现场照片

3. 车内噪声和振动的相关性分析

高速列车车内噪声实际上是内饰板振动响应，车内距离地板面 1.2 m 的声压级，是六部分内饰板振动辐射噪声叠加的结果，可等效为多输入单输出系统。

### 高速动车组车体设计关键技术

相干函数能够反映输入和输出过程在各频率分量上的线性相关度，根据输入和输出过程的自功率谱密度函数和互功率谱密度函数计算：

$$\gamma^2(f) = \frac{\left|G_{xy}(f)\right|^2}{G_{xx}(f) \cdot G_{yy}(f)} \quad (4.48)$$

相干函数反映了车内噪声与内饰板振动之间的相关性，计算结果表明，绝大多数频段的相关性均在 0.9 以上，整个频段的平均相关系数达到 0.94，如图 4.30 所示。车内噪声和内饰板振动的高度相关性说明，内饰板振动辐射是车内噪声的主要来源，从内饰板振动角度来分析车内噪声问题，是一种合理可信的分析方法。

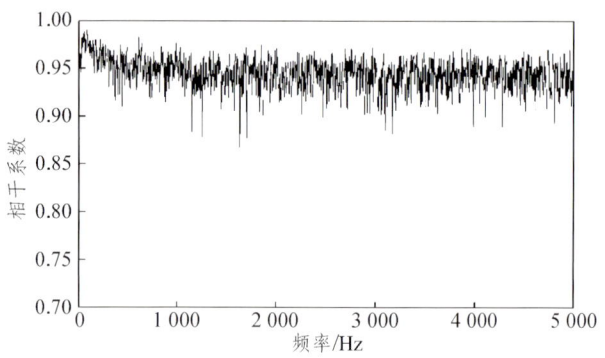

图 4.30　车内噪声与内饰板振动的相关性

**4. 不同速度级的"声-振"特性**

图 4.31 给出了 200 km/h、250 km/h、300 km/h、350 km/h 四个速度级的车内噪声频谱，并用虚线框出了从噪声峰值下降 10 dB（A）的频带范围，作为噪声控制的重点频带。可以看出，随着速度级的提升，需要重点控制的频带范围越来越小，越来越向中低频集中，350 km/h 速度级下的重点控制频带为 100~630 Hz，而 315~630 Hz 频带的声压级比 160 Hz 的峰值低约 9 dB（A），若进一步忽略该频带的影响，则高速下车内噪声的重点控制频带为 100~250 Hz，这在内饰板振动频谱上的体现尤为明显。以地板振动为例，由于车辆采取减振措施，总体上看，250 Hz 以上的振动幅值较小，个别频率出现振动峰值，200 km/h 和 250 km/h 速度工况下，与低频幅值相当，300 km/h 和 350 km/h 速度工况下，则远远小于低频峰值，如图 4.32 所示。

## 第 4 章　减振降噪设计技术

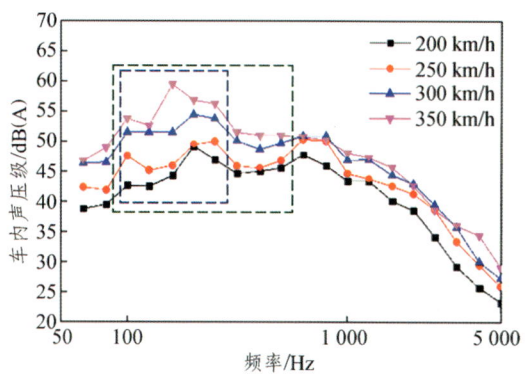

图 4.31　不同速度级车内噪声频谱

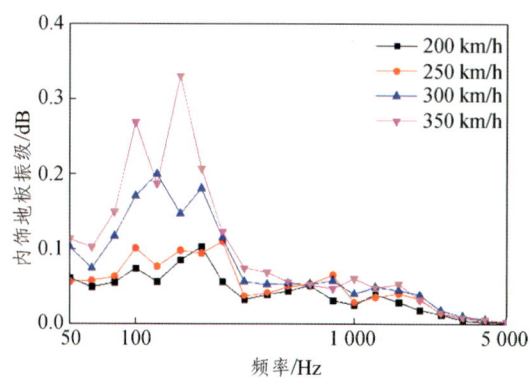

图 4.32　不同速度级下的内饰地板振动频谱

### 5. 350 km/h 速度级"声-振"特性

车内 1/3 倍频程谱显示低频成分对车内噪声影响显著，主要峰值频段出现在 160～250 Hz 频段，其中 160 Hz 的峰值最高，如图 4.33 所示，比相邻的 125 Hz 高 7 dB（A），比 200 Hz 高 3 dB（A），对车内噪声总值贡献最大。分析获得该频段噪声的主要来源，对其进行优先控制，是降低车内噪声最经济有效的途径。

对车内噪声进行窄带分析，发现噪声谱上存在 148.5 Hz 和 151.5 Hz 两个尖锐峰值，这两个峰值均在 160 Hz 的 1/3 倍频带内，这是导致该频带噪声高的主要原因。把车内噪声谱分别与地板、车窗、墙板和顶板振动谱进行对比，发现该峰值在地板振动谱上有显著的对应特征，而侧墙结构和车顶结构上无该频率特征，如图 4.34 所示。

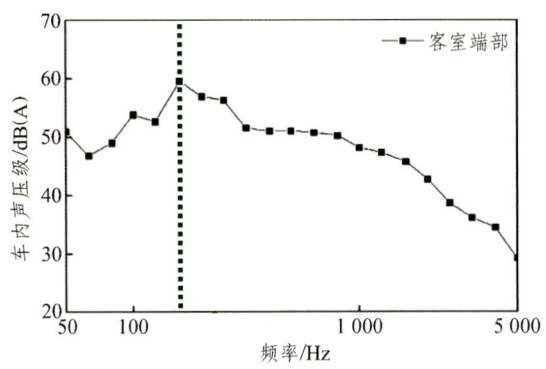

图 4.33　350 km/h 车内噪声频谱

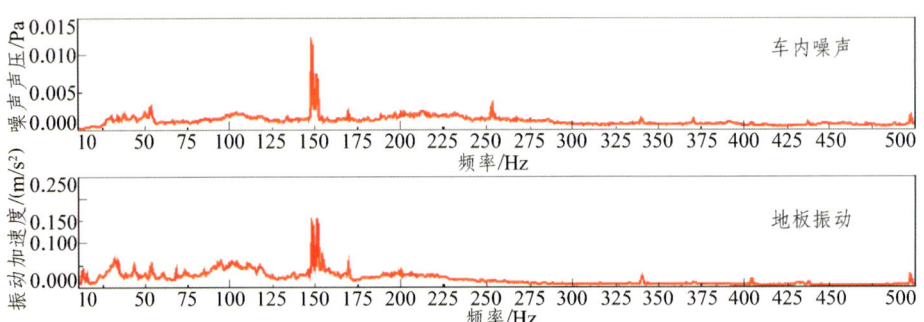

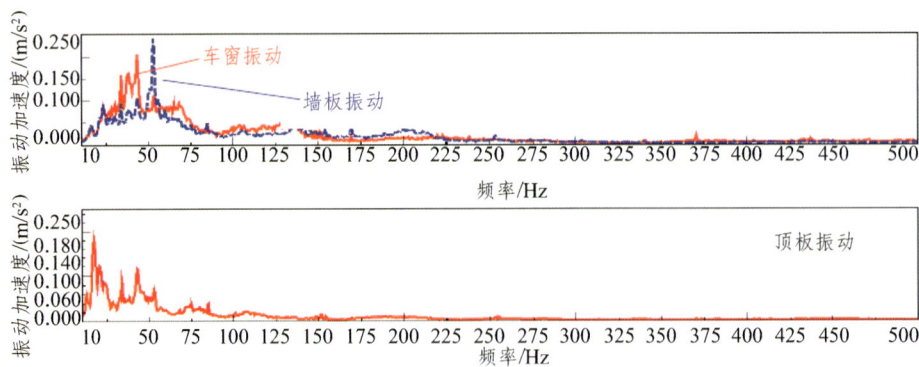

图 4.34　车内噪声和振动窄带频谱（350 km/h 明线）

在 140~160 Hz 的窄带频段内，对车内噪声和地板振动信号做相关性分析，结果表明 148.5 Hz 的相关性达到 0.92，151.5 Hz 的相关性达到 0.84，表现出强相关特性，如图 4.35 所示。因此，可以确定，160 Hz 频带噪声峰值，主要来源于内饰地板结构的振动辐射。

## 第 4 章 减振降噪设计技术

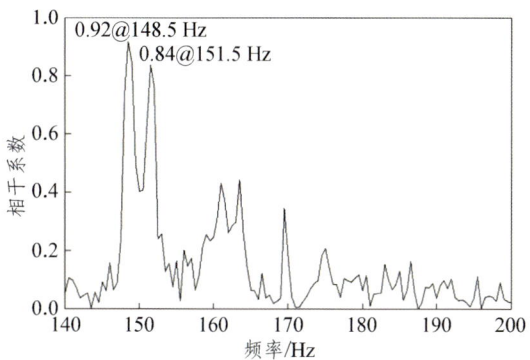

图 4.35 峰值频率噪声与振动的相关性分析

高速列车在隧道环境下车内噪声比明线噪声高 8 dB（A）左右，如图 4.36 所示，对乘坐舒适性有较大影响。

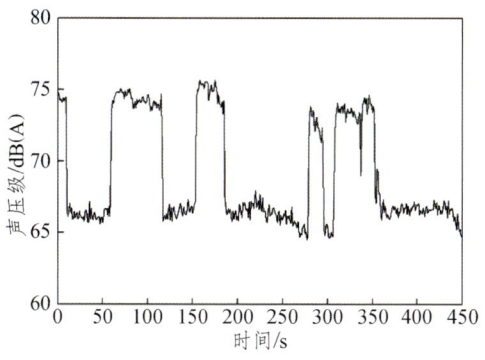

图 4.36 隧道内外噪声差异

采用与明线工况相同的测点和分析方法对隧道运行车内噪声与内饰板振动特性进行分析，结果如图 4.37 所示。隧道内外的地板振动幅值和频谱特性基本不变，两个振动幅值依然存在，而墙板和车顶结构的振动大幅增加，增大的频带范围与车内噪声吻合。这说明，隧道环境车内噪声的增加，主要是由于隧道壁面的声反射，更多的噪声能量是通过侧墙和车顶结构传进车内导致的。高速列车车下区域原本就是一个相对封闭的狭小空间，而且处于轮轨噪声区域，噪声源较高，因此隧道内的噪声反射作用对该区域影响较小。由此可见，降低高速列车隧道运行噪声的关键，在于加强侧墙和车顶区域的减振降噪措施。

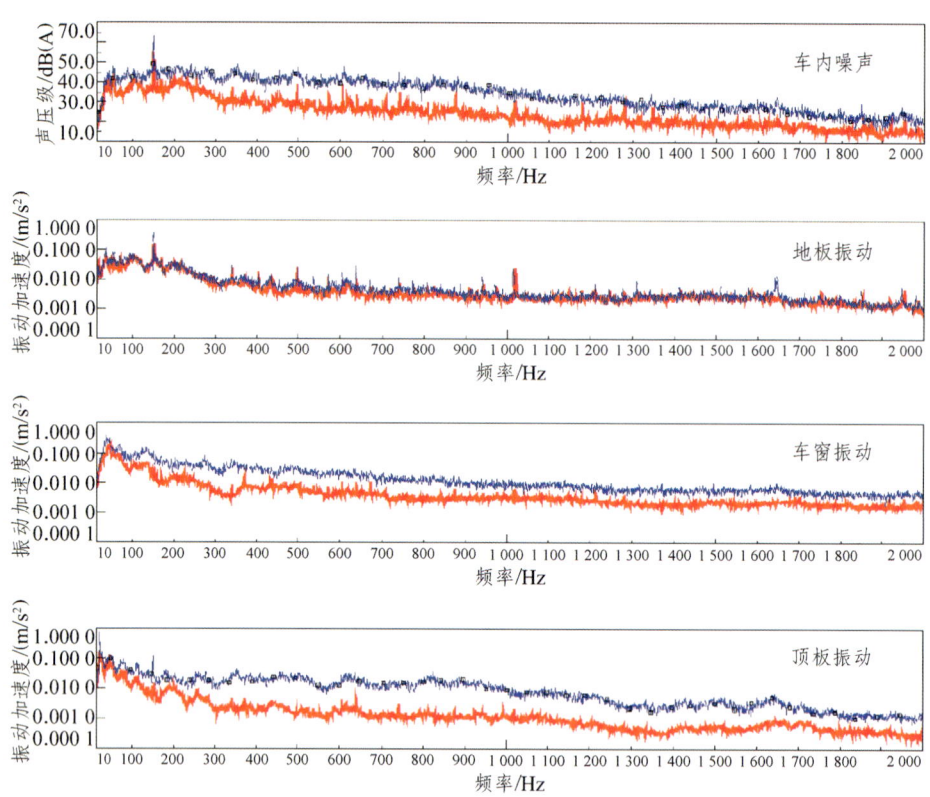

图 4.37　350 km/h 隧道（蓝）和明线（红）工况车内噪声振动特性对比

6. 面板贡献度分析

由于车内标准点噪声是各面板振动辐射噪声级的总和，按照声能量所占的比例，可以计算获得各面板的贡献量，如表 4.8 所示。明线工况，地板振动辐射的声能量最大，占比达 28%，160 Hz 的峰值频率下，达到 59%。隧道工况，地板所占比例减小到 19%，与此同时，车窗、墙板所占比例大幅增加，贡献最大的是车窗辐射声能量，达 26%，而 160 Hz 频率下，贡献最大的面板仍然是地板，达 39%。而对于受电弓区明线噪声，来自车顶的噪声占比达到 46%，其次是地板，因此受电弓区必须先把车顶的噪声降低后，其他区域采取的措施才能有效果。

## 第4章 减振降噪设计技术

表 4.8 面板贡献量

| 面板分块 | 贡献量 | | | | |
| --- | --- | --- | --- | --- | --- |
| | 明线总值 | 明线 160 Hz | 隧道总值 | 隧道 160 Hz | 受电弓区明线 |
| 地板 | 28% | 59% | 19% | 39% | 18% |
| 窗下墙板 | 12% | 9% | 14% | 8% | 8% |
| 窗口墙板 | 6% | 5% | 7% | 6% | 5% |
| 车窗 | 21% | 10% | 26% | 21% | 11% |
| 侧顶 | 13% | 11% | 16% | 14% | 12% |
| 中顶 | 19% | 6% | 17% | 12% | 46% |

7. 噪声源贡献度分析

前面从车内声场的角度分析了各面板振动对车内空间噪声的贡献量，但内饰面板的振动来源于车外噪声源，采用工况传递路径分析（OTPA）方法，可以对各噪声源的贡献度进行定量化分析。

按照激励方式不同，高速列车转向架区的噪声源可分为声激励和振动激励两大类，如表 4.9 所示。

表 4.9 高速列车转向架区噪声源

| 种类 | 噪声源名称 | 详细说明 |
| --- | --- | --- |
| 声激励 | 车体表面噪声 | 共三面，包括车顶、两侧 |
| | 轮轨区噪声 | 车下噪声，包括轮轨、牵引及冷却系统 |
| 振动激励 | 牵引拉杆振动 | 牵引拉杆与车体连接处 |
| | 空气弹簧振动 | 共两个，一位侧和二位侧各一个 |
| | 抗侧滚扭杆振动 | 共两个，一位侧和二位侧各一个 |
| | 抗蛇行减振器振动 | 共两个，一位侧和二位侧各一个 |
| | 风机振动 | 风机吊挂点处振动 |

# 高速动车组车体设计关键技术

按照 OTPA 理论要求，试验时同时测试车内目标点的声压级，以及车外 7 个声源处的噪声和振动数据，并测试了多个恒速运行速度级、加减速运行等多个工况的数据，获得了比较理想的传递函数矩阵。350 km/h 速度级工况，采用 OTPA 方法对各噪声源的贡献度进行分析，结果如图 4.38 所示。车体表面噪声对总声压级的贡献最大，达 27%，而空气弹簧、抗侧滚扭杆等五个振动激励所占比例的总和达到 61%，对车内噪声的贡献度大于声激励的总和。这是因为高速列车车体结构高频隔声量较大，从而导致车内噪声中低频突出，这是结构声传播的主要频率。160 Hz 峰值频率处，贡献度最大的是风机振动，达 27%，其次为车体表面气动噪声和牵引拉杆振动激励，因此优化风机安装结构和牵引拉杆节点参数，有利于降低该峰值噪声。

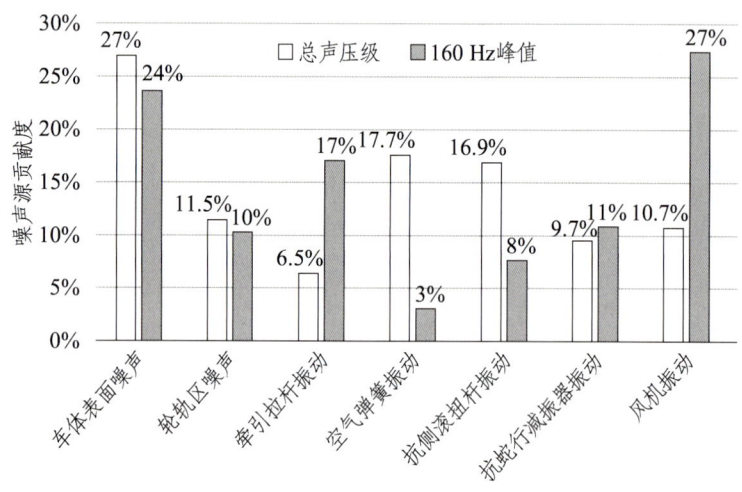

图 4.38 噪声源贡献度

## 4.4 高速列车减振降噪方案优化设计

### 4.4.1 空气声控制技术

1. 复合断面隔声原理

增加隔声板的厚度或密度，可增加隔声量，但不经济。对于隔声要求较高的设计，单层隔声板往往满足不了要求，双层结构比同等质量的单层结构具有更好的隔声性能，所以需要采用双层结构提升隔声。

先分析分离双层墙的传声过程。入射声波激起第一层墙板振动后，向板间空气层辐射声音，在空腔中声波还将有所衰减，另外由于空气声要再次激发第二层墙板振动，于是第二层墙板向邻室空间辐射了声音。界面的不连续性使传播除了板本身的因素以外，还附加了较大声衰减。但是还要看到腔内封闭空气层在这里形同一个弹簧，使整个双层板结构出现"质量-空气-质量"组成的共振频率。声波以法向入射时的共振频率称为基本共振频率 $f_0$。

$$f_0 = \frac{1}{2\pi}\sqrt{\frac{2\rho c^2}{m'd}}$$

式中，$m'$ 为双层板结构的有效质量。

$$m' = \frac{2m_1 m_2}{m_1 + m_2}$$

在该共振频率下大量声能透过，使隔声量几乎下降到零，比与之相同面密度的单墙隔声量要低得多。

低于共振频率 $f_0$ 时，双层板将像一个整体那样振动，所以其隔声量与同重单墙相同。高于共振频率 $f_0$ 时，双层墙的隔声量有较快提高。高于共振频率 $f_0$ 时，隔声量开始超过质量定律。在隔声量随频率上升的过程中，还会出现因空腔中驻波而形成的高阶共振频率 $f_n$。

$$f_n = \frac{nc}{2d}, \quad n = 1, 2, 3 \cdots$$

式中，$c$ 为空气中声速，m/s；$d$ 为两板的间距，m。通常 $d$ 在厘米级范围，最低的 $f_n$ 也就在 1 000 Hz 以上。如果考虑空腔内沿板方向的驻波，它们的尺寸通常在米级范围，$f_n$ 可能要低一些。空腔内放入多孔吸声材料可消除驻波共振，减少高频区隔声量曲线中的一系列低谷。

两个互不连接的单层构件之间有空气层的构件，空气层起缓冲弹性作用，但也能引起两层构件的共振。因此，双层构件的隔声量并非两层构件隔声量的叠加。在空气层中

### 高速动车组车体设计关键技术

填入多孔性吸声材料,可减少共振,从而提高构件的隔声量。可在中间层根据需要填入材料,组成多层复合结构。

2. 受电弓区多层吸隔声结构设计

现阶段在高速动车组设计时,受电弓区车体采用了下沉式安装结构,这样一方面提高了受电弓区车体的刚度,另一方面使得受电弓安装结构不直接暴露在高速气流中,有利于减小气动噪声。但受电弓下沉后,减小了该断面处的总厚度。为了在有限的空间内实现极高的隔声量,必须充分利用每层结构的作用,进行精细化设计。在前面的研究基础上,按照分频段控制的原则,综合利用隔声、吸声和阻尼措施,设计了一种与车体型材完全融合的一体化五层复合共振吸隔声结构,其原理如图 4.39 所示。

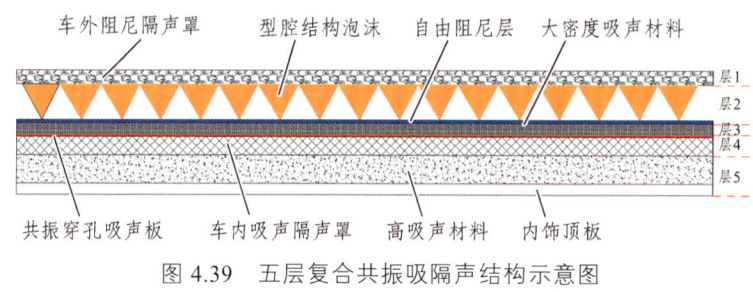

图 4.39 五层复合共振吸隔声结构示意图

在车体型材外侧,利用 20 mm 厚的空间,设计了一层阻尼隔声罩,该隔声罩上下两面为金属面板,以保证良好的耐候性,金属面板中间则为高阻尼材料,作为耗能体使用。该隔声罩与车体组装后,相当于给车体型材附加了更大的阻尼和质量。这样外部车体结构在受到受电弓持续的力激励和声激励时,其自身能够消耗更多的能量,减少向车内的传递。

在车体型材内侧,则附加一层共振吸声隔声罩。该隔声罩与车体间留有 15 mm 的吸声空间,以填充高吸声材料。车内隔声罩的上层为共振穿孔板,穿孔板上规律地布置有多种孔径的圆孔,以实现多频率的共振吸声作用。车内隔声罩的下层为经过阻尼处理的金属板,以减少隔声罩自身的声辐射。上下层面板之间为吸声材料,这样在车体和内饰隔声罩下层面板之间就形成了一个共振吸声腔,上层的穿孔板会增加吸声材料的低频吸声性能。

## 第4章 减振降噪设计技术

### 3. 地板断面复合隔声结构设计

高速列车车体断面采用典型的双层板隔声结构，最外层为车体型材，内层为内饰板，中间为具有防寒隔热的吸声材料，车体和内饰之间存在专门的连接结构。

地板断面的主要结构及其在断面隔声中的作用如图4.40所示。车体型材是起隔声作用的主要部件之一，内饰地板与车体型材隔声性能的合理匹配，是决定隔声性能的关键。弹性安装结构则可以阻断声桥，减小振动传递。中间吸声夹层的厚度、吸声材料的选取，会影响中高频隔声性能。

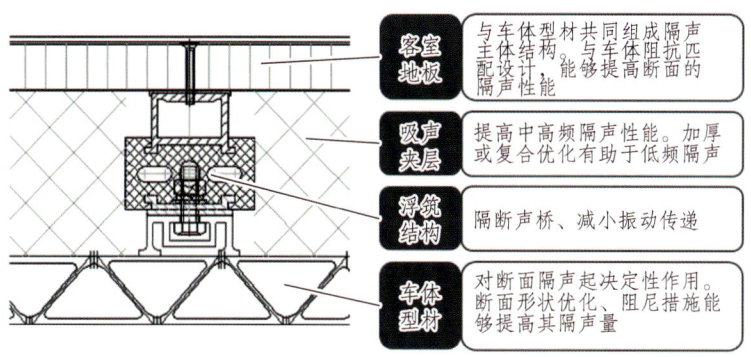

图4.40 地板断面及其在隔声中的作用分析

### 4. 高隔声车窗设计

通常情况下，车内噪声主要来源于车外，与车体其他部分相比，车窗是整个车体隔声的薄弱环节。因此，设计高隔声车窗对提高整车隔声量及改善车内噪声具有重要意义。目前，高速列车上应用最普遍的是钢化中空玻璃，通过优化铺层及增添车窗隔声膜，使用多层不同厚度的钢化玻璃、PVB膜组成的复合隔声窗，隔声量可达46 dB，如图4.41所示。

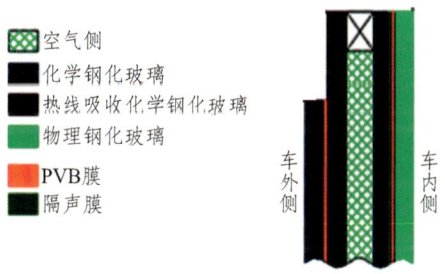

图4.41 车窗断面隔声结构示意图

### 5. 司机室及观光区隔声结构设计

司机室和观光区属于变截面的结构，容易受到气动的影响。车体结构是由不同隔声量的材料组成的，如侧墙区域，根据隔声量的不同，大致可分为窗玻璃、窗间盲区、窗下盲区等部分，这样一个隔声组合体的隔声性能，用组合隔声量来表征。在已知各组成部分隔声量的基础上，可以通过以下公式计算组合隔声量：

$$\overline{TL} = 10 \lg \frac{\sum S_i}{\sum 10^{-0.1 TL_i} \cdot S_i}$$

式中，$\overline{TL}$ 为组合隔声量；$TL_i$ 为第 $i$ 个区域的隔声量；$S_i$ 为第 $i$ 个区域的面积。

从上述公式可以看出，透过隔声部件的声功率，不仅与部件的隔声量有关，还与部件的面积有关，当整个隔声面上的漏声面积达到总面积的 1%以上时，无论结构体自身隔声量多高，整个结构的隔声量不会超过 20 dB。因此在做隔声结构设计时，要特别重视结构的整体密封性，否则，一旦出现漏声，将严重影响其他区域的隔声处理效果。其次，应根据各区域透射的声功率对车内噪声的贡献度，优先处理贡献度大的区域，使得各区域透过的声功率对车内噪声的贡献度大致相等。

## 4.4.2 结构声控制技术

### 4.4.2.1 车体减振方案设计

高速列车车内噪声主要来源于车体结构的振动辐射。对车体结构进行阻尼减振设计，是降低车内噪声的有效途径。

#### 1. 阻尼减振原理

高速列车车体型材为双层中空铝型材，型材蒙皮和筋板通常为 1.5～4 mm 厚的薄铝板，阻尼损耗因子约为 $10^{-4}$，其自身的阻尼性能较弱，在外部声源激励下产生的弯曲振动衰减较慢，容易向车内辐射噪声。如果在车体表面复合一层阻尼较大的材料，车体型材在弯曲振动时，通过阻尼层的拉伸和压缩，可以将振动转换成热能耗散，从而减小声辐射，这就是自由阻尼结构。自由阻尼结构的复合损耗因子 $\eta$ 与阻尼材料的损耗因子 $\beta$

## 第 4 章 减振降噪设计技术

之比如式（4.49）所示。

$$\frac{\eta}{\beta} = \frac{eh(3+6h+4h^2)}{1+eh(5+6h+4h^2)} \tag{4.49}$$

式中，$e = E_2/E_1$，$E_2$ 为阻尼材料的杨氏模量，$E_1$ 为基材的杨氏模量；$h = H_2/H_1$，$H_2$ 为阻尼层厚度，$H_1$ 为基材厚度。

由式（4.49）可以看出，当 $e$ 一定时，复合结构的损耗因子 $\eta$ 随阻尼层的增加先单调增加，当增大到一定数值后，增速开始减缓，直至对厚度变化不敏感。在上升区，复合结构的损耗因子 $\eta$ 取决于 $\beta E_2$，即阻尼材料杨氏模量的虚部。

在上述自由阻尼层外表面再复合一层弹性模量较大的材料，就形成了约束阻尼结构。由于弯曲时，基材与约束层存在相对位移，使得中间的阻尼层除了产生压缩和拉伸变形外，还要受到剪切作用，从而增大了能量损耗。

2. "隔声/质量"能效比

由车体型材声传播机理的研究可知，通过改变车体型材的断面结构，可提高隔声量 3 dB。在此基础上，对型材型腔做吸声处理，面板做阻尼处理，可进一步提高型材的隔声量。高速动车组的轴重有严格控制，如何用最小的质量获得较为理想的隔声性能，是开发人员关注的问题。基于此提出了"质量/隔声"的概念来评估结构的降噪效果。"隔声/质量"能效比 $r_{TL}$ 定义为单位质量增加带来的隔声量提升，如式（4.50）所示。

$$r_{TL} = \frac{\Delta TL}{\Delta M} \tag{4.50}$$

式中，$\Delta TL$ 和 $\Delta M$ 分别为隔声处理前后的质量变化和隔声量变化。

3. 型腔内降噪处理方案研究

型材各筋板间小型腔的处理，主要有两种方式：一是填充吸声材料，减小型腔内的混响及其对面板的二次激励；二是填充结构泡沫材料，在提升各面板阻尼的同时，可提高型材的总体刚度。

两种处理方式下的"质量/隔声"能效比 $r_{TL}$ 如表 4.10 所示。从表中可以看出，型腔吸声方案的能效比较高，以 6.7 dB/kg 的效率实现了 2 dB 的隔声量提升。型腔内填充结构泡沫的方案，整体隔声量提高了 6 dB，但质量增加了 13.8 kg，能效为 0.43 dB/kg。从图 4.42 所示的频谱上看，型腔吸声方案能够提升型材在 400 Hz 以上的隔声性能，在 1 000 Hz 左右的隔声量低谷处改善 2～3 dB，但不能消除隔声低谷，且对 200 Hz 的共振低谷没有改善效果。型腔内填充发泡材料结构，则可大幅提升 200 Hz 的共振隔声低谷，并且在 1 000 Hz 左右的隔声低谷处提升隔声量达 10 dB 左右，消除了高频隔声低谷。因此，在选择型材隔声处理措施时，应结合总体降噪效果和能效比两方面的性能，在充分考虑车外噪声源特性的基础上，确定实施方案，如受电弓区可牺牲质量指标，选择隔声量高的处理方式，而客室中部等车外噪声源较小的区域，则可选取能效比更高的方案。

表 4.10　型腔处理方案的能效比

| 方　案 | 质量增加 $\Delta M$/kg | 隔声量提升 $\Delta TL$/dB | 能效比 $r_{TL}$ |
|---|---|---|---|
| 型腔吸声方案 | 0.3 | 2 | 6.7 |
| 型腔结构泡沫方案 | 13.8 | 6 | 0.43 |

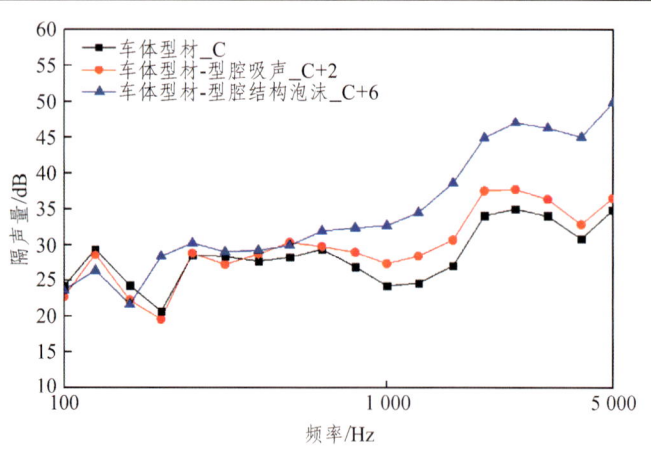

图 4.42　车体型腔不同处理方案的隔声量曲线

**4. 基于模态应变能的阻尼处理方案优化设计**

由于结构声辐射与结构模态有关，因此在结构表面不同位置进行阻尼处理，降噪性能有差异。模态应变能作为结构模态的固有属性,能够反映结构辐射噪声的特性,在模态应变能大的地方实施阻尼处理,能够最有效地发挥阻尼材料的作用。图 4.43 给出了车体型材在高频某阶局部振动时的模态应变能分布,可以看出,在筋板与面板交接位置和局部面板的中心,是模态应变能容易集中的地方。根据这个特征,设计了型材局部热熔阻尼片的布置方案,如图 4.44 所示。

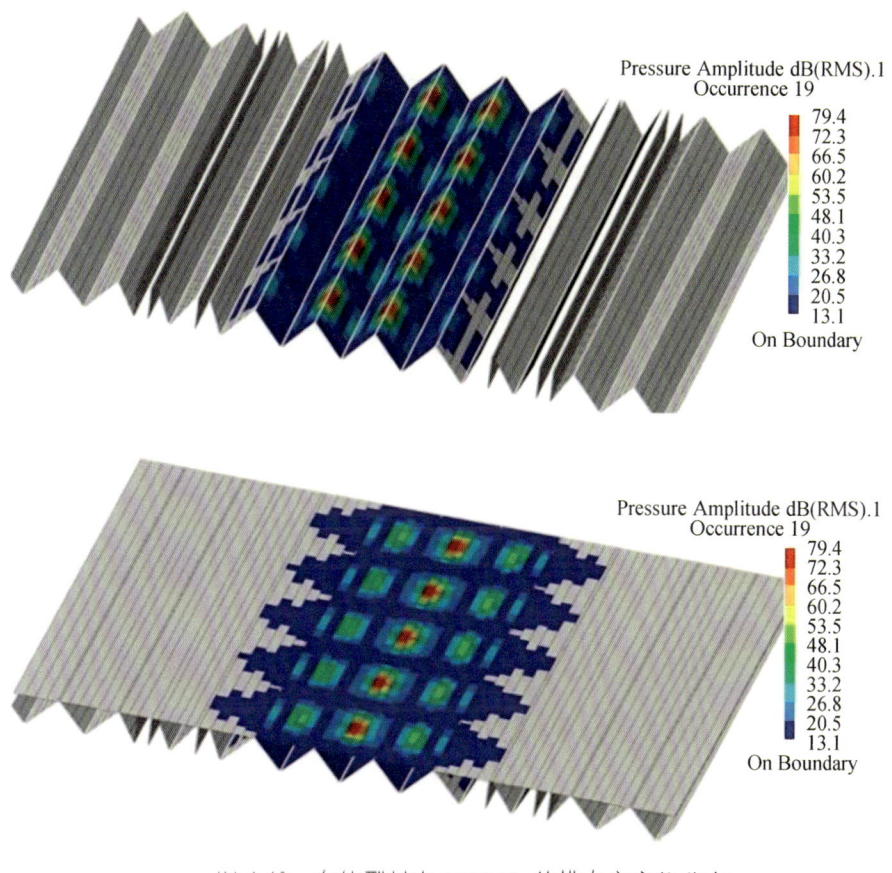

图 4.43　车体型材在 1012 Hz 的模态应变能分布

图 4.44　型材热熔阻尼布置

### 5. 不同阻尼处理方案的降噪效果对比

型材面板的阻尼处理方式，除了上述型腔内热熔阻尼方式外，还有在车体型材外表面喷涂阻尼浆和粘贴约束阻尼材料的方式。

不同阻尼处理方式下的"质量/隔声"能效比 $r_{TL}$ 如表 4.11 所示。从表中可以看出，约束阻尼结构的能效比最高，每千克质量约提高隔声量 1 dB。阻尼浆的隔声能效比随喷涂厚度的增加而逐渐降低，规律符合对数关系，如图 4.45 所示，也与构件阻尼随厚度增加的规律一致。型腔热熔的能效比小于 5 mm 阻尼浆，这与其有效频率有关。从图 4.46 所示的隔声特性曲线可以看出，型腔热熔处理的有效频段在 1 000 Hz 以上，这与基于应变能的模态分析结果一致，也符合阶跃频率的概念。约束阻尼结构的总体隔声性能介于 3 mm 阻尼浆和 5 mm 阻尼浆之间，这是因为本次研究使用的约束阻尼层仅为 0.2 mm 铝板，若加厚约束层，可提高其隔声性能。除热熔方案外，阻尼结构均能有效改善型材的隔声量低谷。在选择型材面板阻尼处理方案时，应遵循与型腔内降噪处理相同的原则，需平衡总体降噪效果和能效比的需求。

表 4.11　不同阻尼处理方案的降噪能效比

| 结　构 | 质量增加 $\Delta M$/kg | 隔声量提升 $\Delta TL$/dB | 能效比 $r_{TL}$ |
|---|---|---|---|
| 地板型材+热熔材 | 2.5 | 1.2 | 0.48 |
| 地板型材+3 mm 阻尼浆 | 3.8 | 2.4 | 0.63 |
| 地板型材+5 mm 阻尼浆 | 6.5 | 3.4 | 0.52 |
| 地板型材+两面 5 mm HY 阻尼浆 | 11.5 | 4.7 | 0.41 |
| 地板型材+约束阻尼材料（90%铺设率） | 2.6 | 2.9 | 1.12 |

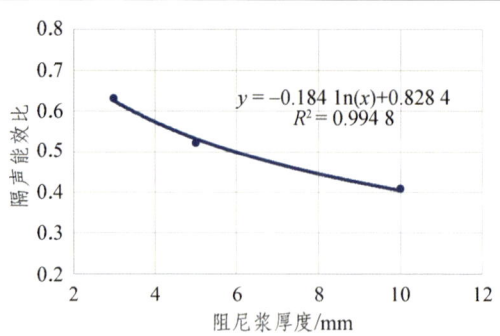

图 4.45　阻尼浆隔声能效比与厚度的关系

## 第 4 章 减振降噪设计技术

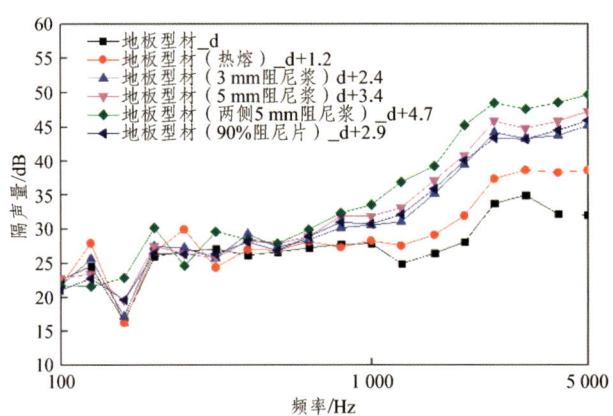

图 4.46 型材面板不同处理方案的隔声量曲线

**6. 约束阻尼结构铺设率对噪声的影响**

约束阻尼结构在车体型材上铺设面积的不同，会带来隔声性能的差异。本章研究了 5 种铺设率下型材的隔声性能，如表 4.12 所示。最大和最小铺设率工况进行隔声量测试的现场照片如图 4.47 所示。随着铺设率的提高，隔声量逐渐增大，而对型材隔声量的提升也从 1.1 dB 增加到 2.9 dB。与阻尼浆不同的是，约束阻尼结构的隔声能效比，并不随着铺设率的增加而减小，始终为 1 dB/kg 左右。这就是说，采用约束阻尼结构时，可根据设计需要，通过不同的铺设率实现隔声设计指标，不存在浪费质量的问题。从图 4.48 所示的隔声量频谱上看，约束阻尼结构主要起作用的频段在 800 Hz 以上，铺设率达到 90% 时，对隔声量低谷的改善最显著。

表 4.12 约束阻尼片不同铺设率的车体型材隔声对比

| 结构 | 质量增加 $\Delta M$/kg | 隔声量提升 $\Delta TL$/dB | 能效比 $r_{TL}$ |
| --- | --- | --- | --- |
| 地板型材+约束阻尼片（39%铺设率） | 1.1 | 1.1 | 1.00 |
| 地板型材+约束阻尼片（49%铺设率） | 1.5 | 1.7 | 1.13 |
| 地板型材+约束阻尼片（60%铺设率） | 1.8 | 2.0 | 1.11 |
| 地板型材+约束阻尼片（72%铺设率） | 2.1 | 2.3 | 1.10 |
| 地板型材+约束阻尼片（90%铺设率） | 2.6 | 2.9 | 1.12 |

# 高速动车组车体设计关键技术

(a) 约束阻尼片（39%铺设率）　　　　　(b) 约束阻尼片（90%铺设率）

图 4.47　约束阻尼片不同铺设率照片

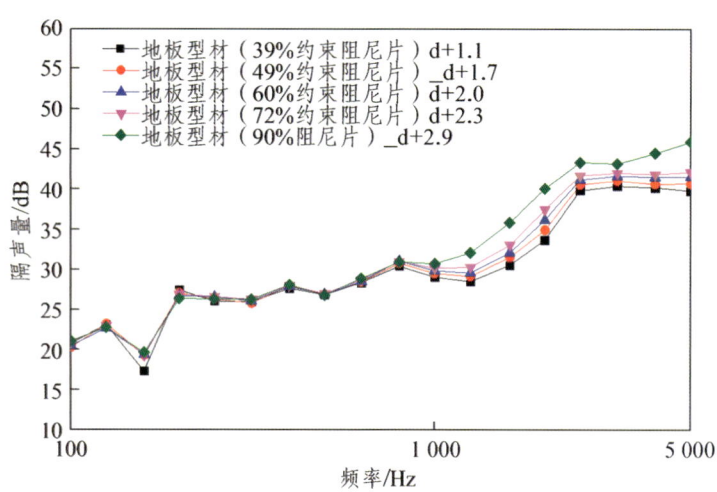

图 4.48　约束阻尼片不同铺设率对隔声量的影响

#### 4.4.2.2　受电弓减振结构设计

**1. 隔振设计原理**

假设结构激励源对车体的激励力为 $F$，传递到车体上的力为 $F_f$，则两者的比值 $F_f/F$ 反映了激振力的传递特性。由强迫振动方程不难解得，系统的振动传递率 $T$ 如式（4.51）所示。

## 第4章 减振降噪设计技术

$$T = \left|\frac{F_f}{F}\right| = \left|\frac{1 + j2\xi\dfrac{f}{f_0}}{\left(1 - \dfrac{f^2}{f_0^2}\right) + j2\xi\left(\dfrac{f}{f_0}\right)}\right| = \sqrt{\frac{1 + 4\xi^2\left(\dfrac{f}{f_0}\right)^2}{\left(1 - \dfrac{f^2}{f_0^2}\right)^2 + 4\xi^2\left(\dfrac{f}{f_0}\right)^2}} \quad (4.51)$$

式中，$f$ 为激振频率；$f_0$ 为系统固有频率；$\xi$ 为阻尼比。

对于不同的阻尼比 $\xi$，振动传递率 $T$ 随频率比的变化关系如图4.49所示。

（1）当 $f \ll f_0$ 时，传递率 $T=1$，系统不起隔振作用。

（2）当 $f = f_0$ 时，传递率 $T>1$，系统因共振而导致传递率放大，放大倍数取决于系统的阻尼比 $\xi$，阻尼比越大，放大倍数的峰值越小。

（3）当 $f < \sqrt{2} f_0$ 时，传递率 $T>1$，增大阻尼比可降低传递率，提高系统的隔振性能。

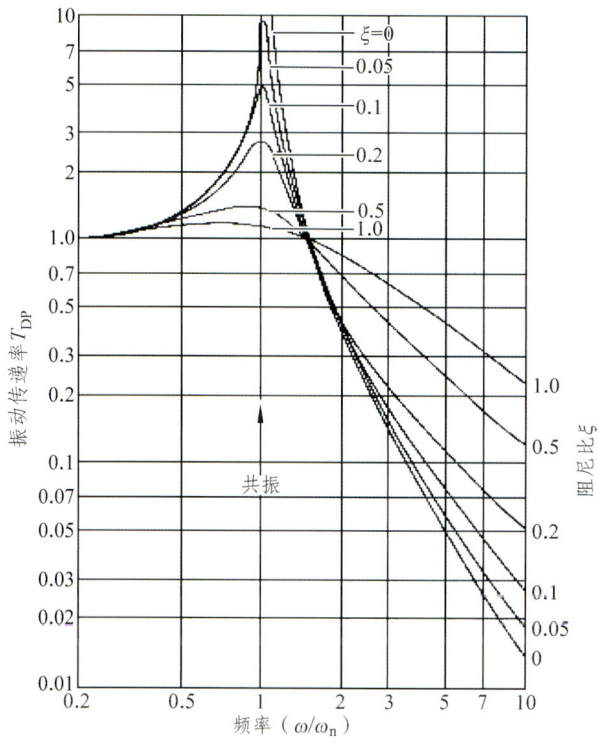

图 4.49　隔振系统的振动传递率

（4）当 $f > \sqrt{2}f_0$ 时，传递率 $T<1$，系统具有隔振效果，该区域称为隔振区。在该区域内，增大阻尼比，反而会使传递率增大，降低系统的隔振性能。当 $f \gg f_0$ 时，传递率 $T$ 可近似为 $T = 2\xi f_0/f$。此时传递率 $T$ 与阻尼比成正比，与频率成反比。

结构声是车体结构在外部激振力作用下通过结构表面振动辐射出的声音。结构声的控制可以从两方面入手：一是减小结构受到的激振力；二是减小结构在特定激振力作用下的声辐射。

2. 受电弓风致振动对车体的激励特性研究

某高速动车组的受电系统安装结构如图 4.50 所示。受电弓通过绝缘瓷瓶安装在车顶安装座上，三者之间均为刚性连接方式，没有采取隔振措施。高速运行中的动车组，在气流扰动和弓网接触力作用下，会产生较大的振动，如图 4.51 所示。这些振动通过刚性安装结构传到车体，引起车体较大的振动和声辐射，这是导致受电弓区客室端部噪声比其他区域高的原因之一。因此研究车体在受电弓振动激励下的响应特性，对降噪结构设计具有重要的意义。

 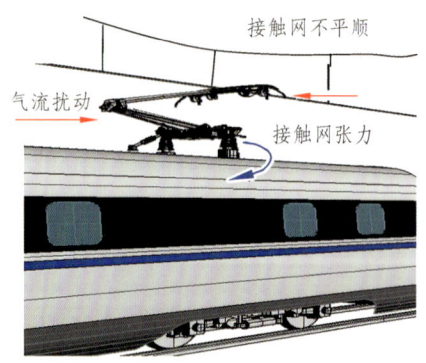

图 4.50　受电系统安装结构图　　图 4.51　受电弓对车体的激励作用示意图

根据噪声源对车内噪声影响区研究结果可知，受电弓对客室的影响区为受电弓中心两侧各 3.5 m 范围，因此截取受电弓下方 7 m 长的车体结构，用前面计算得到的受电弓风致振动为激励源，计算车体的响应。计算频率范围为 20～300 Hz，车体不同频率下的振动响应云图如图 4.52 所示。在受电弓风致振动激励下，车体的响应主要集中于车顶区域，对侧墙和地板的影响较小，因此受电弓区噪声控制，应重点加强车顶区域的减振和隔声处理。

## 第4章 减振降噪设计技术

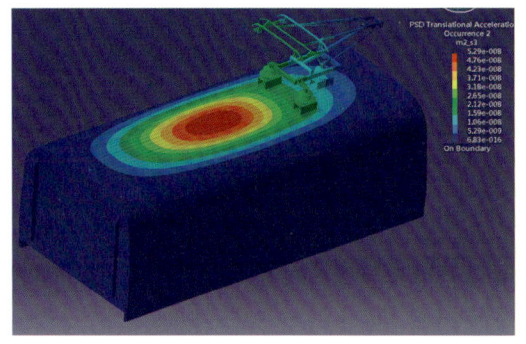
（a）33 Hz

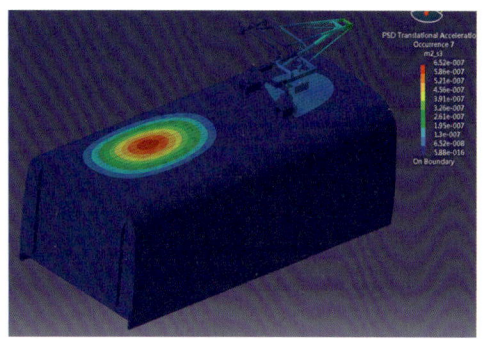
（b）66 Hz

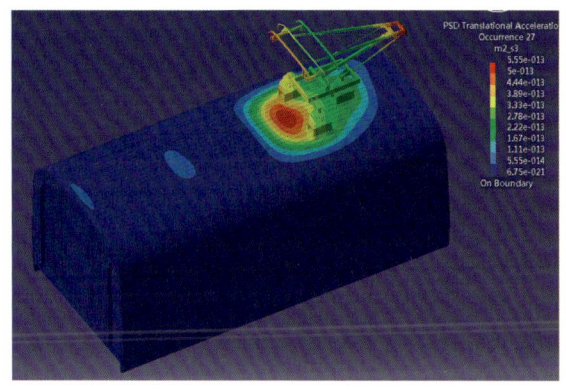
（c）198 Hz

图 4.52 不同频率时车体垂向振动响应云图

3. 受电弓减振安装方案

为了降低受电弓振动对车体的影响，可在受电弓和车体安装座之间设置隔振装置，该装置的隔振元件为非金属材料，可以隔离受电弓振动向车体的传播。

受电弓是高速动车组最关键的部件之一，因此隔振安装结构设计，不仅要在所关注的频带范围内有良好的隔振效果，还必须考虑安全性、气动性和可维护性三方面的因素。现车用受电弓通过3个刚性安装座与车体连接，每个座的高度为160 mm，利用这160 mm的空间，将车体安装座适当降低，设计一种隔振器，将其安装于受电弓底部绝缘瓷瓶与车体安装座之间，同时保持与绝缘子的接口不变，从而保证了良好的可维护性。

受电弓区隔振装置的结构示意图如图 4.53 所示，其中图 4.53（a）为现车用刚性安装结构，图 4.53（b）为橡胶隔振器的结构图，图 4.53（c）为压电陶瓷粉填充高分子材料作为阻尼耗能元件的隔振器结构图。隔振装置都分为三个部分：外壳、内衬和中部阻尼材料层。

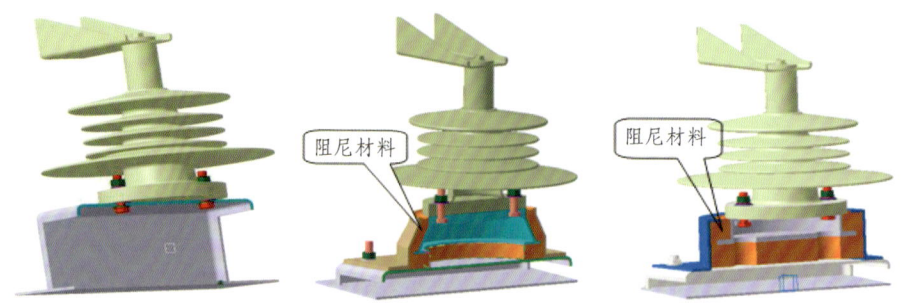

（a）现车结构　　　　　（b）橡胶隔振器座　　　　（c）压电阻尼隔振器座

图 4.53　受电弓隔振安装结构

橡胶是最常用的减振元件，按受力形式的不同，橡胶隔振器可分为压缩型、剪切型和复合型，其特点如表 4.13 所示。

表 4.13　橡胶隔振器类型及优缺点

| 隔振器类型 | 优　点 | 缺　点 |
| --- | --- | --- |
| 压缩型 | 结构简单，制造容易，压缩方向受力，负荷承受力大，应用广泛 | 自振频率较高，一般限于垂向上使用，但压缩方向的弹性系数不能选得太低 |
| 剪切性 | 自振频率较低，弹性系数可选得很小 | 剪切方向受力，强度不高，负荷承受力较小 |
| 复合型 | 橡胶既受压缩力，又受剪切力，具有压缩型和剪切型的中间特征 | |

在气动载荷和弓网接触载荷作用下，受电弓安装座既受垂向力，也受横向和纵向载荷，因此复合型减振器最适合受电弓安装的承载特性。基于此，设计了一种锥形椭圆结构的复合型橡胶隔振器，如图 4.54 所示。椭圆外形使其具有较好的气动性能，锥形断面则具有防脱作用，保证结构的安全性。压电陶瓷阻尼减振座则为椭圆柱结构，通过内衬翻边实现防脱性能，外部接口与橡胶隔振器一致，如图 4.55 所示。本次测试制作了 4 个橡胶隔振器样件和 3 个压电陶瓷隔振器样件进行试验，橡胶隔振器的基本参数如表 4.14 所示。压电陶瓷隔振器的几何参数与其一致，但阻尼材料的配方有差异。

第 4 章　减振降噪设计技术

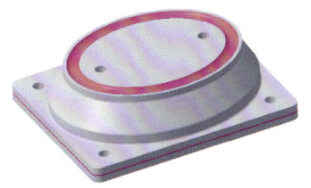 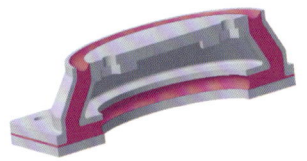 

（a）外观图　　　　　　　　（b）断面图　　　　　　　（c）实物照片

图 4.54　复合型橡胶隔振器

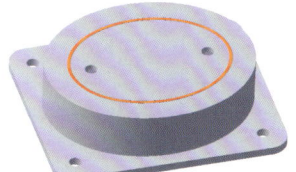 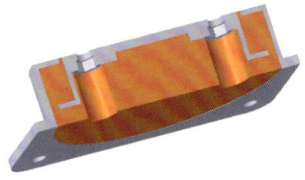 

（a）外观图　　　　　　　　（b）断面图　　　　　　　（c）实物照片

图 4.55　压电陶瓷阻尼减振座

表 4.14　橡胶隔振器基本参数

| 序号 | 样件编号 | 拉伸静刚度/(kN/mm) | 压缩静刚度/(kN/mm) |
| --- | --- | --- | --- |
| 1 | 橡胶隔振器 A | 7.35 | 6.03 |
| 2 | 橡胶隔振器 B | 4.46 | 6.10 |
| 3 | 橡胶隔振器 C | 11.11 | 12.66 |
| 4 | 橡胶隔振器 D | 10.2 | — |

4. 受电弓隔振安装结构降噪效果研究

1）隔振安装结构的隔振效果

由于对不同隔振器进行激励时，不能保证激振力在各个频率下完全相等，为了便于比较不同隔振器的隔振效果，对通过隔振元件以后安装座上测点（V40）随激振力变化进行线性回归，获得单位力振级回归频谱。为避免个别频点测试结果的差异，用 8 种激振力获得的回归频谱平均后，进行不同隔振效果对比，如表 4.15 和图 4.56 所示。从图中可以看出，橡胶隔振器有优良的隔振特性，振级衰减达 8.1～14 dB，315 Hz 以上频段，各橡胶隔振器的隔振效果均非常明显，315 Hz 以下频段，橡胶隔振器的效果不明显，需要考虑其他方式隔振。阻尼隔振器有良好的隔振性能，隔振效果达 4.9～7.7 dB，除 160 Hz

### 高速动车组车体设计关键技术

外，其他各频段均有隔振效果，但 300 Hz 以上的隔振效果比橡胶隔振器小。

表 4.15　V40 点单位力振级　　　　　　　　　　　　单位：dB

| 对比项目 | V40 点单位力振级 | 隔振效果 |
| --- | --- | --- |
| 刚性座 | 123.4 | 0.0 |
| 橡胶隔振器 A | 110.9 | -12.5 |
| 橡胶隔振器 B | 109.4 | -14 |
| 橡胶隔振器 C | 115.3 | -8.1 |
| 橡胶隔振器 D | 114.9 | -8.5 |
| 阻尼座 A | 118.5 | -4.9 |
| 阻尼座 C | 115.7 | -7.7 |

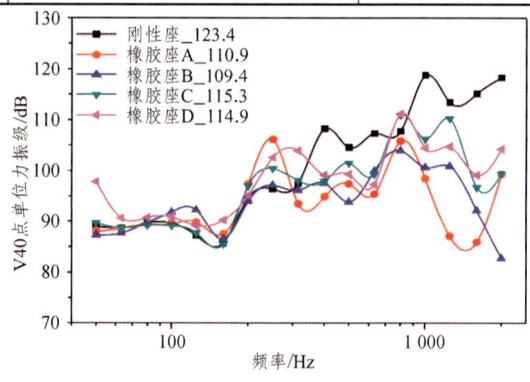

（a）橡胶安装座

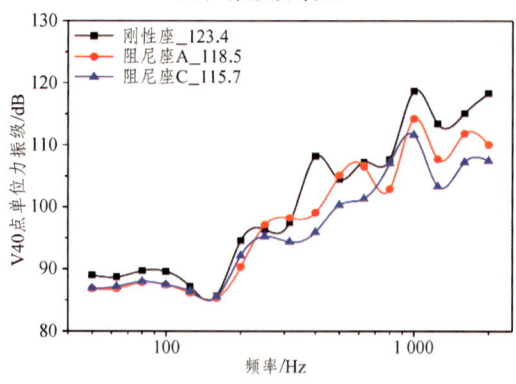

（b）压电陶瓷阻尼减振座

图 4.56　不同减振器减振效果频谱对比

## 2）对车体振动的减振效果

车体振动点的单位力振级如表 4.16 和图 4.57 所示。减振器对车体振动有较好的减振作用，振级减小幅度为 2.1~8.1 dB。其中橡胶隔振器 A 和 B 的隔振效果最好，有效隔振频率在 315 Hz 以上，125~315 Hz 范围为隔振器的振动放大频带。压电陶瓷隔振器也能够降低车体振动，振级降低幅度 0.9~1.6 dB，压电陶瓷隔振器 C 的效果相对较好，有效隔振频段为 160~500 Hz，尤其是对于 400 Hz 峰值，隔振作用明显。

表 4.16　车体单位力振级　　　　　　　　　　单位：dB

| 对比项目 | 车体单位力振级 | 减振效果 |
| --- | --- | --- |
| 刚性座 | 117.8 | 0.0 |
| 橡胶隔振器 A | 109.7 | −8.1 |
| 橡胶隔振器 B | 109.8 | −8.0 |
| 橡胶隔振器 C | 115.7 | −2.1 |
| 橡胶隔振器 D | 114.9 | −3.0 |
| 阻尼隔振器 A | 116.9 | −0.9 |
| 阻尼隔振器 C | 116.2 | −1.6 |

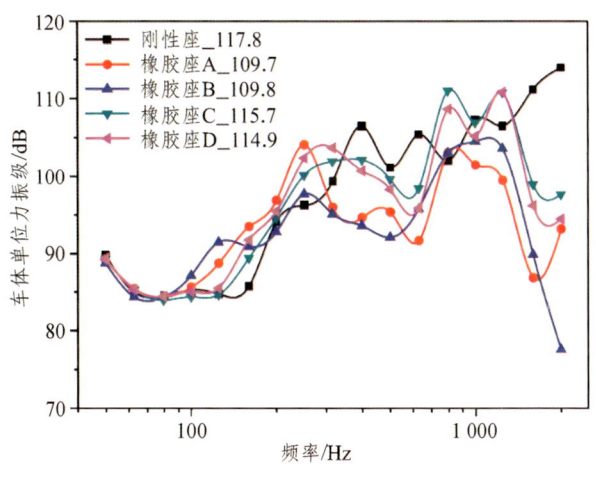

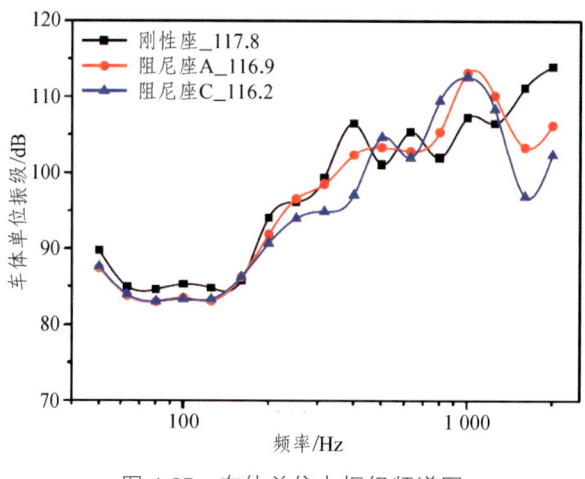

图 4.57 车体单位力振级频谱图

3）对内饰板的减振作用

内饰板振动点的单位力振级如表 4.17 和图 4.58 所示。隔振器对内饰板振动有较好的减振作用，振级减小幅度为 0.3~5.4 dB，其中橡胶隔振器 B 隔振效果最好，有效隔振频率在 315 Hz 以上，125~315 Hz 范围为隔振器的振动放大频带。压电陶瓷隔振器能够降低内饰板振动，隔振效果为 1.8~3.9 dB，压电陶瓷隔振器 C 的效果相对较好。

表 4.17　内饰板单位力振级　　　　　　　　单位：dB

| 对比项目 | 内饰板单位力振级 | 减振效果 |
| --- | --- | --- |
| 刚性座 | 106.4 | 0.0 |
| 橡胶隔振器 A | 104.6 | −1.8 |
| 橡胶隔振器 B | 101.0 | −5.4 |
| 橡胶隔振器 C | 105.2 | −1.2 |
| 橡胶隔振器 D | 106.0 | −0.3 |
| 阻尼隔振器 A | 104.6 | −1.8 |
| 阻尼隔振器 C | 102.5 | −3.9 |

第 4 章 减振降噪设计技术

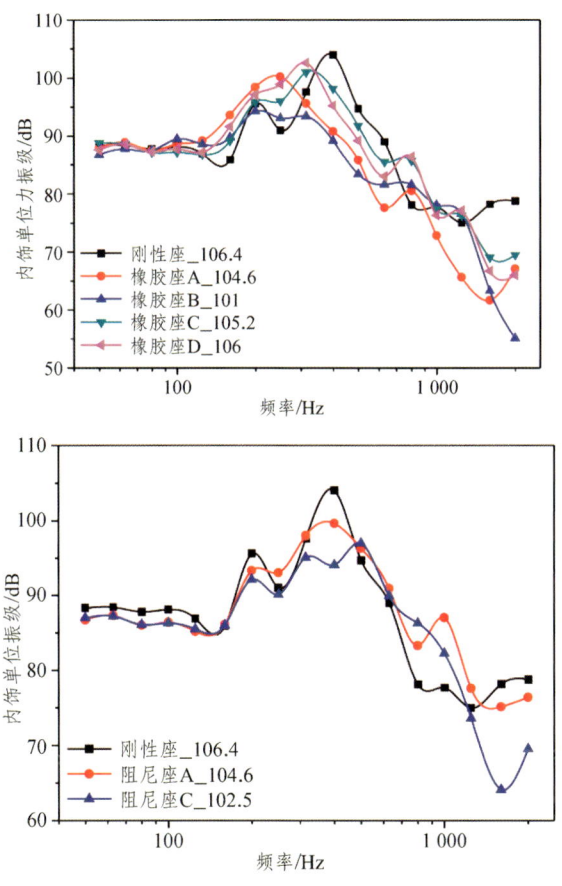

图 4.58 内饰板单位力振级频谱图

4）对车内标准点噪声的降噪效果

车内标准点噪声的单位力声压级如表 4.18 和图 4.59 所示。从总声压级看，橡胶隔振器对车体断面结构标准点的声压级降噪效果差异性很大，隔振器 B 隔振效果较好，达 3.7 dB（A），有效降噪频段在 125 Hz 以上，虽然在 1 250 Hz 左右出现放大，但是由于该频率下声压级较小，因此对总声压级无影响。橡胶隔振器的基本参数对其降噪性能有较大影响，因此后续应用时，需要对其参数优化进行深入研究。压电陶瓷隔振器对降低车内标准点 A 计权声压级有一定作用，尤其是阻尼隔振器 C，降噪效果达 2.8 dB（A）；阻尼隔振器 C 对现车结构 200 Hz 和 400 Hz 的峰值有明显的控制作用,但在 500～1 000 Hz 频带有放大作用。

**高速动车组车体设计关键技术**

表 4.18　车内标准点单位力声压级　　　　　　　单位：dB（A）

| 对比项目 | 单位力 A 计权声压级 | 降噪效果 |
|---|---|---|
| 刚性座 | 52.5 | 0.0 |
| 橡胶隔振器 A | 53.5 | 1 |
| 橡胶隔振器 B | 48.8 | －3.7 |
| 橡胶隔振器 C | 53.3 | 0.8 |
| 橡胶隔振器 D | 53.4 | 0.9 |
| 阻尼隔振器 A | 52.8 | 0.3 |
| 阻尼隔振器 C | 49.7 | －2.8 |

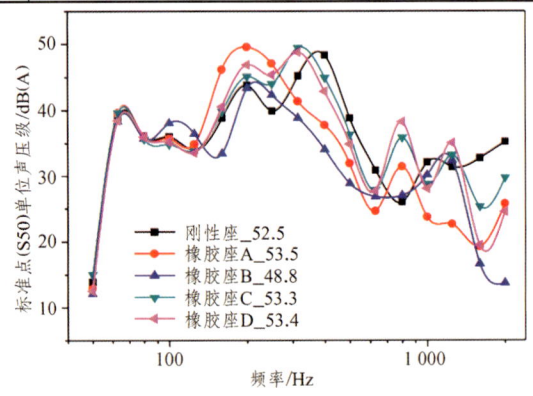

（a）橡胶隔振结构

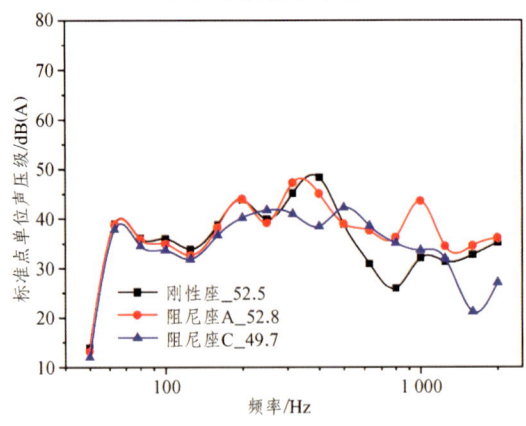

（b）压电陶瓷阻尼隔振结构

图 4.59　标准点单位力声压级频谱图

## 4.4.2.3 浮筑地板结构设计

**1. 地板减振器刚度对隔声量影响的试验分析**

声桥对断面隔声性能影响较大，采用弹性结构可提高断面隔声量。地板支撑结构的刚度对隔声量也有影响，图 4.60 是两种不同刚度下地板断面的隔声量，小刚度支撑结构比大刚度隔声量高 1 dB。从总体趋势上看，减小支撑刚度有利于提高隔声量。

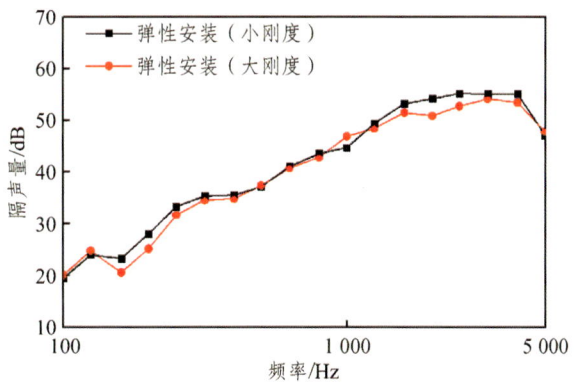

图 4.60 不同支撑刚度下的地板断面隔声量

**2. 客室地板选型**

客室地板的隔声性能对地板断面影响很大，为获得高隔声、轻量化的内饰地板结构，在试验室开展了 6 种地板的试验研究，如表 4.19 所示。不同地板结构的隔声性能差别很大，从隔声量和质量方面综合评估，隔音地板 4 隔声性能最好，可作为客室端部地板使用。

表 4.19 不同内饰地板面密度和隔声量对比表

| 地板方案 | 面密度/(kg/m²) | 隔声量/dB |
| --- | --- | --- |
| 隔音地板 1 | 17.2 | 30 |
| 隔音地板 2 | 19.0 | 37 |
| 隔音地板 3 | 14.9 | 31 |
| 隔音地板 4 | 14.6 | 33 |
| 隔音地板 5 | 18.2 | 37 |
| 隔音地板 6 | 17.2 | 36 |

#### 4.4.2.4 顶板减振安装结构设计

1. 基于子模态装配法的内饰顶板振动响应分析

模态计算是结构固有动力学特性，也是进行振动响应、声学计算的基础。当结构复杂且结构单元较多时，模态计算量会随之大幅增加。但受到计算机硬件和计算精度的影响，大型模态计算就变得较为困难。而子结构模态综合方法为大型复杂结构系统动力学特性分析提供了一种有效方法。基于子模态装配计算主要利用各个模型的模态参数（模态频率、模态阻尼、模态矢量），来求解多个模态集合后的结构模态耦合结果。不同结构的模态在耦合点处支持自由连接。首先，计算各个结构的模态结构并定义连接点；然后将不同部分的模态进行装配组合。模态耦合计算需要定义连接点的属性，从而模态耦合求解器才可以计算组合后的整体模态，计算流程如图 4.61 所示。

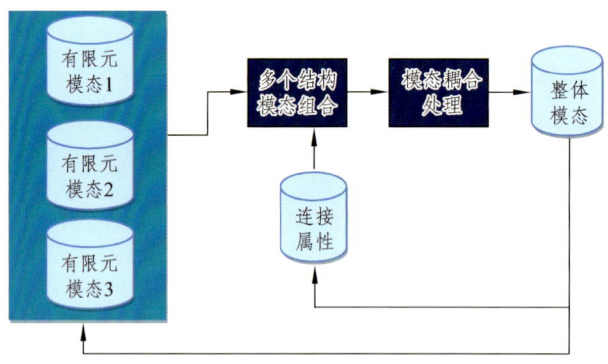

图 4.61　子模态装配流程图

采用子模态装配方法，计算车顶及内饰顶板组合后的模态和振动响应，通过改变内饰顶板和车体间的安装结构，分析弹性安装参数变化对内饰板振动响应的影响规律，用于指导弹性安装结构设计。内饰顶板与车体间的安装方式如图 4.62 所示。

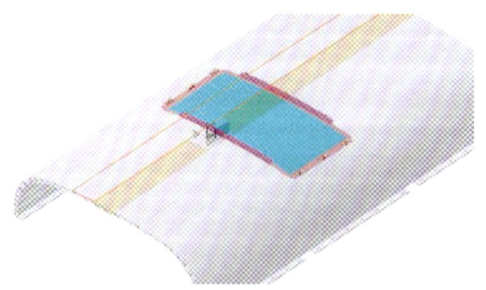

图 4.62　试验用内饰顶板安装方式示意图

## 2. 内饰顶板振动响应计算

安装有橡胶隔振器等弹性结构的车辆是一个多自由的振动系统。车辆在运行中会产生复杂的振动现象，通过振动理论的研究和试验表明，这种复杂的振动是由若干基本形式的振动组合的结果。振动响应的激励点为受电弓安装座上方。设置的激励方式为力激励，激振力采用单位力，分别计算弹性安装、刚性安装以及内饰顶板阻尼处理前后的振动响应，如图 4.63～图 4.65 所示。

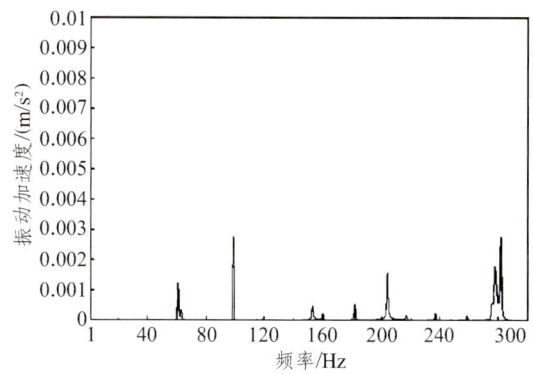

(a) 两端固定

(b) 四周固定

图 4.63 弹性连接响应计算结果

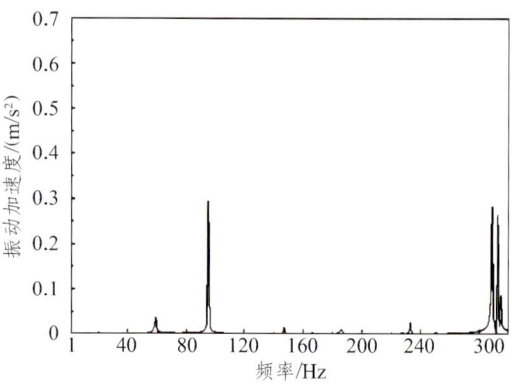

(a)两端固定

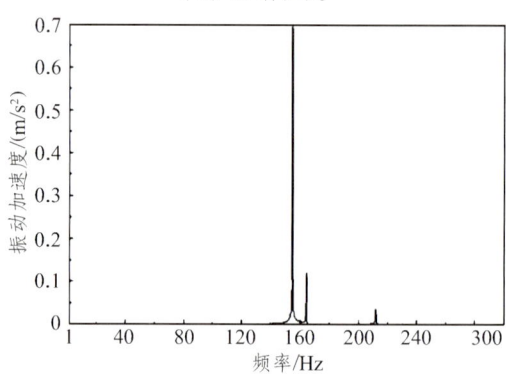

(b)四周固定

图 4.64  刚性连接响应计算结果

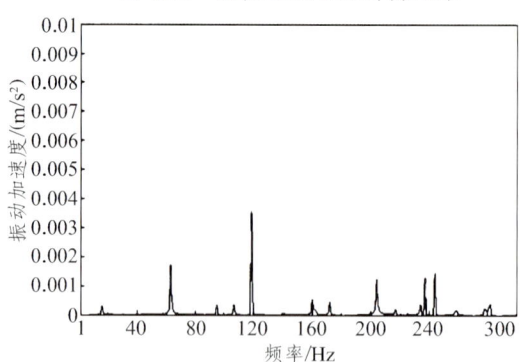

(a)弹性连接,四周固定

## 第 4 章 减振降噪设计技术

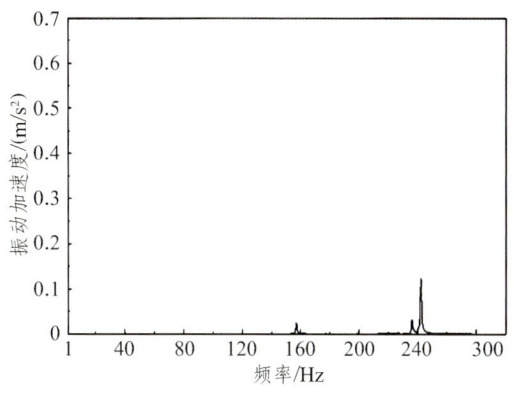

（b）刚性连接，四周固定

图 4.65 中顶板阻尼处理

弹性连接的振动明显小于刚性连接；无论是刚性连接还是弹性连接，顶板两端固定时内饰顶板的振动小于四周固定的结构；阻尼处理后，内饰顶板的振动进一步降低。

3. 内饰顶板安装结构试验验证方案

根据不同内饰顶板结构的仿真计算结果，设计了 6 种不同的内饰顶板安装结构，如图 4.66 所示，用于台架试验，以验证仿真规律，获得定量化的评价指标。

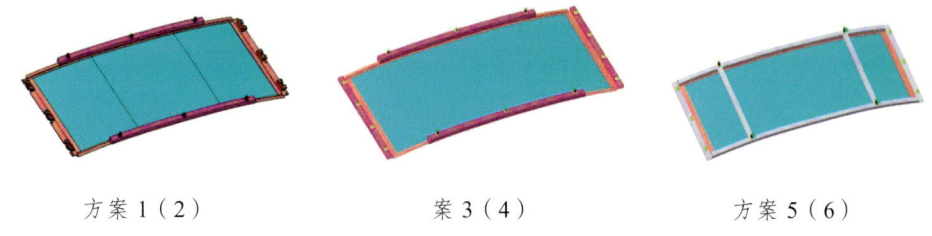

方案 1（2）　　　　　案 3（4）　　　　　方案 5（6）

图 4.66 不同顶板安装方案示意图

方案 1：实车弹性安装结构，两端固定，每边三组（共 6 个）减振器，顶板每侧有 3 个固定点。

方案 2：将方案 1 顶板与车体之间连接点处的弹性座换成 3 个短刚性座，顶板每侧 3 个固定点。

方案 3：为增加内饰顶板的固定点，两侧采用通常安装梁，安装梁与车体间有 4 个弹性安装点，与内饰顶板间有 5 个安装点。

方案 4：将方案 3 中安装梁与车体的弹性安装改为刚性安装。

方案 5：背面采用整体安装框架，骨架两端安装方式同方案 3。

方案 6：在方案 5 的基础上，框架与车体间增加 4 个连接点（弯梁处）。

4. 不同内饰板安装方案降噪效果研究

车体和内饰板之间在空气夹层、填充泡沫吸声材料两种工况下，分别采用弹性安装和刚性安装的内饰板振级进行对比，如表 4.20 和图 4.67、图 4.68 所示。

方案 1 和方案 2 相比，当采用小安装座时，弹性安装结构在 500 Hz 以上频段有明显效果，最大降噪量达到 5 dB。当夹层填充泡沫吸声材料后，弹性结构在 160 Hz 以下频段也有 1~2 dB 的降噪效果。上述改善使得弹性安装结构相比刚性安装结构总体振级降低 0.6 dB 和 1.4 dB。

方案 3 和方案 4 相比，当采用通长骨架，顶板安装点从 3 个增加到 5 个以后，空气夹层工况下，主要降噪频段出现在 500~800 Hz，另外 80~125 Hz、315 Hz 频段也有一定改善，这使得内饰板的总体振级降低了 1 dB；夹层填充泡沫吸声材料后，160 Hz 以上频段均有改善，且总体呈现频率越高、改善效果越好的趋势，内饰板总振级降低 1.8 dB。从总体效果上看，加吸声夹层后降噪效果优于空腔的效果。

表 4.20　内饰顶板弹性安装的降噪效果对比

| 空腔结构 | 顶板安装结构 | 顶板振级/dB | 降噪量/dB |
| --- | --- | --- | --- |
| 空气夹层 | 方案 1：弹性 | 115.7 | 0.6 |
| | 方案 2：刚性 | 116.3 | |
| | 方案 3：弹性 | 115.3 | 1 |
| | 方案 4：刚性 | 116.3 | |
| 泡沫吸声夹层 | 方案 1：弹性 | 113.2 | 1.4 |
| | 方案 2：刚性 | 114.6 | |
| | 方案 3：弹性 | 114.3 | 1.8 |
| | 方案 4：刚性 | 116.1 | |

# 第4章 减振降噪设计技术

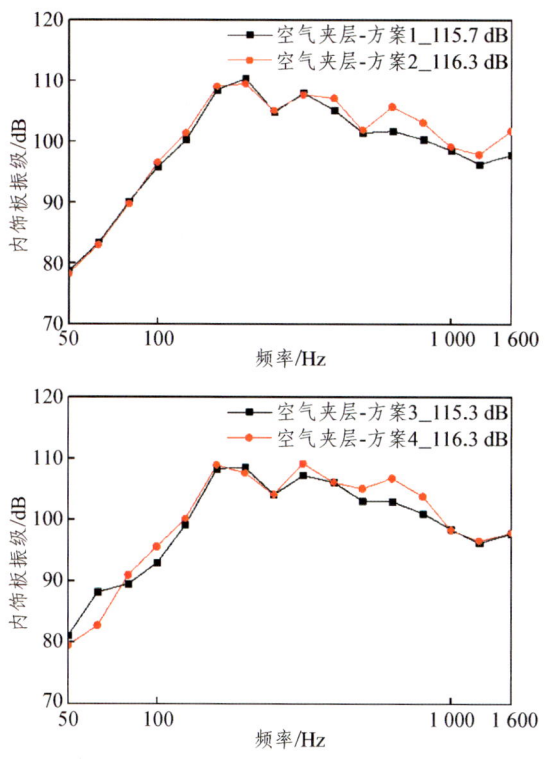

图 4.67 实车结构弹性/刚性连接内饰板振级

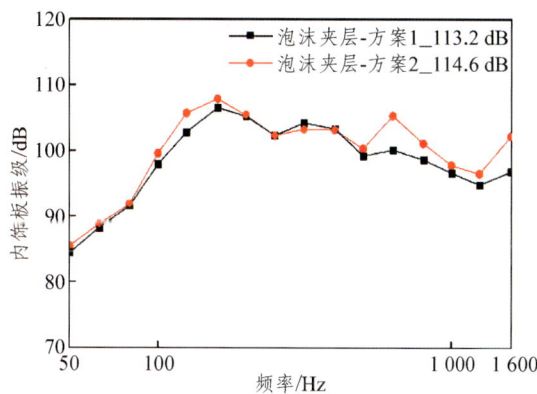

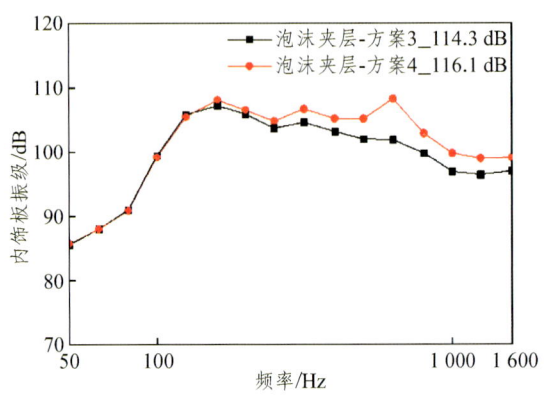

图 4.68　刚梁弹性/刚性连接内饰板振级

## 4.4.3　整车噪声仿真优化技术

精确且快捷的整车噪声仿真技术，为多参数声学结构优化设计和整车声学性能评估提供了技术支撑，是实现高质量、低成本产品研发设计的重要技术基础。

### 4.4.3.1　整车噪声仿真模型

高速列车整车结构非常复杂，既有刚度较大的枕梁等结构，又有刚度较小的板件结构，属于典型的中频声振系统，因此，高速列车的车内噪声仿真预测采用混合有限元统计能量分析（FE-SEA）方法进行建模。整车噪声仿真模型的建立主要包括车体结构建模、属性参数设置及声源加载三部分。

1. 整车模型建立

高速列车车体及内装的主要结构形式有中空型材、铝蜂窝板、复合隔音板以及蒙皮加筋板等。在噪声仿真模型建立时，除中空型材无法直接建立相应子系统模型外，其他板结构均可直接建立统计能量分析子系统进行噪声仿真计算，如复合隔音地板可建成多层板子系统，蒙皮加筋结构可直接建成筋板子系统，铝蜂窝板可以根据蜂窝尺寸直接建立相应的蜂窝板子系统，等等。

中空型材是高速列车的典型结构，在统计能量分析中无法进行实体建模，需要基于结构动态特性将中空型材进行等效处理，并以隔声量为评价指标验证等效模型的合理性，最终建立高速列车整车车内噪声仿真预测模型，如图 4.69 所示。中空型材的等效，需遵循等效前后质量和弯曲刚度一致的原则，计算出等效模型的关键参数。

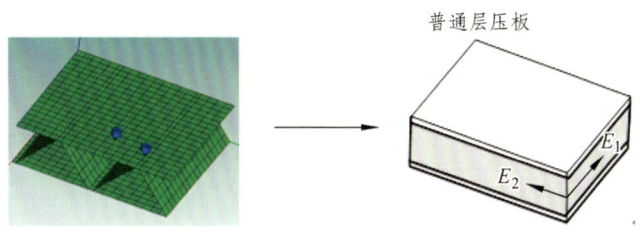

图 4.69　等效模型

2. 属性参数设置

高速列车噪声仿真模型中基本参数的准确与否，对噪声预测具有直接的影响。除了各子系统的物理属性参数需要根据车体各结构的材料属性设置外，其他主要参数包括模态密度、内损耗因子、各子系统间的耦合损耗因子以及吸声系数等。模态密度和耦合损耗因子可以直接通过计算获得，内损耗因子及噪声源大小则主要通过试验测试获得。一般整车仿真模型中需要输入的阻尼频带为 50～10 000 Hz，这个频带涵盖了低频、中频以及高频所有频率。而测试阻尼损耗因子的方法有三种，分别为模态曲线拟合法、1'60 测试法及功率注入法，适用于不同的频段阻尼损失因子的获得。

高速列车车厢内部为一个封闭的空间，而有界空间存在混响是一个重要的声学特性。在车厢内部一般存在两种声音，从声源直接传递到接收点的声音，称之为直达声，而经过空间四周界面和障碍物一次或多次反射后达到接收点的声音称为混响声。而且车厢内部安装有各种车内设施，如座椅、行李托架、照明灯带等，均具有一定的吸声效果，对高速列车整车车内噪声预测有很大的贡献，因此在整车建模参数确定时必须考虑车厢内的吸声因素。要获得车厢内部的吸声系数，必须获取车厢内部的混响时间。

传统吸声系数的测量有两种方法：一种是阻抗管测试，另一种是混响室测试方法。阻抗管驻波比法测试吸声材料的垂直入射吸声系数和阻抗率比的方法比较简洁，所需的样品量比较小，是目前常用的方法。但是由于阻抗管法只能测量声波垂直入射条件下吸声材料的吸声系数，而实际车厢内的声波方向是无规则的，因此需要采用等效混响室的方法来得到车厢内空间的平均吸声系数。

由室内声学理论可知，在混响室内的一定区域能形成扩散声场，从而为无规入射条件下吸声材料的测量提供条件。由于混响室体积较大，所测量的试样尺寸也可做得较大。高铁车厢内的结构可以等效成一个混响室，在车厢内测试无规则入射吸声系数能更好地反映吸声材料实际使用的吸声特点。

在高速列车上进行测试时，每个声源位置都必须至少有3个大致均匀分布的传声器测点。同时考虑到车厢的狭长空间结构，至少需要布置两个声源位置，测试中的声源发出的声音至少要比背景噪声高 10 dB。实际测试的测点示意图如图 4.70 所示。

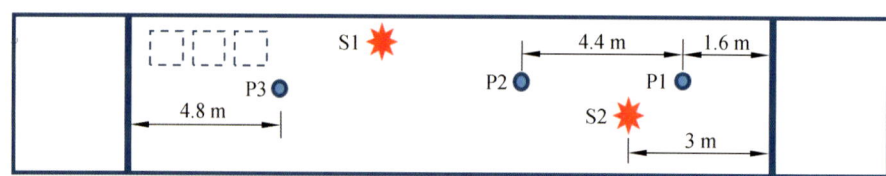

S1—声源位置1；S2—声源位置2；P1—传声器位置1；
P2—传声器位置2；P3—传声器位置3。

图 4.70 声源及测点位置示意图

3. 声源加载

高速列车噪声仿真加载的激励源可分为声激励源和力激励源。其中，声激励源主要包括轮轨噪声、受电弓噪声、车体表面气动噪声、车下设备噪声以及空调噪声等空气声载荷；力激励源主要包括转向架区域振动激励、受电弓区域振动激励以及车下设备的振动激励等结构声载荷。声激励源是高速列车噪声仿真的主要激励源，但转向架与车体连接处的振动激励不可忽视，尤其在中低频对车内噪声影响较大，此外受电弓对车顶的激励、设备悬挂安装的振动激励也同样重要，需要重点关注。这些激励源可认为是对车体的力激励。为了保证整车在中低频的计算精度，在整车 SEA 模型中需要将这种力激励转化为功率的形式进行加载计算。

1）声激励源

声激励——轮轨噪声：轮轨噪声是由于轮轨表面粗糙度激发车轮、钢轨和轨枕结构振动而产生的。车下轮轨部分存在空气噪声和结构噪声，空气噪声一般采用车下均布的麦克风测试，得到平均声压作为模型的空气噪声加载。

声激励——受电弓噪声：受电弓部分的波动声学加载包含两部分，即湍流边界层噪声以及受电弓与空气作用产生的空气噪声。湍流边界层可以认为是空间压缩的流体波动压力场，衰减速度很快，但是由于空气与受电弓的相互作用会产生辐射噪声，这种辐射出的空气噪声可以认为是直接加载在受电弓下的车体顶部，并没有太多的衰减。通常来说，采用表面麦克风测试得到的声压是湍流边界层和空气噪声的叠加，前者一般要比后者要更大一些。在仿真模型中加载时，需要对湍流边界层和空气噪声分别加载，因此需要将测试中的两种噪声进行分离。

声激励——车体表面气动噪声：列车在高速行驶时，会引起车体周围的空气扰动形成涡流，其流场的急剧变化产生空气动力噪声，主要来源于列车头部、车体表面和尾部的紊流边界层。车体表面的噪声测试主要针对车头和车体表面，主要通过平面传声器获得。表面传声器采用胶带等粘贴在车体表面。

声激励——设备噪声：高速列车的设备间不同于地铁车辆的开放式结构，主要采用裙板和设备舱盖板进行封闭，以消除高速运行时的气动噪声。为了了解车底设备的噪声特性，在车底设备舱布置多个噪声测点，采用普通麦克风进行噪声测试。车辆在运行过程中，各设备都处于工作状态，由于各设备的工作频率不同，造成了设备间的噪声含有多种频率成分。但由于设备间被裙板和盖板封闭，整个设备间类似混响场，各处的噪声相差不大。因此，将设备舱内的噪声测试频谱以约束的形式加载到整车模型中即可。

声激励——空调噪声：空调出风口噪声对车内噪声影响较大，在整车模型中需要加载此声激励源。通常会测试车内出风口的声功率，来模拟声源加载。而声压法是声源功率测量的常用方法，是指通过测量声压值换算得到声功率的测试方法。测试环境通常分为自由场和混响场，车厢内的声场较为复杂，不能单纯等效成自由场和混响场，在实际测试中看成是室内声场的声功率测试方法，认为声压是声源辐射噪声和边界反射噪声的综合值。在进行空调的声功率测试时，测试车厢处于静止状态，且除空调之外其他设备均处于关闭状态。保证背景噪声要比空调噪声至少低 10 dB。

2）力激励源

力激励——转向架振动：在中低频段，结构噪声一般会占总噪声很大的比重。为考虑转向架对车体的振动激励，在现车测试时，需要测试每一台转向架与车身连接点前后的振动加速度，测试频率为 20~500 Hz 即可，如中心销、空腔弹簧、抗蛇行减振器以及抗侧滚拉杆等位置，将测试的振动加速度通过计算获得可直接加载到 SEA 模型的能量输入。

力激励——受电弓振动：受电弓部位的振动信号测试可以通过振动加速度传感器来测试。在受电弓的安装座周围车体上进行测试，获得运行状态下受电弓的振动激励数据，同转向架的振动数据处理方式，将其转换成能量，以功率的形式加载到受电弓底部车体。

力激励——车下设备振动：车下悬挂设备工作时产生的振动激励同样会经过车体结构传递到车内，对车内噪声产生低频段的影响，同样需要测试振动加速度，并转化成能量进行加载计算。

#### 4.4.3.2 仿真与试验验证对比

整车噪声仿真精度的高低，直接影响高速列车降噪方案的设计优化，因此，在完成整车噪声仿真计算后，需将仿真结果与试验测试数据进行对比验证，分析仿真模型的合理有效性，从而为多参数声学结构优化和整车声学性能评估提供技术支撑，保证产品结构性能满足设计要求。

基于上述方法建立的某既有高速列车的整车噪声仿真模型如图 4.71 所示。

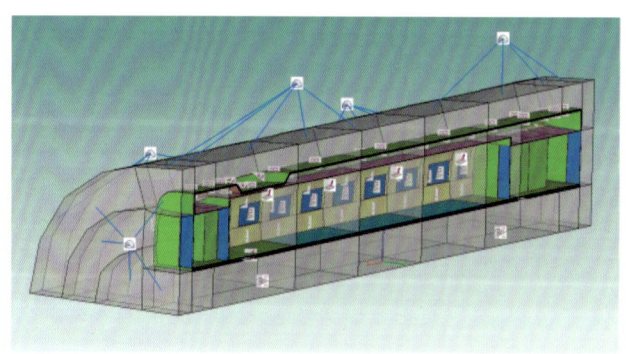

图 4.71 某高速列车整车噪声仿真模型

将试验获取的各项属性参数及声源激励加载到模型，计算得到 350 km/h 的车内声压云图，如图 4.72 所示，试验和仿真结果对比如图 4.73 所示。可知，仿真和实测结果无论频谱趋势，还是噪声总值均基本一致。

## 第 4 章 减振降噪设计技术

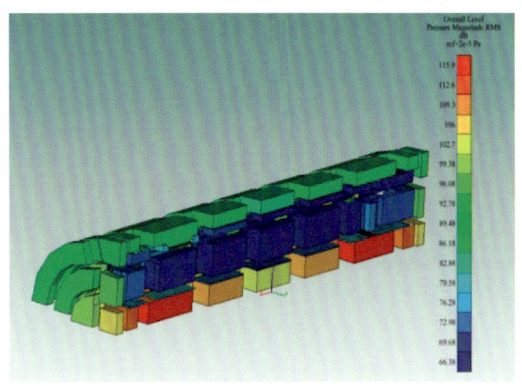

图 4.72 车内声压分布云图

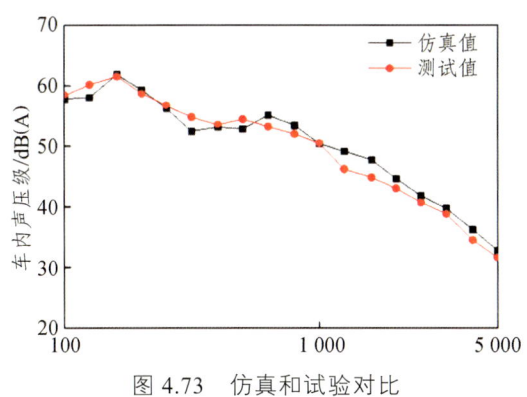

图 4.73 仿真和试验对比

### 4.4.3.3 基于仿真技术的多方案优化

高速列车整车噪声仿真技术，不仅可以评估车辆内部噪声水平是否满足指标要求，还可以对比不同的降噪方案的优劣，实现单一或多方案的噪声优化设计，同时结合噪声仿真技术中功率流输入功能以及多参数优化算法进行结构声学优化，获取最优降噪设计方案，指导车辆的降噪方案设计，达到在兼顾其他性能指标的前提下，提升整车声学质量的目的。

如某高速动车组的降噪方案设计时，基于整车噪声仿真技术，完成了单一方案变更，如地板浮筑支撑和刚性支撑的噪声影响分析、车体阻尼浆喷涂范围及厚度对车内噪声的影响分析以及内装墙板、隔声罩等结构件的变更对车内噪声影响的评估等；最后，对于不同的整车降噪方案实施情况，预测车内噪声水平，基于仿真数据，确定最终的整车降噪方案，从而指导车辆的研发设计。

## 4.5 减振降噪技术发展趋势

### 4.5.1 噪声主动控制技术应用

随着高速列车的快速发展，对其乘坐舒适性要求也越来越高。列车封闭空间内的噪声环境多变而且复杂，单纯的吸隔声处理措施已无法满足对噪声的控制，尤其是低频噪声。通过噪声主动控制在指定区域内人为地、有目的地产生一个次级声信号来控制初级声信号，达到降低乃至消除噪声，在中低频段范围内进行有效的噪声控制，同时附加质量小，弥补了传统噪声控制的不足。噪声主动控制是一项新兴的技术，主要应用于空调管道、主动护耳技术、舱室和汽车内部等噪声问题的解决。在汽车上的应用研究比较多，从最初对发动机进行噪声控制，到改善车内声品质方面，噪声主动控制方法技术应用越来越成熟，但在高速列车领域一直没有成功的应用案例。

#### 4.5.1.1 噪声主动控制原理

噪声主动控制（Active Noise Control，ANC）也称有源噪声控制，利用2列声波相消性干涉或声辐射抑制来降低乃至消除噪声，是近年来发展起来的一种全新的噪声控制方法，如图4.74所示。与传统的降噪技术相比，它突出的优势在于对低频噪声控制效果好，并对原系统的附加质量小，因此近年来噪声主动控制在降低低频噪声中得到了广泛应用。

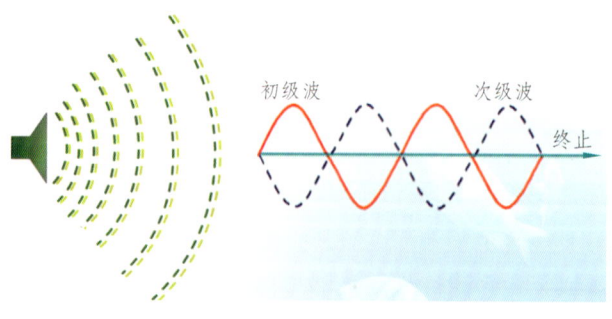

图 4.74　噪声主动控制原理

# 第 4 章　减振降噪设计技术

噪声主动控制，仅需在车上布置相应的传感器和执行器（图 4.75 中的次级声源或 Anti noise），再设置一套控制算法，就可在控制区域内实现一定的噪声抑制。噪声主动控制适用于低频降噪，与被动噪声控制有很好的互补性。

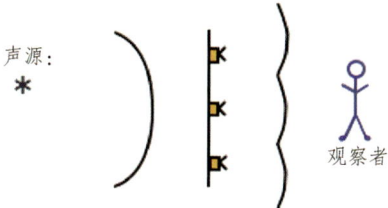

图 4.75　噪声主动控制示意

最早德国人 P. Lueg 在其专利中提出了基于声场空间和时间的相干性的主动噪声控制系统。1980 年，Leventall 提出了声场相干理论。

设初级声压信号：

$$P_\mathrm{p} = A\cos(\omega t - kx) \tag{4.52}$$

平均初级声能密度：

$$E_\mathrm{p} = \frac{\overline{P_\mathrm{p}^2}}{2\rho c^2} = \frac{A^2}{4\rho c^2} \tag{4.53}$$

次级声压信号：

$$P_\mathrm{s} = \gamma A\cos(\omega t - kx + \alpha) \tag{4.54}$$

叠加后总的声场平均能量密度

$$E_{PS} = \frac{\overline{P_\mathrm{p} + P_\mathrm{s}}^2}{2\rho c^2} = \frac{A^2}{4\rho c^2}(1 + 2\gamma\cos\alpha + \gamma^2) \tag{4.55}$$

则空间任一点在次级声波作用前后的声压级差为

$$\Delta L_\mathrm{p} = 10\log\frac{E_\mathrm{p}}{E_\mathrm{ps}} = -10\lg(1 + 2\gamma\cos\alpha + \gamma^2) \tag{4.56}$$

当增益系数接近 1（振幅相等），相位差接近 180°（相位相反）时，次级声波对初始声场的消声作用最大。由于相位的补偿在低频比较容易达到较高的精度，故有源降噪主要在低频范围内有效。在相消干涉的概念中，并无能量流向的解释，降噪区域的声能降低与次级声源的辐射形式有关。当初级声源与次级声源位于不同点时，在一个声传播方向实现的最佳降噪条件必然随着对该方向的偏离而逐渐变差，甚至最后达到声能增加的条件。

1. JMC 理论

JMC 理论由 Jessel、Mangiante、Canevet 联合提出。该理论解释了主动降噪中的能量流向问题，指出能量转移和能量吸收两种能量流向方式。该理论提出：任意一个声源的噪声辐射，均可用一个闭合曲面上分布的三极子次级声源予以控制，并定量给出了能量吸收型次级声源所应具有的三极子辐射特性。

2. 多极子理论

多极子理论提出了主动降噪的物理机制：初、次级声源间的相互作用抑制了它们作为一个整体向外界的声能量。如果在一个初级点声源的附近布置一个反相的点源或三极子声源，只要声源间的距离远小于波长长度，就可以得到一定的降噪效果。

3. 本征方式相干理论

对于有界空间声场和有限大小薄板中的弯曲波而言，总的声场能量主要取决于抑制各种本征方式的建立。该理论不考虑初级声源的空间分布性质，仅从声场的角度反演出所需要的次级声源。

### 4.5.1.2 高速列车上的噪声主动控制应用前景

对汽车、飞机来说，采用主动控制技术主要针对发动机噪声。由于发动机噪声具有明显的阶次、窄带等特点，非常适合主动降噪技术的应用，但在路噪或风噪的宽频段控制方面，主动降噪技术还未有成功的实施案例。

高速列车是一个相对汽车、飞机更为复杂的系统，造成车内的声场环境随时间不断变化，并且频率成分、幅值、相位、声源体积速度等信息都是非稳态的，同时呈现出宽频的特点，为主动降噪技术的应用带来了巨大的困难，因此噪声主动控制在高速列车方面大多还处于尝试阶段。

基于被控噪声频段,实施主动降噪的区域尺寸非常有限,不能满足整个车厢内降噪的需求。因此,必须分析各个部位的噪声频谱特性,结合被控区域的空间结构以及此区域乘客的乘坐特性,在不牺牲乘坐空间的基础上,选定能满足主动控制技术的需求,并且有迫切降噪需求的特定区域。目前,本研究选定的区域主要是空调出风口、观光区 VIP 座椅、司机室、卧铺车包间等。

本研究基于高速列车复杂多变的噪声环境和特殊的空间结构,通过研究自适应的主动控制算法,搭建座椅主动降噪系统,提出了研究主动降噪方案,预测评估分析 ANC 系统应用潜能,搭建主动控制系统试验平台,进行静态和动态调试,优化主动控制参数,验证控制系统的有效性,最终提出可以工程化的主动控制方案。

### 4.5.1.3 面临的困难

噪声主动控制由于是根据原有噪声信号,主动发出一个相位相反的信号进行抵消和降低噪声,因此需要实时采集和分析原有信号,根据声源的特性发出控制信号,因此对噪声源比较明确的单一信号比较容易实现。对于噪声源众多,单个噪声源又随机变化的宽频带噪声源,对控制器的处理速度要求较高。

目前的噪声主动控制应用案例基本上都是针对噪声源比较明确的窄带声源,如 1993 年英国南安普敦在螺旋桨飞机上进行的成功应用主要针对飞机螺旋桨的低频阶次旋转噪声,日产和本田发布的主动噪声控制的车辆,也是以发动机的转速为参考信号,控制发动机的低频噪声,声源明确,有明显的低频峰值。

而高速列车结构复杂,噪声源众多,在不同速度级下,轮轨噪声、气动噪声、牵引电机等设备噪声的比重不断变化,没有像汽车发动机这样明确的噪声源,并且轮轨噪声、气动噪声频谱较宽,这就给主动控制的应用带来困难。当前主要困难包括以下几点:

1. 空间大、控制点多

相较于已有的汽车案例,此次研究中被控空间更大,控制点更多,这意味着需要更多的扬声器。为保证各控制点均能达到较好的效果,需要额外增置扬声器;系统迭代时间更长,对控制系统的速度和处理能力提出更高的要求。

2. 宽频噪声

车内噪声频谱显示车内没有明显的单频声，与汽车中的路噪类似，针对此类噪声，需要更多的合适的参考点，参考点的选择非常多，找到适合工程化的方案需要很大的工作量。

### 4.5.2 声学超材料和超结构应用

目前，随着各行各业对节能减耗和轻量化需求的日益增加，高速列车产品降噪技术及降噪措施的局限性已经凸显，面对轻量化的设计原则，采用降噪新技术、声学超材料和超结构等创新技术已经成为一种趋势。

高速列车减振降噪技术的发展趋势，主要围绕解决两大矛盾：其一是各结构部件的隔声质量定律与轻量化需求之间的矛盾；其二是低频降噪对车辆结构厚度、空间尺寸的依赖与车辆小断面尺寸间的矛盾。在此前提下，研究具有高阻尼、高隔声、轻量化的材料和结构，是进一步提升旅客乘坐舒适性的技术趋势。

国内外针对降噪新材料和新结构的研究，大致可以分为三类：

（1）局域共振声学超结构。在各类结构板件上布置谐振器（见图 4.76），设计新结构，解决低频隔声较低的问题。如德国汉堡应用科学大学的学者，研究了通过增加机身及舱壁质量或断面间距不能实现更好的低频隔声效果的问题下，提出的悬臂-亥姆霍兹谐振器的方案，设计了多个可调谐的频率，扩大了低频隔声的有效带宽，在 800 Hz 以下的频段隔声提升效果非常显著。

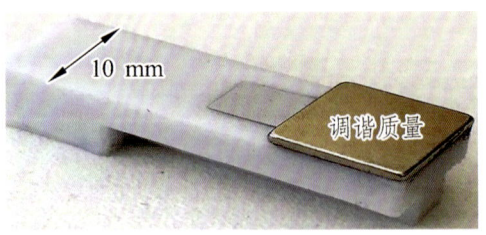

图 4.76　谐振器

（2）吸声超结构。在纤维类、泡沫类等吸声材料上开辟孔洞，设计谐振腔。如加拿大 Mecanum 公司研究了一种提高材料宽频吸声性能的方法，通过在吸声材料中设置孔径

## 第4章 减振降噪设计技术

逐渐减小的孔洞，类似楔形形状，并呈一定规则排列，形成一种宽频吸声器（见图4.77），可在保证吸声系数的前提下，有效减小吸声材料的厚度。

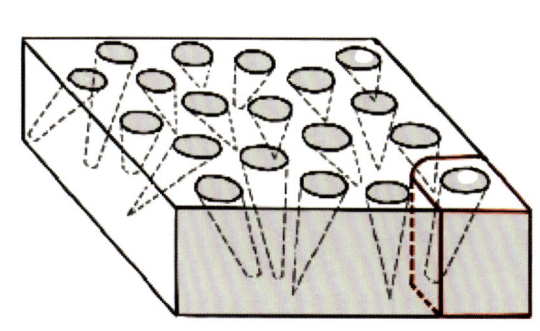

图4.77 谐振腔

（3）采用新的声学材料制造技术，如3D打印技术，生产声学超材料，形成具有高隔声和吸声性能的超表面结构（见图4.78）。

图4.78 3D打印材料

### 4.5.3 车内声品质提升技术

#### 4.5.3.1 存在的问题

在传统的噪声研究中，通常采用计权声级为主的统计声级衡量声音的大小。计权声级的设计是以对人进行纯音响度反应试验的结果为基础的。现实环境中的噪声是包含多种频率的混合音，频率之间互相干扰，而且由于人们对声音频率成分、声音大小、响亮程度、调度成分等差异性存在不同的听觉感受和喜好，所以仅仅用一种计权声级得到的结果无法真实有效地反映人们对实际噪声的真实反应，会存在一定程度的偏差。

而现阶段，车辆噪声主要以 A 计权声压级为噪声评价指标，通常仅对车辆在不同工况下的噪声水平提出一个控制限值。尽管现在通用的 A 计权声压级对稳态的噪声信号的评价结果与人对噪声的主观反应具有较好的一致性，而且具有使用方便、操作简单的优点，但 A 计权声压级反映的是多个频率声压级值综合在一起后总的结果。频谱成分存在明显差异的噪声，A 计权声压级结果相同，但给人的听觉感受是截然不同的。同时，由于 A 计权声压级对低频信号特别是 500 Hz 以下的声音成分衰减较大，虽然其 A 计权声压级值并不高，但还是令人感觉烦躁，即对于以低频为主的噪声，A 计权声压级不能真实反映人们的主观感觉，信号在这一部分发生失真，因此不能反映被测噪声的具体频谱特性，显现出 A 计权声压级的局限性。随着车辆产品类型的不断丰富和完善，运输距离的不断加大，复杂多变的运输环境，对车辆非稳态工况下的噪声、设备自身的噪声、多声源叠加产生的调制声音等，都无法用 A 计权声压级进行有效分析和评价。而对于动车组观光区、卧铺动车组等对乘坐舒适性要求较高的区域，需要实现有效的降噪，减少噪声的传播，提高车内噪声的舒适性。但是传统的降噪措施，主要通过优化车辆结构设计，增加吸声、隔声材料来提高局部或者整体结构的隔声，使得高频隔声量达到甚至超过技术要求，但是对中低频噪声改善却不明显，造成整车质量以及生产成本的大幅增加，实际的降噪效果却不理想的现状。

#### 4.5.3.2 发展现状

为改善这一现状，引入声品质这一概念。声品质是心理声学的范畴，它以人的主观感受为最终出发点和研究对象，可以有效地指导整车车辆的降噪设计。声品质概念最早在 1883 年被提出，后来经过发展，逐渐应用到汽车、航空、家用电器行业等不同领域的降噪设计中，其中汽车行业的运用和发展相对比较成熟。

声品质分析方法，包括声品质客观评价和声品质主观评价两种评价方法。声品质客观评价主要使用量化的声品质客观参数对声音的不同性质的属性进行评价分析，包括响度（主要评价声音的响亮程度）、尖锐度（主要评价声音的刺耳程度）、粗糙度（主要评价 20~200 Hz 的调制声音）、抖动度（主要评价 20 Hz 以下调制声音的起伏程度）等，此外还有语言传输指数，用来评价环境以及扩音系统的声音清晰程度。声品质主观评价，是以人作为评价主体，对不同的声音样本进行主观听觉判断并打分，然后依据分值的大小对声音的优劣进行量化分析。由于主观评价需要耗费大量的人力、物力，经过最近十几年的发展，声品质评价已经逐渐将客观评价和主观评价相结合，通过开展主观评价，并结合客观参数，建立一个以客观参数为变量、主观评价结果为目标值的客观量化评价模型（也称为评价公式）。对于新的待评价的声音，可以通过计算其不同的客观参数，代入已经建立的客观量化评价模型中，计算得到相应的声品质值，评价其是否达标。这一评价方法被越来越多的行业接受，建立并形成符合自身产品的声品质客观量化评价模型，同时形成系列化的数据库，用于指导产品的设计研究，对降噪设计具有重要的意义。

#### 4.5.3.3　车内声品质提升技术路线

车内声品质提升技术，以车内噪声为研究对象，以乘客的主观感受为最终评价的依据，通过开展主客观实验，建立声品质客观量化评价模型，量化声品质评价指标，对车内噪声的主观感受进行数值化分析，实现车内噪声舒适性的生产前控制、生产中优化、生产后总评的声品质多维度控制，保证车辆既满足 A 计权声压级，又具有良好的声学舒适性。车内声品质提升技术主要包括两部分内容：既有车辆声品质参数数据库建立和新造产品声品质设计优化。

1. 既有车辆声品质参数数据库建立

既有车辆声品质参数数据库建立主要包括以下几个主要步骤：

（1）车内声品质测试与计算。

以状态良好的车辆为测试对象，在平直、周围无明显反射物的轨道上进行测试，背景噪声应无影响。试验时，车辆设备处于正常工作状态，采用双耳信号采集系统（人工头系统）测试车内不同速度、不同位置的噪声信号，如图 4.79 所示。每个位置测试 3 次，每次至少 10 s，保存信号，计算其客观参量，包括响度、尖锐度、粗糙度、抖动度等。

▍高速动车组车体设计关键技术

图 4.79　现车测试照片

（2）主观评价试验。

选取安静的室内开展主观评价试验，利用回放系统进行主观评价试验和评价，如图 4.80 所示。选取具有代表意义的样本，预设主观评价问题，如评价"愉悦度"。"选出 A/B 中最好听的声音"，按顺序播放试验文件的声音样本，开展主观评价试验，并汇总试验结果。剔除异常结果，得到 $n$ 个声音样本的主观评价试验结果，（$i$ = 1, 2, 3, $\cdots$, $n$）。主观评价操作界面如图 4.81 所示。

图 4.80　主观评价现场照片

# 第4章 减振降噪设计技术

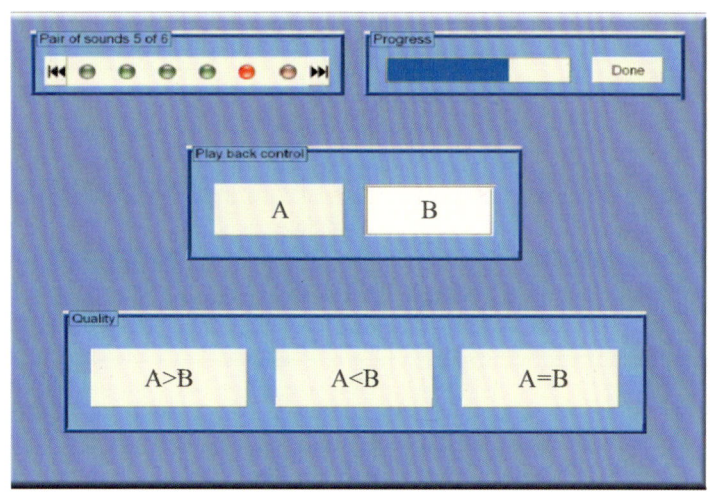

图 4.81 主观评价操作界面

（3）评价模型的建立与检验。

建立式（4.57）所示的以所有声品质客观参数为变量的基础模型，并根据样本客观参数与主观评价结果之间的相关性分析，选取主要参数，如式（4.58）所示；然后将主要客观参数 $X_{1i}$、$X_{2i}$、$X_{3i}$（$i = 1, 2, 3, \cdots, n$）、主观评价结果代入模型，得到公式（4.59），并采用多元回归分析计算方法，得到待定系数值（见表 4.21）中的最大值对应的最终评价模型，得到公式（4.60）。其中，公式（4.59）和公式（4.60）仅为示例，具体的客观参数和待定系数根据实际的计算结果得到。

$$A = C + b_1 X_1 + b_2 X_2 + b_3 X_3 + b_4 X_4 + b_5 X_5 \tag{4.57}$$

$$A = C + b_1 X_1 + b_2 X_2 + b_3 X_3 \tag{4.58}$$

$$[\overline{A}_1, \overline{A}_2, \overline{A}_3, \overline{A}_4, \cdots \overline{A}_n]^\mathrm{T} = C + b_1 [\overline{X1_1}, \overline{X1_2}, \overline{X1_3}, \overline{X1_4}, \cdots, \overline{X1_n}]^\mathrm{T} + b_2 [\overline{X2_1}, \overline{X2_2}, \overline{X2_3}, \overline{X2_4}, \cdots, \overline{X2_n}]^\mathrm{T} + b_3 [\overline{X3_1}, \overline{X3_2}, \overline{X3_3}, \overline{X3_4}, \cdots, \overline{X3_n}]^\mathrm{T} \tag{4.59}$$

$$A = 25.633 - 0.464 X_1 - 8.617 X_2 + 0.17 X_3 \tag{4.60}$$

# 高速动车组车体设计关键技术

表 4.21 模型参数计算结果

| 编号 | 相关参量 | 待定系数 | 决定系数 $R_2$ |
|---|---|---|---|
| 1 | $C_1$ | 24.365 | 0.719 |
|   | $b_3$ | -0.573 | |
| 2 | $C_2$ | 14.553 | 0.801 |
|   | $b_1$ | -0.422 | |
|   | $b_2$ | -0.35 | |
| 3 | $C_3$ | 25.633 | 0.98 |
|   | $b_1$ | -0.464 | |
|   | $b_2$ | -8.617 | |
|   | $b_3$ | 0.17 | |

评价模型建立后,采用数值回代法,将未参与模型建立的声音样本的 $i$ 个客观参量 $X_1 \sim X_i$ 代入评价模型,得到声品质计算值 $A$,计算该样本的声品质计算值 $A$ 与主观评价结果 $A_i$ 之间的相对误差 $\delta$。当 $\delta \leqslant 15\%$ 时,则模型精度满足要求,如图 4.82 所示。

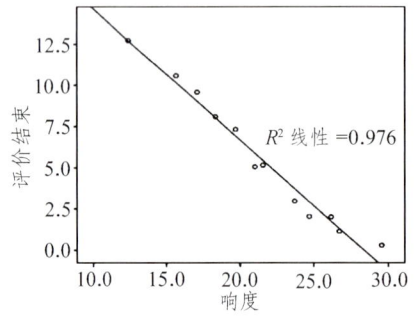

(a)相关性较好

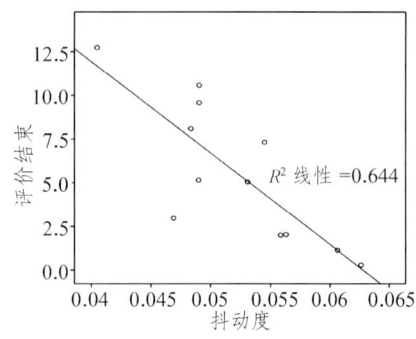

(b)相关性较差

图 4.82 相关性分析示例

## 2. 新造产品声品质设计优化

图 4.83 为声品质设计优化流程示意图。通过分析新造车型的声品质技术指标,并与

## 第 4 章 减振降噪设计技术

既有车辆声品质指标进行对标分析，确定新车的优化指标（包括响度、尖锐度、粗糙度、语义清晰度等），指导新车的设计，实现整车设计前噪声舒适性控制；根据优化指标，对车辆各个结构、设备进行优化设计，提高车辆结构的隔声性能，并控制设备的噪声声压总值和单频噪声，同时对设备噪声、整车隔声优化后的噪声信号进行模拟合成，得到车内噪声模拟信号；通过主观评价、声品质量化分析，对车内噪声模拟信号的声品质指标进行评价分析，确定优化方案的可行性，并可根据设计进度实现多方案、多结构的实时、快速的评估分析，避免过设计或设计不足的问题，实现生产设计过程中的声品质控制；按照确定的优化方案开展车辆设计与生产加工，在车辆组装完成后，组织开展线路运行状态下的车内声品质测试，对声品质指标进行量化分析，验证整车车内噪声的声品质指标技术符合性，确定噪声舒适性的最终评价结果，提高整车车内的乘坐舒适性。

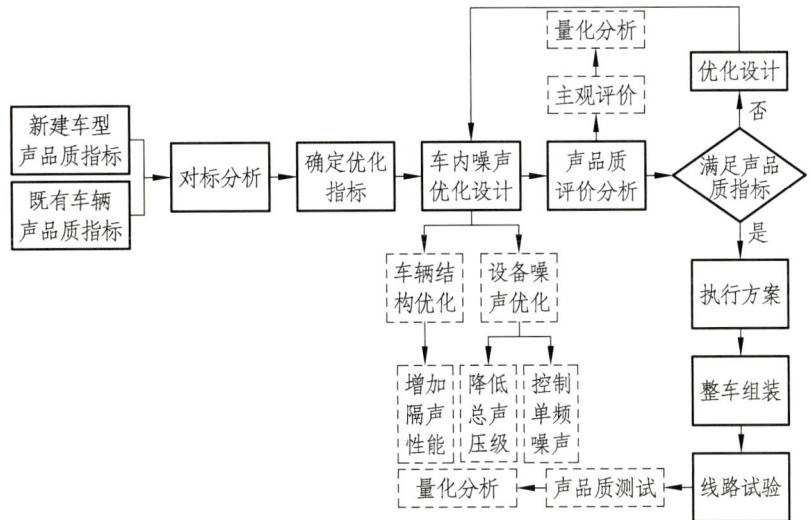

图 4.83　声品质设计优化流程

PART FIVE

# 第 5 章 被动安全设计技术

## 5.1 被动安全技术基础理论

### 5.1.1 引　言

1. 被动安全技术定义

列车的安全性是乘客关心的首要问题，包括主动安全和被动安全。主动安全的目的是防止事故发生，是最重要的。被动安全是采用相关系统或措施减轻碰撞事故产生的影响。

列车与障碍物之间的碰撞为一次碰撞，乘客与列车内部物体之间的碰撞为二次碰撞。列车碰撞属于轨道交通特有的问题，列车碰撞后既有载人区的折弯、车厢穿透的车辆被直接撞毁，又有导致爬车、之字形脱轨、翻转等附加事故的车辆间耦合互撞。

2. 被动安全技术应用

列车的被动安全包含碰撞安全和脱轨安全，被动安全设计目的是减小事故伤害，在列车发生碰撞、脱轨事故时，保证车体结构的完整性和乘客的生存空间，采取被动防护措施，减小对乘客的伤害。

列车碰撞安全设计的主要目标是确保生产空间、减小二次碰撞伤害及防止碰撞后脱轨，主要包括吸能设置设计、可控结构变形设计、防爬车设计和防车体压溃设计。

## 第5章 被动安全设计技术

### 5.1.2 固体中的应力波

在可变形固体介质中,对力学平衡状态的扰动变现为质点速度的变化和相应的应力、应变状态的变化。由于可变形介质的特点,当固体中的某些部分受到扰动而处于力学上的不平衡状态时,固体中的其他部分需要一定的时间才能感受到这种不平衡。这种因应力和应变的变化而引起的扰动以波的形式在固体中传播,就称为应力波。

1. 弹性波

1) 弹性波的分类

不同种类的弹性波都可以在固体中传播。弹性波的分类通常源自固体内物质点的运动方向与波自身传播方向之间的关系,以及问题的边界条件。最常见的弹性波种类如下:

① 纵波(无旋波);

② 横波(畸形波、剪切波);

③ 表面波(Rayleigh 波);

④ 界面波(Stoneley 波);

⑤ 在梁和板中的弯曲波(挠曲波)。

2) 弹性波的相互作用

下面简要描述一下波传播到两种介质的边界时所发生的力学现象。当界面两侧的介质波阻抗(由介质的密度乘以弹性波速度决定)不相同时,图 5.1 中给出了一个入射纵波在边界上发生的反射和透射现象。该纵波传播到边界上时,除了反射和透射产生的纵波以外,还同时在界面上产生了两个横波。反射角、透射角和入射角间的关系为

$$\frac{\sin\theta_1}{c_L} = \frac{\sin\theta_2}{c_S} = \frac{\sin\theta_3}{c_L} = \frac{\sin\theta_4}{c'_L} = \frac{\sin\theta_5}{c'_S}$$

作为特殊情况,当入射波沿分界面法向入射时($\theta_1 = 0$),一个入射纵波将只反射和透射纵波,而一个入射横波将只反射和透射横波。问题可以简化成一维波的反射和透射。

**高速动车组车体设计关键技术**

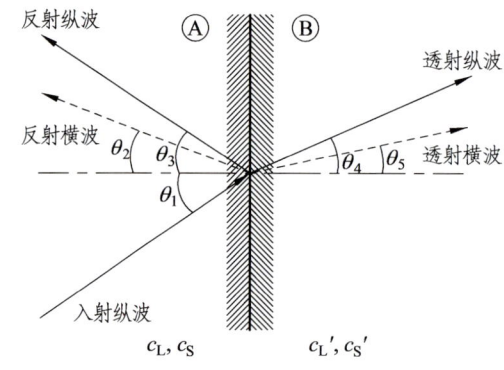

图 5.1　纵波在界面上的反射和透射

2. 弹塑性波

1）一维弹塑性波

如图 5.2 所示，考虑一个具有均匀截面和初始密度 $\rho_0$ 的半无限长细杆，在自由端 ($x=0$) 处突然施加应力 $\sigma$ 或初速度 $v$。

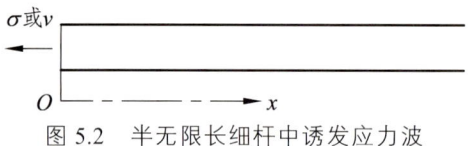

图 5.2　半无限长细杆中诱发应力波

若应力波幅值小于材料的屈服应力 $Y$，即 $\sigma<Y$，杆中的应力在弹性范围内，弹性纵波的传播速度为 $c_0=\sqrt{E/\rho_0}$。

如图 5.3 所示，如果此长杆是由弹塑性材料（或非线性弹性材料）制成的，当应力波幅值大于屈服应力（或非线性弹性材料的比例极限），即 $\sigma>Y$ 时，应力-应变曲线的斜率不再保持为常数，因而导致应力波传播速度的改变。注意非线性弹性材料在卸载时应力-应变沿非线性的加载曲线返回，而弹塑性材料卸载时应力-应变则按弹性斜率进行变化。

2）有限长杆高速冲击下的行为

通过将固体简化为弹性-线性硬化材料，得到在不同撞击速度情况下，塑性区的尺度和塑性应变的大小。以上分析很好地解释了塑性区只在局部出现的原因。但 Lensky 的解是建立在细长杆的假设基础上，整个过程默认杆的截面尺寸不变。在杆不够细长，或是撞击速度非常高的情况下，需要考虑由于撞击引起的杆的截面面积变化。

## 第 5 章 被动安全设计技术

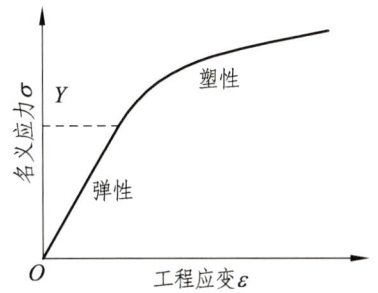

图 5.3 弹塑性材料的应力-应变关系

设一个短杆以很高的速度撞击刚性壁，撞击产生的塑性变形将会使撞击端横截面面积变大，即形成蘑菇头。撞击速度的范围使 $\rho_0 v_0^2 \approx Y$，对于低碳钢而言，$v_0 \approx 300 \text{ m/s}$。在分析过程中采用以下简化假定：由于撞击速度相当高，固体的弹性变形影响较小，因此将材料简化为理想刚塑性材料，忽略其弹性变形；杆是短粗杆，撞击过程中不会发生屈曲；杆的横截面为圆形，初始截面面积为 $A_0$，可以简化成轴对称问题来分析。

3. 列车撞击的波动效应及影响分析

强应力波的效应作用时间为微秒级，加之轨道车辆车体结构复杂，应力波横向效应明显，仅于特定车身长度范围内造成局部材料或结构的损伤，而轨道车辆整体性运动响应时间为毫秒级或更长时间，与应力波作用时间量级差异明显，在进行列车碰撞宏观行为分析时对应力波效应可不作主要考虑。

### 5.1.3 惯性效应

1. 结构冲击惯性

一个结构的加载方式可以分为准静态加载和动态加载两种情况。准静态加载指加载速度非常缓慢，可以认为在任意时刻结构的任意部分都处于平衡状态。动态加载时，由于外载引起的扰动传播到结构的各个部分需要时间，结构的各个部分之间是不平衡的。在准静态加载情况下，关注的力学行为包括结构的变形、应力以及应变的分布；而在动态加载的情况下，除了以上这些力学量以外，还需要考虑结构中波传播的影响，以及结构的惯性效应。

固体中的波的传播特性是由材料自身的特性决定的；在大多数工程材料中应力波的

传播速度很快,因而有限尺度的结构受到动载后将迅速达到平衡,这时应力波的效应就消失了。但是,结构自身还继续发生变形和整体运动,因而惯性效应还会持续相当长的时间,是不能忽略的。

2. 多体冲击惯性

列车碰撞事故发生时车辆受到极大的冲击载荷,这种载荷具有瞬时性和波动性,并以波的形式在车体结构内传递,使瞬态变形从小变形和小应变到大变形和大应变。受到冲击载荷的车体结构的塑性变形可以耗散一部分初始碰撞动能。车辆内部各点的加速度响应也不尽相同,乘客所感受到的平均加速度通常被认为是车辆的碰撞脉冲。完整碰撞脉冲的形状、量值和持续时间,对车辆、乘客的伤害性具有重要的影响。理论上,当在碰撞期间产生一个恒定的碰撞脉冲时,可以把车辆设计成使车厢压缩量处于容许水平之内。在现实中,这一目标是无法精确实现的,不过常常可以足够的精度予以逼近,使其尽可能提供最好的折中效果。

早在20世纪90年代就有学者提出了列车撞击动力学,用于解决列车高速撞击问题。列车撞击动力学理论体系的构建包括理论分析、列车多体耦合撞击模拟、吸能部件撞击仿真、车体结构撞击仿真和列车碰撞事故仿真再现。列车撞击问题极其复杂,需要将研究重点从线性、静态和弹性问题分别转到非线性、动态和弹塑性问题,包含多体动力学问题和结构撞击动力学问题。列车撞击动力学建模、求解方法和响应分析都包含在列车撞击动力学研究中,其中动力学模型的建立是列车撞击动力学研究的基础。第二类Lagrange方程被用于建立列车撞击动力学模型的运动方程,根据碰撞的不同阶段,建立了线弹性和弹塑性的数学模型。然而,由于多体动力学理论和有限元理论的快速发展,有限元商用软件的出现,后续的列车撞击动力学研究主要着眼于大变形结构的有限元仿真和列车碰撞的联合仿真等的研究。

## 5.1.4 材料本构的动态响应

1. 材料弹塑性应力-应变关系

不同材料在不同的温度和速度下成形,流动应力往往随变形程度和应变速率的改变而变化。

## 第 5 章 被动安全设计技术

理想弹塑性材料模型可以分为两段来表示：

$$\begin{cases} \sigma = E\varepsilon, & \varepsilon \leqslant \varepsilon_e \\ \sigma = \sigma_e = E\varepsilon_e, & \varepsilon \geqslant \varepsilon_e \end{cases}$$

该式的物理意义是，在弹性阶段，应力与应变成正比，服从胡克定律，在塑性阶段，即 $\varepsilon \geqslant \varepsilon_e$ 时，应力值不变。

2. 材料动态行为

1）材料的应变率

在材料的动态试验中，关键参数是应变率，而不是试件的变形速度。不同的动态试验方法可以产生不同应变率范围的变形。因此，这里首先给出应变率的定义和计算方法。

应变率是应变随时间的变化率，其单位为秒的倒数（$s^{-1}$）。

$$\dot{\varepsilon} = \frac{d\varepsilon}{dt}$$

2）材料动态力学特性

Bertram Hopkinson 早在 1905 年就对钢材进行了一系列动态试验（Hopkinson, 1905），发现钢的动态强度至少是低应变率下的两倍。试验还发现，钢在应变率增加时会经历一个由韧性转到脆性的转变过程。自 Hopkinson 以后，许多采用不同试验技术测试的动态试验结果一致表明，材料的流动应力不仅取决于应变，还取决于应变率、应变历史，以及温度，即

$$\sigma = f(\varepsilon, \dot{\varepsilon}, \text{history}, T)$$

常用的 Johnson-Cook 本构方程就是一个例子：

$$\sigma_{\text{eff}} = (\sigma_0 + B\varepsilon_{\text{eff}}^n)(1 + C \ln \dot{\varepsilon}^*)(1 - T^{*m})$$

式中，$\sigma_0$、$B$、$C$、$n$、$m$ 是材料常数，通过这些参数可以给出一种材料的应力与应变、应变率和温度之间的函数关系；$\sigma_{\text{eff}}$ 和 $\varepsilon_{\text{eff}}$ 分别为等效应力和等效应变；$T^*$ 为无量纲化的温度。

3）材料动态力学性能测试技术

我们知道常规的拉伸试验机不能很快加速，所以做不了中、高应变率的试验。为了达到中等应变率，最可行的方案是通过一定方式蓄能，然后再突然释放。所以，获得中等应变率的试验装置大都采用蓄能原理，如利用压缩气体、落锤以及飞轮等。

### 5.1.5 材料和结构的能量耗散

#### 1. 能量耗散一般原理

传统承载结构在工作载荷下只发生很小的弹性变形，而能量吸收结构的设计和分析与传统承载结构明显不同：能量吸收结构必须承受撞击、爆炸等强动载荷，所以其变形和失效涉及几何大变形、应变强化效应、应变率效应以及不同变形模式（如弯曲和拉伸）之间的交互作用。由于以上原因，大多数能量吸收器由韧性金属制成，最常用的材料是低碳钢和铝合金。在减重要求苛刻的场合，有时也用纤维增强塑料和聚合物等非金属材料。

通常能量吸收结构的研究是从准静态分析和实验室开始的。准静态条件下的大变形特征包括显著的几何效应，这在动力加载下也会出现。以下将介绍能量吸收的基本原理，它们对所有应用问题都是普遍适用的。

1）不可逆能量转换

通过结构和材料变形所实现的能量转换应当是不可逆的，即结构和材料应当能够将大部分的输入动能，通过塑性变形或者其他耗散过程转换成非弹性能，而不是以弹性方式将之储存。

如果初始动能转换成结构的弹性应变能，那么当结构达到它的最大弹性变形后，此弹性应变能将会以回弹的形式完全释放出来，随之引起对需要保护的人员和结构的二次伤害；即人或结构要先经历一个撞击的减速过程，在弹性恢复时又受到一个加速过程作用，相当于受两次冲击载荷的作用。因此，能量吸收结构要求能量转换一定是非弹性、不可逆的。在结构和材料的大变形过程中，存在多种形式的不可逆能量转换，如塑性耗散能、黏性变形能、摩擦或断裂耗散能。在这些能量吸收机制中，我们重点关注结构和材料塑性变形引起的能量吸收，因为这是韧性材料吸收能量的最为有效的机制，并具有广泛的实际应用价值。

2）峰值有限、尽可能恒定的反作用力

能量吸收器的峰值反作用力应当低于一个阈值，在能量吸收结构的大变形过程中，理想的反作用力应当尽可能保持恒定。

在大变形过程中，不但应当提供足够的总能量吸收能力，而且在碰撞时能量吸收结构/材料的峰值力（以及加速度）应当保持低于引起损伤的阈值，反作用力应当保持恒定或者几乎恒定，以避免过高的减速速率。

3）较长的行程

如上所述，能量吸收结构的作用反力大小必须受到限制，使之几乎为常数，而力所做的功等于力的大小乘以沿其作用线移动的位移，即行程。因此，具有足够长的行程才能吸收更多的能量。

4）稳定和可重复的变形模式

为了应对不确定的工作载荷，所设计结构的变形模式和能量吸收能力应该是稳定和可重复的，以确保结构在复杂条件下工作的可靠性。

在发生碰撞事故时，外部载荷的大小、脉冲形式、方向和分布，都有很大的随机性和不确定性。因此，用于吸收能量的结构和材料应该具有稳定和可重复的变形模式，同时对外部动载的不确定性是不敏感的，在随机加载下能达到所要求的能量吸收能力。

5）质量轻、比能量吸收率高

能量吸收元件应当质量轻，具有高的比能量吸收率。在提高车辆耐撞性的同时，设计者必须仔细考虑车辆可能增加的质量，因为任何质量的增加都意味着更多的燃料消耗和环境污染。多胞材料是非常好的能量吸收材料。由于它的多孔性，与单纯由基体材料制成的实体相比，多胞材料质量轻，其比刚度、比强度及其他比机械性能都有优势。

6）低成本和容易安装

能量吸收装置的制造、安装和维护应当简单且成本低。以不可逆变形吸收能量的装置都是一次性使用的，经历过撞击变形后就需要更换。因此，受预算和维护成本的限制，防护结构的成本不能太高。

## 2. 能量耗散分析方法

### 1）材料行为的理想化

当用于能量吸收的目的时，材料、构件和装置通常都要经历塑性大变形，其塑性应变要比弹性变形大很多。因此，理想刚塑性模型仍然是最常用的材料模型。

### 2）极限分析和界限定理

根据经典塑性理论，如果在载荷作用下，材料的应变强化和结构的几何改变可以忽略，则对于理想刚塑性材料，存在关于极限载荷的界限定理。

### 3）大变形效应

结构在发生大变形时，有两个重要的影响：首先，由于变形比较大，会有结构的构型改变效应，即不能继续参照初始构型建立控制方程和分析问题，而需要在当前构型下进行推导和求解；其次，大变形后在结构的平衡方程和屈服条件中会引入轴力或膜力的影响。

### 4）动载荷效应

动载荷效应包括波的效应、应变率效应和惯性效应。

在结构动力响应的早期，弹性波和塑性波可能以各种复杂方式影响材料和结构的能量吸收，这取决于动载荷本身、结构构型和材料性质。具体表现在以下几个方面：

（1）在动载荷作用区，塑性压缩波引起的高应力可能导致局部塑性破坏。

（2）碰撞等动态过程产生的弹性压缩波到达结构远端时会发生反射，若该表面是自由的，反射回来的拉伸波可能造成脆性材料的层裂和崩落。

（3）若弹性压缩波到达的远端表面为固定边界，反射的压缩波具有加倍的压应力数值，有可能已经超过塑性屈服应变，造成远端首先发生塑性变形和能量耗散。

（4）若细长单薄的构件受到横向动载荷作用，虽然沿厚度方向的应力波在极短的时间内就将消失，但是弹性挠曲波（即弯曲波）将从其加载区域传播开来。弯曲波是弥散的，将会以很复杂的方式影响能量耗散。

强动载荷作用于结构时，结构快速变形，从而出现高应变率。对于工程应用来说，更为有用的是唯象的显式关系，即考虑到应变率对材料屈服应力和流动应力影响的率相关本构方程，如Cowper-Symonds关系等。

当构件被动态载荷加速时，除了外力所产生的剪力和弯矩，构件自身的惯性也将产生剪力和弯矩；其结果是，它的动态变形机构和能量吸收行为都可能明显地发生改变。在以前的内容中我们已经知道：

（1）构件的动态承载能力与静态承载能力明显不同，如自由梁没有静态承载能力，但是却可以承受动态载荷；

（2）动态变形机构可能与准静态破损机构不同，而且可能随作用力的数值而变化；

（3）塑性能量耗散与输入能量之比可能随作用力的大小非单调地变化。

5）能量法

在分析各种结构的变形机构和能量吸收能力时，能量法是一种十分有效的方法，得到了广泛的应用。能量法的核心是，通过考虑能量的平衡得到基本方程。如对于刚塑性材料，外力功与塑性耗散互相平衡。

6）理想化的接触模型

能量吸收结构中受动载荷作用时，经常发生接触和碰撞。需要建立适当的接触模型，才能合理地表征力和动量在两个物体之间是如何传递的。对于局部接触的模型，要进行一定的理想化才能进行分析。

## 5.1.6 典型能量耗散结构和材料

### 1. 薄壁构件

薄壁圆管轴向压溃时，其失效模式可能是轴对称的或者非轴对称的，主要取决于直径与厚度之比（$D/h$）。轴对称模式通常称为圆环模式或手风琴模式，而非对称模式被称为钻石模式。钻石模式的特征可以用褶皱瓣数来表示，多数常用的圆管的褶皱瓣数为 2~5。对于某些 $D/h$ 值的圆管，其失效可能是圆环和钻石的混合模式，即开始为圆环模式，逐渐变为钻石模式。在各种尺寸圆管大量试验的基础上，可以给出圆管的失效模式分类图（Guillow, Lu 和 Grzebieta, 2001）。大体上说，$D/h>80$ 的圆管按钻石模式失效；$D/h<50$ 且 $L/h<2$ 的圆管按圆环模式失效；而 $D/h<50$ 且 $L/h>2$ 的圆管则发生混合模式失效。对于长圆管，则发生欧拉失稳。

受轴向载荷的薄壁方管，是汽车、铁路车辆和船舶结构中的常用构件。它们的破损模式与圆管有很大差别，但是二者的载荷-位移的一般特性是类似的。这是因为在受到轴向加载时，方管和圆管都要经历渐进破坏的过程。典型方管的载荷-位移曲线如图 5.4 所示。与圆管的轴向响应曲线类似，在初始峰值以后，力急剧下降，然后周期性地波动，对应于一个接一个折叠的形成和完全压扁。

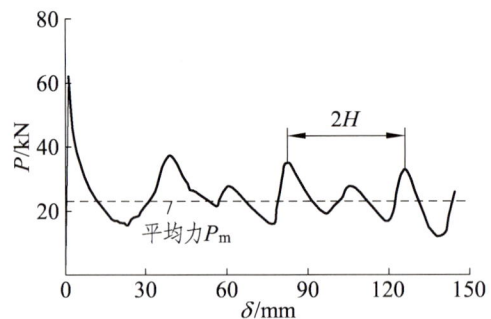

图 5.4　轴压作用下铝方管的载荷-位移曲线

在以上薄管轴向压溃的分析中，最关心的是平均压溃力，因为这是评价薄管能量吸收能力的重要参数。另一个参数是初始峰值力，通常也是最大的峰值力。此峰值力的水平在设计能量吸收装置时也起非常重要的作用，因为它表示撞击对象所经历的最大减速度。理想的能量吸收结构中，峰值力不应该太大，应当接近于平均力。实际应用中，可以通过在管中引入一些初始缺陷作为触发机构来降低峰值力的水平，如在管子一端削薄管壁，或者将管壁轻微预弯。新近的研究表明，采用一种小的屈曲触发装置（buckling initiator），可以有效地将圆管或方管受轴压时的峰值载荷降低 30%。

在薄管内填充泡沫可以有效增加能量吸收，这是因为填充泡沫会使褶皱的半波长减小，因而有更多的材料参与弯曲变形来耗散能量。如果泡沫平台应力较高，这种增强就更为显著。但是，泡沫的平台应力的最大值有一个限制：如果泡沫是密实的，在高应力下管子很有可能发生欧拉失稳，反而极大降低能量吸收能力。最近的研究发现，对圆管内充气压，有同填充泡沫相类似的作用，可使褶皱的半波长减小（甚至由非轴对称模式转变为轴对称模式），同时结构的能量吸收有所提升。

2. 多胞材料

包括蜂窝、格栅、泡沫、木材、纺织材料等多种构型的多胞材料（Cellular Material）有着良好的能量吸收特性。

## 第 5 章 被动安全设计技术

蜂窝材料是典型的多胞材料，广泛用作夹层板的芯材，也可以单独用于能量吸收。蜂窝的结构形式是规则排列的二维结构，因此比具有三维胞元结构的泡沫材料更容易分析。

多胞材料的动力学响应：

以蜂窝材料为例，在高速碰撞时会产生冲击波，但在中低速碰撞的情况下，就可能发生变形的局部化。Ruan 等人应用有限元分析，研究了六角形蜂窝受刚性板动态压缩时的面内响应。在蜂窝变形的过程中，假设刚性板的速度恒定。为了研究加载速度效应的影响，刚性板的碰撞速度取值范围在 3.5～280 m/s 变化。Ruan 等人的计算结果表明，六角形蜂窝随着动态压缩速度的不同，有三种变形模式："X"形、"V"形和"I"形。在低速碰撞时（$v<14$ m/s），发生"X"形的变形模式；在中速碰撞时，发生"V"形的过渡模式；在速度更高的碰撞中，发生"I"形的冲击波变形模式。图 5.5 中给出了两种压缩速度下，六角形蜂窝的变形图。

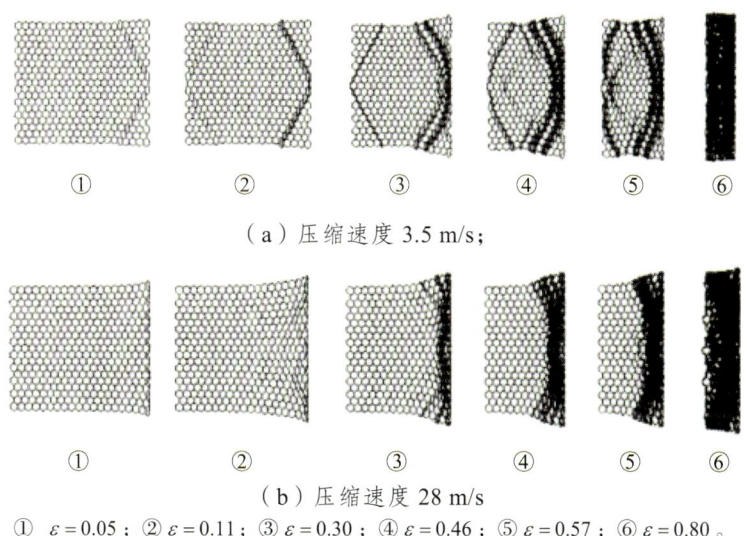

（a）压缩速度 3.5 m/s；

（b）压缩速度 28 m/s

① $\varepsilon=0.05$；② $\varepsilon=0.11$；③ $\varepsilon=0.30$；④ $\varepsilon=0.46$；⑤ $\varepsilon=0.57$；⑥ $\varepsilon=0.80$。

图 5.5 六角形蜂窝受到刚性板的均匀压缩

平台应力是能量吸收中的重要指标，对于六角形蜂窝动态压溃过程，Ruan 等人给出了由数值仿真拟合出的经验公式，有

$$\frac{\sigma_D}{Y_s}=0.8\left(\frac{h}{l}\right)^2+\left[62\left(\frac{h}{l}\right)^2+41\left(\frac{h}{l}\right)+0.01\right]\times 10^{-6}v^2$$

上式表明，此动态平台应力取决于胞元的壁厚长度比 $h/l$，以及刚性板的压缩速度 $v$。

**3. 复合材料及其结构**

复合材料在工程中有着广泛的应用和悠久的历史，其中最具代表性和研究意义的为航空航天和汽车工业领域。随着复合材料在飞机结构上的成功运用，复合材料在汽车结构的应用得到快速发展，使用复合材料制造零部件及车身，有效地实现了汽车的轻量化，提高了燃油经济性。

复合材料按增强材料的几何形状可以分为纤维增强复合材料、颗粒增强复合材料和层合复合材料，其中纤维增强复合材料在飞机结构中使用得最多。该类型复合材料在工艺上由许多不同铺角的单层板层合而成，单层板由纤维和基体组成。其中，基体主要负责传递载荷，强度和韧性较低，在外载荷尤其是冲击载荷下容易出现分层损伤。

## 5.2　被动安全技术发展现状

### 5.2.1　概　述

截至 2022 年年底，中国高铁运营总里程达到 4.2 万千米，居世界第一。中国"八纵八横"高速铁路网已具雏形，除了东部地区密集的高铁网，西至乌鲁木齐，北至哈尔滨，南至三亚，均有高铁线路开通运营，京沪等线路已恢复 350 km/h 达速运营。在线运营动车组 4 048 标准列，高铁旅客在铁路客运量占比达到 73.6%。高速铁路的飞速发展，给人们出行带来巨大便利，然而高速铁路列车碰撞事故的发生也给人们的生命安全带来极大威胁，进一步提升高速铁路运营安全是首要任务。

高速铁路运营安全由主动安全和被动安全两部分组成。主动安全是列车运行中避免发生事故的能力，通过信号系统控制避免列车发生碰撞事故。被动安全是指主动安全失效后在事故已经不可避免的情况下，保护乘员不受伤害或少受伤害的能力，是乘客生命安全的最后一道防线。随着轨道交通广泛采用诊断、监测、通信、失效保护制动、现代化的列车控制系统（CTCS）等主动防护系统，发生重大交通事故的可能性越来越小。但是，在实际运营过程中，各种形式的人为错误和运行环境的突然变化难以预料，因此列车事故仍然难以完全避免。由于高速列车运营速度高，乘客数量众多，一旦发生意外事

## 第 5 章 被动安全设计技术

故，列车碰撞事故造成的重大人员伤亡触目惊心。1997 年 4 月 29 日，我国荣家湾列车追尾碰撞事故，造成 3 节车辆被穿透破坏、126 人罹难、200 多人受伤的严重后果；2011 年 7 月 23 日，我国杭深线动车组追尾事故，造成 6 车脱轨、39 人遇难、191 人受伤的严重后果。据统计资料，铁路重大人员伤亡事故中列车碰撞所占比例达 56%。列车碰撞属轨道交通特有的问题，既有造成伤亡事故的车辆被直接撞毁，又有导致爬车、颠覆等附加伤亡事故的车辆间耦合互撞。

高速列车被动安全是轨道交通发展必须要面对的问题，"以人为本"为设计理念的耐冲击吸能车体已成为新型车体的一个技术特征和发展趋势。车辆被动安全功能的实现，可以为乘客提供最后一道防护。目前采用国际公开招标的轨道车辆均有这方面的要求，因此，开展耐冲击吸能列车的研究对提高我国轨道车辆产品尤其高速动车组的国际竞争力具有深远意义。高速列车被动安全技术是实现高速列车在一定速度发生碰撞时，对乘员提供最大防护能力的技术，列车碰撞过程是多车辆、多系统、全过程动态冲击耦合过程，行为姿态复杂多变（如爬车、脱轨、脱线）、车辆破坏形式多样（如穿透、折弯、压溃、破损），涉及车辆动力学、冲击动力学、固体力学、动态接触力学、大变形等多个学科，列车被动安全性能的实现需系统研究列车级车辆大系统耦合关系和能量传递解耦规律。

### 5.2.2 被动安全技术标准

1. 国内外标准体系

由于各国对车辆耐碰撞研究的时间不长，而且列车的运行速度不断提升，各种新的事故工况不断出现，所以规范也一直在修正和完善之中。

英国的 GM/RT2100: Structural Requirements for Railway Vehicle 对碰撞工况下车辆端部变形、车体一端吸收能量、最大冲击力、车间防爬器承受的垂直载荷做了规定。国际铁路联盟 UIC 566 OR 对车钩缓冲器、车钩中心线上部 350 mm 高处的车体端墙、车窗上下缘高度的车体端墙、侧墙上边梁高度能承受的载荷做了规定。UIC651 对司机室和车窗也做了具体的耐碰撞要求。

目前，较为广泛被采用的是欧盟的 EN 15227: Railway application- crashworthiness

Requirements for Railway Vehicle 标准。在标准中对车辆的耐碰撞性能提出了较为系统和具体的要求,如对事故工况定义、车辆防爬、成员生存空间、碰撞减速度、障碍物的尺寸等都做了规定。此外,美国的联邦法规针对铁路车辆的耐碰撞性能也提出了一些要求。

我国目前还没有相关的设计标准,城市轨道车辆的耐碰撞设计要求一般参考欧洲的规范来实行,对车钩缓冲器和防爬装置及端部能量吸收做了一些规定。

2. 标准差异性分析

单就吸能和界面力的要求而言,英国的 GM/RT2100:Structural Requirements for Railway Vehicle 要求:两列同类型的车辆发生碰撞时,车辆前端吸收能量不小于 1.0 MJ;对于动车组和固定编组的列车,碰撞最大冲击力不超过 3 000 kN。西欧的其他国家通过 SAEETRAIN 等项目的研究成果表明,头车能吸收 4.6 MJ 的能量,最大承受 3 400 kN 的载荷。美国的联邦法规"49CFR"中 238 部分要求,车头驾驶室的前端应该具备 5 MJ 的能量吸收能力,头车整体应具备 8 MJ 的能量吸收能力,总体上来说,性能指标要比欧洲的高。

## 5.2.3 典型吸能部件及方式

目前,国际主流高速动车组典型被动安全设计分为三种:日系车钩吸能、欧系"车钩+分布式部件"吸能、美系强刚度端部框架结构吸能。较为典型的结构性能如表 5.1 所示。

表 5.1 典型吸能结构性能

| 技术特点 | 车钩吸能 | 车钩+分体式吸能 | 端部框架结构吸能 |
|---|---|---|---|
| 吸能量 | ★☆☆☆☆ | ★★★☆☆ | ★★★★☆ |
| 冲击稳定性 | ★☆☆☆☆ | ★★★☆☆ | ★★★☆☆ |
| 纠偏导向性 | ★☆☆☆☆ | ★★☆☆☆ | ★★☆☆☆ |
| 空间适应性 | ★★★★☆ | ★★☆☆☆ | ★★☆☆☆ |
| 扩容能力 | ★☆☆☆☆ | ★★☆☆☆ | ★★★☆☆ |

## 第 5 章 被动安全设计技术

国际主流前端吸能结构有德国西门子 Velaro D，动力分散、非铰接式车体，前端吸能量 4.2 MJ；法国阿尔斯通 AGV，动力分散、铰接式车体，前端吸能量 4.8 MJ，性能均满足 EN 15227 标准相同列车相对 36 km/h 对撞工况要求。欧洲典型吸能结构方案如图 5.6 所示。美国 ACELA EXPRESS（TGV），动力集中、非铰接式车体，前端吸能量约 5 MJ，性能满足 49 CFR 238 标准相同列车相对 48 km/h 对撞工况要求；日本川崎 N700，动力分散、非铰接式车体，满足 JIS 7106 静强度要求，前端吸能量 173 kJ，满足列车相对 5 km/h 连挂要求。

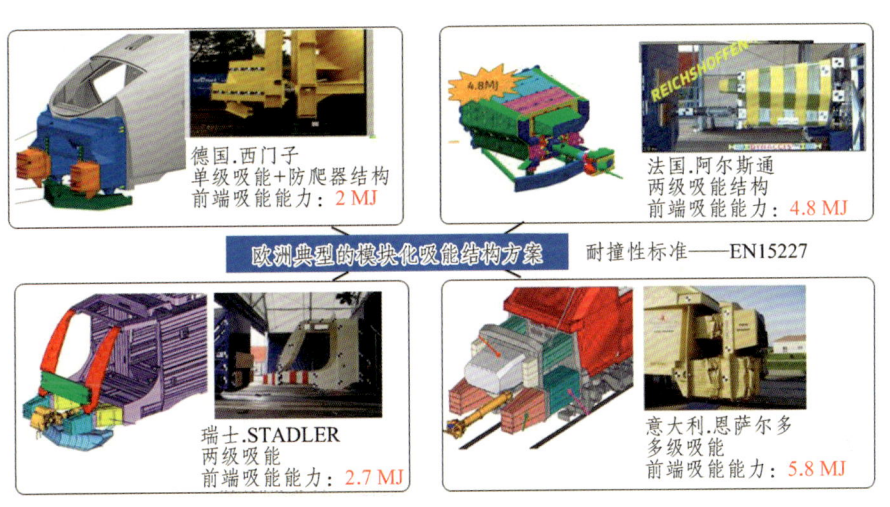

图 5.6 欧洲典型吸能结构方案

上述吸能结构仅具备吸能功能，未考虑结构承载功能，且未涉及实际运营状态条件下的其他结构件影响，一体化程度不高，气动性能、结构承载、轻量化与防撞性能的矛盾未充分解决，不能满足大长细比、流线化细长头型高速动车组被动安全设计需求。

### 5.2.4 技术研究不足

（1）既有标准体系中碰撞速度 36 km/h、48 km/h 仅考虑目视运营模式的有限防护，与实际监视运营模式下紧急制动工况防护需求差距较大。

（2）被动安全性能评估仅局限于部件级，不能有效反映实车运营状态，未开展列车级对列车级性能有效性评估，与列车现实级防护需求差距较大。

## 5.3 被动安全技术研究

### 5.3.1 被动安全数值计算方法

1. 多体动力学计算

多体系统动力学是在经典刚体力学、分析力学和计算力学的基础上发展而来的，其基本原理是将多体系统或子系统内部件等效为刚体或柔性体的组合，并使用不同的铰接结构、弹簧和阻尼连接，建立起系统的力学计算模型，对其进行运动分析和动力学分析，以获取各组成系统（刚体或柔性体）的每一时刻的空间位移及多体系统间的相对运动。

目前，高速列车被动安全仿真所采用的多体动力学计算方法主要为一维、三维多体动力学计算方法。其中，一维多体动力学计算多用于列车钩缓装置、车端吸能结构等部件的耐撞性设计分析，同时辅助列车编组调车作业或其他工况条件下的车辆冲击载荷分析；而三维多体动力学计算主要用于分析列车于碰撞过程中的车体、转向架等车辆子系统的宏观运动行为，以评估车辆产生爬车、脱轨等响应，或展开该类运动行为的机理研究。

本节就高速列车被动安全仿真所采用的一维、三维多体动力学计算方法的模型构成、计算原理等内容进行介绍。

1）一维多体动力学计算模型

在列车一维多体动力学计算模型中，单一车辆系统由简化刚体、非线性弹簧/梁单元等计算单元组成。其中，刚体有车体、钩缓部分结构等，非线性弹簧/梁单元则代表钩缓、吸能部件及车体端部允许压缩区域的力-变形特性，以4编组列车为例，如图5.7所示。

# 第 5 章 被动安全设计技术

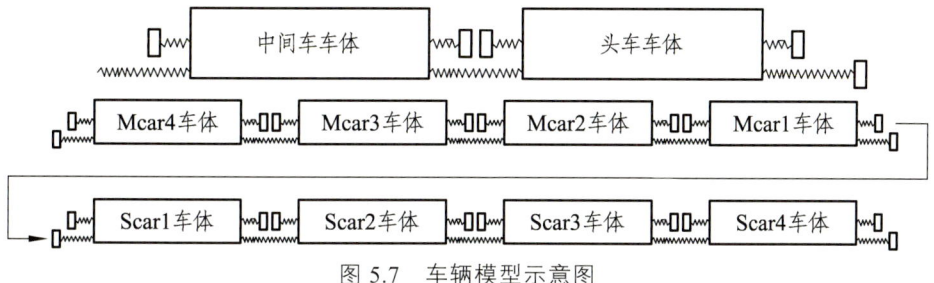

图 5.7　车辆模型示意图

一维列车碰撞系统是由多个刚体组成的多体系统，通过对各个刚体逐一应用 D'Alembert 原理，获得车辆系统的运动方程。

车体伸缩运动：

$$M_{ci}\ddot{x}_{ci} + F_{fpi1} + F_{fpi2} + F_{cgi1} + F_{cgi2} + F_{bi} = 0$$

一位端吸能装置伸缩运动：

$$M_{fpi1}\ddot{x}_{fpi1} + F_{fpi1} + P_{i1} = 0$$

二位端吸能装置伸缩运动：

$$M_{fpi2}\ddot{x}_{fpi2} + F_{fpi2} + P_{i2} = 0$$

钩缓装置伸缩运动：

$$M_{cg}\ddot{x}_{cg} + F_{cg11} + P = 0$$

式中，$M_{ci}$、$M_{fpi1}$、$M_{fpi2}$、$M_{cg}$ 分别为车体的质量、各个车辆一位端和二位端吸能装置的质量、头车前端钩缓装置的质量（$i=1\sim 4$）；$F_{fpi1}$、$F_{fpi2}$、$F_{bi}$ 分别为各个车辆一位端和二位端吸能装置给予车体的纵向力、每节车辆的轮轨摩擦力（$i=1\sim 4$）；$F_{cgi1}$、$F_{cgi2}$、$F_{cg11}$ 分别为各个车辆一位端和二位端钩缓装置给予车体的纵向力、头车前端钩缓装置给予车体的纵向力（$i=1\sim 4$）；$P$、$P_{i1}$、$P_{i2}$ 分别为两列车头车前端钩缓装置接触面上的冲击力、各个车辆一位端和二位端吸能装置接触面上的冲击力（$i=1\sim 4$）。

如前所述，钩缓和吸能装置通过加载和卸载的过程就可以吸收列车的撞击能量，因此，建立两列车碰撞的一维动力学运动方程时可不需要考虑阻尼矩阵。两列车碰撞的一维动力学运动方程为

$$[M]\{\ddot{X}\}+[K]\{X\}=\{P\}+\{F\} \tag{5.1}$$

式中，$[M]$、$[K]$分别为列车系统的质量和刚度矩阵；$\{\ddot{X}\}$、$\{X\}$分别为列车系统的加速度和位移向量；$\{F\}$为列车系统的外部作用力向量；$\{P\}$为列车系统的接触界面力向量。

利用显式中心差分法，对式（5.1）进行积分，获得列车系统各刚体的纵向碰撞响应。

2）三维多体动力学计算模型

在利用一维多体动力学模型进行列车耐撞性分析时，通常将列车仅限制于轨道方向移动，在列车碰撞过程中，车辆之间不仅有纵向冲击载荷，还会产生横向、垂向载荷以及三个方向的转矩，使车辆由摇头、横摆、侧滚引起脱轨，由点头、浮沉引起爬车，由伸缩引起压溃等系统失稳现象。因此，行业研究人员通过建立列车碰撞的三维动力学模型，进行列车三维碰撞响应研究。

基于前述列车宏观运动行为研究分析目的，所构建的三维碰撞动力学模型必须包括详细的钩缓模型、能量吸收装置模型和轮轨接触关系，方可研究车辆的各种物理参数对高速列车耐撞性的影响。利用多体系统动力学理论，构建的列车车辆三维耦合模型包括车辆子系统、钩缓-吸能装置子系统、轮轨关系子系统，如图5.8所示。

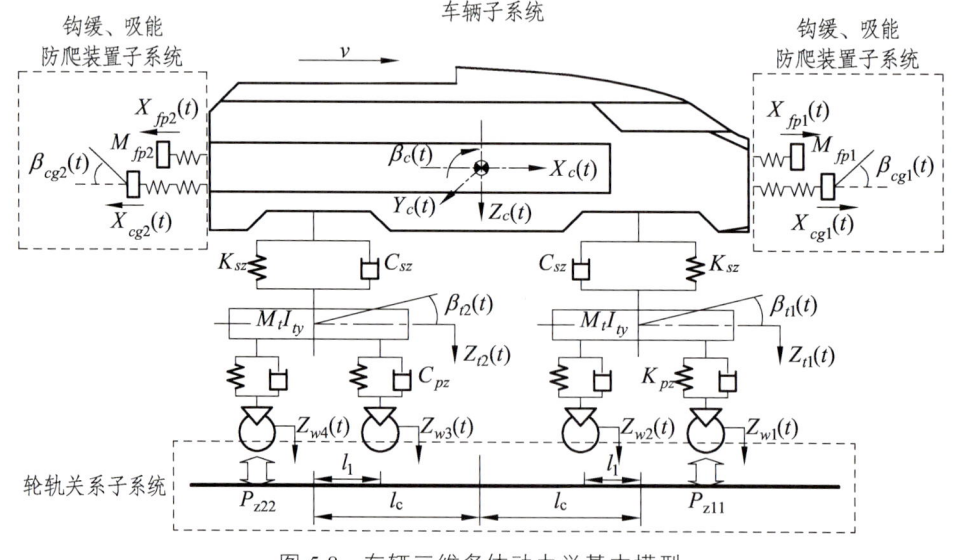

图5.8 车辆三维多体动力学基本模型

## 第 5 章 被动安全设计技术

由图 5.8 可知,为获取车辆于碰撞过程中宏观响应行为,车辆三维多体动力学模型中各子系统分别需采用不同的物理量进行力学描述,并进行动力学求解。

3)车辆子系统力学模型

(1)模型构建。

车辆子系统由 1 个车体、2 个构架和 4 个轮对组成,体与体之间通过线性或非线性的弹簧和阻尼单元连接。坐标系的定义:在体中心 $O$ 建立 3 个互相垂直的坐标轴,沿 $X$、$Y$ 和 $Z$ 轴的 3 个平动分别称为伸缩、横移和浮沉;绕这 3 个坐标轴的转动分别称为侧滚、点头和摇头,如图 5.9 所示。

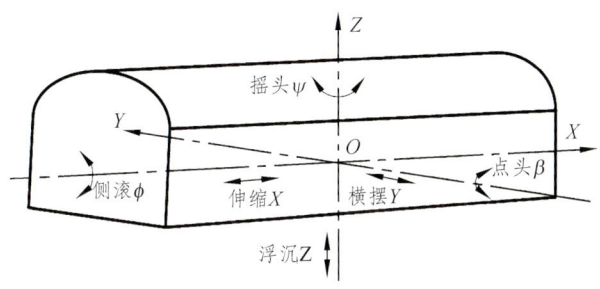

图 5.9 车辆运动形式描述

图中,$X$、$Y$、$Z$、$\phi$、$\psi$、$\beta$ 分别表示车体、构架、轮对、钩缓和吸能装置的伸缩、横移、浮沉、侧滚、摇头以及点头。

考虑到车辆系统的复杂性,以及碰撞过程中诸多非线性因素的影响,需要对车辆系统进行适当的简化处理。为反映碰撞过程中车端钩缓和吸能装置的吸能特性以及车辆实际的运动行为,主要考虑车体和构架的伸缩、浮沉、横移和点头、摇头、侧滚,轮对的伸缩、浮沉和横移,共 30 个自由度的车辆结构系统,如表 5.2 所示。

表 5.2 车辆子系统的自由度数列表

| 组件 | 自由度 | | | | | | 数量 | 自由度数 |
| --- | --- | --- | --- | --- | --- | --- | --- | --- |
| | $X$ | $Y$ | $Z$ | $\phi$ | $\psi$ | $\beta$ | | |
| 车体 | √ | √ | √ | √ | √ | √ | 1 | 6 |
| 构架 | √ | √ | √ | √ | √ | √ | 2 | 12 |
| 轮对 | √ | √ | √ | × | × | × | 4 | 12 |
| 总自由度数 | | | | | | | | 30 |

### 高速动车组车体设计关键技术

简化后的车辆子系统力学模型如图 5.10 和图 5.11 所示。在该模型中，将车体划分为三个部分，分别为车体两端部的钩缓-吸能装置和车体。各个刚体之间由代表结构刚度或悬挂特性的弹簧连接。

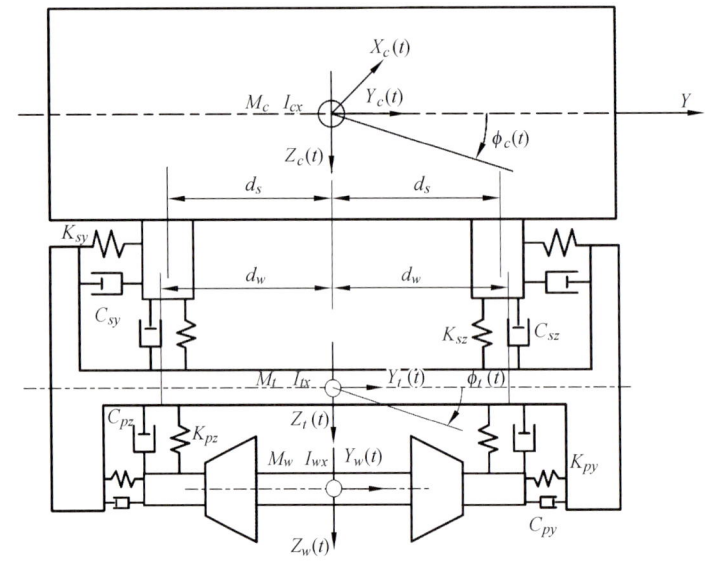

图 5.10 车辆子系统力学模型侧视图

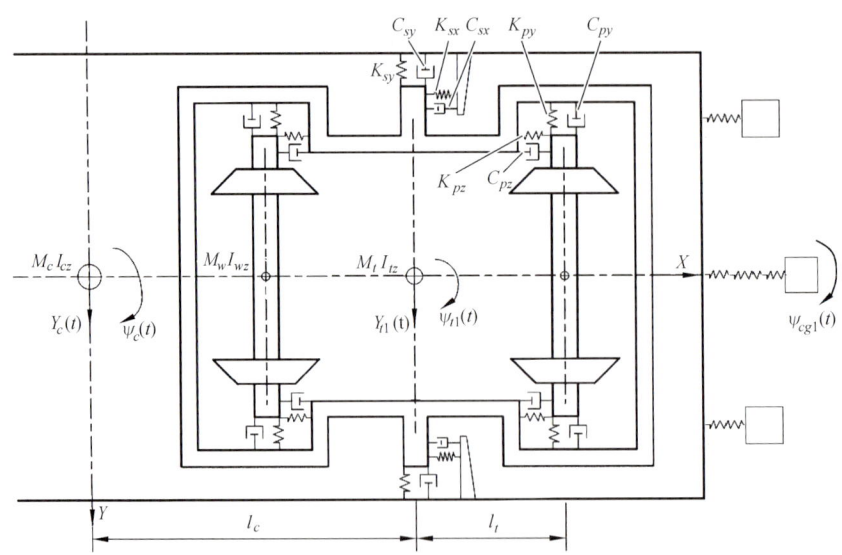

图 5.11 车辆子系统力学模型俯视图

## 第 5 章　被动安全设计技术

需说明的是，图中各物理量在计算时需采用统一基础单位制，图 5.10 和图 5.11 中的参数见下：

$M_c$——车体质量；

$M_t$——构架质量；

$M_w$——轮对质量；

$I_{wx}$——轮对绕 $X$ 轴的转动惯量；

$I_{wy}$——轮对绕 $Y$ 轴的转动惯量；

$I_{wz}$——轮对绕 $Z$ 轴的转动惯量；

$I_{tx}$——构架绕 $X$ 轴的转动惯量；

$I_{ty}$——构架绕 $Y$ 轴的转动惯量；

$I_{tz}$——构架绕 $Z$ 轴的转动惯量；

$I_{cx}$——车体绕 $X$ 轴的转动惯量；

$I_{cy}$——车体绕 $Y$ 轴的转动惯量；

$I_{cz}$——车体绕 $Z$ 轴的转动惯量；

$K_{sx}$——转向架一侧二系悬挂纵向刚度（N/m）；

$K_{sy}$——转向架一侧二系悬挂横向刚度（N/m）；

$K_{sz}$——转向架一侧二系悬挂垂向刚度（N/m）；

$C_{sx}$——转向架一侧二系悬挂纵向阻尼（N·s/m）；

$C_{sy}$——转向架一侧二系悬挂横向阻尼（N·s/m）；

$C_{sz}$——转向架一侧二系悬挂垂向阻尼（N·s/m）；

$K_{px}$——每轴箱一系悬挂纵向刚度（N/m）；

$K_{py}$——每轴箱一系悬挂横向刚度（N/m）；

$K_{pz}$——每轴箱一系悬挂垂向刚度（N/m）；

$C_{px}$——每轴箱一系悬挂纵向阻尼（N·s/m）；

$C_{py}$——每轴箱一系悬挂横向阻尼（N·s/m）；

$C_{pz}$——每轴箱一系悬挂垂向阻尼（N·s/m）；

$M_{fp1}$、$M_{fp2}$——一位和二位端吸能装置的质量（kg）；

$P_{zij}$——轮轨接触力($i = 1 \sim 2$,$j = 1 \sim 2$);

$l_c$——车辆定距的一半;

$l_t$——车辆固定轴距的一半;

$X$——纵向位移(坐标);

$Y$——横向位移(坐标);

$Z$——垂向位移(坐标)。

车辆子系统模型如果考虑悬挂装置和止挡的非线性刚度动态特性,需构建相应的力学简化模型,在此不再详述。

(2)车辆子系统动力学方程。

对车辆子系统力学模型中的各个刚体逐一应用 D'Alembert 原理,获得车辆子系统的动力学方程。

车体伸缩运动:

$$M_c\ddot{x}_c + F_{sx1} + F_{sx2} + F_{fpx1} + F_{fpx2} + F_{cgx1} + F_{cgx2} = 0$$

车体浮沉运动:

$$M_c\ddot{z}_c + F_{sz1} + F_{sz2} + F_{fpz1} + F_{fpz2} + F_{cgz1} + F_{cgz2} = M_c g$$

车体横移运动:

$$M_c\ddot{y}_c + F_{sy1} + F_{sy2} + F_{fpy1} + F_{fpy2} + F_{cgy1} + F_{cgy2} = 0$$

车体点头运动:

$$J_{\beta c}\ddot{\beta}_c + M_{s\beta 1} + M_{s\beta 2} + M_{fp\beta 1} + M_{fp\beta 2} + M_{cg\beta 1} + M_{cg\beta 2} = 0$$

车体摇头运动:

$$J_{\psi c}\ddot{\psi}_c + M_{s\psi 1} + M_{s\psi 2} + M_{fp\psi 1} + M_{fp\psi 2} + M_{cg\psi 1} + M_{cg\psi 2} = 0$$

车体侧滚运动:

$$J_{\phi c}\ddot{\phi}_c + M_{s\phi 1} + M_{s\phi 2} + M_{fp\phi 1} + M_{fp\phi 2} + M_{cg\phi 1} + M_{cg\phi 2} = 0$$

转向架构架伸缩运动：

$$M_t \ddot{x}_{ti} + F_{sxi} + F_{pxi1} + F_{pxi2} = 0$$

转向架构架浮沉运动：

$$M_t \ddot{z}_{ti} + F_{szi} + F_{pzi1} + F_{pzi2} = M_t g$$

转向架构架横移运动：

$$M_t \ddot{y}_{ti} + F_{syi} + F_{pyi1} + F_{pyi2} = 0$$

转向架构架点头运动：

$$J_{\beta t} \ddot{\beta}_{ti} + M_{p\beta i1} + M_{p\beta i2} = 0$$

转向架构架摇头运动：

$$J_{\psi t} \ddot{\psi}_{ti} + M_{p\psi i1} + M_{p\psi i2} + M_{s\psi i} = 0$$

转向架构架侧滚运动：

$$J_{\phi t} \ddot{\phi}_{ti} + M_{p\phi i1} + M_{p\phi i2} + M_{s\phi i} = 0$$

轮对伸缩运动：

$$M_w \ddot{x}_{wij} + F_{pxij} + p_{xij} = 0$$

轮对沉浮运动：

$$M_w \ddot{z}_{wij} + F_{pzij} + p_{zij} = M_w g$$

轮对横移运动：

$$M_w \ddot{y}_{wij} + F_{pyij} + p_{yij} = 0$$

## 高速动车组车体设计关键技术

一位端吸能装置伸缩运动：

$$M_{fp1}\ddot{x}_{fp1} + F_{fpx1} + P_{jm1} = 0$$

二位端吸能装置伸缩运动：

$$M_{fp2}\ddot{x}_{fp2} + F_{fpx2} + P_{jm2} = 0$$

式中 $F_{sxi}$、$F_{fpxi}$、$F_{cgxi}$——二系悬挂、吸能器及车钩给予车体的纵向力（$i=1\sim2$）；

$F_{szi}$、$F_{fpzi}$、$F_{cgzi}$——二系悬挂、吸能器及车钩给予车体的垂向力（$i=1\sim2$）；

$F_{syi}$、$F_{fpyi}$、$F_{cgyi}$——二系悬挂、吸能器及车钩给予车体的横向力（$i=1\sim2$）；

$M_{s\beta i}$、$M_{fp\beta i}$、$M_{cg\beta i}$——二系悬挂、吸能器及车钩给予车体的点头力矩（$i=1\sim2$）；

$M_{s\psi i}$、$M_{fp\psi i}$、$M_{cg\psi i}$——二系悬挂、吸能器及车钩给予车体的摇头力矩（$i=1\sim2$）；

$M_{s\phi i}$、$M_{fp\phi i}$、$M_{cg\phi i}$——二系悬挂、吸能器及车钩给予车体的侧滚力矩（$i=1\sim2$）；

$F_{pxi1}$、$F_{pxi2}$——一位和二位一系悬挂给予构架的纵向力（$i=1\sim2$）；

$F_{pzi1}$、$F_{pzi2}$——一位和二位一系悬挂给予构架的垂向力（$i=1\sim2$）；

$F_{pyi1}$、$F_{pyi2}$——一位和二位一系悬挂给予构架的横向力（$i=1\sim2$）；

$M_{p\beta i1}$、$M_{p\beta i2}$——一位和二位一系悬挂给予构架的点头力矩（$i=1\sim2$）；

$M_{p\psi i1}$、$M_{p\psi i2}$——一位和二位一系悬挂给予构架的摇头力矩（$i=1\sim2$）；

$M_{p\phi i1}$、$M_{p\phi i2}$——一位和二位一系悬挂给予构架的侧滚力矩（$i=1\sim2$）；

$p_{xij}$、$p_{zij}$、$p_{yij}$——轮对与钢轨之间的接触力（$i=1\sim2$，$j=1\sim2$）；

$P_{jm1}$、$P_{jm2}$——一位和二位端碰撞界面的碰撞界面力。

（3）钩缓-吸能装置子系统。

① 车钩缓冲器模型。

车辆之间的钩缓物理模型如图5.12所示，包括两个忽略质量特性的刚体，以及模拟钩缓储能及部分吸能特性的非线性弹簧。非线性弹簧的力学特性是比较复杂的，如图5.13所示。钩缓装置拉伸加载时速度$v>0$，卸载时速度$v<0$；钩缓装置压缩加载时速度$v<0$，卸载时速度$v>0$。压缩区有一个平台段，用于模拟车钩压溃管的吸能特性。加载曲线达到最大拉伸或压缩行程时，钩缓装置与车体压死，车钩力不断上升，故用一段较陡的直线模拟该特征。

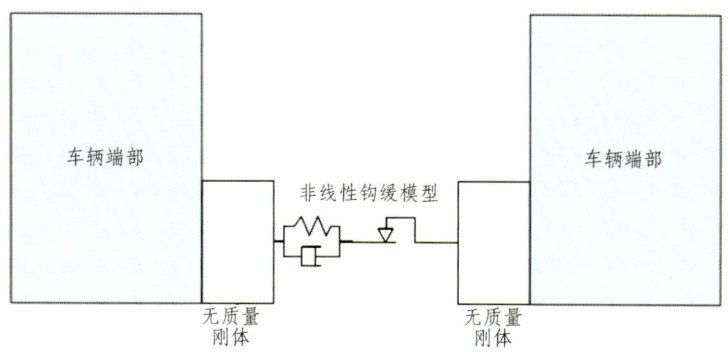

图 5.12　两车辆之间的钩缓模型

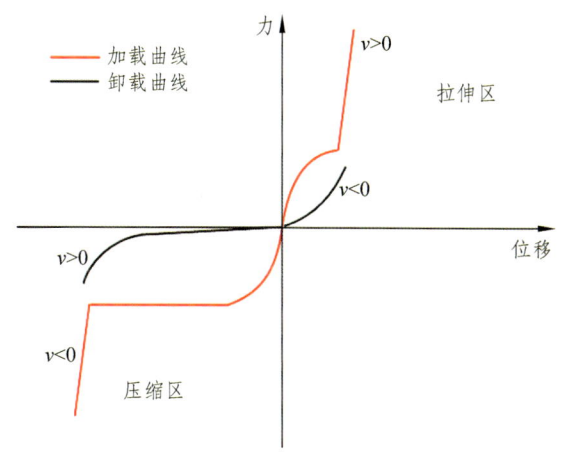

图 5.13　钩缓装置非线性特性

② 吸能装置模型。

吸能装置采用特殊设计的弹塑性梁模拟,其轴向特性如图 5.14 所示。拉伸区的加载力和卸载力为 0,空载压缩距离 $e$ 用于模拟两吸能防装置接触前的距离。吸能装置接触时,速度 $v<0$,压缩力达到吸能装置触发力后进入压溃吸能阶段;当达到最大吸能行程时,吸能装置与车体顶死,便会出现刚性冲击。卸载曲线是一段斜率很小的直线,用于模拟吸能装置分离时的相互作用力。弹塑性梁最复杂的特性是接触分离后再次接触的模拟,这与前面的钩缓装置特性不同。当接触分离后再次接触前,速度 $v>0$ 转为 $v<0$,

## 高速动车组车体设计关键技术

加载路径需要与上次接触分离时的路径完全一致，即继续按卸载曲线加载然后跃升到加载曲线。该特性需要用特殊的技术进行处理，此处不再赘述。另外，弹塑性梁的径向特性可用于描述吸能装置的抗垂弯性能，可根据具体情况进行相应抗弯载荷或力矩设置。

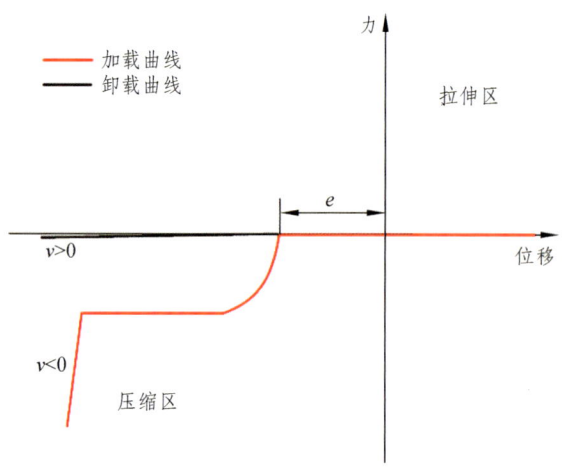

图 5.14 吸能装置特性

（4）轮轨关系子系统。

① 轮轨垂向相互作用。

轮对与轨道之间的垂向相互作用，通过轮轨接触实现。轮轨垂向作用力由赫兹非线性弹性接触理论确定：

$$p(t) = \left[\frac{1}{G}\delta Z(t)\right]^{3/2}$$

式中　$G$——轮轨接触常数，m/N$^{2/3}$；

　　　$\delta Z(t)$——轮轨间的弹性压缩量，m。

对于磨耗型踏面车轮：

$$G = 3.86 R^{-0.115} \times 10^{-8} \ (\text{m/N}^{2/3})$$

式中　$R$——车轮半径，m。

当 $\delta Z(t) < 0$ 时，表明轮轨已相互脱离，显然此时轮轨力 $p(t) = 0$。

② 轮轨横向相互作用。

列车正常运行时，横向力在轮轨之间传递，通常轮对能够自由横移的范围为 ±9 mm。当轮对的横移量为 0~9 mm 时，作用在车轮上的横向力 $L$ 为轮轨间的摩擦力，摩擦系数为 0.2，横移量一旦超过 9 mm，轮缘开始与钢轨接触，考虑到轮缘的厚度通常为 32 mm，因此当轮对横移量为 9~41 mm 时，将车轮上的横向力 $F_L$ 设置为此时作用在车轮上的垂向力 $F_V$ 的 1.2 倍，即 $F_L/F_V = 1.2$。

模型的总体坐标系中，各坐标轴的正方向同图 5.9 中各坐标轴的正方向。总体坐标系的 $XY$ 平面即为两根钢轨顶面所处的水平面，$Y$ 轴（横向）与两根钢轨的顶面相切，$X$ 轴（纵向）垂直于 $Y$ 轴，$Z$ 轴（垂向）垂直于 $XY$ 平面。

由模型总体坐标系及轮轨垂向作用力的定义可知，当轮对与钢轨接触点的垂向位置大于或等于 0 时，轮对与钢轨脱离，两者不接触，但不能代表轮对脱轨。

（5）小结。

通过车辆子系统、钩缓-吸能装置子系统和轮轨关系子系统的耦合作用，形成车辆系统三维碰撞动力学模型，其动力学方程可表示为式（5.1）

考虑到列车碰撞动力学方程中包含有许多高度非线性因素，且对式（5.1）进行一次性求解较为困难，因此将方程组分成 $n$ 个子方程组，式（5.1）可表示为

$$M_i \ddot{X}_i + K_i X_i = P_i + F_i \quad i = 1 \sim n \tag{5.2}$$

在输入列车初始状态后，根据式（5.2），采用显式积分求解；再者，在进行列车三维碰撞多体动力学计算时，也可借助 Simpack、LS-DYNA、MADYMO 等计算软件实现多体计算模型的构建及计算。

2. 有限元计算法

有限单元法（多称"有限元法"）是在当今工程分析中获得最广泛应用的数值计算方法，与其他方法相比，有限元法的显著优点是其通用性，即它可分析几乎所有任何具有复杂边界和载荷条件的连续介质问题。目前，伴随着计算机科学技术的快速发展，有限元法现已成为计算机辅助设计（CAD）和计算机辅助制造（CAM）的重要组成部分。

鉴于有限元分析方法可以较全面真实地得出相关结构碰撞吸能和变形响应关系，以

及车辆各组成系统的响应情况,可为高速列车被动安全防护系统开发设计提供较真实的边界条件,其是轨道车辆被动安全仿真分析的主要方法,下面就碰撞冲击有限元法所涉及的力学基础、数值计算方法、接触模拟、材料本构、常用单元特性等内容进行介绍。

1) 材料本构关系

所谓材料本构,是指材料的应力-应变关系,是表征材料力学响应的数学表达。在轨道车辆的被动安全设计过程中,由于存在吸能结构件的塑性大变形行为,其材料本构显著不同于静强度计算,即材料应力与应变的关系不再局限于线性弹性阶段,更多关注于材料塑形阶段下的应力与应变关系;其次,许多金属和非金属材料存在"率效应",即在不同应变率条件下,材料的应力与应变关系是不同的,当高速变形或应变率较高时,结构表现得更"硬"些,也就是在高应变率下材料的弹性模量更高,这种率效应反映了材料的黏性;再者,处于冲击状态下的材料存在温度效应,即材料塑变的同时伴随着温度变化进而影响其力学性能。

总之,当施加外荷强度增加时,材料逐步进入塑性范围,该过程同时包含大变形、热力学效应以及不同机理的断裂等力学现象,问题相当复杂,材料的响应范围及主要力学响应如表 5.3 所示。

表 5.3 材料响应的三个范围

| 类 别 | 压力或应力 | 本构方程 | 控制方程 |
| --- | --- | --- | --- |
| 流体动力状态 | 高 | 状态方程+力学本构 | 非线性 |
| 塑形变形 | 高于屈服强度 | 复杂 | 非线性 |
| 线弹性 | 低于屈服强度 | 胡克定律 | 线性 |

2) 常用材料本构模型

(1) Cowper-Symonds 率相关本构模型。

该模型为应变率相关的理想弹塑性材料本构,其方程为

$$\frac{\sigma^d}{\sigma} = 1 + (\dot{\varepsilon}/D)^{1/q} \tag{5.3}$$

式中,$D$ 和 $q$ 为用户定义的应变率参数,如对于某种低碳钢来说,分别为 40 和 6,对各

种材料的应变率参数的确定可以参考相关材料手册。

（2）Johnson-Cook 本构模型。

Johnson-Cook 模型是 Johnson 及 Cook 提出的一种基于工程应用的反映材料应变率效应及温度效应的本构模型。在低速冲击下，应变率效应的影响及绝热加载导致温升的影响可以选用应变率、温度相关的 Johnson-Cook 模型，其流动应力的表达式为

$$\sigma = (A + B\varepsilon^n)(1 + C\ln\varepsilon^*)(1 - T^{*m}) \tag{5.4}$$

式中，$\varepsilon$ 为等效塑性应变；$\dot{\varepsilon}^* = \dot{\varepsilon}/\dot{\varepsilon}_0$ 是无量纲塑性应变率，$\dot{\varepsilon}_0 = 1/s$；$T^* = (T - T_r)(T_m - T_r)$，是相对温度。

式（5.4）第一项给出了常温静载条件下的流动应力公式，第二项、第三项分别为应变率相关项和温度相关项。

3）接触类型和接触算法

在接触碰撞过程中，载荷随时间、结构变形而变化，载荷并不是作为已知条件施加到结构上的，而是结构与载荷相互耦合，当发生碰撞时，垂直于接触面的速度是瞬时不连续的。对于库伦（Coulomb）摩擦模型，当出现黏性滑移行为时，沿着界面的切向速度是不连续的。接触-碰撞问题的这些特性给离散方程的时间积分带来了极大的困难。

以往一些做法是将载荷与结构解耦，即根据实验或理论假设一种载荷的时空分布，并作为数值计算的已知条件。这种做法，对于初步分析以及柔度较小的结构是可行的，但是对于伴随大变形的碰撞过程，计算分析误差较大。

（1）接触-碰撞的数值计算方法。

接触-碰撞的有限元数值计算方法将两撞击物体分开建立有限元模型，通过位移协调条件与动量方程求解撞击载荷。目前，在冲击动力学数值模拟中主要采用罚函数法处理接触问题。

① 罚函数方法。

该方法基本原理是：在每一个时间步首先检查各从节点是穿透主面，没有穿透不做任何处理，如果穿透，则在该从节点与被穿透主面引入一个较大的界面接触力，其大小与穿透深度、主面刚度成正比。这在物理上相当于在从节点与主表面之间放置一个法向

弹簧，以限制从节点对主面的穿透，法向接触力便为罚函数值。"对称罚函数法"是利用相同的方法再对每个主节点处理一遍。

罚函数方法的固有缺陷是求解出的撞击力、撞击速度与加速度都是振荡的，振荡程度与所选择的罚函数因子相关，可以通过减小时间步长等方法来降低振荡。

② 动态约束方法。

该方法由 Hughes 等于 1976 年提出，同年被 Hallquit 首先应用于 LS-DYNA 2D 中，后来扩展应用于 LS-DYNA3D 中。其基本原理是：在每一时间步长 $\Delta t$ 修正构形前，搜索所有未与主面接触的从节点，看其是否在时间步长 $\Delta t$ 内穿透了主面，如是，则缩小 $\Delta t$，使那些穿透主面的从节点不贯穿主面，而使其正好到达主面，在计算下一个 $\Delta t$ 之前，对所有已经与主面接触的从节点都施加约束条件，以保持从节点与主面不贯穿。此外，还应检查那些与主面接触的从节点所属单元是否受到拉力作用，如受到拉力，则释放条件，使从节点脱离主面。

这种算法存在的主要问题是：如果主面网格划分比从面细，某些主节点可以毫无约束地穿过从面，形成所谓的"扭结"现象。当接触界面的压力过大时，无论单元采用单点还是多点积分，这种现象都很容易发生，当然，好的网格划分可能减弱这种现象。但是，对于很多问题，初始构形上好的网格划分在迭代多次计算后会变得很糟糕，如爆击下气体在结构中膨胀。由于节点约束算法较为复杂，目前在 LS-DYNA3D 程序中仅用于固连与固连-断开类型的接触界面（统称固连界面），主要用来将结构网格的不协调部分连接起来。

③ 分布参数法（Distributed Paramete Method）。

该方法的基本原理是：将每一个正在接触的从单元的一半质量分配到被接触的主面面积上，同时根据每个正在接触从单元的内应力确定作用在接受质量分配的主面面积上的分布压力。在完成质量与压力的分配后，修正主面的加速度，然后对从节点的加速度、速度施加约束，以保证从节点在主面滑动，不允许从节点穿透主表面，从而避免了反弹现象。这种算法主要处理接触界面具有相对滑移而不可分开的问题。因此，在结构计算中，该算法并没有太多用处。其最典型的应用是处理爆炸等问题，炸药爆炸产生的气体与被接触的结构之间只有相对滑动而没有分离。

（2）罚函数法计算实现。

罚函数法相当于在从节点与主表面之间布置一系列的法向界面弹簧，程序实现容易，效率较高，在显示分析程序中一般多采用罚函数法；再者，经验表明，由于对称性，罚函数很少激发网格的沙漏模态；另外，在罚函数法中，系统动量是严格守恒的，不需要进行特殊处理。下面对该计算方法的原理进行介绍。

① 接触界面与非嵌入条件。

考虑到物体 A 与 B 始接触问题。它们的现时构形分别为 $V_A$ 和 $V_B$，边界面分别为 $A_A$ 和 $A_B$，接触面记为 $A_C = A_A \cap A_B$，如图 5.15 所示。物体 A 为主体（Master），其接触面为主表面，物体 B 为从体（Slave），其接触面为从表面，A 与 B 接触的非嵌入条件可以表示为

$$V_A \cap V_B = 0 \tag{5.5}$$

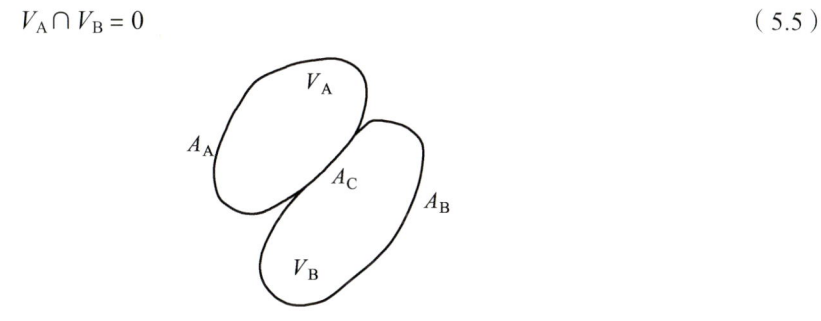

图 5.15　物体接触示意

式（5.5）说明物体 A 与物体 B 不能相互重叠。由于事先无法确定两物体在哪一点接触，因此大变形问题中无法将非嵌入条件表示为位移的代数或微分方程，只能在每一时步，对比 $A_C$ 面上物体 A 与 B 对应节点的坐标，或对比速率实现位移协调条件：

$$U_N^A - U_N^B = (u^A - u^B)n^A \leqslant 0|_{A_C}$$

或

$$V_N^A - V_N^B = (v^A - v^B)n^A \leqslant 0|_{A_C}$$

式中，下标 $N$ 表示接触法向。

② 接触面力条件。

### ▌高速动车组车体设计关键技术

由牛顿第三定律可知,接触面力应满足:

$$\begin{cases} t_N^A + t_N^B = 0 \\ t_T^A + t_T^B = 0 \end{cases}$$

式中,$t_N^A$ 和 $t_N^B$ 分别为物体 A 和 B 的法向接触力;$t_T^A$ 和 $t_T^B$ 分别为物体 A 和 B 的切向接触力(摩擦力)。

如果两个接触点不是相互黏接的,则接触面之间不可能有拉应力,即

$$t_N = t_N^A = -t_N^B \leqslant 0$$

③ 摩擦模型。

描述切向接触面力的模型统称为摩擦模型。库仑摩擦准则(Coulomb friction)是最常用的一种模型,可表示为

$$\gamma_T(x,t) = \begin{cases} 0 & \text{当} \|t_T(x,t)\| < -\mu t_N(x,t) \\ -k(x,t)t_T(x,t), k \geqslant 0 & \text{当} \|t_T(x,t)\| = -\mu t_N(x,t) \end{cases} \quad (5.6)$$

式中,$\mu$ 为摩擦系数。

式(5.6)表明,当 $\|t_T(x,t)\| < -\mu t_N(x,t)$ 时,两个点黏合在一起,没有相互滑动。当 $\|t_T(x,t)\| = -\mu t_N(x,t)$ 时,两个接触点之间开始滑动,相对滑动速度 $\gamma_T(x,t)$ 与切向接触力 $t_T(x,t)$ 之间成正比,方向相反。当两个接触点从滑动状态变为黏合状态时,切向相对速度突变为零,因此在库仑准则中切向相对速度将会产生突变,给离散方程的求解带来了很大的困难。

(3)接触-碰撞算法的有限元实现。

对称罚函数方法的主要计算步骤如下:

① 如图 5.16 所示,对于任何一个从节点 $n_S$,搜索与它最靠近的主节点 $m_S$。

② 检查与主节点 $m_S$ 有关的所有主单元面,确定从节点 $n_S$ 穿透主表面时可能接触的主单元表面。若主节点 $m_S$ 与从节点 $n_S$ 不重合,当满足下式时,从节点 $n_S$ 与主表面 $S_i$ 接触。

## 第 5 章 被动安全设计技术

$$\begin{cases} (C_i \times S) \cdot (C_i \times C_{i+1}) > 0 \\ (C_i \times S) \cdot (S \times C_{i+1}) > 0 \end{cases} \tag{5.7}$$

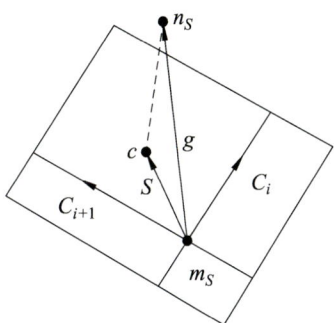

图 5.16 主从节点搜索示意图

式中，$C_i$ 与 $C_{i+1}$ 是主单元面上在 $m_S$ 点的两条边矢量；矢量 $S$ 是矢量 $g$ 在主单元面上的投影；$g$ 为主节点 $m_S$ 指向从节点 $n_S$ 的矢量。

$$S = g - (gm)m, \quad m = C_i C_{i+1} / |C_i C_{i+1}|$$

如果 $n_S$ 接近或位于两个单元面交线上，上述不等式可能不确定，这时：

$$S = \max(gC_i / |C_i|) \quad (i = 1, 2, \cdots)$$

③ 确定从节点 $n_S$ 在主单元面上的接触点 $c$ 的位置，主单元面上任一位置矢量可表示为

$$r = f_1(\xi, \eta)i_1 + f_2(\xi, \eta)i_2 + f_3(\xi, \eta)i_3$$

式中，$f_1(\xi, \eta) = \sum_{i=1}^{4} \phi_j(\xi, \eta) x_i^j$，$\phi_j(\xi, \eta) = \frac{1}{4}(1 + \xi_j \xi)(1 + \eta_j \eta)$，$x_i^j$ 是单元第 $j$ 节点的 $x_i$ 坐标值；$i_1$、$i_2$、$i_3$ 是 $x_1$、$x_2$、$x_3$ 坐标轴的单位矢量。接触点 $C(\xi_C, \eta_C)$ 位置为下式的解：

$$\begin{cases} \dfrac{\partial r}{\partial \xi}(\xi_C, \eta_C) \cdot [t - r(\xi_C, \eta_C)] = 0 \\ \dfrac{\partial r}{\partial \eta}(\xi_C, \eta_C) \cdot [t - r(\xi_C, \eta_C)] = 0 \end{cases}$$

④ 检查从节点是否穿透主表面。

若 $l = n_i \cdot [t - r(\xi_C, \eta_C)] < 0$，则表示从节点 $n_S$ 穿透含有接触点 $c(\xi_C, \eta_C)$ 的主单元面；其中，$n_i$ 是接触点处主单元面的外法线单位矢量。

$$n_i = \frac{\partial r}{\partial \xi}(\xi_C, \eta_C) \times \frac{\partial r}{\partial \eta}(\xi_C, \eta_C) \Big/ \left| \frac{\partial r}{\partial \xi}(\xi_C, \eta_C) \times \frac{\partial r}{\partial \eta}(\xi_C, \eta_C) \right|$$

如果 $l \geq 0$，则表示从节点 $n_i$ 没有穿透主单元面，也即两物体没有发生接触-碰撞，不作任何处理，从节点 $n_i$ 处理结束，开始搜索下一个从节点 $n_{i+1}$。从节点与主单元面的关系如图 5.17 所示。

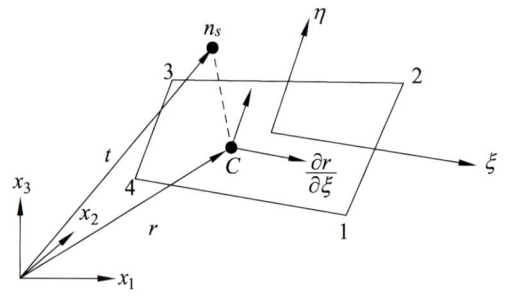

图 5.17　从节点与主单元面的关系示意图

⑤ 若从节点穿透主表面，则在从节点 $n_S$ 和接触点 $C$ 之间施加法向接触力：

$$f_S = -l k_i n_i$$

式中，$k_i$ 为主单元面的刚度因子，有：

$$k_i = \begin{cases} f K_i A_i^2 / V_i & \text{实体单元} \\ f K_i A_i / L_i & \text{板壳单元} \end{cases}$$

式中，$K_i$ 为接触单元的体模量；$A_i$ 为主单元面积；$V_i$ 为主单元体积；$L_i$ 为板壳单元最大对角线长度；$f$ 为接触刚度比例因子，默认值为 0.10。

在从节点 $n_S$ 上附加接触力矢量 $f_S$，根据牛顿第三定律，在主单元面的接触点 $C$ 作用一个反方向的作用力 $-f_S$，按照下式将 $C$ 点的接触力等效分配到主单元的节点上：

$$f_{jm} = -\phi_j(\xi_C, \eta_C) f_S \quad j = 1, 2, 3, 4 \tag{5.8}$$

式中，$\phi_j(\xi_C, \eta_C)$ 为主单元面上的二维形函数，且在接触点 $C$ 有 $\sum_{i=1}^{4}\phi_j(\xi,\eta)=1$。

⑥ 计算切向接触力（摩擦力）。

若从节点 $n_S$ 的法向接触力为 $f_S$，则最大摩擦力为 $F_Y = \mu|f_S|$，$\mu$ 为摩擦系数。设在上一时刻 $t_n$ 从节点 $n_S$ 的摩擦力为 $F^n$，则现时刻 $t_{n+1}$ 可能的摩擦力 $F^*$ 为 $F^* = F^n - k\Delta e$，$k$ 为界面刚度，$\Delta e = r^{n+1}\left(\xi_C^{n+1}, \eta_C^{n+1}\right) - r^{n+1}\left(\xi_C^n, \eta_C^n\right)$ 为从节点的位移增量，现时刻的摩擦力由下式确定：

$$F^{n+1} = \begin{cases} F^* & \text{若 } |F^*| \leq F_Y \\ F_y F^* / |F^*| & \text{若 } |F^*| > F_Y \end{cases}$$

按照作用力与反作用力原理，计算主单元面上各节点的摩擦力，若静摩擦力为 $\mu_s$，动摩擦力系数为 $\mu_d$，采用指数插值函数平滑。

$$\mu = \mu_d + (\mu_s - \mu_d)e^{-C|v|}$$

式中，$v = \Delta e/\Delta t$ 为从节点和主表面之间的相对速度；$\Delta t$ 为时间步长；$C$ 为衰减因子。

⑦ 将接触力矢量 $f_S$，$f_{jm}$ 和摩擦力矢量作为已知向量，组装到总体矢量 $\{F\}$ 阵中，进行动力学分析。

对称罚函数方法是将上述算法对从节点与主节点分别循环处理，如果仅仅对从节点循环处理，称之为"分离和摩擦滑动一次算法"，该方法主要应用于接触主体近似刚体的情况，可以节省计算时间。

（4）接触类型。

列车被动安全仿真常用计算软件 LS-DYNA 中的基础类型大体上可以分为四大类：ONE-WAY CONTACT（单向接触）、TWO-WAY CONTACT（双向接触）、SINGLE CONTACT（单面接触）、TIED CONTACT（固连接触）。

在以上接触类型中，前三种接触类型的接触算法均采用罚函数法。固连接触有的采用罚函数法，有的采用动约束法，少部分采用分布参数法。表 5.4 列出了不同接触类型与接触命令。

表 5.4　不同接触类型与接触命令

| 接触类型 | 接触命令 | 备 注 |
|---|---|---|
| ONE-WAY TREATMENT OF CONTACT 单向接触 | *CONTACT_NODES_TO_SURFACE<br>*CONTACT_AUTOMATIC_NODES_TO_SURFACE（推荐）<br>*CONTACT_FROMING_NODES_TO_SURFACE（自动接触类型，主要用于金属拉压成形）<br>*CONTACT_ERODNG_NODES_TO_SURFACE<br>*CONTACT_ONE_WAY_SURFACE_TO_SURFACE<br>*CONTACT_ONE_WAY_AUTOMATIC_SURFACE_TO_SURFACE<br>*CONTACT_CONSTRAINT_NODES_TO_SURFACE（现已很少用） | 单向、双向是对接触搜索而言的。单向仅检查从节点是否穿透主面，而不检查主节点，因而计算速度快。在双向接触中，从节点与主节点是对称的，从节点与主节点都被检查是否穿透相应的主面或从面。<br>在以下情况中使用单向接触是合适的：①主面是刚体；②相对细的网络（从）与相对平滑、粗的网络（主）接触 |
| TWO-WAY TREATMENT OF CONTACT 双向接触 | *CONTACT_SURFACE_TO_SURFACE<br>*CONTACT_CONSTRAINT_SURPACES_TO_SURFACE<br>*CONTACT_ERODING_SURFACE_TO_SURFACE<br>*CONTACT_AUTOMATIC_SURFACE_TO_SURFACE（推荐）<br>*CONTACT_FROMING_SURFACE_TO_SURFACE（主要用于金属拉压成形） | 双向接触主、从面的定义与算法处理上是完全对称的。因此主面、从面可以随意定义。计算资源大约是单向的 2 倍。绝大多数 STS 接触都是双向接触类型 |
| SINGLE SURFACE CONTACT 单面接触 | *CONTACT_AUTOMATIC_SINGLE_SURPACE（推荐）<br>*CONTACT_AUTOMATIC_GENERAL<br>*CONTACT_GENERAL_INTERIOR<br>*CONTACT_AIRBAG_SINGLE_SURFACE<br>*CONTACT_SINGLE_SURFACE | 单面接触在防撞设计中应用非常广泛。在该类型中，从面一般定义为 PART 或 PARTSET。各 PART 间及自身 PART 间的接触都考虑。在单面接触中，建模时不能有初始穿透存在 |
| TIED CONTACT 固连接触 | *CONTACT_TIED_NODES_TO_SURFACE<br>*CONTACT_TIED_SURFACE_TO_SURFACE<br>*CONTACT_TIED_NODES_TO_SURFACE_OFFSET<br>*CONTACT_TIED_SURFACE_TO_SURFACE_OFFSET | 固连接触用来将从节点约束、限定在主面上。这种接触类型一般是非对称的。因此定义主、从面时需要特别注意。在这种类型的接触中，主、从接触面最好不要以 PART ID 形式输入，应采用 NODE/SEGMENT SET 的形式 |

## 第 5 章 被动安全设计技术

4)基本模型建立

(1)结构简介。

高速列车车体为由大型中空铝合金挤压型材组焊而成的筒形整体承载结构。其中,头车车体由底架、侧墙、车顶、端墙、车体附件及司机室头部结构组成。中间车体不含有司机室,如图 5.18 所示。

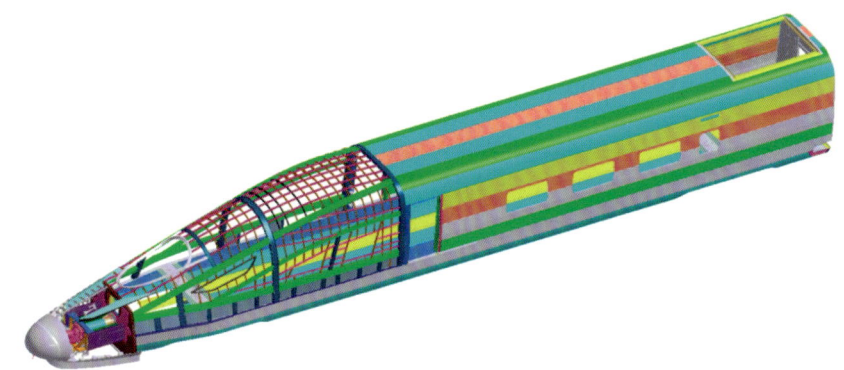

(a)头车

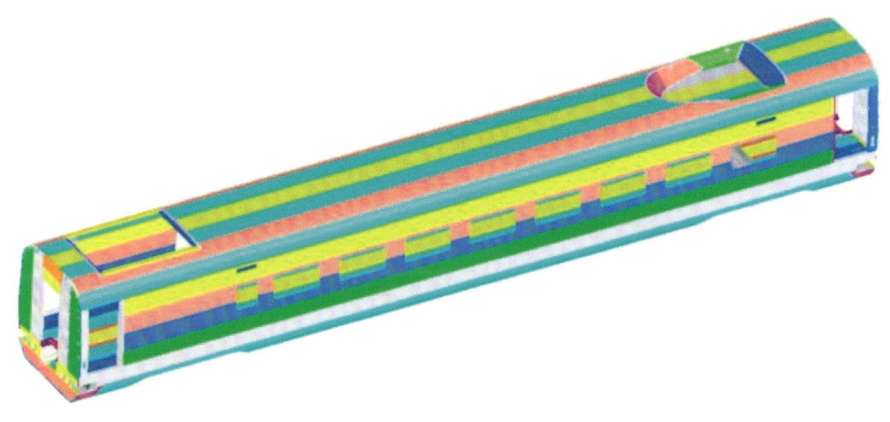

(b)中间车

图 5.18 高速列车车体结构

底架是车体重要的承载部件之一,主要包括牵引梁、枕梁、缓冲梁、边梁、横梁和波纹地板等大部件结构,如图 5.19 所示。边梁采用通长铝合金挤压型材拼焊而成,是位

■ 高速动车组车体设计关键技术

于底架左右两侧的纵向梁、底架与侧墙连接成筒体的关键承载部件。牵引梁主要由铝合金挤压型材和铝合金板焊接而成，连接车体底架缓冲梁和枕梁，并为车钩缓冲装置设置相应的附加结构。枕梁由铝合金挤压型材和铝板焊接而成，支撑车体载荷。缓冲梁由铝合金挤压型材和铝合金板焊接而成。横梁采用铝合金挤压型材，位于底架地板下方，支承安装在地板下的设备并支承地板，同时连接左右两边梁。

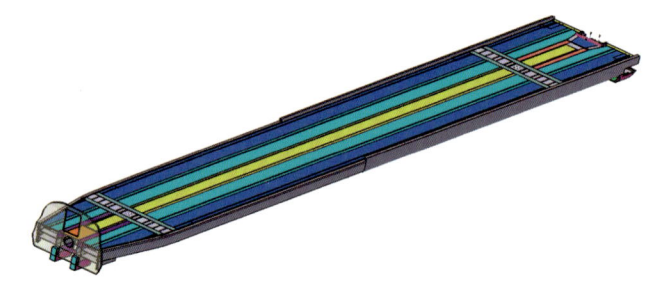

图 5.19 底架承载结构

侧墙、车顶均采用大型中空挤压型材，车顶和侧墙的连接采用车内侧、车外侧连续焊接结构。分体式端墙结构的外板中央开口处用螺栓安装由铝板和铝型材骨架组焊而成的闭塞板，如图 5.20 所示。

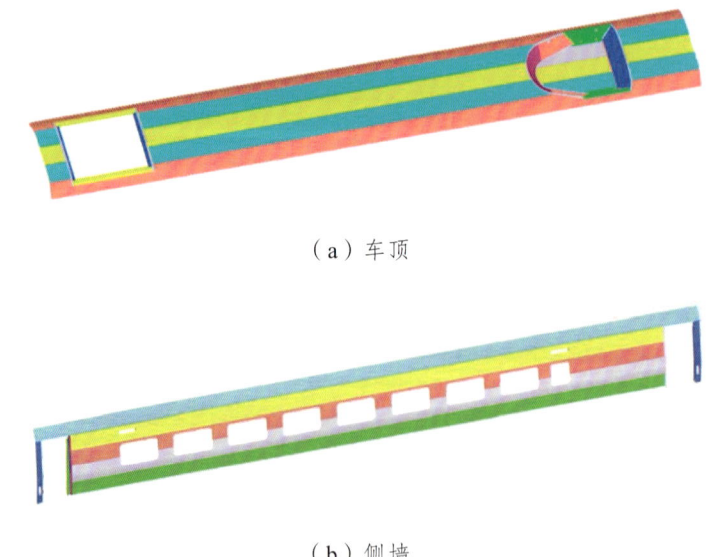

（a）车顶

（b）侧墙

第 5 章 被动安全设计技术

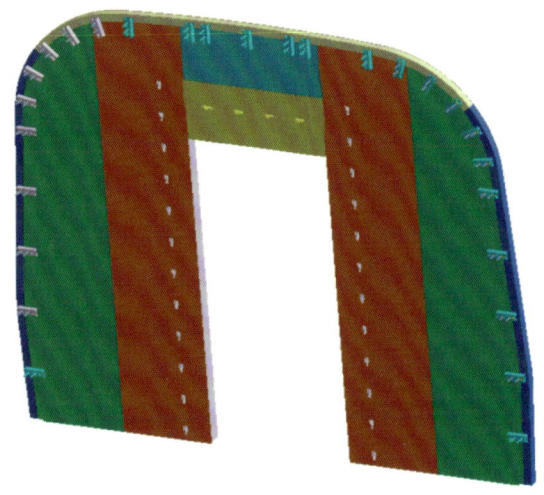

（c）端墙

图 5.20 车顶、侧墙及端墙型材结构

司机室采用蒙皮+板梁+纵向承载梁结构形式，后端柱加强，如图 5.21 所示。气密墙和后端柱与客室连接部位设两堵刚性墙，司机室及客室整体强度、刚度得到提高，保证了生存空间的完整性。

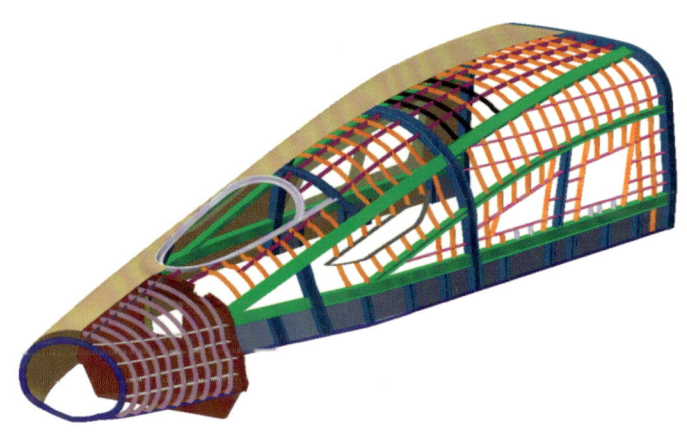

图 5.21 司机室结构

高速列车前端吸能模块主要由前端车钩系统、主吸能单元、车钩座、防爬吸能单元

## 高速动车组车体设计关键技术

等组成。主吸能结构及防爬吸能单元通过螺栓安装于刚性墙；车钩缓冲及压溃系统通过螺栓安装于主吸能结构前端；排障器通过螺栓与主吸能结构及司机室骨架进行连接。前端吸能模块共设置三级吸能，逐级发挥作用。一级：车钩缓冲及压溃系统；二级：主吸能装置；三级：防爬吸能单元，如图 5.22 和图 5.23 所示。除此以外，司机室端部结构还包括开闭机构、排障器及司机室蒙皮结构等关键大部件结构。其中，排障器由导流板、可调节排障板、连接横梁、连接吊座及排障橡胶等组成。

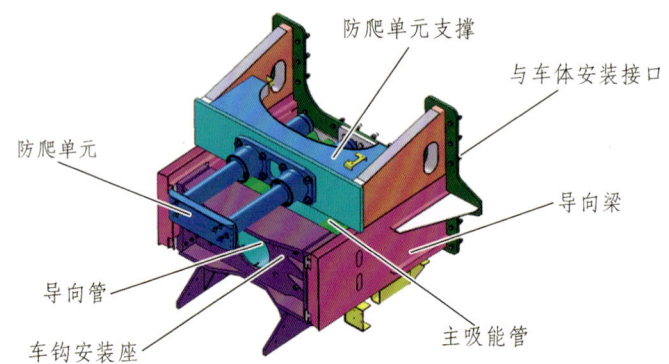

图 5.22　主吸能结构

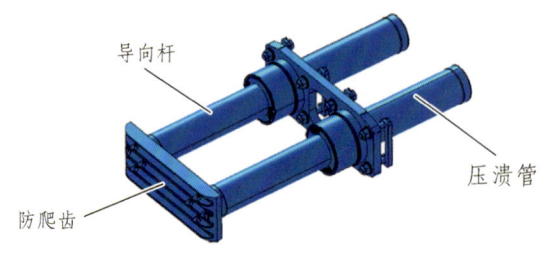

图 5.23　防爬吸能装置

（2）坐标系定义。

车体的结构以 $XOZ$ 平面为对称面，坐标系符合右手螺旋法则。

$X$ 向：车体纵向，从两枕梁距离的中心指向一位端，如图 5.24 所示；

$Y$ 向：从横向对称面指向车体侧墙；

$Z$ 向：从轮轨接触面指向车顶。

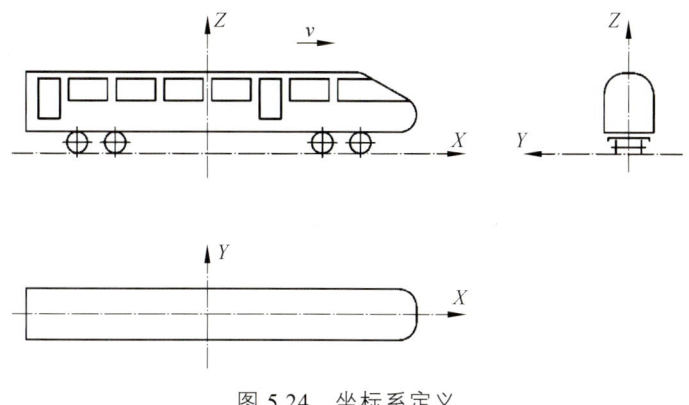

图 5.24 坐标系定义

（3）建模流程。

高速列车碰撞力学模型建模基本流程主要包括读取几何尺寸、离散模型、赋予属性、设置载荷边界条件等几个步骤：

① 收集并整理相关技术资料，包括车体及转向架的二维/三维 CAD 文件、车辆均衡计算表、车体材料 BOM 表、车钩缓冲装置参数、转向架各类弹性元件力学特性等内容。

② 确定有限元模型划分工具软件及其数值求解程序。

③ 依据所选择的有限元模型划分工具，导入合适的 CAD 文件并根据高速列车的结构特点，选择适当的单元类型完成相应离散化模型划分。为方便后续整车模型装配，需将整车大部件及其所属小部件按照"大部件名称-小部件名称-厚度"类似的命名方式进行命名。

④ 依据高速列车具体设计数据，赋予有限元模型材料、截面尺寸、单元方向等物理属性。

⑤ 模型穿透进行检查。

⑥ 对有限元模型施加合理等效的载荷、边界条件，输出数值模型。

⑦ 计算求解。

（4）建模原则。

高速列车碰撞仿真分析建立的有限元模型应合理有效。建模过程中，输入几何模型须准确反映结构的几何特征，有限元模型须准确模拟实际列车刚度分布、质量分布和边界条件（约束、速度、重力加速度、摩擦等）。

### 高速动车组车体设计关键技术

模型单元的大小、密度对碰撞仿真结果精度和效率有重要影响。通过显式有限元理论中对极限时间步长的分析，可知单元尺寸直接影响极限时间步长，越小的单元尺寸要求的时间步长越小，这样导致计算量增大。另一方面，单元尺寸还影响变形模式，越小的单元尺寸对变形的模式越真实，过粗的网格则会导致失真的结果。小的单元尺寸比较容易捕捉到结构碰撞中产生的小"皱褶"，模拟的结果也越精细，大的单元尺寸刚性较强，模拟变形量相对较小，但单元尺寸的减小会导致计算时间明显增加。因此，在对整车车体碰撞进行模拟仿真时，车体可能产生塑性大变形的区域，单元尺寸相对较小，以提高计算精度，反之单元尺寸可相对较大，以节省计算时间，提高计算效率，但网格密度的过渡必须逐步、合理，以避免网格密度突变导致失真的仿真结果。

综上所述，高速列车碰撞仿真建模需遵循以下几点建模原则：

① 参照欧盟标准《铁路车辆车体耐撞性要求》（DIN EN15227:2008:+A1:2010）第七条款"耐撞性验证"中的规定和附录 B.2 "数值仿真"要求执行车体结构建模；其中，高速列车碰撞仿真模型至少应包含车体、转向架、车钩及各部件间的连接关系和行车轨道。

② 构建车体有限元模型时，宜抽取车体各梁、柱、板等结构中性面并采用四边形壳单元进行模型构建。单元类型优先顺序为：4 节点四边形单元、3 节点三角形单元、六面体实体单元。

a. 当中性面不重合时，采取重要部件优先的原则进行调整，对于车体、车钩座及其他厚度不小于 20 mm 的结构，宜使用六面体实体单元进行建模。

b. 在高速列车耐碰撞设计过程中，车体端部结构一般设计为主要变形区，而位于车体中部的乘客区则要求具有较好的刚度，以保证该空间于碰撞时的完整性。根据此项要求，车体乘客区位置的网格尺寸不大于 40 mm，车体端部主要变形吸能区的网格尺寸不大于 20 mm。

c. 车体结构中，板厚相对较大的部位宜采用六面体实体单元来提高计算精度，如门窗圆角和各个安装座等位置。不同单元间连接，实体单元和壳单元宜通过 1D 刚性杆单元或嵌入式共节点方法连接。如需要，车体端部主要变形吸能结构也可以考虑采用六面体实体单元来提高计算精度。

d. 由于车辆本身的尺寸比较大，考虑到计算的效率以及碰撞的变形区域，在划分网格的时候执行不同的网格标准。在主要的变形区域执行的网格单元质量标准如表 5.5 所示，在非主要的变形区域执行的网格单元质量标准如表 5.6 所示。

表 5.5　主要变形区网格单元质量标准

| 项　点 | 要　求 | 项　点 | 要　求 |
| --- | --- | --- | --- |
| 最小单元尺寸 | 5 mm | 平均单元尺寸 | 10 mm |
| 长宽比 | <5 | 翘曲 | <12° |
| 四边形单元最大角度 | 135° | 四边形单元最小角度 | 45° |
| 三角形单元最大角度 | 120° | 三角形单元最小角度 | 30° |
| 雅克比 | >0.6 | 三角形单元比例 | <5% |

表 5.6　非变形区域网格单元质量标准

| 项　点 | 要　求 | 项　点 | 要　求 |
| --- | --- | --- | --- |
| 最小单元尺寸 | 5 mm | 平均单元尺寸 | 30 mm |
| 长宽比 | <5 | 翘曲 | <12° |
| 四边形单元最大角度 | 135° | 四边形单元最小角度 | 45° |
| 三角形单元最大角度 | 120° | 三角形单元最小角度 | 30° |
| 雅克比 | >0.6 | 三角形单元比例 | <5% |

③ 整列车碰撞仿真分析，应至少建立列车的第一节车或前两节车辆的有限元模型，车辆有限元模型应为全车模型。但如果车辆沿纵向中心线对称，可采用半车模型，列车中的其他车辆可以用一质量块/弹性组合系统等效模拟。此外，车辆设备质量应采用质量单元或其等效模型进行模拟，并通过刚性单元与车体进行连接。

如图 5.25 所示，头车采用有限元模型，其他车辆通过质量点进行替代，且车辆间用非线性弹簧进行连接。

图 5.25 整车碰撞仿真模型

④ 车钩装置应采用非线性弹簧单元进行替代、简化,弹簧单元的力学性能应参考车钩缓冲连接装置的动态力学性能或设计值;同时,应正确模拟车钩缓冲装置及其与车体的连接关系。必要情况下,车间缓冲器也应进行考虑。

⑤ 车辆主要吸能区域模型应当与吸能部件冲击实验仿真模型所采用的建模技术、细节和精度保持一致;对于吸能结构碰撞仿真分析,应采用详细吸能结构的全尺寸有限元模型进行计算分析;而对于整列车碰撞仿真分析,可采用吸能结构等效模型进行模拟,但须说明其合理性。

⑥ 碰撞力学转向架模型至少由构架、轮对、牵引座及中心销等大部件组成。转向架结构应按实际情况调整各部件的质量,采用弹簧阻尼单元模拟一系悬挂装置、二系悬挂装置、抗蛇行减振器、横向止挡、横向阻尼装置以及牵引杆,并且考虑一、二系悬挂的阻尼特性。如图 5.26 所示为转向架碰撞仿真计算模型示意图。

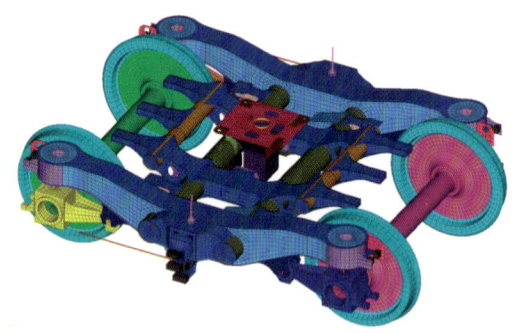

图 5.26 转向架模型

⑦ 应准确模拟列车轮轨之间的接触关系,根据工况及制动力情况,摩擦系数取值范围为 0~0.3。

⑧ 应考虑系统重力加速度,取值 $g = 9\ 810\ mm/s^2$。

## 第 5 章  被动安全设计技术

⑨ 乘员质量应以车辆座椅分布为依据,采用等效模型进行施加质量或直接以均布质量单元形式施加在底架地板上。

5)工况说明

依据欧盟《铁路车辆车体耐撞性要求》(EN 15227: 2010)碰撞安全标准,确定了高速列车主要的碰撞工况,如表 5.7 所示。

表 5.7  碰撞工况场景说明

| 碰撞工况 | 碰撞障碍物 | 碰撞速度 | 碰撞场景 |
|---|---|---|---|
| 1 | 相同类型列车 | 36 km/h | 36 km/h    0 km/h |
| 2 | 80 t 货车 | 36 km/h | 36 km/h    0 km/h  80 t |
| 3 | 15 t 可变形障碍物 | $v_c - 50$ km/h ≤110 km/h | $v_c \sim 50$ km/h ≤110 km/h  15 t |

注:撞击车与碰撞障碍物均不制动,碰撞障碍物初始速度为零;$v_c$ 为列车在平交道口的最大运行速度。

(1)碰撞场景 1。

表 5.7 所述碰撞工况 1 要求考察两相同列车的对撞性能,具体描述如下:两列车均在直线、平整轨道上,其中一列车具有 36 km/h 的初始速度,另一列车静止未制动,如图 5.27 所示;两列车在高度方向($Y$)有初始 40 mm 的垂向位移差;两列车质量为整备质量+50%座席乘客质量。

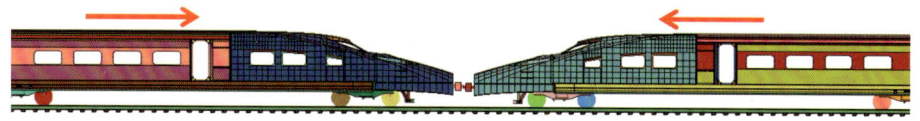

图 5.27  碰撞场景 1 示意图

(2)碰撞场景 2。

碰撞场景 2 描述在混合交通环境中运行时与现行传统缓冲的铁道车辆(或者与缓冲器挡块)之间的撞击,如图 5.28 所示。碰撞发生在直线、平整轨道上。列车初始速度为 36 km/h。

### 高速动车组车体设计关键技术

图 5.28 碰撞场景 2 示意图

其中，货车应由 80 t 的质量块来替代，该质量块仅在 $X$ 方向具备自由度，端墙假定为刚性，配有侧缓冲器，缓冲器尺寸及性能如图 5.29 所示。

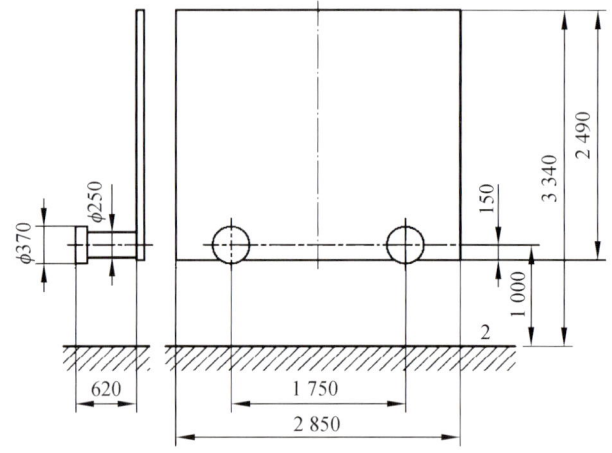

（a）缓冲式货车图

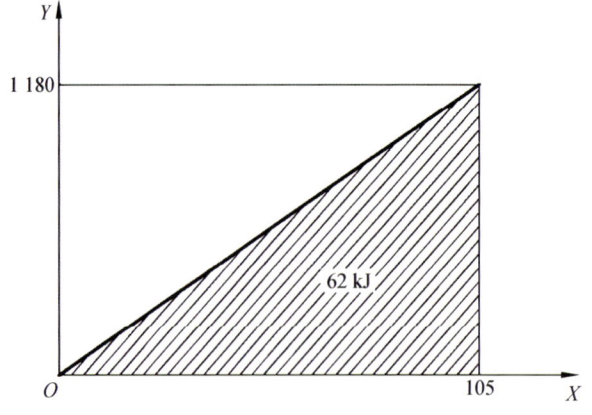

（b）货车缓冲器特性曲线

图 5.29 80 t 货车示意图

## 第 5 章 被动安全设计技术

（3）碰撞场景 3。

考虑到列车与平交路口大型道路车辆的前端冲击，故碰撞场景 3 规定了高速列车与 15 t 大型障碍物的碰撞场景要求。该场景描述如下：碰撞发生在直线、平整的轨道上，列车初始速度为 110 km/h，如图 5.30 所示。

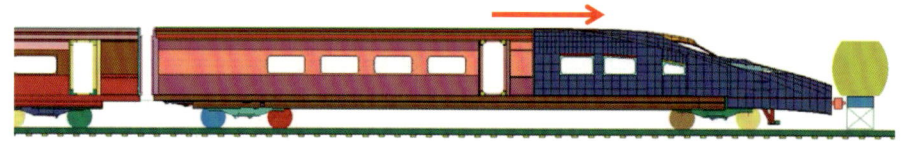

图 5.30　碰撞场景 3

其中，标准中对碰撞场景中的 15 t 障碍物有明确规定：

① 几何图形，如图 5.31 所示；

② 质量 = 15 t；

③ 质量中心在轨面上方 1 750 mm 处；

④ A 部和 B 部可以用或不用盖板来塑模；

⑤ 轴向持续均匀的密度和刚度；

⑥ 与地面零摩擦；

⑦ 如果障碍物表面的摩擦进行了塑模，摩擦系数应取 0.2；

⑧ 列车司机室端的中央车钩应在该障碍物的仿真中略去。

另外，障碍物密度可以在 $Z$ 轴上变化，$X$ 轴上的刚度应达到指定性能。

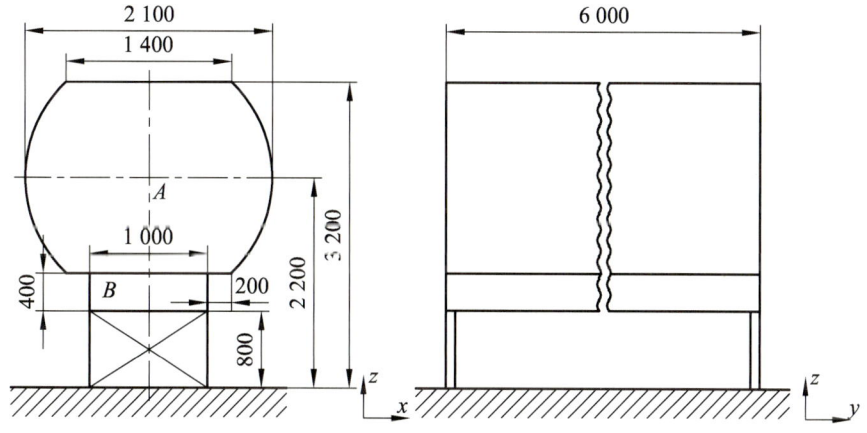

图 5.31　15 t 可变形障碍物

欧洲标准"EN 15227:2020"中给定的材料特性如图 5.32 所示。

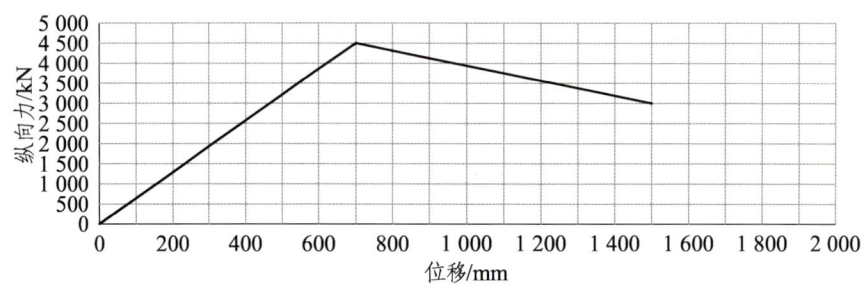

图 5.32　可变形障碍物刚度

6）物理属性设定

在高速列车实车碰撞中，由于很多零部件在变形过程中都发生了比较大的塑性变形，从而产生较大的变形，因此，模型中的材料特性对碰撞的影响也非常大。高速列车所用材料种类包括金属材料（如各种铝合金、碳钢材料）和非金属材料（如各种玻璃纤维、夹层泡沫等材料），因此在碰撞仿真分析中，准确定义这些零部件材料属性对碰撞模拟分析的准确性也至关重要。下面介绍如何定义整车中各种材料参数。

（1）金属材料的本构关系。

LS-DYNA 中描述金属材料有多个本构关系，通常在碰撞仿真分析中，选择金属材料的本构关系为*MAT_24：*MAT_PIECEWISE_LINEAR_PLASTICITY，即分段线性的硬化曲线的硬化方式。LS-DYNA 在处理该本构关系的硬化曲线时，是将本身连续的硬化曲线离散化，离散为有限个点，每个点之间是线性变化的。当然，如果离散点的个数越多，则分段线性曲线越贴合实际的连续硬化曲线。分段线性的硬化曲线如图 5.33 所示。

在定义 LS-DYNA 的硬化曲线时，需要输入的材料的有效应力-有效应变的曲线，因此，先要理解三个概念：

① 工程应力-工程应变曲线。

工程应力-工程应变曲线是直接通过材料的拉伸试验获取的数据计算获得的。根据材料力学原理，工程应力和工程应变计算公式如下：

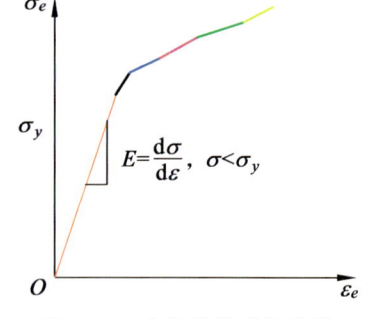

图 5.33　分段线性硬化曲线

$$\text{Engineering\_Stress} = \frac{\text{Force}}{\text{Original\_Area}} = \frac{f}{A_0}$$

$$\text{Engineering\_Strain} = \frac{\text{Chang\_in\_Length}}{\text{Original\_Length}} = \frac{d}{L_0}$$

通过公式将材料试验测试获取的每个取点，计算获得工程应力-工程应变曲线，如图 5.34 所示。

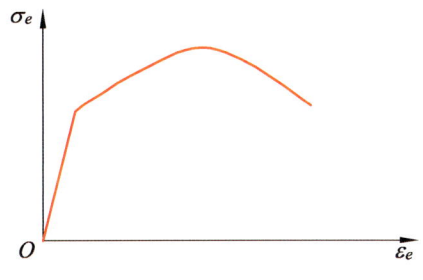

图 5.34 工程应力-工程应变曲线

② 真实应力-真实应变曲线。

获得工程应力-应变曲线后，可以通过下列公式获取真实应力-真实应变曲线，如图 5.35 所示。

$$\text{True\_Stress} = \frac{\text{Force}}{\text{Current\_Area}} = \frac{fl}{A_0 A_c} = \sigma_e(1+\varepsilon_e)$$

$$\text{True\_Strain} = \frac{\text{Chang\_in\_Length}}{\text{Current\_Length}} = \ln\left(\frac{l}{l_0}\right) = \ln(1+\varepsilon_e)$$

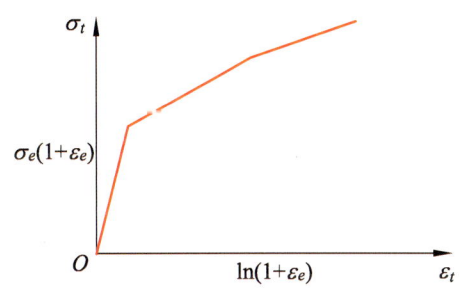

图 5.35 真实应力-真实应变曲线

③ 有效应力-有效应变曲线。

根据式（5.9）和式（5.10）可以将真实应力-真实应变曲线的弹性段去除，即可获得适合于 LS-DYNA 输入条件的有效应力-有效应变曲线，如图 5.36 所示。

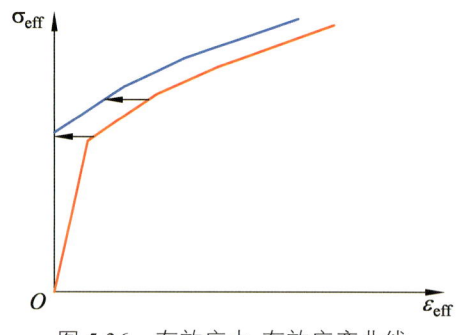

图 5.36　有效应力-有效应变曲线

（2）金属材料的定义。

根据选取的*MAT_24 号材料的本构关系的输入需求，除了需要输入材料的密度、弹性模量、泊松比以外，还需要输入材料在不同应变率下的有效应力-有效应变曲线。以下以 A5083 P-O 来解释*MAT_24 的定义。铝合金材料的一般材料塑性为：密度 RHO = 2.60 × $10^{-9}$ t/m³，弹性模量 $E$ = 69 GPa，泊松比 = 0.3，屈服应力 = 135 MPa。同时，材料在不同应变率下的应力-应变曲线，应变率包括 0.11/s、1.01/s、10.01/s、100.01/s、500.01/s。*MAT_24 号材料的定义方式如图 5.37 所示。

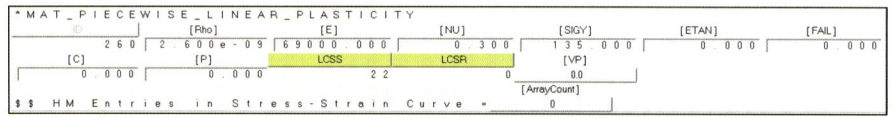

图 5.37　MAT_24 号材料卡片

其中，LCSS 曲线是包括有应变率影响的有效应力-有效应变的曲线。因为本项目是测定了材料在不同应变率情况下的曲线，因此，不同应变率情况下的曲线可以用*DEFINE_TABLE 定义。

（3）蜂窝铝材料的定义。

蜂窝铝材料是高速列车结构设计中常用的一种材料之一，由于各向异性特点，蜂窝铝在各个方向上都有较大的变形，而且强度不一致。在 LS-DYNA 中，本书选择*MAT_26 或*MAT_126 的本构关系。这两个本构关系基本是一致的。下面以*MAT_126（*MAT_

MODIFIED_HONEYCOMB）为例进行说明。

实际的蜂窝铝结构是一些规则的六边形结构，有四个边的厚度为 $t$，两个边的厚度为 $2t$，其结构形式如图 5.38 所示。

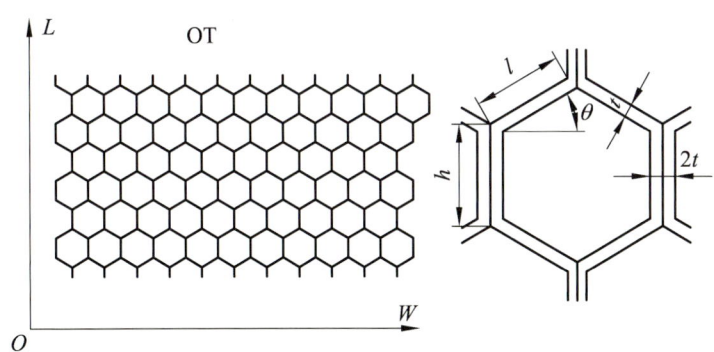

图 5.38　蜂窝结构

但是，在有限元仿真分析中，对实际的蜂窝铝结构进行了简化，用体单元模拟蜂窝铝结构，如图 5.39 所示。为了拟合出简化模型的材料性能与实际的蜂窝铝的性能一致，就需要对蜂窝铝材料进行相关性验证试验，然后利用有限元方法对体单元模拟的有限元模型进行标定，拟合出该材料的特性参数。

图 5.39　蜂窝结构有限元模型

LS-DYNA 中蜂窝铝材料*MAT_126 的定义如图 5.40 所示。

对于蜂窝铝材料，需要说明以下几点：

① 蜂窝铝的密度 RO：并不是铝的密度，由于在有限元分析中，是用体网格来模拟

的，因此，该密度值是等效密度值。

② 弹性模量 E：是当蜂窝铝完全压实以后的弹性模量，可以近似地等于铝的弹性模量。

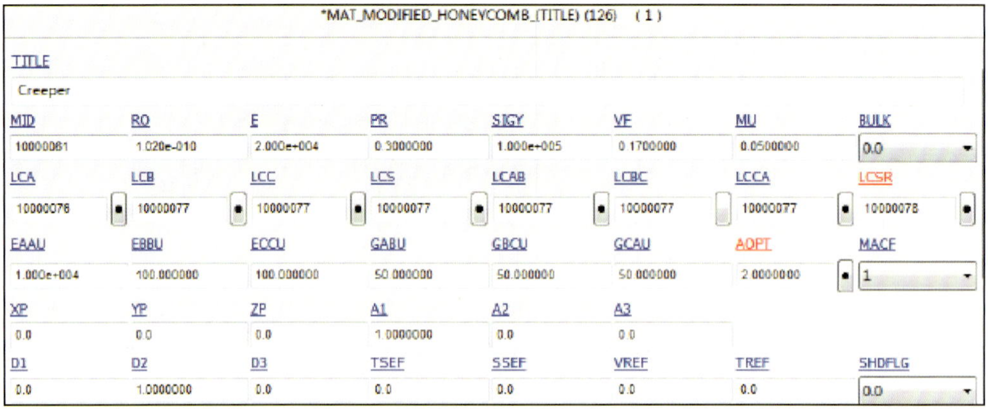

图 5.40　MAT_126 材料卡片

③ 屈服应力 SIGY：是当蜂窝铝完全压实以后的屈服应力，可以近似地等于铝的屈服应力，但是，如果不考虑蜂窝铝完全压实以后的塑性变形，可以设置一个比较大的值（1-0e+5），可以认为不会屈服，是弹性材料。

④ 完全压实的比例 VF：蜂窝铝材料压实后的比例。

⑤ 材料方向的定义方式 AOPT：由于蜂窝铝是各向异性材料，因此，需要定义出材料的 A、B、C 轴。本例中是通过给定向量的方式定义（AOPT = 2），此时需要定义 A1、A2、A3 以及 D1、D2、D3，即 A 方向为整体坐标的 X 方向，B 方向为整体坐标的 Y 方向，C 方向就是整体坐标的 Z 方向。

⑥ 各个方向的工程应力-应变曲线 LCA、LCB、LCC 以及剪切应力 LCAB、LCBC、LCCA：由于 AOPT = 2 定义整体坐标的 X 方向为 A 方向，因此 A 方向即为材料的主方向，蜂窝铝吸收能量的多少由该方向的应力-应变曲线来决定。

⑦ 蜂窝铝材料的初始弹性模量 EAAU、EBBU、ECCU 和初始剪切模量 GABU、GBCU、GCAU：该模量决定材料变形时力曲线初始阶段的斜率，因此对总的吸能影响不大。

（4）刚性材料的定义。

在 LS-DYNA 软件中，存在一种称之为刚性材料的材料本构关系，LS-DYNA 处理这种材料时，认为用到这种材料的零部件没有任何应变，也就不存在任何应力，属于这个零部件的任何节点的自由度只有整体的刚体自由度。

而在实际的物理世界里，是不存在真正的刚体材料的，只是认为某个零部件在运动过程中，该零部件相对于周围零部件的刚度要大很多，从而导致该零部件不发生变形，而周围部件发生了较大的变形，这时可以定义该零部件的材料为刚性材料。

LS-DYNA 中的刚性材料的本构关系为*MAT_20（*MAT_RIGID），该材料的定义方式如图 5.41 所示。

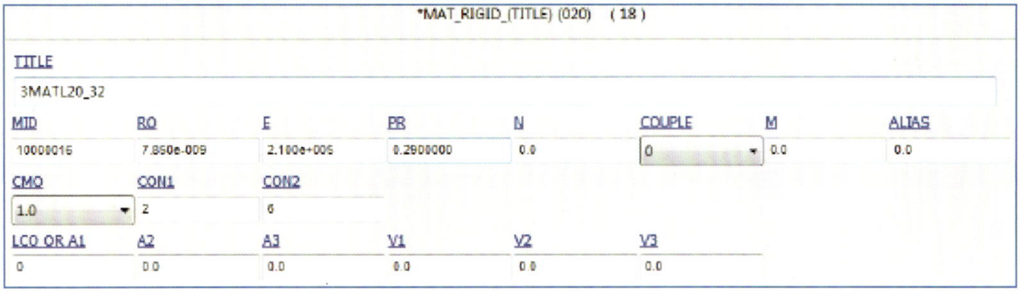

图 5.41　MAT_RIGID 的定义方式

对于刚性材料，需要说明以下几点：

① 弹性模量 E、泊松比 PR：由于材料为刚性材料，在计算应力和应变时不会用到这两个参数，但是，在计算刚性材料的接触刚度时，需要用到该参数，因此，刚性材料也需要定义弹性模量和泊松比参数。

② 材料的约束 CMO、CON1 及 CON2：对于刚性材料，可以在材料里定义结构件的自由度约束，当然也可以约束局部坐标系统下的自由度。

③ 对于定义为刚性材料的零部件，进行有限元网格划分时，可以仅仅划分零部件的外表面，而且网格质量也不需控制得那么高。

④ 对于只模拟结构件的外表面，同时需要考虑结构件的质量与质心时，该零部件的 Part 需要定义为*PART_INERTIA。

*PART_INERTIA 卡片中可以定义零部件的质量（TM）、质心（XC、YC、ZC）、惯性矩（Ixx、Ixy、Ixz、Iyy、Iyz、Izz）以及惯性矩参考的坐标系，如图 5.42 所示。

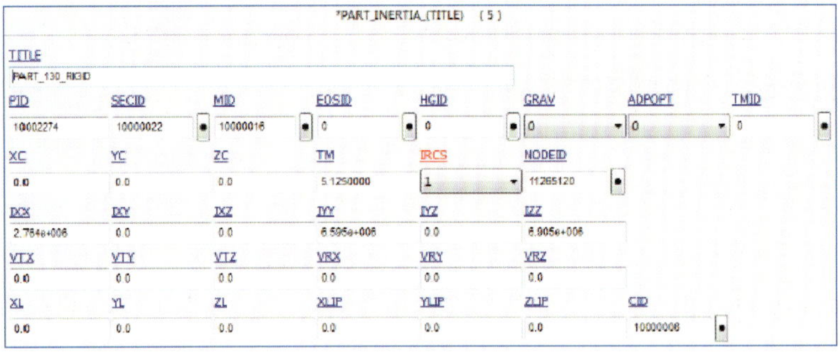

**高速动车组车体设计关键技术**

图 5.42 PART_INERTIA

7）计算结果处理及评估

为实现高速列车的被动安全保护，高速列车在规定的碰撞工况下车体应能在端部变形区可控，在有效的变形吸能作用下，保障乘客生存空间不发生明显塑性变形且列车间无爬车风险，并应满足下列指标要求。

（1）能量变化。

能量不能无故生成，也不能无故摧毁，但是能量可以从一种形式转换为另一种形式。在高速列车碰撞冲击过程中，能量守恒是评估计算结果可信性的一项重要参考指标。如图 5.43 所示，在该碰撞过程中，系统的总能量 Total_energy 基本守恒。由于车辆发生碰撞，动能 Kinetic_energy 和塑性内能 Internal_energy 随着时间的变化而相互转化。仿真计算中，沙漏能 Houglass_energy 指标不应超过系统总能量的 5%。

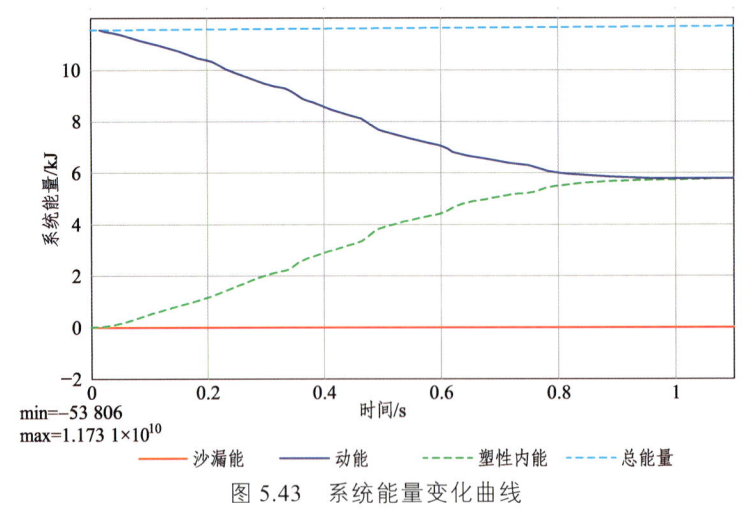

图 5.43 系统能量变化曲线

## 第 5 章 被动安全设计技术

沙漏能是由于在显式计算分析中采用的缩减积分造成的。所谓缩减积分，就是单元计算时，积分点少于实际个数，这种操作能加快计算速度，但是会造成一种单元的零能模式，故称为沙漏。

（2）生存空间。

① 乘客区生存空间。

在端部变形区完全压溃后，构成生存空间的车体结构应保持完整性，且该结构可以承受作用在其上的最大力。如果能够充分证明车体产生的局部塑性变形和屈曲是在规定的极限范围内，且不会减小逃生空间的话，允许出现局部塑性变形和屈曲，具体规定为：车体生存空间区域的纵向长度变形量应满足任意 5 m 长度内都不能超过 50 mm 或者车体的塑性应变限制在 10%以内；若 5 m 长度处于车辆端部，则允行最大变形量可放宽至 100 mm。如图 5.44 所示，需按照上述考核标准对车体的乘客区域 A 和 B 进行位移变化测量，并获取如图 5.44 所示的乘客区域位移变化-时间历程曲线。

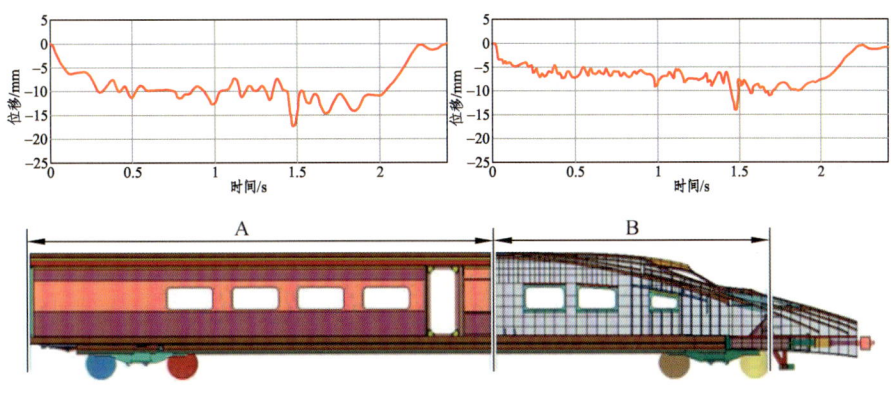

图 5.44 车体变形区评估

② 司机室生存空间评估。

对司机（包括其他驾驶人员）也应提供足够的生存空间，具体要求如下：驾驶座椅前端应当留有一定空间，如图 5.45 所示；在临近主要驾驶位置，应保证有至少 0.75 m 的长宽尺寸空间，且地板与车顶间高度不得小于变形前的 80%。

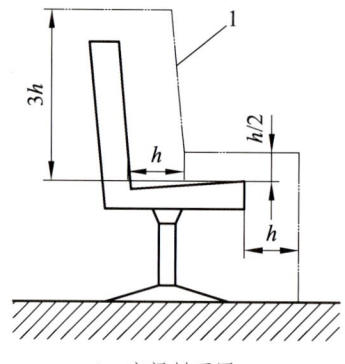

1—空间剖面图。

图 5.45  司乘座椅生存空间要求

图 5.45 中：$h = 300$ mm。

（3）车辆减速度。

在碰撞工况 1 和 2 下任意 30 ms 和 120 ms 的最大平均减速度应分别小于 $10g$ 和 $5g$，在碰撞工况 3 下的最大平均减速度应小于 $7.5g$。其中，求解车辆平均减速度所涉及的时间间隔与车辆承受的净接触力有关，即净接触力超过零时到其又降回到零时所对应的时间段，如果净接触力降到零经历的时间过长，有效时间可为最大净接触力降到10%所经历的时间。处理数据时，应使用 180 Hz 的低通滤波器过滤高频数据。如图 5.46 所示，列出了车辆纵向（$X$）减速度-时间历程曲线，经过数据处理后，获得了该车辆最大减速度数值为 $-3.8g$。

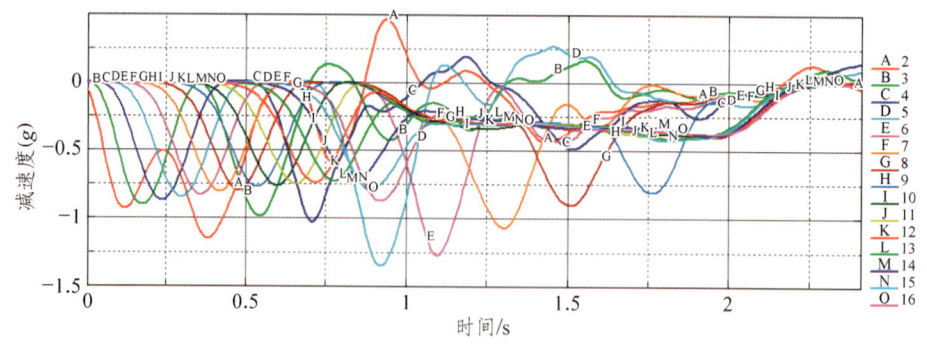

图 5.46  车辆加速度-时间历程曲线

（4）爬车。

在两列车存在 40 mm 垂向初始偏移的情况下，应当保证每个转向架至少有一个轮对与轨道有效接触，即轮对与轨面的垂向位移不应超过名义轮缘高度的 75%，否则车辆爬升高度的增加，轻则出现车辆跳轨，重则导致车辆发生脱轨等不可控的碰撞事故。

依据标准规定，若列车前端布置有防爬装置，且形成了碰撞车辆间稳定接触互锁，则允许轮对与轨面之间的距离高达 100 mm。其中，高速列车转向架轮缘高度约为 28 mm。

如图 5.47 所示，通过测量每个轮对轮轴中心点位置的节点距轨面高度的垂向位移，监测了车辆在碰撞中爬升的趋势，未发现轮缘从轨道分离。

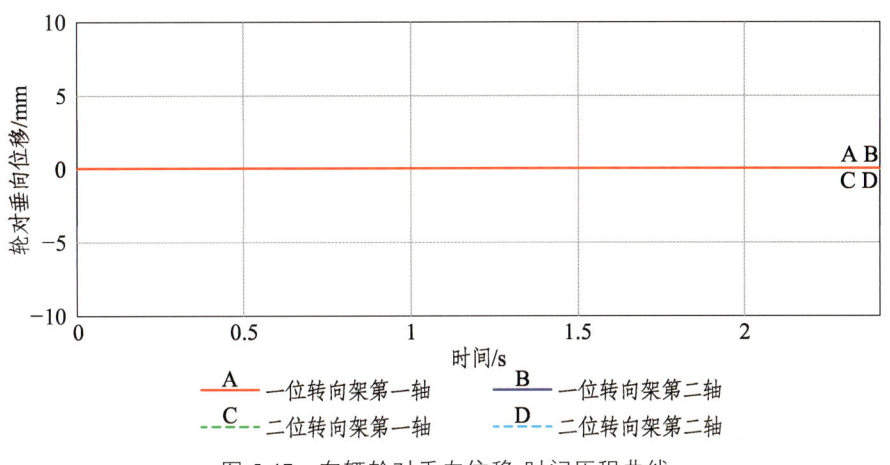

图 5.47　车辆轮对垂向位移-时间历程曲线

## 5.3.2　被动安全试验

1. 国内外碰撞试验台介绍

1）中车四方股份公司试验台

该试验台长 290 m，最大试验质量为 180 t，碰撞速度可以达到 60 km/h 以上，控制精度 ±1 km/h，受环境影响小，具有制动功能。

2）中南大学部件撞击模拟试验台

该撞击试验线长 170 m，试验线轨距 0.9 m，撞击台车最大载重 2 250 kg，撞击试验速度 70 km/h（最高设计速度 120 km/h），撞击加速度量程 500g，撞击力量程 60 t×24。

3）美国交通运输技术中心（TTCI）车辆撞击试验线

该车辆撞击试验线长约 1 km，坡度 8.6‰，刚性墙最大承受约 2 086 t 的冲击载荷，刚性墙前面安装有152 mm厚的钢板,采用机车牵引方式,最高试验速度为75 km/h。

4)波兰国家铁路研究中心(华沙)

该试验线采用溜坡方式,由人造假山和"冲击车"组成,主要用于部件的碰撞测试,坡高9.6 m,坡度不小于10%,撞击速度可以达到40 km/h,试验时采用半自动计算机系统控制"冲击车"撞击满载砾石的列车。

2. 吸能元件碰撞试验

该试验已完成包括底架、侧墙型材、间壁、五孔管等吸能元件20余件次,碰撞试验主要有:

(1)高铁底架、侧墙型材冲击试验。

① 试验工况:速度为12 t-18 km/h、5 t-16 km/h碰撞刚性墙,能量为50～250 kJ。

② 试验次数:底架、侧墙型材各6次。

③ 研究意义:目前型材尚无碰撞性能参数的标准要求,通过型材元件的碰撞试验获得元件的碰撞性能参数,开展仿真与试验结果的一致性校正分析,为后续制定型材碰撞变形和吸收能量等相关试验标准,为铝合金车体耐碰撞设计提供数据支撑。

④ 研究结论:底架型材试验与仿真结果的误差分别为:最大变形量误差5.5%,撞击力峰值误差6.2%,吸收能量误差为5.0%,误差均不超过10%。侧墙型材试验与仿真结果的误差分别为:最大变形量误差5.6%,撞击力峰值误差6.1%,吸收能量误差为9.9%,误差均不超过10%。

底架型材冲击试验-仿真对标示意如图5.48所示,底架、侧墙型材撞击力-变形量曲线如图5.49所示。

 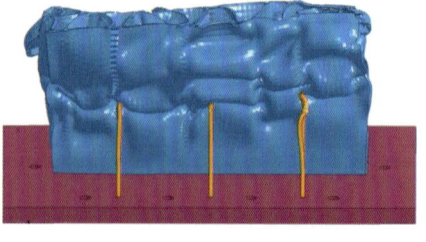

图5.48 底架型材冲击试验-仿真对标示意图

第 5 章 被动安全设计技术

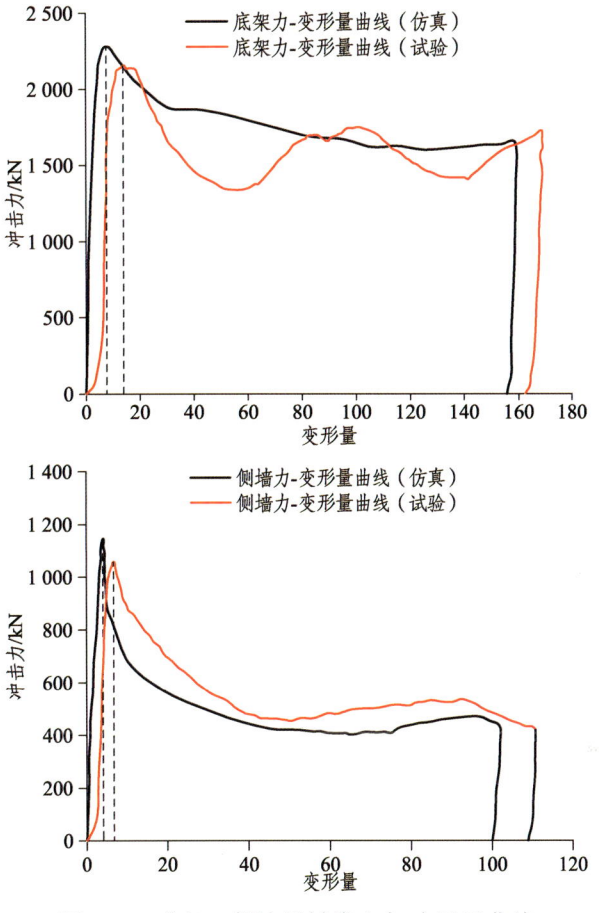

图 5.49 底架、侧墙型材撞击力-变形量曲线

（2）高铁本构-吸能元件碰撞试验。

① 试验工况：速度为 20 t-18 km/h、20 t-19 km/h、33 t-25 km/h 碰撞刚性墙，能量为 300 ~ 900 kJ。

② 试验次数：共进行五孔管式、双管式、端部吸能 3 种不同吸能元件的 9 次冲击试验。

③ 研究意义：通过吸能元件的碰撞试验获得各种吸能元件的碰撞性能参数，建立各类型吸能元件的撞击力、变形模式等数据模型，为后续高铁吸能部件的设计提供数据支撑。

④ 研究结论：已准确获取了吸能元件的耐撞性参数，为后续类型的设计建模提供数据支撑，如图 5.50 所示。

# 高速动车组车体设计关键技术

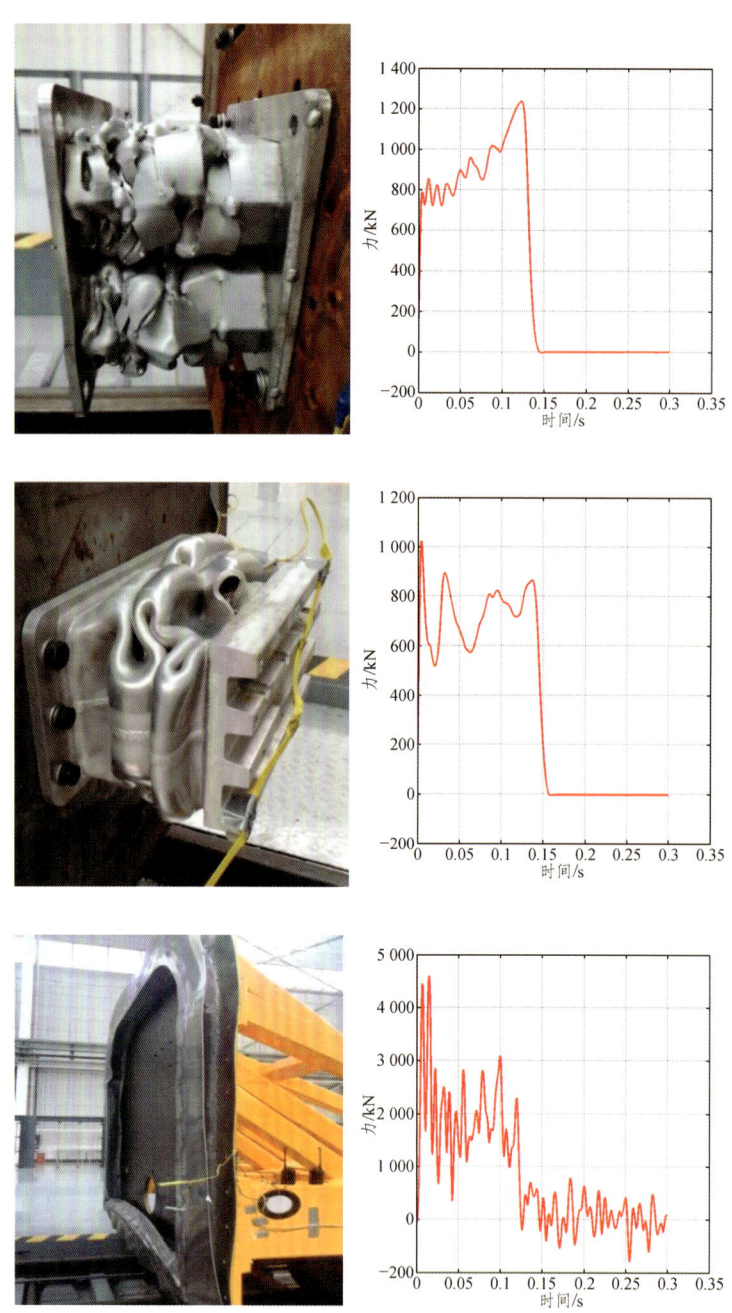

图 5.50 不同形式吸能元件冲击试验及载荷-时间曲线

（3）轨道车辆通用吸能元件碰撞试验。

① 试验工况：撞击速度为 12 t-16 km/h，5 t-16 km/h，能量为 50～200 kJ。

② 试验次数：铝蜂窝式、碳钢式、胀管式 3 种类型的型材 9 次冲击试验。

③ 研究意义：通过对通用吸能元件进行碰撞试验，获得各种吸能元件的碰撞性能参数，建立各类型吸能元件的撞击力、变形模式等数据模型，为仿真设计优化提供数据支撑。

④ 研究结论：已准确获取了吸能元件的耐撞性参数，为后续类型的仿真优化提供数据支撑。通用吸能元件试验-仿真对标如图 5.51 所示。

图 5.51　通用吸能元件试验-仿真对标

3. 吸能部件碰撞试验

该试验已完成包括各种铝蜂窝类、铝合金类、碳钢类、复合材料类等不同形式的防爬器、小部件及高速列车车钩、主吸能结构冲击试验 40 余件次碰撞试验。主要有：

（1）城轨车辆能量吸收装置冲击试验。

① 试验工况：撞击速度为 18 t-18 km/h，25 t-18 km/h，能量为 200～300 kJ。

② 试验次数：碳钢式、铝合金式、铝蜂窝式 3 种防爬器类型能量吸收装置 9 次碰撞试验。

**高速动车组车体设计关键技术**

③ 研究意义：通过对城轨车辆能量吸收装置进行碰撞试验，获得各种能量吸收装置的碰撞性能参数，建立各类型能量吸收装置的撞击力、变形模式等数据模型，为仿真设计优化提供数据支撑。

④ 研究结论：已准确获取了城轨车辆能量吸收装置的耐撞性参数，为后续类型的仿真优化提供数据支撑，如图 5.52 所示。

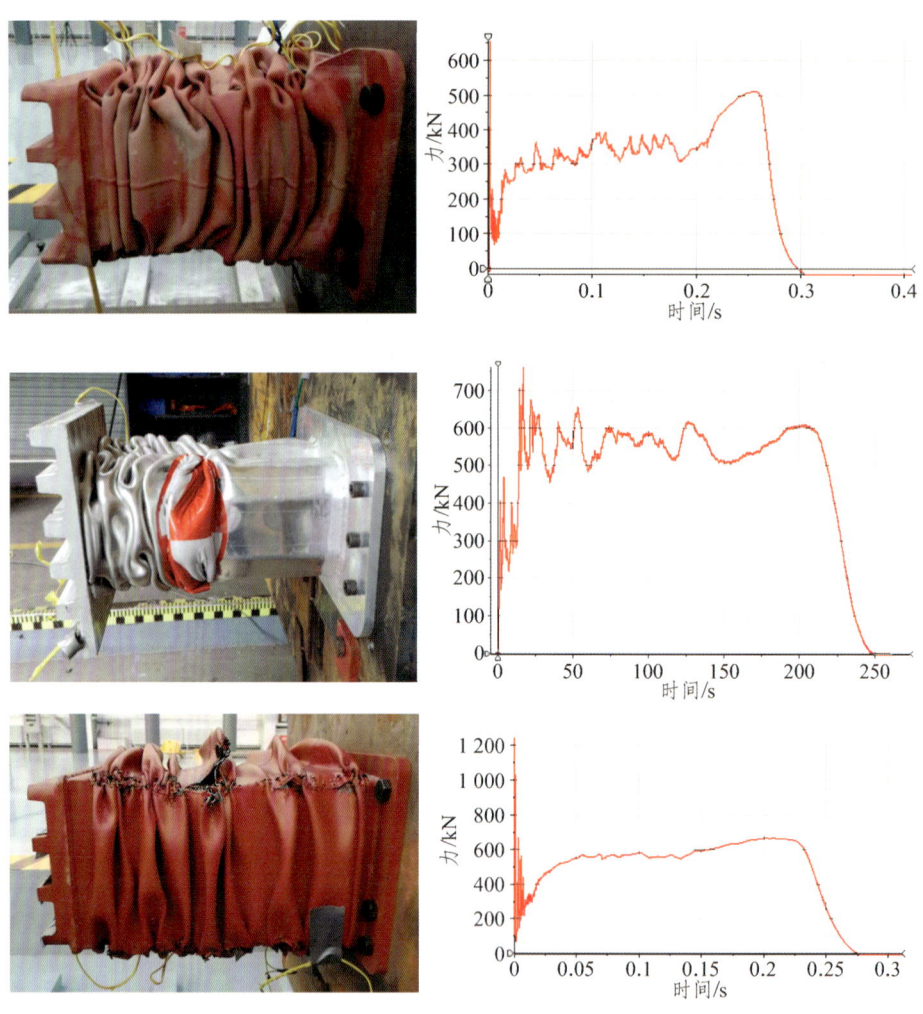

图 5.52　城轨车辆吸能部件冲击试验及载荷-时间曲线

（2）复合材料吸能部件动态性能试验验证。

① 试验工况：撞击速度为 18 t-18 km/h、25 t-18 km/h，能量为 200～300 kJ。

② 试验次数：进行不同胀管孔径的 2 种类型的复合材料吸能部件 8 次冲击试验。

③ 研究意义：通过对复合材料吸能部件进行碰撞试验，获得复合材料吸能部件的碰撞性能参数，建立复合材料吸能部件的撞击力、变形模式等数据模型，为仿真设计优化提供数据支撑。

④ 研究结论：已准确获取了复合材料吸能部件的耐撞性参数，为后续类型的仿真优化提供数据支撑，如图 5.53 所示。

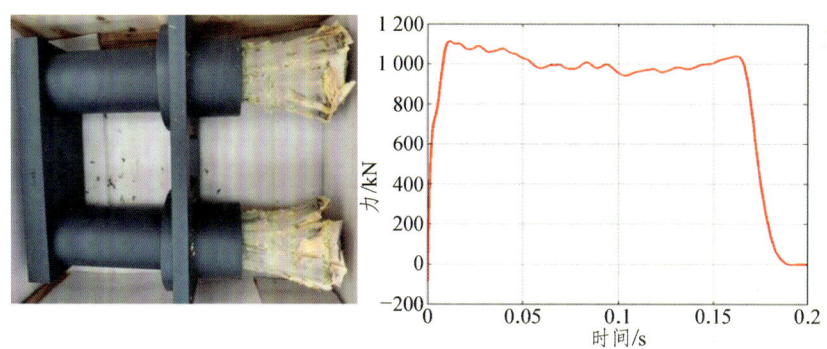

图 5.53　复合材料吸能部件碰撞试验及载荷-时间曲线

（3）高铁本构-吸能部件冲击试验。

① 试验工况：60 t-36 km/h，能量约 3 000 kJ。

② 试验次数：共进行了相同部件的 2 次重复冲击试验。

③ 研究意义：通过对吸能部件进行碰撞试验，获得吸能部件的碰撞性能参数，建立吸能部件的撞击力、变形模式等数据模型，为仿真设计优化提供数据支撑。

④ 研究结论：已准确获取了吸能部件的耐撞性参数，为后续类型的仿真优化提供数据支撑，如图 5.54 所示。

（4）SFE32 标准动车组前端吸能装置冲击试验。

① 试验工况：52 t-25 km/h，能量约 1 100 kJ，

② 试验次数：共进行了前端吸能装置 1 次冲击试验。

③ 研究意义：通过对前端吸能装置进行碰撞试验，获得前端吸能装置的碰撞性能参数，验证前端吸能装置的耐冲击性指标。

④ 研究结论：已准确获取了前端吸能装置的耐冲击指标，验证符合设计标准，如图 5.55。

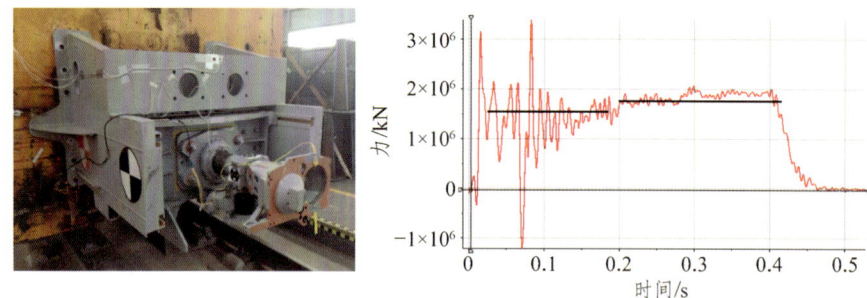

图 5.54　高铁-本构吸能部件碰撞试验及载荷-时间曲线

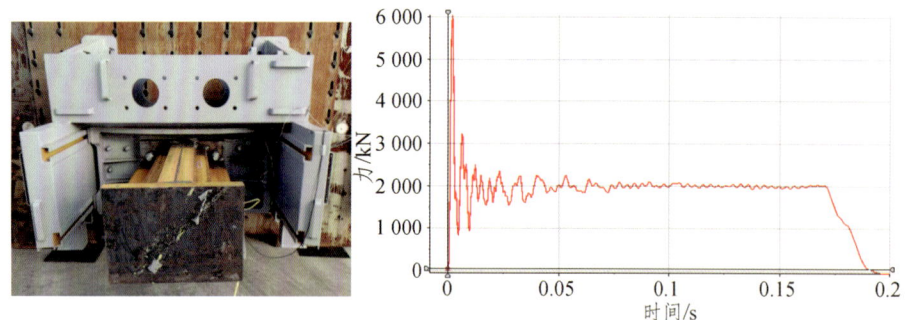

图 5.55　标动前端吸能装置碰撞试验及载荷-时间曲线

4. 司机室碰撞试验

（1）城轨本构-司机室、底架前端结构压缩刚度及临界屈曲状态冲击试验。

① 试验工况：35 t-30 km/h，能量约 1 200 kJ

② 试验次数：共进行了 2 次司机室及底架前端结构的冲击试验。

③ 研究意义：通过对司机室及底架前端结构进行碰撞试验，获得司机室及底架前端结构的碰撞性能参数，验证司机室及底架前端结构的耐冲击性指标，为仿真优化提供数据支撑。

④ 研究结论：已准确获取了司机室及底架前端结构的耐冲击指标，符合设计指标，如图 5.56 所示。

第 5 章  被动安全设计技术

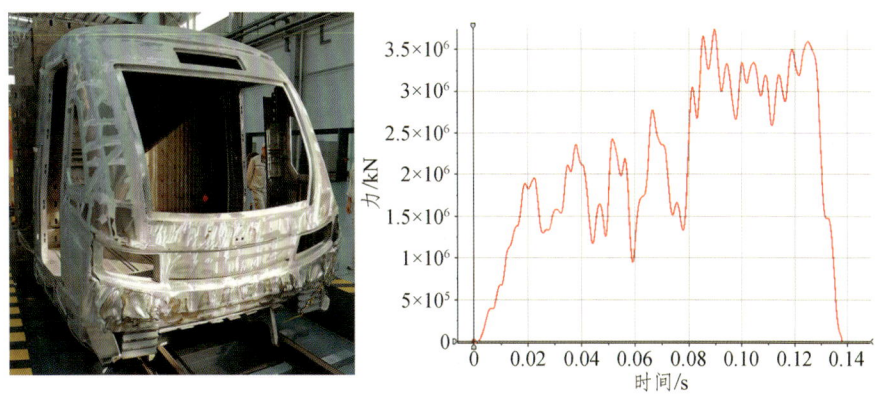

图 5.56  司机室和前端结构碰撞试验及载荷-时间曲线

5. 整车碰撞试验

该试验已完成 52 km/h 标准动车组单车撞墙试验、76 km/h 标准动车组单车对撞试验、城轨车辆两车对撞试验、地铁车辆撞墙试验等。

（1）香港地铁碰撞试验。

① 试验工况：25 t-15 km/h，能量约 220 kJ。

② 试验次数：共进行了 1 次单车撞击刚性墙冲击试验。

③ 研究意义：通过对香港地铁进行碰撞试验，获得香港地铁车体的碰撞性能参数，验证香港地铁车体的耐冲击性指标，为仿真优化提供数据支撑。

④ 研究结论：已准确获取了香港地铁车体的耐冲击指标，为仿真提供数据支撑，如图 5.57 所示。

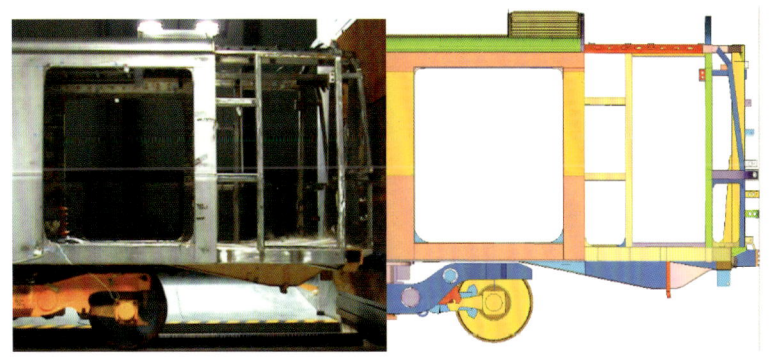

## 高速动车组车体设计关键技术

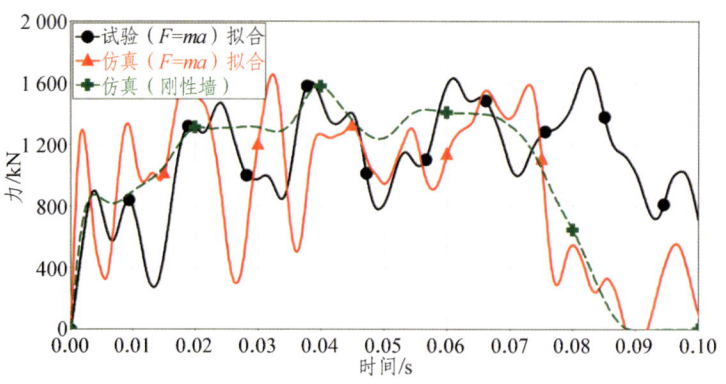

图 5.57　整车碰撞仿真-试验对标

（2）美国芝加哥地铁 2600 系旧车整车耐撞性试验。

① 试验工况：25 t-15 km/h、25 t-20 km/h，能量为 220～380 kJ。

② 试验次数：共进行了 2 次单车撞击刚性墙冲击试验。

③ 研究意义：通过对美国芝加哥地铁 2600 系旧车整车进行碰撞试验，获得美国芝加哥地铁 2600 系旧车整车的碰撞性能参数，验证美国芝加哥地铁 2600 系旧车整车的耐冲击性指标，为设计提供数据支撑。

④ 研究结论：已准确获取了美国芝加哥地铁 2600 系旧车整车的耐冲击指标，为耐撞性设计提供数据支撑，如图 5.58 所示。

## 第 5 章　被动安全设计技术

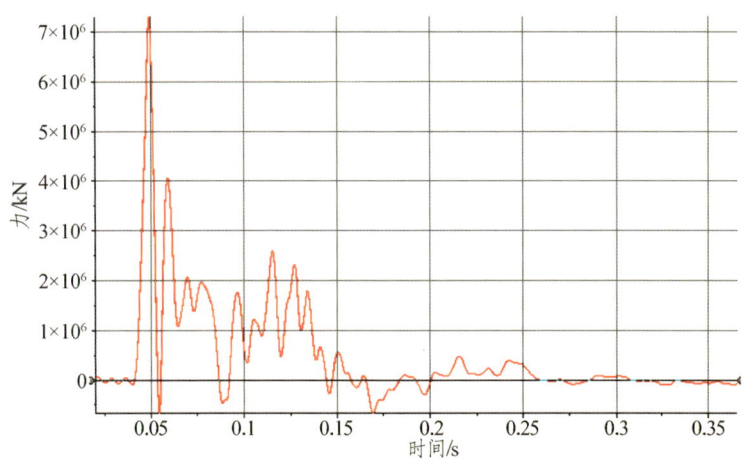

图 5.58　芝加哥地铁碰撞试验及载荷-时间曲线

（3）城轨本构速度 25 km/h 以上速度的城轨列车单车级车辆碰撞试验。

① 试验工况：45 t-33 km/h，能量约 1 800 kJ

② 试验次数：共进行了 1 次两车对撞冲击试验

③ 研究意义：通过对城轨列车单车进行碰撞试验，获得城轨列车单车整车的碰撞性能参数，验证城轨列车单车的耐冲击性指标，为设计提供数据支撑。

④ 研究结论：已准确获取了城轨列车单车的耐冲击指标，为耐撞性设计提供数据支撑，如图 5.59 所示。

### 高速动车组车体设计关键技术

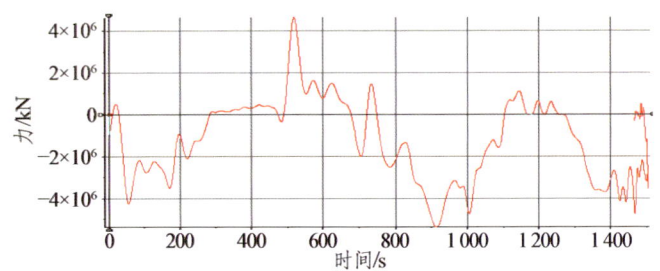

图 5.59　城轨列车单车碰撞试验及载荷-时间曲线

（4）高铁本构-整车冲击试验。

① 试验工况：37 t-52 km/h，能量约 3 700 kJ。

② 试验次数：共进行了 1 次整车撞击刚性墙冲击试验。

③ 研究意义：通过对高铁整车进行碰撞试验，获得高铁整车的碰撞性能参数，验证高铁整车的耐冲击性指标，为设计提供数据支撑。

④ 研究结论：已准确获取了高铁整车的耐冲击指标，为耐撞性设计提供数据支撑，如图 5.60 所示。

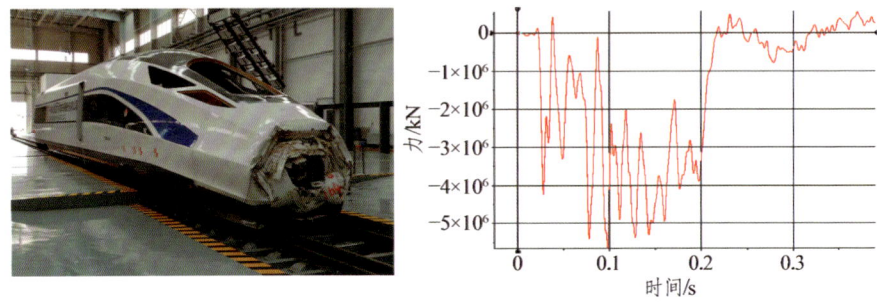

图 5.60　高铁整车碰撞试验及载荷-时间曲线

（5）高铁本构-1∶1 司机室对撞试验。

① 试验工况：36.6 t-76 km/h，能量约 7 700 kJ。

② 试验次数：共进行了 1 次单车与司机室对撞冲击试验。

③ 研究意义：通过高铁整车与司机室进行碰撞试验，获得高铁整车和司机室对撞时的碰撞性能参数，验证高铁整车及司机室的耐冲击性指标，为设计提供数据支撑。

## 第 5 章 被动安全设计技术

④ 研究结论：已准确获取了高铁整车及司机室的耐冲击指标，为耐撞性设计提供数据支撑，如图 5.61 所示。

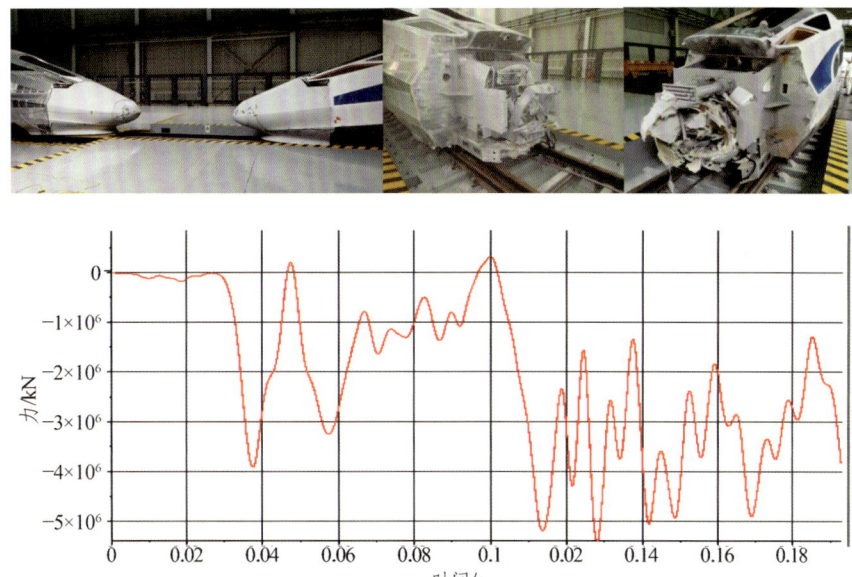

图 5.61 高铁司机室对撞试验及载荷-时间曲线

## 5.4 列车被动安全技术应用案例

1. 事故现场查验

（1）事故过程简述。

2011 年 7 月 23 日 20 时 30 分 05 秒，甬温线浙江省温州市境内，由北京南站开往福州站的 D301 次列车与杭州站开往福州南站的 D3115 次列车发生动车组列车追尾事故，其中，D301 次列车以 99 km/h 的速度撞击了以 16 km/h 速度前行的 D3115 次列车；事故造成 D3115 次列车 15、16 号车脱轨且严重破损，造成 D301 次列车 1~5 号车脱轨，且 1 号车车体与走行部脱离，与 2 号、3 号车辆坠落桥下，4 号车辆斜立于桥一侧，5 号车辆一位端的部分车体结构骑跨于 D3115 次列车 6 号车辆，如图 5.62 所示。

## 高速动车组车体设计关键技术

（a）事故现场图

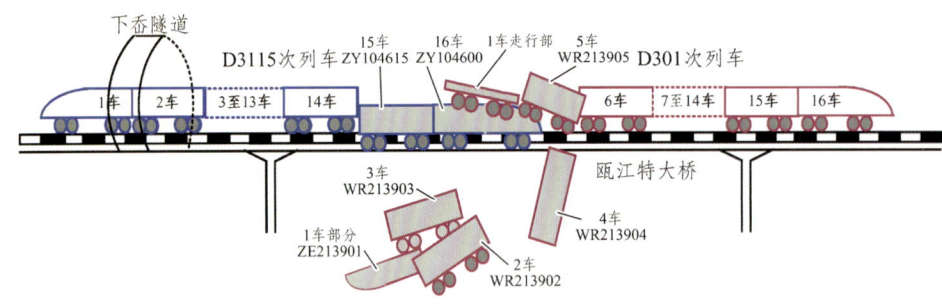

（b）事故场景还原

图 5.62　列车追尾事故现场及场景还原图

（2）破坏行为特征。

"7·23 事故"中列车车辆响应行为几乎覆盖了所有典型列车间碰撞过程中响应姿态，主要表现为：列车间产生骑跨，即爬车，D3115 次列车 16 号车辆车体整体溃塌；列车车辆破损主要集中于车体端部区域，尤其 D301 次头车司机室与车体客舱整体折断分离；其余破损车辆呈现端墙整体内嵌、侧墙型材间焊缝撕裂（整体为爆米花式胀裂形态），但车体底架相对端墙、侧墙破损程度偏轻且保持一定的完整性，总体而言车辆冲击端破损程度明显大于另一端，如图 5.63 所示。

## 第 5 章　被动安全设计技术

（a）D3115 次列车尾车　　　　　　（b）D301 次列车 01 车一位端

图 5.63　列车车辆车体破损状态

由"7·23 事故"中列车车辆响应结果分析可知，对于未开展碰撞能量管理设计的列车，碰撞事故中无法实现列车碰撞能量有序耗散，加之事故列车间存在运营高度差、车辆自身柔性悬挂、车体结构刚度偏大且各部件刚度不匹配等因素，极易造成碰撞能量向车辆刚性运动转移，进而造成车辆骑跨、脱轨、侧翻等严重危害。

2. 场景仿真还原

基于"7·23 事故"中列车运营初始条件及事故后列车车辆响应姿态数据，利用数值计算软件，分别采用正向模拟、反向演化方法，开展事故过程仿真复现，以探求事故车辆产生爬车、脱轨及车辆间关键连接结构失效等典型行为的物理因素。

在事故正向数值模拟过程中，通过系统修正事故列车（主、被动车）的司机室结构刚度、车体材料本构参数（含失效）、车间钩缓装置失效形式等，以期实现碰撞事故过程再现。基于各类数值模拟场景对比计算结果可知，车辆各子部件数值计算模型相较于实际结构的等效关系、材料本构参数是否准确是数值仿真复现的关键因素，头车前端结构刚度、吸能部件能量配置等因素对事故列车的爬车行为影响明显，尤其列车头尾车的结构抗垂弯刚度，如图 5.64～图 5.68 所示。

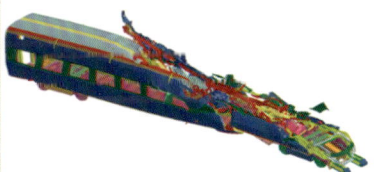

图 5.64　D3115 次列车 16 号车模拟结果

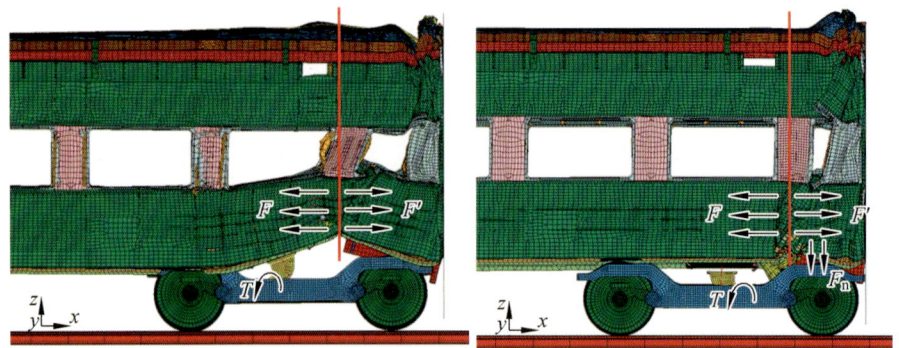

图 5.65 车体与转向架连接方式影响分析

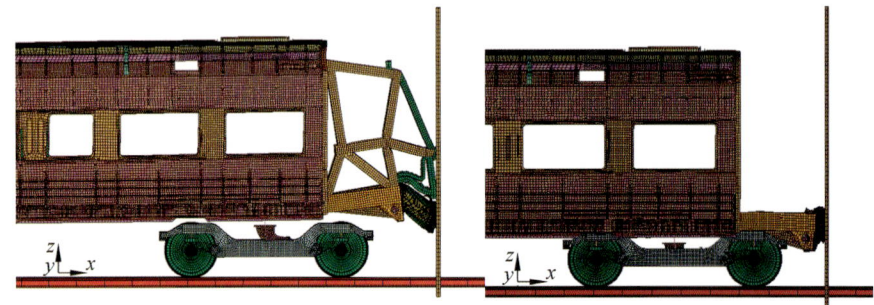

图 5.66 车体结构影响分析

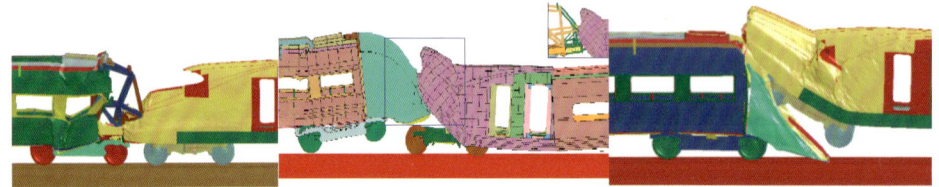

图 5.67 被动车司机室刚度影响分析

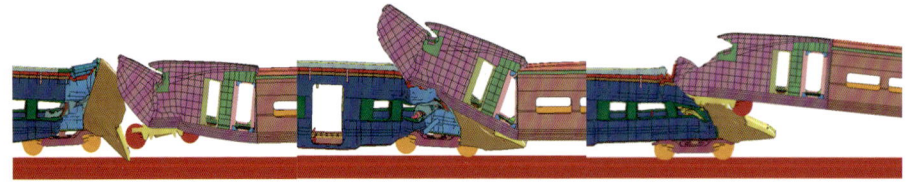

图 5.68 主动车头车底架刚度影响分析

在事故反向演化数值模拟过程中,选取事故现场数据作为目标函数,通过系统反复优化获取车体在碰撞过程中自身结构屈曲变形载荷-位移数据(见图5.69),再现"7·23"

## 第 5 章 被动安全设计技术

事故过程；通过优化车体端部结构的纵向刚度匹配参数，获取车体端部断面突变与结构非一致刚度条件下的变形规律，提出铝合金耐撞性车体设计原则，并进行事故工况仿真分析，结果证明采用列车碰撞能量管理设计的车辆能够明显提高列车的碰撞被动安全性。现场实测与仿真计算中车辆位置如图 5.70 所示，各节车辆能量分配及吸收能量对比如图 5.71 所示。

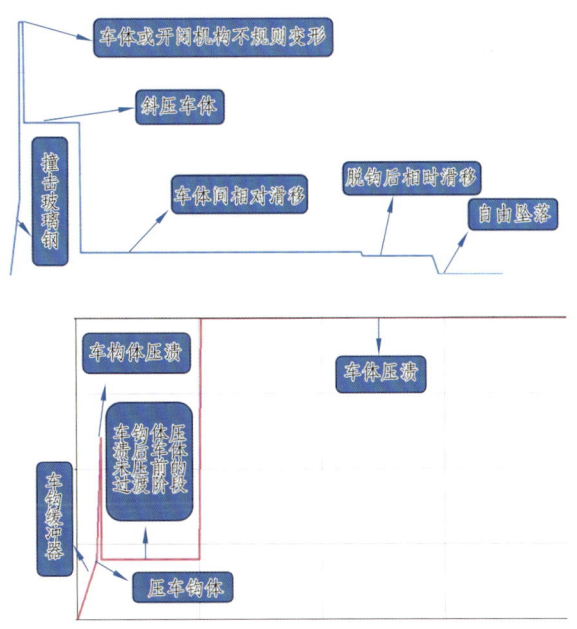

图 5.69 事故车辆端部假定响应屈曲载荷-位移示意

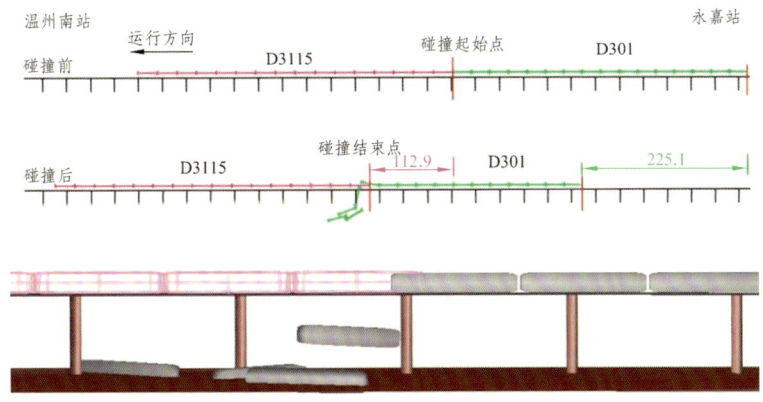

图 5.70 现场实测与仿真计算中车辆位置示意

## 高速动车组车体设计关键技术

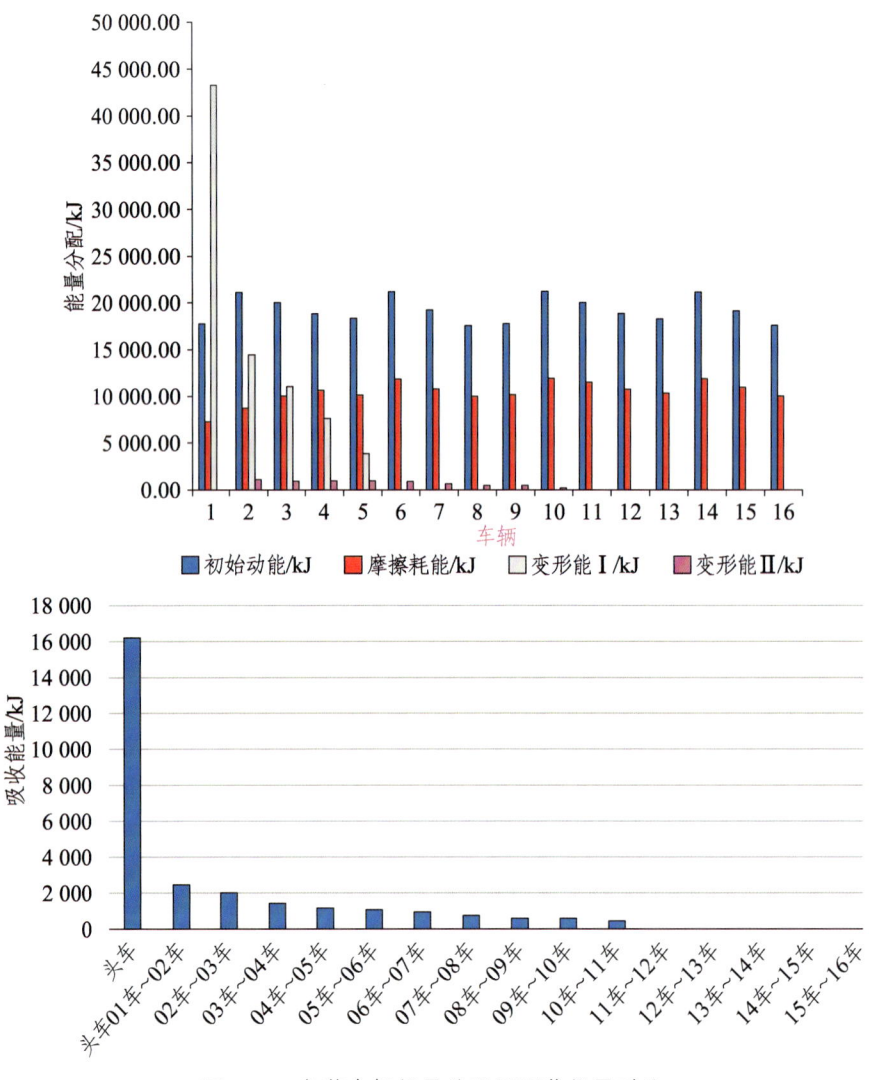

图 5.71 各节车辆能量分配及吸收能量对比

（1）整车级碰撞安全技术应用。

根据 EN 15227 等碰撞安全标准，对轨道车辆进行不同速度等级对撞和不同速度等级下撞击不同障碍物的碰撞安全预测和评估，并根据评估结果，修改完善相关设计参数，提升整车被动安全性能。主要创新点包括吸能装置精细化建模、转向架参数和轮轨接触设置等，如图 5.72 所示。

第 5 章　被动安全设计技术

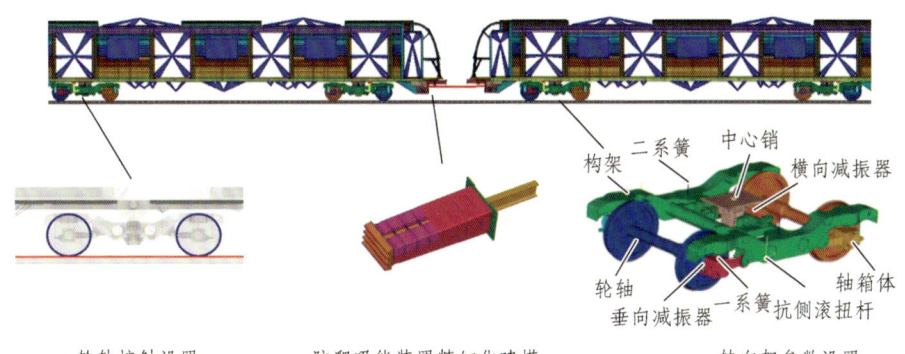

图 5.72　整车级碰撞安全技术应用案例

（2）部件级碰撞安全仿真技术应用。

根据板壳式、蜂窝式吸能部件碰撞仿真与试验结果，为解决变形不可控、变形力不平稳等缺点，设计研发出膨胀式和切削式吸能部件，满足变形力和吸能量的要求，作为吸能部件的产品技术储备，如图 5.73 所示。

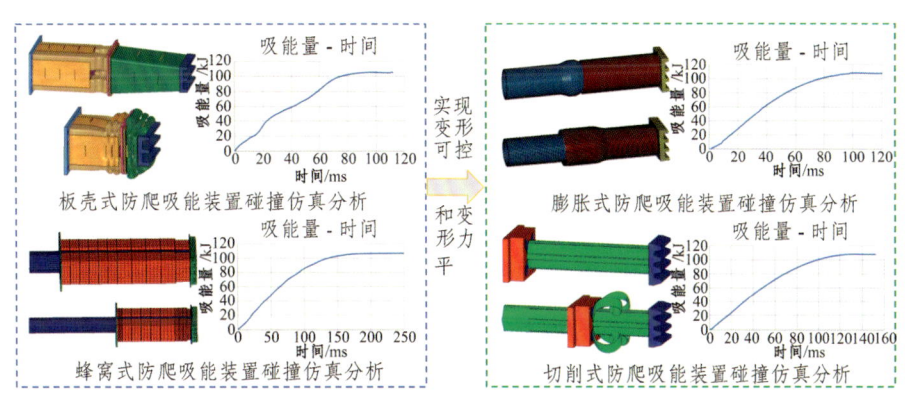

图 5.73　部件级碰撞安全技术应用案例

（3）碰撞仿真与试验对标技术。

通过防爬吸能部件碰撞仿真与试验对标分析，调整蜂窝材料各向异性参数以及连接模拟形式，实现接触力、变形量和加速度等仿真结果参数误差在 15% 以内，如图 5.74 所示。

■ 高速动车组车体设计关键技术

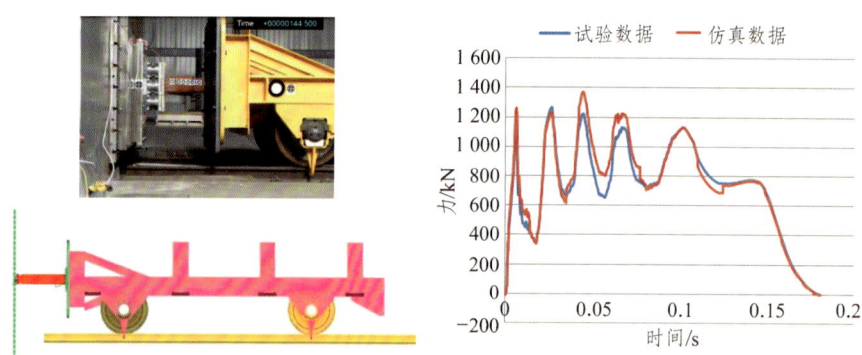

防爬吸能碰撞仿真与试验　　　　防爬吸能装置仿真与试验力-时间曲线

图 5.74　防爬吸能部件碰撞仿真-试验对标

## 5.5　被动安全技术发展方向

### 5.5.1　理论突破：高速列车碰撞能量精细化管理技术研究

列车碰撞事故包含爬车、脱轨、塌陷等多种撞击特征行为。为有效避免列车出现上述事故形态，造成乘员次生伤害，通过探索掌握高速列车碰撞动态能量传递解耦规律，形成高速列车碰撞能量精细化管理方案，为高速列车车辆被动安全设计提供有效依据及指导，提升列车被动安全防护性能。

1. 主要研究内容

通过对高速列车碰撞动态能量传递解耦规律，对高速列车撞击响应特征、变形姿态、动态性能及失效模式等机理研究，探索高速列车由碰撞能量解耦引起的点头、横摆、侧滚等宏观运动行为及车体、转向架、悬挂系统、吸能装置等车辆子系统的能量传递规律，结合列车结构质量、刚度分布，反推列车各界面吸能装置吸能配比，形成高速列车碰撞能量精细化管理方案，为高速列车车辆被动安全设计提供有效依据。

2. 技术难点摘要

（1）高速列车撞击响应特征、变形姿态、动态性能及失效模式等机理研究。

（2）列车具有多编组、长距离，碰撞行为持续时间较短，车辆与车辆间、车辆子系统间的能量传递规律探究。

## 第 5 章 被动安全设计技术

（3）探寻列车高速碰撞能量传递解耦规律，结合列车结构质量、刚度分布，反推列车各界面吸能装置吸能配比，形成高速列车碰撞能量精细化管理方案。

### 5.5.2 设计理念：新型高性能吸能结构研发

围绕高速动车组运营速度的进一步提升，列车冲击能量激增，须从增加平台力和行程进行改进，以增加吸收能量。以新型材料、新吸能机理、新结构造型、新制备技术等为研究切入点，在提升结构储能量的前提下，进行车体结构、吸能部件、整车系统刚度梯度匹配、协调动作及可控变形研究，兼顾工程实现及批量装车应用的需求。探索开发轻量化、吸能高效、变形稳定的新型吸能材料与吸能结构是提升高速列车界面吸收能量的必要措施。

1. 主要研究内容

（1）以提高比吸能、最优压溃峰值载荷为优化目标，以管形、管径与管壁比值、管状复合结构密度等为基本参数，考虑数学优化问题，寻求最优解，提升单位结构的比吸能，提升吸能结构的储能量。

（2）结合人工智能和高端制造技术，研发新型智能被动安全防护系统，主动识别车辆前方障碍物种类与距离，计算障碍物与车辆的相对速度，控制车辆吸能结构主动做出实时应对，突破因车辆结构特征、连挂要求及曲线通过能力带来的车体前端吸能装置的安装与变形空间的限制，主动提升吸能性能。

（3）对设计方案考虑仿真评估验证，在仿真验证完成后，进行样件试制，依据准静态加载及动态加载进行试验验证。

2. 技术难点摘要

（1）为达到列车级高速碰撞安全防护目标，在现有空间结构不改变的情况下，新结构吸能量需大幅提高。

（2）新结构在提升储能能力的同时，还需满足轻量化、变形稳定性、工艺可达性等需求。

（3）以新型材料、新吸能机理、新结构造型、新制备技术等为研究切入点，探索开发轻量化、吸能高效、变形稳定、易于工程制造的新型高性能吸能结构。

### 5.5.3 评估能力：列车级高速碰撞试验技术研究

针对轨道车辆产品，研究列车高速碰撞试验技术，制定轨道车辆列车碰撞试验整备、试验结果处理流程及方法，形成列车级高速碰撞试验测试标准，为车辆被动安全设计提供有效依据，为车辆的安全运行提供重要保证。

1. 主要研究内容

（1）列车级高速碰撞驱动控制技术研究。

研究列车线路条件下列车碰撞试验驱动控制技术，形成不同车型的试验操作方案，提升碰撞试验精度控制技术，减小试验误差。

（2）列车数据采集与分析技术研究。

碰撞测试数据主要有应力、加速度、位移、力等，用于研究力传导方向、关键位置的变形情况等。列车车辆编组多，需要研究利用有限的数据采集通道布置不同种类的传感器测点。测试完成后需进行不同的数据处理才能使用，如滤波、降噪、曲线拟合等。需要通过数据分析方法的技术研究，确定标准的数据处理规范，建立评价指标。

（3）列车高速摄影技术研究。

高速列车车辆结构复杂，尤其列车级试验，体积巨大，编组多，同时不同车辆间端部吸能结构，有车钩、防爬器、吸能装置、吸能车体部分等，设计时各部分吸能量分配不同、动作先后顺序不同，须通过研究确定高速摄影能够充分捕捉整列车所有关键部分，分析各部分的运动关系。

（4）列车试验安全防护技术。

由于列车级高速碰撞试验速度高、质量大，碰撞初始能量巨大，在线路条件下必须分别研究列车碰撞试验安全防护技术，降低碰撞试验带来的高风险因素，保证试验现场人员及设备安全。

2. 技术难点摘要

（1）线路条件下碰撞速度精度控制。

（2）列车多编组、长距离数据同步采集分析技术。

（3）高速碰撞下，列车稳定性控制及实验安全防护技术。

PART SIX

# 第 6 章  车体技术发展展望

本书针对高速列车车体设计关键技术开展了一些研究工作，取得了一定的成果，但仍存在许多不足和待改进之处，主要包括：

（1）流体技术应深化研究：深化车体边界层机理研究，准确揭示流场机理和脉动规律；深入研究相似准则，提高风洞及动模型试验的精度；开展噪声、振动及流场测试同步方法研究，提升分析水平。

（2）列车地面效应深化研究：风洞试验尚无法准确模拟列车与地面之间的相对运动，静止地面产生的边界层随列车模型的长度逐渐增厚，对试验结果造成干扰；应针对高速车体地面效应进行深入研究，建立完善的理论与试验方法。

（3）目前研究主要集中于元件及大部件碰撞试验，整车碰撞试验是综合评价列车车体耐撞性能的最直接、最有效的方法，亟须进行整列车碰撞试验；研究一次碰撞和二次碰撞对乘员造成的伤害，开展列车碰撞过程中人体各部位损伤机理的研究；碰撞事故演变过程复杂多变，现有的研究主要集中在能量耗散方面，未对车辆间碰撞失稳机理及碰撞后的行为演化、碰撞后次生灾害衍生机制进行系统研究，需要进一步分析高速列车多车辆间碰撞行为的演化过程，揭示碰撞过程中爬车、脱轨、倾覆等发生机理。

（4）由于车体结构载荷情况复杂，在车体结构轻量化优化仿真分析过程中，需要进行多目标优化方法分析，并根据试验结果调整和优化多目标参数，建立车体轻量化优化仿真分析的固化流程。

（5）高速列车车体气动设计、被动安全设计和轻量化设计相互影响、互相关联，下一步需将两者集成在同一优化平台上开展综合性分析和优化设计。

# 参 考 文 献

[1] 贺德馨，等. 风工程与工业空气动力学[M]. 北京：国防工业出版社，2006.

[2] 田红旗. 列车空气动力学[M]. 北京：中国铁道出版社，2007.

[3] BAKER C. The flow around high speed trains[J]. Journal of Wind Engineering and Industrial Aerodynamics，2010，98（6）：277-298.

[4] 田红旗. 中国高速轨道交通空气动力学研究进展及发展思考[J]. 中国工程科学，2015，17（4）：30-41.

[5] 雷成，肖守讷，罗世辉，等. 轨道车辆耐碰撞性研究进展[J]. 铁道学报，2013，35（1）：31-40.

[6] 丁叁叁. 高速列车车体设计关键技术研究[D]. 北京：北京交通大学，2016.

[7] 赵洪伦，王文斌，廖彦芳. 城市轨道车辆动车组耐撞击设计研究[J]. 铁道车辆，2003（12）：1-4.

[8] 张志新，田爱琴，车全伟，等. 高速列车车体端部吸能结构研究[J]. 机车电传动，2013（1）：43-47.

[9] SHEVTSOV I Y，蒋修治. 铁道车辆车轮外形的优化设计[J]. 国外铁道车辆，2007，44（4）：24-29.

[10] 许超，赵洪伦，刘凯杰. 车体轻量化结构优化设计策略及其实施[J]. 铁道车辆，2013，51（4）：18-20.

[11] 秦泗吉，赵明慧，钟扬志，等. 离散变量优化设计方法及其在轻轨车车体设计中的应用[J]. 中国机械工程，2006（S2）：96-99.

[12] 马纪军. 车体钢结构的轻量化研究[J]. 铁道车辆，2005，43（4）：7-10.

[13] 徐志胜，翟婉明. 高速铁路轮轨噪声预测分析[J]. 中国铁道科学，2004，25（1）：20-27.

[14] 徐冠基，张志强，李宁，等. 铁路客车内部噪声测量方法及限值标准研究[J]. 中国铁路，2012（1）：58-61.

[15] 沈艳祥，宋雷鸣. 动车组车内噪声设计理念研究[J]. 噪声与振动控制，2010（1）：33-36.

[16] 谢素明，李涛，李晓峰，等. 高速列车结构振动噪声预测与降噪技术研究[J]. 中国铁道科学，2009，30（6）：77-83.